LES
GRANDS ÉCRIVAINS
DE LA FRANCE

NOUVELLES EDITIONS

PUBLIÉES SOUS LA DIRECTION

DE M. AD. REGNIER

Membre de l'Institut

OEUVRES
DE MALHERBE

TOME I

PARIS. — IMPRIMERIE DE CH. LAHURE ET Cⁱᵉ
Rue de Fleurus, 9

OEUVRES

DE MALHERBE

RECUEILLIES ET ANNOTÉES

PAR M. L. LALANNE

ANCIEN ÉLÈVE DE L'ÉCOLE DES CHARTES

NOUVELLE ÉDITION

REVUE SUR LES AUTOGRAPHES, LES COPIES LES PLUS AUTHENTIQUES
ET LES PLUS ANCIENNES IMPRESSIONS

ET AUGMENTÉE

de notices, de variantes, de notes, d'un lexique des mots
et locutions remarquables, d'un portrait, d'un fac-simile, etc.

TOME PREMIER

PARIS

LIBRAIRIE DE L. HACHETTE ET Cie

BOULEVARD SAINT-GERMAIN, N° 77

—

1862

AVERTISSEMENT.

Les œuvres de Malherbe n'ont point été réunies de son vivant. La première édition, publiée seulement près de deux ans après sa mort, est de l'année 1630. Elle contient en un volume in-4°, et sans la moindre note, les traductions du *Traité des Bienfaits*, de Sénèque, et du *XXXIIIe livre de Tite Live*, quatre-vingt-dix-sept lettres, et six livres de poésies. De ces écrits les uns avaient été imprimés séparément ou disséminés dans des recueils du temps; les autres étaient inédits. Sept ans plus tard, en 1637, parut la traduction des *Épîtres* de Sénèque, qui n'a jamais été jointe aux autres œuvres.

Le texte de l'édition de 1630 fut reproduit fidèlement dans les vingt-huit réimpressions complètes ou partielles que l'on en fit jusqu'en 1723. A partir de cette dernière époque, les traductions furent entièrement laissées de côté et l'on ne réimprima plus que les vers et un choix des lettres.

En 1666, Ménage donna des poésies une édition qu'il

accompagna de commentaires curieux, mais d'une prolixité pédante, où l'on retrouve les qualités et les défauts du maître de Mme de Sévigné. Il conserva le texte et la division en six livres de l'édition de 1630, et ajouta quelques vers qui n'avaient point encore été recueillis. Son travail fut réimprimé, pour la sixième et dernière fois, en 1723.

Quatre-vingt-onze ans après Ménage, en 1757, Lefebvre de Saint-Marc publia la seconde édition annotée, et, on peut le dire, la seule édition véritablement critique que l'on possède des poésies de Malherbe. Il ne se borna pas à reproduire le texte de 1630 et à le commenter longuement; il le compara soigneusement à celui des recueils de vers et des ouvrages où la plupart des poésies avaient paru antérieurement, et put ainsi relever de nombreuses variantes. Il rejeta avec raison le classement arbitraire suivi jusqu'à lui, rangea autant qu'il put les pièces chronologiquement et en ajouta de nouvelles. Son texte a été depuis adopté dans toutes ou presque toutes les éditions; dans quelques-unes on a préféré à l'ordre chronologique la division par genres : odes, sonnets, chansons, épigrammes, etc.

Quelque précieux qu'il soit, le résultat des recherches de Saint-Marc, qui nous ont été très-utiles, ne saurait aujourd'hui satisfaire les amateurs de notre littérature classique. D'abord une révision des textes était nécessaire : car, ainsi qu'il l'a reconnu lui-même, il s'est glissé dans son travail un certain nombre de fautes et d'incorrections; en outre les documents mis au jour depuis une quarantaine d'années permettent maintenant d'an-

AVERTISSEMENT.

noter les pièces d'une manière plus précise et souvent de leur assigner des dates différentes de celles qu'il leur avait données.

Qu'on nous permette de citer deux exemples à l'appui de ce que nous avançons :

Ménage a le premier réuni aux œuvres de Malherbe un quatrain sur le portrait de Cassandre, maîtresse de Ronsard, et il l'a publié ainsi :

> L'art, la nature exprimant,
> En ce portrait *m'a fait telle;*
> *Si n'y suis-je pas si belle*
> Qu'aux écrits de mon amant.

Saint-Marc et tous ses successeurs sans exception ont reproduit le texte de Ménage. S'ils avaient recouru à l'édition de Ronsard, où il a été publié pour la première fois, ils se seraient aperçu que de ces quatre vers deux sont estropiés, et qu'il faut les rétablir ainsi :

> L'art, la nature exprimant,
> En ce portrait *me fait belle;*
> *Mais si ne suis-je point telle*
> Qu'aux écrits de mon amant.

Malherbe a adressé *Sur un livre de fleurs*, à un peintre nommé Rabel, un sonnet que Saint-Marc avait placé à l'année 1603, parce qu'à cette date il avait rencontré dans le *Journal* de P. de l'Estoile la mention de la mort d'un peintre nommé *Jean* Rabel. Nous avons retrouvé au cabinet des Estampes le livre de fleurs en question. A côté de la signature *Daniel* Rabel, il porte l'indication de l'année 1624. Nous avons donc pu reculer de vingt ans la date que Saint-Marc avait attribuée à la pièce.

L'édition de Malherbe que nous donnons aujourd'hui sera aussi complète qu'il est possible. Elle comprendra non-seulement tout ce qui se trouve dans l'édition de 1630, mais la traduction des *Épîtres* de Sénèque, qui n'en faisait point partie, sa correspondance avec Peiresc, l'*Instruction à son fils*, un certain nombre de pièces en vers ou en prose et de lettres, inédites ou qui n'avaient point encore été recueillies, et ses commentaires sur Desportes, dont Saint-Marc avait le premier fait connaître des extraits.

Pour les poésies, nous avons adopté le système de Saint-Marc, et nous les avons rangées, autant que nous l'avons pu, par ordre de dates. Le texte en a été collationné soit sur quelques autographes et anciennes copies que nous sommes parvenu à nous procurer, soit sur les imprimés antérieurs à l'édition de 1630. On trouvera au bas des pages les variantes que nous y avons relevées.

Une notice placée en tête de chaque pièce explique où elle a paru pour la première fois, à quelle occasion et vers quelle époque elle a été composée. Enfin les notes sont assez nombreuses pour qu'aucun passage, aucune expression ne puisse arrêter le lecteur.

Quant aux traductions, qui ont une très-grande importance pour l'histoire de notre langue classique, car elles montrent quelle grande part a eue Malherbe à la création de la prose française, nous avons procédé de la même manière. Chacune d'elles est accompagnée d'une notice, et nous avons mis au bas des pages, outre l'indi-

AVERTISSEMENT.

cation des variantes qui peuvent offrir quelque intérêt, des notes où, sans avoir l'intention de relever toutes les inexactitudes et les licences de l'interprétation, nous avons cru devoir signaler quelques-unes de ces infidélités que se permettaient sans scrupule les traducteurs du dix-septième siècle.

La partie la plus curieuse de la correspondance de Malherbe est celle qu'il entretint depuis 1606 jusqu'à sa mort avec le savant Peiresc. Elle offre un véritable intérêt historique et fut publiée pour la première fois en 1822, d'après les originaux conservés à la Bibliothèque impériale. Malheureusement cette édition est bien défectueuse. L'éditeur a d'abord supprimé un certain nombre de lettres; puis tantôt il a réuni en une seule deux lettres distinctes, tantôt il a retranché ou ajouté des mots et des phrases entières. Les noms propres ont été étrangement défigurés : on a lu *Bagarrus* pour *Bagarris*; *Valvez* pour *Valavez*; *Biennes* pour *Brèves*; *le comte de la Ceppède* pour *le président de la Ceppède*; *Bression* pour *Bressieu*; *Puyet* pour *Puget*; *Saint-Paul* pour *Sault*; *Canos* pour *Carces*, etc. Le reste du texte n'a pas été plus respecté. A chaque page on trouve des altérations comme celles-ci : *juger* pour *penser*; *impatiente* pour *importune*; *pensé* pour *parlé*; *enthousiasmé* pour *embesogné*; *avec votre ami* pour *avec votre congé*; *prison* pour *preuve*; *aux Landris* pour *aux jardins*; etc., etc., etc. Tout cela n'est tiré que des trente premières pages, et il y en a cinq cents dans le volume, qui contient à peine une quarantaine de notes.

Le texte que nous donnerons de ces lettres sera collationné sur les autographes de la Bibliothèque impériale. Pour pouvoir les annoter convenablement, nous avons été à Carpentras consulter les minutes des lettres de Peiresc à Malherbe, et nous ne saurions trop remercier le savant bibliothécaire de cette ville, M. Lambert, de l'obligeance sans égale avec laquelle il nous a facilité notre travail. Ces minutes, dont on n'avait point encore tiré parti, nous ont fourni de précieux renseignements. Dans la même bibliothèque, où nous avons trouvé quelques pièces inédites, nous avons collationné sur le manuscrit original l'*Instruction de Malherbe à son fils*, éditée il y a dix-sept ans d'après une copie extrêmement fautive de la bibliothèque d'Aix. Enfin une visite aux bibliothèques d'Avignon et de Grenoble nous a procuré deux pièces, non publiées jusqu'à présent, dont nous avons fait usage dans la *Notice biographique*.

Le nombre des autres lettres, adressées à Racan, Colomby, Balzac, de Bouillon Malherbe, etc., qui est de quatre-vingt-dix-sept dans l'édition de 1630, sera fort augmenté dans la nôtre, où nous mettrons à profit les publications qui ont été faites depuis une quarantaine d'années par MM. Roux-Alpheran, Miller, Hauréau et Mancel.

Les souscripteurs recevront avec le dernier volume un beau portrait de Malherbe (voyez p. cxxiv), un *fac simile* de son écriture, ses armoiries, la musique composée pour une de ses pièces par un de ses contemporains, et une vue de la maison qu'il a habitée à Caen. Nous pouvons dire que rien n'a été ni ne sera négligé pour rendre cette édition digne de la collection dans laquelle elle doit figurer, et de la place éminente que Malherbe occupe dans notre littérature.

Sur le titre, au-dessus du nom du signataire de cet avertissement, on trouvera celui d'un savant académicien, M. Ad. Regnier : ce ne sera que justice. Il s'est chargé de diriger la publication de la *Collection des grands écrivains de la France*, et je puis affirmer, en ce qui concerne Malherbe et son éditeur, que ses fonctions n'ont point été une sinécure. Depuis tantôt vingt mois que l'impression a été commencée, sa vigilance ne s'est pas ralentie un instant. Dans cette tâche d'amicale direction et d'attentive révision, il n'a épargné ni ses soins ni ses conseils, et c'est en grande partie à lui que notre édition sera redevable de l'exactitude et de la correction qui en feront et en doivent faire le principal mérite : aussi je ne fais que payer une dette en consignant ici l'expression de ma bien vive et bien sincère gratitude.

Lud. Lalanne.

Juin 1862.

NOTICE BIOGRAPHIQUE
SUR MALHERBE.

François de Malherbe naquit à Caen, en 1555, d'une famille qui possédait depuis longtemps les premières magistratures de la ville[1]. Dès 1518 on trouve un M⁰ Jean Malherbe, sieur d'Arry, pourvu de la lieutenance générale du bailli de Caen, charge qu'occupait en 1532 un autre Jean Malherbe, sieur de Mondreville. Suivant le poëte, sa famille se rattachait à la maison de Malherbe Saint-Aignan ; mais les preuves qu'il en donne en divers endroits de ses écrits ont si peu de valeur qu'il n'y a pas lieu de s'y arrêter. Le 2 janvier 1644, une sentence de la Potherie, intendant à Caen, confirmée le 19 septembre 1645 par arrêt des requêtes de l'Hôtel du Roi, maintint les sieurs de Malherbe en leur noblesse comme sortis de cette antique maison ; cependant, en 1666, lors de la recherche de la noblesse faite par Chamillart, ils ne furent point placés dans la classe des anciens nobles, mais seulement dans celle des nobles ayant justifié quatre degrés.

Troisième fils de Guillaume, sieur de Missy, et de Marie d'Elbeuf, François de Malherbe, sieur de Digny, conseiller du Roi au siège présidial de Caen, eut neuf enfants de sa femme Louise le Vallois, fille de Henri, sieur d'Ifs, qu'il avait épousée

---

[1]. Huet, *Origines de la ville de Caen*, édition de 1706, p. 364. Voyez le manuscrit conservé à la Bibliothèque de Caen, intitulé : *Catalogue alphabétique des personnes de Normandie qui ont été annoblies tant par la Chartre des francs-fiefs que depuis icelle, et des anciens nobles qui, ayant été inquiettez sur leur qualité, ont été maintenus par arrêt de la Cour des aides à Rouen* (par Ch. de Quens, avocat à Caen et disciple du P. André). — Dans ce manuscrit, la généalogie de la famille de Malherbe ne commence qu'en 1518 avec Jean Malherbe.
Les armes de la famille étaient d'*hermines à six roses de gueules*.

le 13 juillet 1554. L'aîné de tous fut notre poëte, appelé François comme son père[1].

D'après ce que Malherbe a raconté lui-même, rien ne fut négligé pour son éducation, qui se fit en partie à Caen, en partie à Paris, et qui s'acheva à l'étranger, sous la direction du calviniste normand Richard Dinoth[2]. De retour dans sa patrie, il ne paraît pas y avoir fait un très-long séjour, car au mois d'août 1576, à vingt et un ans, et non à dix-sept comme le dit Racan, il quitta la maison paternelle pour n'y revenir qu'en 1586.

Quelle fut la cause de ce départ? Les biographes ont tous, ou peu s'en faut, adopté la version de Racan. « Son père, dit celui-ci, se fit de la religion, *un peu avant que de mourir*. Son fils en reçut un si grand déplaisir qu'il se résolut de quitter son pays. » Le père de Malherbe étant mort en 1606, il serait assez difficile d'expliquer comment son abjuration vers 1604 ou 1605 aurait pu motiver en 1576 l'éloignement de son fils. De plus, quoique récemment encore on ait révoqué en doute son changement de croyance[3], il nous semble qu'il devait être déjà huguenot quand il confia l'éducation de son fils aîné à Dinoth,

---

1. Voyez plus bas, p. 333, l'*Instruction* de Malherbe à son fils.

2. Voyez l'*Instruction*, p. 336. « Son père, qui lui destinoit sa charge, dit Huet, le fit étudier dans l'Université de Caen, où il eut le bonheur d'avoir Rouxel pour maître dans l'étude de l'éloquence. Il l'envoya ensuite en Allemagne et en Suisse, où il prit à Heidelberg et à Bâle les leçons des plus habiles hommes de ces contrées. Étant de retour à Caen, il fit des discours dans les écoles publiques, ayant l'épée au côté, ce qui n'étoit pas sans exemple. » (*Origines de la ville de Caen*, p. 364.)

3. « On a écrit qu'il s'était fait huguenot vers la fin de sa vie, mais le docteur de Cahaignes, son contemporain, ne mentionne point ce fait grave dans l'article biographique sur ce magistrat.... Ainsi ce changement de religion, qui n'est attesté par aucun témoin du même temps, reste dans le domaine de l'invraisemblance et de l'erreur. » (*Recherches sur la vie de Malherbe et critique de ses œuvres*, par M. F. A. de Gournay, Mémoires de l'Académie de Caen, 1852, p. 232.) Le médecin Jacques de Cahaignes n'a point écrit une biographie du père de Malherbe. Il a fait son *éloge* en une page dans la *Première centurie des éloges des citoyens de Caen* (*Elogiorum civium Cadomensium centuria prima*), Caen, 1609, in-4°; et encore une partie de cette page est-elle consacrée à la louange du poëte. Le silence du panégyriste ne prouve donc absolument rien.

et même quelques années auparavant. Deux registres d'état civil de l'ancienne église réformée de Caen, dernièrement découverts, constatent que « François de Malherbe, sieur de Digny, conseiller du Roi au siége présidial de Caen, » fut parrain de deux enfants baptisés au temple, l'un le 1ᵉʳ février 1566, l'autre trente ans plus tard le 18 février 1596[1]. Je ne pense donc pas qu'un dissentiment religieux ait motivé le départ de Malherbe. On pourrait plutôt l'attribuer à son refus de succéder à son père dans la charge de conseiller[2], car il professa dès sa jeunesse pour la carrière de la magistrature un dédain qu'il parvint à grand'peine à surmonter, à la fin de sa vie, quand il destina son fils Marc-Antoine à devenir conseiller au parlement d'Aix[3].

1. Voyez un article de M. Ch. Read dans la *Correspondance littéraire* du 25 juin 1860, p. 371 et suiv. Il y a pourtant une difficulté que je ne puis résoudre, surtout n'ayant pas les documents sous les yeux. Suivant M. de Gournay (p. 232), qui ne cite point sa source, le père de Malherbe serait inscrit avec sa femme et ses filles, dans les années 1593 et 1596, au catalogue des communiants de Pâques en la paroisse Saint-Étienne de Caen. Si d'un côté, suivant les prescriptions formelles des synodes, un catholique ne pouvait alors être parrain d'un enfant présenté dans un temple protestant, d'un autre côté un protestant pouvait encore moins communier dans une église catholique. Mais comment était dressée cette liste de communiants? Était-elle bien sincère et bien exacte? N'y a-t-il point quelque erreur de noms? car la famille et les homonymes de Malherbe étaient fort nombreux en Normandie. Si c'est bien du père de Malherbe qu'il s'agit et dans le registre et dans le catalogue, le seul moyen de concilier ce double témoignage serait d'admettre que dans les dernières années de sa vie, il était revenu au catholicisme. Quant au fait même de sa profession de calvinisme, je crois qu'il est hors de doute.

2. Ce fut le frère puîné de Malherbe, Éléazar, *le grand Éléazar*, comme il l'a appelé dans l'épitaphe de M. d'Ifs, qui succéda à son père vers 1583. Voyez l'*Instruction*, p. 334.

3. Le 14 octobre 1626 (et non 1616, comme le porte à tort l'imprimé), il écrivait à M. de Mentin : « Vous vous émerveillerez qu'ayant autrefois si peu estimé la longue robe, je sois à cette heure si affectionné à la rechercher. Il est vrai qu'en mes premières années, j'y ai eu une très-grande répugnance. Mais soit qu'avec plus de temps j'aie eu plus de loisir de considérer les choses du monde, soit que la vieillesse ait de meilleures pensées que la jeunesse, il s'en faut de beaucoup que je n'en parle comme je faisois en ce temps-là. Je suis bien d'avis que l'épée est la vraie profession du gentilhomme; mais que la

Quoi qu'il en soit, Malherbe, que d'ailleurs aucun sentiment d'affection ne semble avoir retenu près de sa famille, se décida à suivre la carrière des armes et s'attacha à la personne de Henri, duc d'Angoulême, grand prieur de France et fils naturel de Henri II. Il le suivit en Provence en qualité de secrétaire[1], et ils paraissent avoir vécu en bonne intelligence, bien que tous deux fissent des vers et que le futur législateur du Parnasse traitât avec un assez grand mépris le talent poétique de son maître. « Un jour, dit Tallemant des Réaux[2], ce Monsieur le Grand Prieur, qui avoit l'honneur de faire de méchants vers, dit à du Perrier : « Voilà un sonnet; si je dis à Malherbe « que c'est moi qui l'ai fait, il dira qu'il ne vaut rien; je vous « prie, dites-lui qu'il est de votre façon. » Du Perrier montre ce sonnet à Malherbe en présence de Monsieur le Grand Prieur. « Ce sonnet, lui dit Malherbe, est tout comme si c'étoit Mon-« sieur le Grand Prieur qui l'eût fait. » Ce fut pourtant sous le patronage de ce prince que Malherbe fit circuler, je ne dis pas la première pièce qu'il ait composée, mais la première que l'on

---

robe fasse préjudice à la noblesse, je ne vois pas que cette opinion soit si universelle comme elle a été par le passé. »

Malherbe, dit Tallemant, ne vouloit pas que son fils fût conseiller; cela lui sembloit indigne de lui. (Voyez l'*historiette de Malherbe*, édit. P. Paris, tome I, p. 303 et 304.)

1. J'ai trouvé à la Bibliothèque d'Avignon, dans la collection d'autographes provenant de M. Requien, un ordre du Grand Prieur contre-signé par Malherbe. Je le transcris ici parce que c'est, je crois, la plus ancienne pièce connue où se trouve l'écriture du poëte :

« Consulz de Montdragon, pour quelque occasion bien expresse et importante au service du Roy, je vous envoye ma compagnye. Vous ne ferez faute de la recevoir et luy fournir vivres selon nostre reglement, pour une dixaine seulement. A ce ne faictes faute. Au camp devant Menerbe, ce xviiie d'octobre 1577.

« H. D'ANGOULESME.

« Par mon dit seigneur,
« DEMALERBE » (*avec paraphe*).

Demalerbe (d'un seul mot et sans *h*) : c'est ainsi que le poëte écrivit presque constamment son nom jusqu'au moment où il se fixa à Paris. Voyez Roux-Alpheran, *Recherches biographiques sur Malherbe*, Aix, 1840, in-8, p. 26 et 29.

2. Édition P. Paris, tome I, p. 271.

connaisse de lui : le quatrain sur le portrait d'Étienne Pasquier
qui figure en tête de notre édition[1].

J'ignore si les avantages attachés à sa position étaient considérables : en tout cas, il ne put pas compter sur l'assistance de
sa famille pour l'améliorer, car de 1576 à 1586 il n'en reçut
pas un liard, suivant son expression[2]. Cela ne l'empêcha pas de
gagner les bonnes grâces d'une veuve dont le père était président au parlement de Provence : Madeleine de Carriolis ou Coriolis, fille de Louis de Carriolis[3] et de Honorade d'Escallis.
Il avait vingt-six ans quand il l'épousa en octobre 1581[4], et
bien qu'elle eût à peu près le même âge[5], elle était déjà veuve
de deux maris[6]. Quarante-sept ans plus tard, elle devait encore
survivre au troisième.

Trois enfants sortirent de cette union, à des intervalles éloignés, et tous moururent avant leurs parents : Henri, né le
21 juillet 1585 à Aix, mort à Caen le 29 octobre 1587; Jourdaine, née le 22 septembre 1591 en Normandie, morte de la
peste à Caen le 23 juin 1599 ; et enfin Marc-Antoine, né à

1. Voyez p. 1. — 2. Voyez l'*Instruction*, p. 335.
3. En 1585, Louis de Carriolis en était à sa quatrième femme.
4. Le contrat de mariage est du 1er octobre 1581. Voyez Roux-
Alpheran, *Recherches*, p. 6 et suivantes.
5. Je ne puis admettre l'opinion de M. de Gournay (p. 237) qui
avance, mais sans preuve, qu'elle était âgée de trente ans à l'époque
de son troisième mariage. Son dernier enfant, Marc-Antoine, étant
né au mois de décembre 1600, elle l'aurait donc eu à quarante-neuf
ans ; ce qu'on admettra difficilement, surtout en se rappelant qu'elle
appartenait à une race méridionale.
6. 1° Jean de Bourdon, écuyer d'Aix, sieur de Bouq, dont elle eut
un fils qui lui survécut; 2° Balthasar Catin, sieur de Saint-Savour-
nin, lieutenant du sénéchal de Marseille. Racan a donc commis une
erreur en disant que Madeleine était veuve d'un conseiller; mais il est
probable que ce n'est pas par sa faute et que Malherbe le contait ainsi
à ses amis de Paris, lui qui, en arrivant en Provence, s'était fait passer
pour fils d'un *conseiller au Parlement de Normandie*. Du moins c'est
la qualité qui lui avait été d'abord donnée sur la minute de son contrat de mariage ; et bien que les mots « conseiller du Roy au Parlement dudit pays » aient été rayés, comme le porte une note, « du
consentement du sieur de Malerbe, » je pense que ce n'est pas le
notaire qui avait inventé cette qualification, et je partage à cet égard
l'opinion de M. Roux-Alpheran, qui le premier a signalé le fait. Voyez
ses *Recherches*, p. 6.

Aix le 24 décembre 1600, et dont nous aurons à parler longuement.

Ce fut seulement, à ce qu'il semble, dans les années qui suivirent son mariage que se marqua d'une manière éclatante le talent poétique de Malherbe. Lorsqu'en 1627, dans sa belle ode à Louis XIII, il s'écriait avec une noble fierté :

> Les puissantes faveurs dont Parnasse m'honore,
> Non loin de mon berceau commencèrent leur cours;
> Je les possédai jeune, et les possède encore
> A la fin de mes jours [1],

il se faisait un peu illusion sur le passé, s'il faut s'en rapporter à Tallemant des Réaux. « Ses premiers vers, dit-il (tome I, p. 272), étoient pitoyables. J'en ai vu quelques-uns, et entre autres une élégie qui débute ainsi :

> Doncques tu ne vis plus, Genefviève, et la mort
> En l'avril de tes ans te monstre son effort. »

Cette élégie est perdue ou du moins on ne l'a point encore retrouvée [2]. Peut-être a-t-elle été imprimée sans nom d'auteur et gît-elle ensevelie dans quelque recueil inconnu. On a peu de chose à regretter.

Le quatrain sur Pasquier, un sonnet retrouvé récemment par M. Éd. Fournier [3], des stances à une dame de Provence, et probablement la plus grande partie, sinon la totalité des *Larmes de saint Pierre*, c'est-à-dire environ 450 vers, voilà ce que l'on connaît des productions de Malherbe pendant les dix premières années qu'il passa en Provence (1576-1586), et avant qu'il eût atteint trente-deux ans [4].

---

1. Voyez pièce CIII, p. 283.
2. Maucroix en parle à Boileau, en estropiant le premier vers, le seul qu'il cite, dans une lettre datée du 23 mai 1695. Voyez la *Correspondance entre Boileau et Brossette*, publiée par Laverdet, 1858, p. 418.
3. Voyez plus loin *Notice bibliographique*, p. CXII.
4. Tallemant s'est trompé en disant que Malherbe avait trente ans quand il composa ses fameuses stances à du Périer. Nous avons démontré dans la notice sur ces stances (p. 38), qu'elles n'ont pu être écrites avant le mois de juin 1599, et elles le furent bien probablement assez longtemps après son retour en Provence, qui eut lieu au mois de décembre de la même année.

En 1586, Malherbe était en Normandie depuis le mois d'avril quand il apprit la mort tragique du Grand Prieur, tué à Aix, le 2 juin de la même année[1]. Cet événement brisa toutes ses espérances de fortune[2]. Décidé alors à ne point retourner en Provence, il manda sa femme près de lui[3]; et l'année suivante, pour essayer de remplacer le puissant protecteur qu'il avait perdu, il dédia *les Larmes de saint Pierre* à Henri III, auquel, malgré les troubles continuels qui déchiraient le royaume, il ne craignit pas de dire[4] :

> Henri, de qui les yeux et l'image sacrée
> Font un visage d'or à cette âge ferrée,
> Ne refuse à mes vœux un favorable appui;
> Et si pour ton autel ce n'est chose assez grande,
> Pense qu'il est si grand, qu'il n'auroit point d'offrande
> S'il n'en recevoit point que d'égales à lui.

Ce *favorable appui* ne fut pas refusé, et le Roi paya de cinq cents écus, accompagnés de promesses, les louanges mensongères du poëte, qui pourtant, quinze ans plus tard, n'hésita pas à flétrir la mémoire du prince dans une des strophes les plus énergiques qu'il ait écrites[5].

La vie qu'il mena en Normandie paraît avoir été assez triste. Réduit à ses propres ressources, « vivant du sien, sans aucun

---

1. Voyez plus loin, p. 2.
2. Elles étaient grandes, si l'on en juge par ce qu'il disait à une dame de Provence (voyez pièce II, p. 3) :

> Si je passe en ce temps dedans votre province,
> Vous voyant sans beauté et moi rempli d'honneur,
> Car peut-être qu'alors les bienfaits d'un grand Prince
> Marieront ma fortune avecque le bonheur.

Je crois que c'est à la mort du Grand Prieur que Malherbe fait allusion dans une lettre non datée, mais écrite en 1625, qui est la deuxième du premier livre dans les anciennes éditions.

3. En juillet : voyez l'*Instruction*, p. 335. — 4. Voyez pièce III, p. 5.

5. Quand un roi fainéant, la vergogne des princes,
Laissant à ses flatteurs le soin de ses provinces,
Entre les voluptés indignement s'endort,
Quoi que l'on dissimule, on n'en fait point d'estime,
Et si la vérité se peut dire sans crime,
C'est avecque plaisir qu'on survit à sa mort.

Voyez *Prière pour le Roi Henri le Grand*, pièce XVIII, p. 73.

secours de sa maison que peut-être un tonneau de cidre[1], » il fut obligé d'emprunter douze cents écus « pour s'entretenir lui et sa famille » jusqu'en 1593, époque où sa femme retourna en Provence. Il ne la rejoignit que deux ans après, en mai 1595, et revint au mois d'août 1598 en Normandie, où il séjourna jusqu'en décembre de l'année suivante. Chacun de ces deux séjours dans son pays natal fut marqué par une cruelle épreuve. Sa femme était près de lui à Caen, quand le 29 octobre 1587, ils perdirent leur unique enfant, Henri, âgé de deux ans. Il était seul lorsque le 23 juin 1599, il vit expirer entre ses bras sa fille Jourdaine, qui était née en 1591. On a conservé une partie de la lettre qu'il écrivit à sa femme pour lui annoncer le coup qui les frappait, et nous la transcrivons ici d'autant plus volontiers qu'elle porte l'empreinte d'un profond sentiment de douleur, dont on ne retrouve guère de trace dans l'épitaphe pompeuse[2] qu'il fit graver sur le tombeau de celle qu'il avait d'abord pleurée si amèrement.

« J'ai bien de la peine à vous écrire cette lettre, mon cher cœur, et je m'assure que vous n'en aurez pas moins à la lire. Imaginez-vous, mon âme, la plus triste et la plus pitoyable nouvelle que je saurois vous mander : vous l'entendrez par cette lettre. Ma chère fille et la vôtre, notre belle Jordaine, n'est plus au monde. Je fonds en larmes en vous écrivant ces paroles; mais il faut que je les écrive, et faut, mon cœur, que vous ayez l'amertume de les lire. Je possédois cette fille avec une perpétuelle crainte, et m'étoit avis, si j'étois une heure sans la voir, qu'il y avoit un siècle que je ne l'avois vue. Je suis, mon cœur, hors de cette appréhension ; mais j'en suis sorti d'une façon cruelle et digne de regrets, s'il en fut jamais une bien cruelle et bien regrettable. Je m'étois proposé de vous consoler ; mais comme le ferois-je, étant désolé comme je suis? Recevez cet office d'un autre, mon cœur ; car de moi je ne puis si peu me représenter cet objet et me ressouvenir que je n'ai plus ma très-chère fille, que je ne perde toutes les considérations qui me devroient donner quelque patience, et ne haïsse tout ce qui me peut diminuer ma douleur. J'ai aimé

---

1. Voyez l'*Instruction*, p. 335.
2. Voyez à la fin du volume, p. 361.

uniquement ma fille; j'en veux aimer le regret uniquement. Le mal qui me l'a ôtée ne m'ôtera pas le contentement que j'ai de m'en affliger. Mais que fais-je, ma chère âme? je me devrois contenter de ne vous consoler point, sans vous donner, par ces discours si tristes et si mélancoliques, sujet de vous attrister davantage. A la nouveauté de cet accident, un de mes plus profonds ennuis, et qui donnoit à mon âme des atteintes plus vives et plus sensibles, c'étoit que vous n'étiez avec moi pour m'aider à pleurer à mon aise, sachant bien que vous seule, qui m'égalez en intérêt, me pouviez égaler en affliction. Plût à Dieu, mon cher cœur, que cela eût été! je serois relevé de cette peine de vous écrire de si déplorables nouvelles, et vous hors de ce premier étonnement qui faut[1] que les âmes les plus roides et les plus dures sentent au premier assaut que leur donne cette douleur. Mais puisqu'il en faut sortir, et que vous différer davantage cette lamentable histoire, c'est différer votre résolution, je vous dirai que le dimanche[2].... »

Six mois après, au mois de décembre 1599, Malherbe repartit pour Aix où, l'année suivante, sa femme le rendit père d'un troisième enfant, d'un fils auquel tous deux, nous l'avons dit, devaient aussi survivre. Il semble n'avoir plus quitté la Provence qu'en août 1605, quand il alla faire « en France » un voyage qui décida de son sort[3].

Sauf la mort de ses deux enfants, on ne sait rien ou presque rien de la vie de Malherbe pendant l'intervalle qui s'écoula entre son premier voyage de Normandie et son dernier retour en Provence (1586-1599). Suivant Huet[4], il fit partie d'une députation envoyée à Henri IV pour l'assurer de la soumission et de la fidélité de la ville de Caen (1589); d'après un autre document[5], on le voit chargé en juin 1593, avec trois autres de ses concitoyens, de préparer « quelques gentilles inventions et quelques vers françois » pour fêter l'entrée à Caen de la sœur

---

1. C'est-à-dire, qu'il faut.
2. Ce fragment a été publié pour la première fois en 1850 par M. Hauréau, d'après une copie conservée à la Bibliothèque impériale, dans le manuscrit 133 des papiers de Baluze.
3. Voyez l'*Instruction*, p. 346.
4. Voyez *Origines de la ville de Caen*, p. 364.
5. Cité par M. de Gournay, p. 253, note 1.

du Roi, Catherine de Navarre, cette princesse pour laquelle il composa vers le même temps, au nom du duc de Montpensier, une longue déclaration en vers[1].

Voilà tous les renseignements que nous possédons sur lui pour cette époque; car on ne saurait avoir grande confiance dans les deux ou trois anecdotes de sa vie militaire que Racan a rapportées d'après lui :

« Les actions les plus remarquables de sa vie, et dont je me puis souvenir, dit-il, sont que pendant la Ligue lui et un nommé la Roque.... poussèrent M. de Sully deux ou trois lieues si vertement qu'il en a toujours gardé du ressentiment contre le sieur de Malherbe. »

Nous avons cherché en vain à déterminer l'époque où ce fait aurait pu se passer. Est-ce avant 1586? mais alors Malherbe, attaché au Grand Prieur, ne paraît pas être sorti de Provence, où Sully n'alla jamais guerroyer. Après 1586? mais dans son *Instruction* si précise en faits et en dates, on ne trouve pas la moindre allusion à une expédition militaire, qu'on ne saurait où placer. Est-ce après l'avénement de Henri IV? mais d'après ce que nous venons de dire, le poëte paraît avoir été attaché à la cause royale. Jusqu'à preuve du contraire, il est donc permis de révoquer en doute ce premier récit de Racan[2].

Le second est encore moins acceptable :

« Il m'a encore dit plusieurs fois qu'étant habitué à Aix depuis la mort de Monsieur le Grand Prieur, son maître, il fut commandé de mener deux cents hommes de pied devant la ville de Martigues, qui étoit infectée de contagion, et que les Espagnols assiégeoient par mer et les Provençaux par terre pour empêcher qu'ils ne communiquassent le mauvais air, et qui la tinrent assiégée par lignes de communication si étroitement, qu'ils réduisirent le dernier vivant à mettre le drapeau noir sur la ville devant que de lever le siége. »

---

[1]. Voyez plus loin, p. 20, la pièce v.
[2]. En tout cas, je ne pense pas qu'il faille identifier notre Malherbe avec un certain capitaine de Malherbe dont parle Palma Cayet et qui combattit bravement en 1590 à la tête d'une troupe de royalistes au siége du château de Sablé. (*Chronologie novennaire*, année 1590, Collection de MM. Michaud et Poujoulat, première série, tome XII, p. 226, 227.)

Ce fait, qu'il faut placer entre les mois de mai ou de juin 1595, époque où Malherbe retourna en Provence, d'où il était absent depuis 1586, et le mois de mai 1598, où fut signé le traité de Vervins avec l'Espagne, était certes assez remarquable pour n'être point oublié par les historiens; mais les érudits n'ont point encore pu découvrir un passage où il en soit parlé. On trouve bien dans de Thou, à l'année 1596[1], la mention avec quelques détails de la prise, par le duc de Guise, de la ville de Martigues, qui tenait pour la Ligue; mais rien dans son texte ne rappelle de près ou de loin le récit de Racan. Je crois que cette fois, et ce n'est pas la seule, le poëte aura abusé de la crédulité naïve de son élève.

Quoi qu'il en soit, Malherbe, comme il l'écrivait à du Perron, comptait s'en retourner en Normandie à la fin de 1601[2]; mais les procès qu'au mois de novembre de cette année il espérait voir terminés au bout de quelques jours, n'étaient point finis trois ans après; et lorsqu'il quitta la Provence au commencement d'août 1605, ses affaires étaient encore si embrouillées que, par prudence, il rédigea pour son fils une *Instruction* où se retrouve la minutieuse exactitude d'un homme du *pays de sapience*[3].

Les quatre années qui précédèrent son arrivée à la cour ne furent du reste perdues ni pour sa gloire ni pour son avenir. Au mois de novembre 1600, il présenta à Aix, à Marie de Médicis, *Sur sa bienvenue en France*, une ode qui marquait une ère nouvelle dans la poésie française et laissa probablement dans le souvenir de la jeune reine une impression dont Malherbe recueillit le fruit plus tard. Vers la même époque, il adressa à son ami

---

1. Voyez livre CXVI.
2. « Je suis ici accroché encore pour quelques jours à deux ou trois méchants procès et n'attends que d'avoir trouvé quelque fil à ce labyrinthe pour m'en retourner en *nos quartiers*. » — Comme Malherbe écrivait à un compatriote (la famille de du Perron était de Saint-Lô), qui occupait le siége épiscopal d'Évreux, les derniers mots désignent évidemment la Normandie. Cette lettre, dont nous reparlerons, est datée d'Aix le 9 novembre 1601. M. de Gournay (p. 272) l'a citée à tort comme écrite de Normandie.
3. Voyez-en le texte à l'*Appendice* qui suit les poésies, p. 331 et suivantes. Elle est datée du 26 juillet 1605. Marc-Antoine, à qui elle est adressée, était dans sa cinquième année.

du Périer cette célèbre *Consolation* dont quelques strophes sont dans toutes les mémoires. Les autres pièces que l'on croit avoir été composées durant ce dernier séjour en Provence avant 1605, sont, outre celles que nous avons citées : *Consolation à Carité*, *Dessein de quitter une dame*, *Prosopopée d'Ostende*, *Aux ombres de Damon*. Quant à la *Paraphrase du psaume VIII* que j'avais, avec Saint-Marc, rangée dans cette catégorie, il se pourrait que Racan, sur lequel nous nous sommes appuyés, eût encore ici commis une erreur. En effet, j'ai trouvé à la Bibliothèque de Carpentras une lettre inédite de M. de Valavez, qui écrit de Fontainebleau à Peiresc, son frère, le 13 juin 1612 : « Malherbe a traduit le psaume huitième *depuis quinze jours*, mais il l'a laissé, à ce qu'il dit, à Paris[1]. » Malherbe avait quelquefois de tels accès de lenteur dans la composition, qu'il ne serait point tout à fait impossible d'admettre qu'il eût achevé en 1612 une pièce commencée sept ou huit ans plus tôt[2].

L'année 1604 fut particulièrement heureuse pour Malherbe : il fit à cette époque, par le moyen de Guillaume du Vair, premier président au parlement de Provence, la connaissance de Claude Fabri de Peiresc, que son amour pour les sciences et pour les arts rendit plus tard si célèbre. Malgré une grande différence d'âge[3], il se forma entre eux une liaison intime qui dura jusqu'à la mort du poëte, à qui Peiresc donna en maintes circonstances les marques de l'affection la plus sincère et la plus dévouée[4].

1. Manuscrits Peiresc, Reg. 57, tome III, f° 382.
2. « Le bonhomme Malherbe m'a dit plusieurs fois, qu'après avoir fait un poëme de cent vers, ou un discours de trois feuilles, il falloit se reposer dix ans. » (Lettre de Balzac, du 25 juillet 1650, *Œuvres*, tome II, p. 881.) — Voyez plus loin, p. 313 (notice de la pièce cxvIII), ce que nous disons de deux stances que Malherbe présenta à Richelieu et qu'il avait composées plus de trente ans auparavant.
3. Peiresc, né en 1580, avait alors vingt-quatre ans, et Malherbe plus du double.
4. Voici ce que le célèbre Gassendi (ou mieux Gassend) raconte dans sa Vie de Peiresc, année 1604 : « Peireskius.... jucundissimam familiaritatem duplicem paravit. Altera fuit cum nobili Francisco « Villanovano Flayosci barone.... altera cum celebri viro Francisco « Malherbio, qui deinceps habitus fuit gallicæ linguæ arbiter, et poe-

Appelé en Normandie pour ses affaires particulières, Malherbe quitta la Provence au commencement d'août 1605, et comme à la même époque, Peiresc et du Vair partirent pour se rendre à la cour[1], il n'est pas douteux qu'il fit en leur compagnie ce voyage qui devait exercer sur sa vie une influence décisive.

Racan a raconté en quelles circonstances et avec quels éloges le nom de Malherbe fut prononcé, pour la première fois peut-être, devant Henri IV. C'était quelques semaines après que l'ode dont nous avons parlé plus haut avait été présentée à Marie de Médicis : le Roi demandant à du Perron s'il faisait encore des vers, le prélat n'hésita pas à lui répondre « qu'il ne falloit point que personne s'en mêlât après un certain gentilhomme de Normandie, habitué en Provence, nommé Malherbe, qui avoit porté la poésie françoise à un si haut point que personne n'en pouvoit jamais approcher[2]. »

« seos facile princeps. Iuvisebat enim uterque; et quum priorem qui-
« dem ipsi patria communis, ac studium earundem rerum concilias-
« set, posteriorem illi quæsivit commendatio Varii (*du Vair*), clarum
« que in Provincia nomen, ex quo tempore fuerat memorato magno
« Franciæ Priori a secretis. Hinc proinde cœpit Peireskius Malherbii
« poemata cognoscere, suspicere, apud exteros commendare. Siqui-
« dem quum mense septembris illa memorabilis Ostendæ obsidio
« exitum habuisset, pulchraque illa carmina, *Area parva ducum*, etc.,
« fuissent gallicis versibus non modo a Vario, sed a Malherbio etiam
« expressa, misit illico quum ad alios, tum ad ipsum Scaligerum,
« quem latinorum carminum arbitrabatur esse auctorem. » (*Viri illustris Nicolai Claudii Fabricii de Peiresc vita per Petrum Gassendum*, Paris, 1641, in-4º, p. 78 et 79.)

1. Voyez *ibidem*, p. 82.
2. Le fait se passa à Lyon où, à l'occasion de son mariage avec Marie de Médicis, le Roi séjourna du 9 décembre 1600 au 20 janvier 1601. Ce fut seulement le 9 novembre suivant que Malherbe écrivit d'Aix à du Perron une lettre de remercîment dont voici le commencement : « Monsieur, il y a huit ou dix mois que je fus averti qu'au dernier voyage de Lyon, vous trouvant un soir au souper du Roi, sur un discours qui se présenta, vous prîtes occasion de me nommer à Sa Majesté, et le fîtes avec des termes qui furent jugés de ceux qui les ouïrent ne pouvoir partir que d'une singulière et du tout extraordinaire affection en mon endroit. Ce rapport, qui me fut fait premièrement par un gentilhomme de mes amis, me fut, à ne mentir point, une merveille si grande que je ne pense jamais avoir rien ouï de quoi je demeurasse plus étonné.... Toutefois ce même

Henri IV garda le souvenir de celui que du Perron avait
loué si magnifiquement devant lui, et il en parlait souvent à un
compatriote du poëte, à Vauquelin des Yveteaux, poëte lui-
même et qui était alors précepteur de César de Vendôme. Des
Yveteaux offrit plusieurs fois de le faire venir à la cour, mais
le Roi, « qui étoit ménager, » reculait toujours devant cette
dépense : du moins Racan l'affirme. De son côté, Malherbe,
qui était probablement prévenu de cette bonne volonté, cher-
cha à ne point se laisser oublier; et la dernière année de son
séjour à Aix, il composa pour un combat de barrière qui eut
lieu à la cour, le 25 février 1605, des strophes que l'on im-
prima quelque temps après, dans une relation de cette fête[1].
Lorsqu'au mois d'août suivant, il arriva à Paris, des Yveteaux
s'empressa de prévenir le Roi, qui manda le poëte, et Malherbe,
sans crainte d'être démenti, pouvait, le 10 septembre 1625,
écrire à Racan : « Si je n'ai autre avantage, pour le moins ai-je
celui de n'être point venu à la cour demander si l'on avoit affaire de moi, comme la plupart de ceux qui y font aujourd'hui
le plus de bruit. Il y a eu, en ce mois où nous sommes, vingt
ans que le feu Roi m'envoya quérir par M. des Yveteaux, me
commanda de me tenir près de lui et m'assura qu'il me feroit
du bien[2]. » Le Roi partait alors pour aller tenir les grands jours
en Limousin, et il lui commanda, pour cette circonstance, des
vers que le poëte lui présenta à son retour[3]. C'est la belle ode

    O Dieu, dont les bontés de nos larmes touchées.

Jamais, même aux plus beaux jours de l'Académie de Charles IX, le Louvre n'avait retenti d'une pareille poésie. Henri

avis m'ayant été confirmé par une infinité de personnes d'honneur
qui se disoient y avoir été présentes, il faut que je le tienne pour véritable et que, contre ma coutume, je me lâche à quelque vanité.... »

1. Voyez p. 65, la pièce xvi.
2. Malherbe ajoute encore : « Je n'en nommerai point de petits témoins. La Reine mère du Roi, Mme la princesse de Conti, Mme de
Guise, sa mère, M. le duc de Bellegarde, et généralement tous ceux
qui alors étoient ordinaires au Cabinet, savent cette vérité ; et savent
aussi qu'une infinité de fois il m'a dit que je ne me misse point en
peine, et qu'il me donneroit tout sujet d'être content. »
3. Voyez p. 69. La lettre d'envoi qui accompagnait cette pièce
figure en tête des lettres de Malherbe, dans les anciennes éditions.

le sentit et recommanda Malherbe à son grand écuyer, M. de Bellegarde, qui lui donna mille livres d'appointements, et « l'entretint d'un homme et d'un cheval. » Cette générosité qui n'a surpris personne, m'avait paru assez singulière jusqu'au moment où j'ai lu dans Huet que M. de Bellegarde avait donné à Malherbe une place d'écuyer du Roi : s'il en est ainsi, il me semble très-naturel de supposer que les avantages que nous venons d'énumérer, ou du moins une partie, étaient attachés à cette place[1]. Ce n'est pas tout. Malherbe devint, probablement à la même époque, gentilhomme ordinaire de la chambre du Roi[2], et les gages qu'il recevait en cette qualité, si, ce que tout porte à croire, ils étaient alors ce qu'ils furent cinquante ans plus tard, se montaient à deux mille livres[3].

La mort de son père, arrivée avant le mois de juillet 1606, vint encore augmenter son revenu[4]; mais cela ne l'empêcha pas, tant que vécut Henri IV, de solliciter, soit sur le trésor royal, soit sur un évêché ou une abbaye, une pension, que de son côté le Béarnais ne se lassa pas de lui promettre[5]; et en attendant

1. L'*Estat de la France dans sa perfection* (1658) donne aux vingt écuyers que le grand écuyer avait sous ses ordres sept cents livres de gages (p. 205). Je lis en outre, dans l'*État de la France* (1749, tome II, p. 201), au chapitre des *Écuyers ordinaires de la Grande Écurie*, qui, au dernier siècle, étaient au nombre de trois : « De ces écuyers, il y en a qui ont chacun cinq cents livres de gages, mille livres de livrées ou dépenses de deux chevaux, quatre cents livres pour états et appointements, sept cent vingt livres pour la nourriture de deux chevaux, cent quatre-vingt-deux livres dix sols chacun pour leur nourriture, qu'ils reçoivent par les mains de l'argentier. »
2. Suivant Huet, ce fut aussi M. de Bellegarde qui lui fit avoir cette charge.
3. Voyez l'*Estat de la France dans sa perfection*, p. 195.
4. M. de Gournay a découvert dans l'étude d'un notaire, à Caen, l'acte de partage de la succession paternelle entre Éléazar de Malherbe et son frère aîné. Le poëte eut pour sa part soixante-dix acres de terres, situés en la commune de Missy, la maison que son père habitait à Caen, quelques rentes en argent, blé et orge, et des faisances de peu d'importance. Sur ces biens, il devait payer une part du douaire de sa mère et diverses rentes montant à cent soixante-trois livres dix sols. (*Mémoires de l'Académie de Caen*, p. 263.) — Dans l'*Instruction*, Malherbe évaluait, en 1605, le revenu de son père à six ou sept cents écus de rente.
5. Voyez les lettres de Malherbe à Peiresc, en date du 18 juillet 1607, du 6 mars 1608, etc.

on sut tirer de lui tout le parti possible. « Lundi au soir, écrivait-il à Peiresc en date de février 1606, Monsieur le Grand (Bellegarde) me commanda de faire des vers pour les dames. Je fis ce que je pus pour m'en excuser, mais il n'y eut ordre. Vous pouvez juger si un homme qui a mauvaises jambes, comme j'ai, peut faire beaucoup de chemin en si peu de temps. J'en fis pourtant, car il fallut obéir; mais ce furent des vers de nécessité. Ils ne laissent pas d'être loués; le mal est que je ne les loue pas et que je ne veux pas qu'on les voie [1]. »

A ces vers succédèrent des odes et des sonnets pour le Roi [2] et pour M. de Bellegarde, des vers de ballets, et enfin les cinq pièces où il chante les amours de Henri pour la princesse de Condé.

Des vers de commande ou « de nécessité, » des vers inspirés par le désir d'obtenir ou de payer un bienfait, une grâce, voilà ce qui forme la plus grande et la plus importante partie de son œuvre, depuis le moment où il se fixa à la cour; et chose singulière, parmi ces vers se trouvent précisément les plus beaux qui soient sortis de sa plume. Si jamais homme eut le tempérament d'un poëte officiel, c'est bien Malherbe. Son génie s'est nourri et s'est vivifié de ce qui en aurait tué d'autres plus poëtes que lui, et il est à cet égard un phénomène à peu près unique dans notre histoire littéraire. Ses vers d'amour pour la vicomtesse d'Auchy (Caliste) sont en nombre et en mérite au-dessous de ceux qu'au nom d'Alcandre il écrivit pour Oranthe, et il était si habitué à parler pour les

---

[1]. Il s'agit des stances *Aux Dames, pour les demi-Dieux marins*: voyez pièce xx, p. 84. — Balzac écrivait à Conrart le 30 avril 1650 : « Vous savez ce que disoit le père Malherbe des sonnets et des stances de commande. En effet, Monsieur, l'humeur est une chose bien libre, et qui a bien de la peine à suivre et à obéir. Il y a des gens qui vont moins volontiers à l'église le dimanche que les jours ouvriers. » (Balzac, *OEuvres*, tome II, p. 879.)

[2]. Rectifions en passant le texte d'une phrase qu'on lui a reprochée bien souvent. On lui fait dire dans une lettre à Peiresc (octobre 1606) : « Vous verrez bientôt près de quatre cents vers que j'ai faits sur (*lisez :* pour) le Roi. Je suis fort *enthousiasmé*, parce qu'il m'a dit que je l'aime et qu'il me fera du bien. » Or, la lettre autographe porte : « Je suis fort *embesogné*, » ce qui offre un sens tout à fait différent.

autres, qu'on citait comme des exceptions les pièces qu'il composa pour lui-même[1]. Ronsard dont il faisait si peu de cas, d'Aubigné qui semble n'avoir pas existé pour lui, ne se seraient jamais effacés à ce point; mais s'il leur est inférieur pour l'originalité, le sentiment et la passion, il leur est infiniment supérieur par ce qui fait vivre l'écrivain : par le bon sens, le goût, la justesse et le choix de l'expression. Ce sont là les premières et nécessaires qualités d'un maître et d'un législateur de la langue, tel qu'il le fut et tel que, dans le même siècle, devait l'être un jour Boileau; et celles-là il les eut à un haut degré.

Sa prose « de commande ou de nécessité » est aussi excellente que ses vers, et il faudra désormais lui assigner comme prosateur une place qu'on n'avait point encore songé à lui donner. L'épître de consolation qu'en 1614 il adressa à sa protectrice la princesse de Conti, au sujet de la mort du chevalier de Guise, ne brille point, je le sais, par le naturel ni par la simplicité; mais au point de vue de la langue, sous le rapport de la noblesse et de la correction du style, c'est peut-être le morceau le plus achevé qui eût paru à cette époque; et son auteur mérite plus que Balzac, dont les premiers écrits ne furent publiés qu'en 1624, d'être appelé le créateur de la prose française. Sa traduction de Tite Live[2], pour laquelle il avait une si haute estime[3], vient encore à l'appui de cette opinion, que ne démentiront certainement pas ses traductions de Sénèque. Je n'en dirai point autant des lettres familières, à l'égard desquelles il avait un tout autre système. « Je suis bien aise, écrivait-il à son cousin M. de Bouillon, que mes lettres vous soient agréables. Vous en pensez selon mon goût quand vous dites qu'en les lisant vous pensez m'ouïr deviser au coin de mon feu. C'est là, ou je me trompe, le style dont il faut écrire

---

1. Voyez la notice de la pièce LI, p. 174.
2. Voyez plus loin, p. 389 et suivantes.
3. « Quelques-uns de ses amis le prièrent un jour de faire une grammaire de notre langue. Il avoit si bonne opinion de ses ouvrages qu'il leur répondit que sans qu'il prît cette peine, on n'avoit qu'à lire sa traduction du *XXXIIIe livre de Tite Live*, et que c'étoit de cette sorte qu'il falloit écrire. » (*La Bibliothèque françoise de M. C. Sorel*, Paris, 1664, p. 234.)

les lettres. » Il ne se trompait pas : voyez plutôt ce que le genre épistolaire est devenu sous la plume de Mme de Sévigné, de Voltaire et de tant d'autres ; seulement pour y réussir il aurait fallu à cet esprit net et vigoureux, mais peu brillant et nullement prime-sautier, une vivacité et une souplesse qui lui manquaient complétement.

Marie de Médicis, devenue régente, ne garda point rancune au poëte de ses vers pour Oranthe, et se chargea d'acquitter les promesses de son époux. Six semaines à peine s'étaient écoulées depuis l'attentat de Ravaillac, que Malherbe pouvait écrire à Peiresc : « Mme la princesse de Conti gouverne la Reine plus que jamais. Elle me fit hier accorder un méchant don.... Je n'ai autre peur que de ma mauvaise fortune, qui pourroit bien à l'accoutumée me frustrer de cette espérance [1]. » Deux jours après, il lui reparlait de ce qu'il continuait d'appeler une *méchante affaire*, bien qu'on lui eût dit, ajoutait-il, qu'elle valait dix mille écus[2]. Enfin au mois de décembre il lui annonça qu'il était inscrit au nombre des « nouveaux pensionnaires, » et ne lui cacha pas les alarmes que lui causaient les dispositions hostiles de Sully. « Il est vrai, ajoutait-il, que la Reine en me promettant ma pension, a usé de ce mot d'*absolument*. Nous

---

1. Lettre du 26 juin 1610.
2. Elle ne fut terminée qu'en 1618, et M. Roux-Alpheran l'a parfaitement résumée, d'après les pièces originales conservées aux archives d'Aix (voyez *Recherches*, p. 30-32). Voici ce dont il s'agissait. Au mois de juin 1615, Malherbe présenta au Roi un placet pour obtenir en pur don un terrain situé sur le port de Toulon, et où il se proposait de faire bâtir des maisons. Après une expertise faite par les trésoriers généraux de France à Aix, ceux-ci, malgré l'opposition des consuls de Toulon, reconnurent l'utilité du projet, et Louis XIII, par un brevet, daté du 30 juin 1617, et où il déclare « vouloir gratifier le sieur de Malherbe, en considération de ses mérites et des bons et recommandables services qu'il a rendus et rend journellement à Sa Majesté, » lui fit don du terrain demandé. Ce terrain était situé dans l'enclos de la darsine de Toulon, et on devait y bâtir vingt-deux maisons, à la charge, les constructions terminées, d'une rente annuelle de deux écus par maison, et des droits seigneuriaux, en cas d'aliénation, au profit de Sa Majesté. Le brevet fut suivi de lettres patentes enregistrées au parlement d'Aix, au mois d'avril 1618. Cette compagnie, où il comptait beaucoup d'amis, le tint quitte des *épices* dues à raison de l'enregistrement.

saurons dans dix ou douze jours ce qui en sera[1]. » Les jours, les semaines et les mois se passèrent, et ce fut seulement vers la fin d'avril 1611 que l'affaire fut réglée. Cette pension, qui était de quatre cents écus, fut portée à cinq cents en juin 1612[2]. » C'était le prix de devises faites pour la Reine par le poëte, qui se promettait de mériter, l'année suivante, une nouvelle « gratification par quelque nouvel ouvrage. »

Il n'y manqua pas ; car à peine en 1614 eut-il fait contre les princes révoltés une paraphrase du psaume cxxviii[3], qu'il demanda à être compris « dans la capitulation. » La Reine le lui promit, et probablement tint parole. En 1615, c'est le frère de Peiresc, M. de Valavez, qu'il met en avant, et inutilement cette fois, pour obtenir une pension sur un évêché[4]. »

Malherbe, du reste, au lieu d'être un grand poëte, n'aurait été qu'un simple courtisan qu'il aurait mérité ces faveurs par son assiduité près de la Reine et le dévouement qu'il lui témoigna, tant qu'elle garda le pouvoir. Malgré l'ennui que lui

---

1. Lettre à Peiresc, du 23 décembre 1610.
2. « Encore que je n'aie aucun digne sujet de vous écrire, si je n'ai voulu perdre la commodité de ce laquais pour vous dire que la Reine se laissa persuader devant hier au soir à M. de Malherbe de lui augmenter sa pension de cent écus, de sorte qu'il a cinq cens écus par an. » (Lettre citée plus haut de M. de Valavez à son frère Peiresc, en date du 13 juin 1612.) Malherbe, de son côté, dans une lettre à Peiresc, raconte ainsi le fait : « J'ai fait voir à la Reine les devises que j'ai faites pour elle. Elle les a trouvées fort à son goût, ce que je crois, pource qu'elle l'a dit, mais encore plus parce qu'elle m'a augmenté ma pension de cent écus. Si je me fusse préparé à lui faire cette requête, je la trouvai si bien disposée que je crois qu'elle eût passé plus avant : ce sera, Dieu aidant, pour l'année prochaine; cependant je tâcherai de mériter cette gratification par quelque nouvel ouvrage. » Cette lettre, qui n'est pas datée dans l'édition de Blaise, y est classée à tort parmi celles de 1613 (p. 269); car elle est adressée à Peiresc à Paris; or le savant conseiller n'avait séjourné dans cette ville qu'en 1612, et dès le mois de novembre de cette année était retourné en Provence, d'où il ne revint qu'en 1616. M. de Gournay, qui s'appuie sur cette pièce, s'est donc trompé en disant (p. 268) que la pension de Malherbe, qui était d'abord de quinze cents livres, fut en 1613 portée à dix-huit cents.
3. Voyez plus loin, pièce LXIII, p. 207.
4. Voyez les lettres à Peiresc, des 6 octobre, 15 et 28 novembre 1615.

causaient les voyages à Fontainebleau et les fêtes royales, il suivait fidèlement la cour, étant sans cesse, grâce à ses fonctions de gentilhomme de la chambre, au Cabinet, où il cherchait à amuser la princesse par ses propos et les histoires qu'il pouvait apprendre de côté et d'autre [1]. Il parvint même à la persuader de la sincérité de son attachement. Un jour, la princesse de Conti donna à lire à la Reine, au moment où celle-ci montait en carrosse, un pamphlet intitulé : *Remontrances de la noblesse au Chancelier.* « Mme de Guise, raconte Malherbe, étoit auprès d'elle à la portière, qui m'a dit qu'en le lisant tout le long du chemin, elle rougissoit à tout moment. Comme elle eut tout lu, elle lui demanda qui le lui avoit baillé; elle répondit que c'avoit été Malherbe; à quoi elle répliqua : « Je « m'assure qu'il n'en a pas moins été piqué que moi[2]. »

Il faut dire que jamais poëte ne pratiqua plus consciencieusement la maxime qu'il inscrivit en tête de sa lettre à Henri IV : « Les bons sujets sont à l'endroit de leur Prince, comme les bons serviteurs à l'endroit de leurs maîtresses. Ils aiment ce qu'il aime, veulent ce qu'il veut, sentent ses douleurs et ses joies, et généralement accommodent tous les mouvements de leur esprit à ceux de sa passion. » En effet, si des pièces qu'il composa depuis la mort de Henri IV on retranche des vers faits pour des amis et quelques chansons, il ne reste guère que des pièces de circonstance : des vers funèbres sur la mort du Roi au nom de M. de Bellegarde, des vers de ballet, des odes et des sonnets à la Reine mère, des stances contre les princes révoltés, et plus tard, des odes, des sonnets, des stances pour le Roi, Monsieur, Richelieu, le surintendant la Vieuville, contre les Réformés, etc. Une pareille abnégation de la part du poëte ne fut pas sans récompense. L'un des sonnets à Louis XIII[3]

---

1. Voyez sa lettre à Peiresc, du 13 mai 1611, où il lui raconte avec quel plaisir a été lue au Cabinet la relation qu'il avait reçue de lui sur les sorcelleries de Gaufridi, et celle du 4 novembre 1623, où, à propos d'une autre histoire de sorcier, il écrit à Racan : « Vous m'avez fait un plaisir extrême de me mander la nouvelle de cet accident notable advenu à la Flèche. Il y a là de quoi entretenir la Reine. »
2. Voyez la lettre de Malherbe à Peiresc, du 27 juin 1615.
3. Voyez pièce cxi, p. 260.

lui valut un don de cinq cents écus. Richelieu[1], auquel il écrivait : « Je vous mets en tête un grand monstre, quand je vous propose ma mauvaise fortune. » Richelieu, cet *adorable prélat*, ne l'oublia pas non plus, et ce fut probablement à lui qu'il dut le don d'un office de trésorier de France[2].

On voit que si des Yveteaux avait quelque raison de lui reprocher de demander toujours l'aumône un sonnet à la main, Malherbe, de son côté, pouvait dire en toute assurance : « La monnoie dont les petits payent les bienfaits des grands, c'est la gloire. J'espère que de ce côté-là on ne m'accusera jamais d'ingratitude[3]. »

---

1. Voyez à l'*Appendice de la Notice biographique*, p. L, une lettre de Richelieu à Malherbe.

2. « Il plut à Monseigneur le Cardinal, il y a quelques jours, de me promettre qu'aussitôt que M. de Fiat (d'Effiat) seroit de retour, il me feroit payer de ma pension, et y ajouta encore qu'il me vouloit faire mes petites affaires. . . . . Aujourd'hui que M. de Fiat est arrivé, il est question de me ramentevoir à Monseigneur le Cardinal, afin qu'il se souvienne, tant de l'assistance qu'il m'a offerte en cette occasion, que de celle qu'il m'a promise en l'office de trésorier de France, dont il a plu au Roi de me gratifier. » (*Lettre à l'évêque de Mende.*) Dans une lettre inédite de Peiresc à P. Dupuy en date du 22 novembre 1626, je trouve le passage suivant : « ....Il n'y a pas grand mal quand vous feriez demander quelque office, en finançant quelque petite portion seulement. C'est comme cela que Malherbe s'est fait donner une charge de trésorier de France en ce pays (en Provence), et le neveu du P. Suffren une autre à fort bon marché ; et leur mérite et qualité fera passer l'édit, pour l'amour d'eux, qui ne passeroit jamais. » (Bibliothèque impériale, manuscrits Dupuy, n° 716, f° 53.) — Il y eut en août 1621, en février 1626 et en avril 1627 des créations d'offices de trésorier de France ; d'après ce qui précède, Malherbe en auroit été pourvu au plus tard en 1626.

3. *Lettre à l'évêque de Mende.* On y lit le passage suivant : « Je fus dernièrement trouver un homme pour quelque *petite affaire*, et je crois que sans offenser sa conscience, il lui étoit aisé de me satisfaire. La peur que j'ai d'être refusé, me fait toujours prendre garde de ne jamais rien demander qui ne soit raisonnable ; et d'ailleurs j'avois quelque sujet de croire que cet homme aimât les vers. Je le trouvai toutefois si peu courtois et si fort résolu de ne me point gratifier, que je m'en revins avec un déplaisir de lui avoir jamais rien demandé, et avec une protestation de ne lui demander jamais rien...... La nécessité est forte ; mais elle ne l'est pas assez pour me faire faire une seconde prière à un homme à qui la première

De ce côté-là, soit; mais il est plus d'un genre d'ingratitude, et il y a dans sa vie des taches dont avec la meilleure volonté du monde on ne peut laver sa mémoire. A partir du moment où un attachement trop grand à la mère du Roi pouvait devenir dangereux, n'a-t-il pas oublié bien vite *l'objet divin des âmes et des yeux*, *la Reine sans pareille*, *la Reine chef-d'œuvre des cieux*, la princesse à qui il devait tout, qu'il avait si souvent célébrée et dont le nom ne se retrouve plus dans ses vers? N'a-t-il pas adulé bassement, dans une dédicace qui est un chef-d'œuvre du genre[1], le connétable de Luynes, qu'après sa mort, quelques mois plus tard, il appelait *cet absinthe au nez de barbet, qu'il auroit voulu voir au gibet*[2]? Je reconnais que jusqu'à la fin de sa vie il ne cessa de chanter les louanges, en vers et en prose, de Richelieu, de *ce grand cardinal, grand chef-d'œuvre des cieux*; mais je n'aurais pas conseillé à l'illustre Éminence d'être disgraciée du vivant du poëte, ou de le précéder dans la tombe.

Il faut dire, comme circonstance atténuante, que malgré la bonne volonté du prince, la position d'un « pensionnaire » était toujours fort précaire : trop souvent il dépendait d'un ministre de retarder, ou même d'arrêter complétement les effets de la munificence royale. Malherbe le savait, et il manœuvra assez prudemment au milieu des intrigues et des révolutions de la cour pour ne jamais compromettre, je ne dis

---

n'a de rien servi. Il me pouvoit faire du bien; je lui pouvois donner des louanges. Il me semble que ce qu'il eût eu de moi valoit bien ce que j'eusse reçu de lui. Puisqu'il ne l'a pas voulu, il le faut laisser là. Me voilà déchargé d'une grande peine. » M. de Gournay cite ces dernières lignes, pour nous faire admirer « la fierté avec laquelle Malherbe repoussoit toute idée de faire une démarche ou seulement une demande qui humilieroit son amour-propre, lors même qu'elle devroit améliorer sa fortune » (p. 259). Il aurait dû se rappeler qu'il ne s'agissait ici, comme le poëte le déclare lui-même, que d'*une petite affaire*.

1. La dédicace de la *Traduction du XXXIIIe livre de Tite Live* (voyez plus loin, p. 389 et suivantes). Outre le Roi et le connétable, Malherbe trouve moyen d'y louer le chancelier, le garde des sceaux, le surintendant des finances, les secrétaires d'État, le cardinal de Rais, le président Jeannin, le prince de Condé, et jusqu'à *Messieurs les trésoriers de l'Épargne*. Il est vrai qu'il avait souvent besoin de ceux-ci.
2. Voyez pièce LXXXIV, p. 250.

pas la dignité de son caractère, mais sa position[1]. Aussi à la fin de sa vie, il était sinon riche, du moins fort à son aise ; et on peut le croire, lui qui se plaignait sans cesse, quand il disait dans sa mauvaise ode à M. de la Garde[2] :

> Je ne désiste pas pourtant
> D'être dans moi-même content
> D'avoir bien vécu dans le monde,
> Prisé (quoique vieil abattu)
> Des gens de bien et de vertu :
> Et voilà le bien qui m'abonde[3].

Sa pension de cinq cents écus[4], ses appointements de gentil-

1. Je n'ai trouvé qu'une seule fois le nom de Malherbe mêlé à des propos de cour. Pendant une absence du poëte, Peiresc, qui se trouvait alors à Paris, lui écrivit qu'au Cabinet (du Roi), son départ était mal interprété. On prétendait qu'il s'était enfui de peur d'être recherché comme l'auteur d'un « certain discours en trois feuillets. » « Celui qui a fait courir ce bruit, ajoutait Peiresc, est quelqu'un de ceux qui avoient accès chez vous. » (Bibliothèque de Carpentras, manuscrit cité, f° 532 v°, lettre du 4 mai 1620.) Malherbe, je crois, se tint à l'écart des intrigues politiques, et suivit religieusement cet autre précepte qu'on lit dans sa dédicace au duc de Luynes : « Pour moi, qui ai toujours gardé cette discrétion de me taire de la conduite d'un vaisseau où je n'ai autre qualité que de simple passager, le meilleur avis que je puisse donner à ceux qui n'y sont que ce que je suis, c'est de s'en rapporter aux mariniers. »

2. Voyez pièce cv, p. 285.

3. Ce dernier vers est la réfutation de l'épitaphe que Gombauld a composée pour Malherbe :

> L'Apollon de nos jours, Malherbe ici repose.
> Il a longtemps vécu sans beaucoup de support,
> En quel siècle ? Passant, je n'en dis autre chose :
> Il est mort pauvre.... et moi je vis comme il est mort.

Le poëte Patrix, compatriote de Malherbe, le trouva un jour à table : « Monsieur, lui dit-il, j'ai toujours eu de quoi dîner, mais jamais de quoi rien laisser au plat. » Voyez Tallemant des Réaux, tome I, p. 292.

4. Une anecdote, que l'on trouvera plus loin (voyez p. LXVIII), permet d'apprécier à peu près le revenu que cette pension de quinze cents livres faisait à Malherbe. Suivant Racan, le poëte donnait à son valet vingt écus de gages et dix sous par jour pour sa nourriture, soit par an deux cent quarante-deux livres, « ce qui étoit honnête en ce temps-là. » Avec sa pension seule, Malherbe avait donc un peu plus que six fois la somme nécessaire au payement et à l'entretien de son valet.

homme ordinaire et plus tard de trésorier de France, ce qu'il avait recueilli des successions de son père et de sa mère[1], et surtout la concession des terrains à Toulon[2] lui procurèrent en effet, bien qu'il ne fût pas « ménager[3], » une existence fort honorable. Et notez que je ne fais pas figurer dans ce calcul les gratifications qu'il dut recevoir de temps en temps soit du Roi, soit d'autres personnages pour lesquels il a fait des vers[4]. Il dit lui-même quelque part « qu'il ne se donnoit pas volontiers de la peine aux choses dont il n'espéroit ni plaisir ni profit[5]. »

Nous avons vu plus haut comment en 1605, après vingt-quatre ans de mariage, Malherbe se sépara de sa femme pour venir à Paris. Il ne la revit plus que deux fois, en 1616 et en 1622, lorsqu'il alla en Provence. Malgré l'éloignement, leurs relations n'en furent pas moins très-suivies, et l'on trouve en maintes pages de sa correspondance la preuve de l'affection sincère qu'il avait pour elle[6]. Toutefois le récit de Racan nous apprend que, bien qu'il fût d'un âge mûr quand il vint se fixer à la cour, il y mena une vie peu régulière et où le libertinage tint plus de place que la passion. En 1611, il écrivait :

Je renonce à l'Amour, je quitte son empire.

Il était temps, car il avait cinquante-six ans. Mais certainement lorsque le *père Luxure*, comme on l'appelait chez M. de Bellegarde, et l'Amour se séparèrent, ce ne fut pas le poëte qui fit les premiers pas en arrière[7].

1. Sa mère mourut le 21 novembre 1613, à quatre-vingt-deux ans.
2. M. de Gournay parle (p. 272) des salines de Castigneau qui auraient aussi été données à Malherbe ; les titres de concession se trouveraient, à ce qu'il paraît, à Toulon.
3. « Quand je serois ménager, ce que je ne suis pas, » dit-il dans une lettre à son cousin de Bouillon.
4. Dans une lettre (c'est la IVe du livre I dans les anciennes éditions), il remercie Monseigneur *** « du beau présent » qu'il vient de recevoir. Je pense aussi que ce ne fut pas gratuitement qu'il fit pour le financier Montauban certain couplet dont il parle dans une autre lettre.
5. Lettre à Racan, du 18 octobre 1625.
6. Il lui envoyait sans cesse de l'argent, et souvent des sommes assez fortes.
7. Voyez ses doléances à ce sujet dans sa lettre à Balzac.

Malherbe avait laissé auprès de sa femme, à Aix, son fils unique, Laurent-Marc-Antoine, né, nous l'avons déjà dit, le 14 décembre 1600. Comme ce fils a tenu une grande place dans les dernières années de la vie de son père et que d'ailleurs nous avons pu nous procurer sur lui et ses aventures des documents inconnus ou inédits, nous allons en parler un peu longuement.

Marc-Antoine annonça de bonne heure les plus heureuses dispositions; c'était un vrai prodige, au dire de Peiresc, qui ne laissait échapper aucune occasion de raconter à son ami les succès de l'enfant et du jeune homme [1].

[1]. « Le petit Marc-Antoine, lui écrit-il le 17 octobre 1606, est plus grand que vous ne l'avez laissé d'un bon demi-pan, et je ne vis jamais enfant de son âge si gentil ni si éveillé que lui. Vous ne sauriez croire comme il se plait à bien apprendre ses leçons, et le grand plaisir qu'il a d'ouïr dire qu'il fait mieux que ses compagnons. » (Bibliothèque de Carpentras, manuscrits de Peiresc, *Correspondance*, volume H-M, f° 454.)

Cinq semaines plus tard, le 26 novembre 1606, il écrit encore :

« Le petit Marc-Antoine est toujours plus gentil. Il dîna dernièrement chez M. du Périer, le jour du doctorat de son fils, où il entretint merveilleusement toute cette compagnie, et avec les discours pertinents, comme si c'eût été un homme bien consumé (consommé). » (*ibid.*, f° 456.)

J'extrais d'autres lettres inédites les passages suivants :

« Votre petit Marc-Antoine est si gentil, maintenant qu'il a le haut-de-chausses, qu'il ne se daigne point d'aller avec des enfants. Ses discours sont si bien sensés que d'homme de trente ans que je connoisse. Il n'espère à rien qui ne soit grand, et ne veut point de passe-temps qui ne soit honorable. Il a tant importuné sa mère de lui faire montrer à sonner du luth, qu'elle a été contrainte de le lui accorder. A quoi il a si bien avancé, que M. Regis (?) assure qu'il a plus appris dans trois jours qu'aucun autre n'auroit fait en quinze. Madame y faisoit quelque difficulté, craignant que cela ne vous fût pas bien agréable; mais je lui dis bien que j'écrirois que vous le trouveriez bon, car cela sert toujours aux personnes de toute qualité. » (Lettre du 25 juillet 1609, *ibid.*, f° 477.)

« Votre petit Marc-Antoine est toujours plus gentil. Il m'a fait des vers en latin d'importance. Ce va être une merveille du siècle, Dieu aidant. » (Lettre du 30 janvier 1613, *ibid*, f° 505 v°. Voyez aussi lettre du 20 janvier 1613, f° 513.)

« Votre petit Marc-Antoine est bien avant en la logique. Il y a des discours si judicieux que j'en suis quelquefois ravi. Il nous tarde bien que vous le puissiez voir. » (Lettre du 27 septembre 1614, *ibid.*, f° 524 v°.)

Au mois de novembre 1615, il soutint des thèses de philosophie d'une manière si brillante que le premier président du parlement de Provence, Guillaume du Vair, qui y avait assisté, s'écria « que c'étoit le plus grand miracle qu'il étoit possible d'imaginer [1]. » Deux ans plus tard, nous le retrouvons à Paris ; il y avait été amené par Malherbe, qui, en 1616, alla passer quelque temps [2] à Aix, d'où il repartit avec Peiresc et du Vair [3], lorsque celui-ci eut été nommé garde des sceaux. Le séjour de Paris semble avoir exercé sur lui une influence fâcheuse, en dépit des soins de son père, qui tous les jours le faisait travailler plusieurs heures sous ses yeux ; et une lettre de Peiresc en date du 29 octobre 1617 montre quelles étaient les inquiétudes de Mme de Malherbe, qui craignait de voir son fils renoncer à la carrière de la magistrature, que par suite de ses relations de famille elle devait désirer par-dessus tout [4].

[1]. « Monsieur de Malherbe, votre fils, écrit Peiresc à Malherbe, le 18 novembre 1615, soutint ses thèses en philosophie ces jours passés, où Monsieur le premier président voulut assister, sans que celui à qui elles étoient dédiées l'eût invité. La plus grande partie de notre compagnie y fut aussi. Mais sans cajolerie je ne vis jamais mieux faire, ni réfuter les arguments, ni parler si élégamment, ni avec tant d'assurance, de promptitude, ni avec un si beau langage, et avec une aussi grande connoissance de cette science. Tout le monde en étoit ravi. Le cathédrant n'étoit rien au prix du répondant. Monsieur le président dit au sortir de là que c'étoit le plus grand miracle qu'il étoit possible d'imaginer. Jugez si c'est à bon titre que nous vous en devons féliciter. Vous avez bien occasion d'en louer Dieu. Je n'y eusse désiré que votre présence ; mais d'ailleurs j'eusse quasi eu de l'appréhension qu'un si grand excès de réjouissance qu'il vous eût fallu ressentir de nécessité, n'eût apporté du préjudice à votre santé. » (*Ibid.*, f° 530.)

[2]. Ce voyage fut sans doute motivé par le désir de presser la conclusion de l'affaire des terrains qui lui avaient été concédés à Toulon. Voyez plus haut, p. XXVI.

[3]. Le 19 avril. Voyez Roux-Alpheran, *Recherches*, p. 32.

[4]. « Madame, suivant votre lettre, je n'ai point failli à toutes les occasions qui se sont présentées de remontrer à M. de Malherbe ce qui étoit de vos appréhensions, et vous assure que je n'ai pas eu de la peine à persuader M. le garde des sceaux de le faire aussi de son côté, car je l'avois déjà prévenu par diverses fois sur ce qu'il avoit vu à Monsieur votre fils des habillements de couleur. Enfin, M. de Malherbe l'a assuré que son intention étoit de lui faire continuer les lettres.... Je vous dirai bien davantage que Monsieur votre fils n'a nulle inclination d'épée, ains a lui-même eu horreur de cette

Ces inquiétudes n'étaient que trop fondées. Malgré ce que disait Peiresc de l'horreur que la profession des armes inspirait à Marc-Antoine, l'humeur batailleuse de celui-ci l'entraîna dans trois querelles, dont la dernière lui coûta la vie. La première eut lieu au mois de mai 1622, au moment où Malherbe venait d'arriver en Provence. Nous en ignorons les circonstances, car il n'en a parlé qu'en termes assez vagues dans sa correspondance : « Deux jours après que je fus arrivé, écrit-il à son cousin de Colomby[1], je ne sais quel fripon d'officier fit une niche à mon fils pour laquelle il a été contraint de garder la chambre, et moi privé du contentemen. que j'étois venu chercher à ma maison.... Mes amis me disent que c'est un juif à qui j'ai affaire et que je ne dois pas trouver étrange que mon fils soit persécuté par ceux mêmes qui ont crucifié le fils de Dieu[2].... Ce que j'y vois de meilleur pour moi, c'est que le moyen qu'a ce maroufle de me nuire n'est pas égal à sa volonté. Mais toujours aurai-je de la peine et de la dépense à démêler cet écheveau.... J'ai eu depuis quatre ou cinq jours des inhibitions du Conseil pour ôter à ce parlement la connoissance de ma brouillerie. Il me reste encore quelques informations à faire pour évoquer. C'est à quoi je

profession. Son père l'a fait étudier tous les jours quatre ou cinq bonnes heures en sa présence, de quoi j'ai été témoin diverses fois. Il s'est résolu de le vous ramener bientôt lui-même là-bas, estimant qu'il y puisse bien mieux faire ses affaires qu'ici. » (Lettre de Peiresc à Mme de Malherbe, datée de Paris le 29 octobre 1617. Bibliothèque de Carpentras, manuscrit cité, f° 532.)

1. Cette lettre, dans les anciennes éditions, est la trente-huitième et dernière du livre II. Dans une lettre écrite d'Aix à Peiresc (alors à Paris), en date du 10 juillet de la même année (1622), il donne quelques autres détails : « Le jour même de la Fête-Dieu, il plut à l'avocat général Thomassin de faire garder la chambre à mon fils, ce qui lui réussit si bien par la facilité qu'il trouva en M. d'Oppède (le premier président), qu'encore aujourd'hui il est en prise de corps. Je crois bien que si je l'eusse voulu faire représenter, il en seroit quitte, mais parce que je me doute qu'ils l'eussent obligé à quelque satisfaction à sa partie, j'ai mieux aimé qu'il soit privé de quelques jours de la place des Jacobins que de le soumettre à cette indignité. J'ai donc envoyé quérir un renvoi à un autre parlement ; je l'attends au premier jour, avec les inhibitions à celui-ci. »

2. Il a repris cette pensée dans le sonnet qu'en 1627 il fit sur la mort de son fils (voyez p. 276, pièce CII, vers 13 et 14).

travaille. » Ce « fripon d'officier » d'origine juive est probablement Paul Fortia, seigneur de Piles, dont il va être question tout à l'heure.

Cette mésaventure aurait dû servir de leçon à Marc-Antoine, mais il n'en fut rien; et « la chaleur de la jeunesse[1] » fit avorter les plans que son père avait formés. « Il y aura bientôt trois ans, écrit Malherbe à M. de Mentin le 14 octobre 1626, que vous vous employâtes à me faire avoir pour mon fils un office de conseiller au parlement de Provence. Le traité qui s'en fit alors fut interrompu par une brouillerie qui lui survint[2]. » L'affaire, que Malherbe traite si lestement de *brouillerie*, était des plus graves, et elle est restée inconnue jusqu'ici à tous ses biographes, qui ont rapporté à la précédente les détails qu'ils avaient trouvés dans sa correspondance : il s'agissait d'un duel où Marc-Antoine avait tué son adversaire, un nommé Raymond Audebert ou Audibert, bourgeois d'Aix. Ceci se passait au mois de juin 1624. Les espérances que l'on avait d'abord données à Malherbe[3] ne se réalisèrent pas, et les

1. Peiresc, de retour à Aix, écrit à Malherbe le 6 décembre 1623 : « Mme de Malherbe m'a communiqué certaine affaire concernant l'emploi de Monsieur votre fils, à quoi je voudrois bien pouvoir contribuer quelque chose pour son contentement et le vôtre, ayant un extrême regret de voir qu'un si subtil esprit, qui feroit des merveilles dans le monde, perde une si bonne partie de son temps au grand déplaisir de tous vos amis et serviteurs, et spécialement de ceux que vous avez dans notre Compagnie, qui seroient bien aises de lui tendre la main, de le dispenser, je m'assure, de tout ce qu'ils pourroient pour l'honneur de vous et de lui. Pensez-y, je vous supplie, tandis que votre service de par de là lui peut faire espérer plus de faveur auprès du Roi et de son conseil, et avant que la chaleur de la jeunesse le porte à quelques résolutions qui servissent par après d'obstacle aux bonnes intentions de vos amis. Je crains bien que vous ne blâmiez ma trop grande liberté, mais, etc. » (Bibliothèque de Carpentras, manuscrit cité, f° 542.)

2. Cette lettre, qui est la XVIII° du second livre dans toutes les éditions, y est datée à tort de 1616, au lieu de 1626. Le contenu ne laisse aucun doute sur la date véritable.

3. Dans une lettre écrite le 27 juin 1624, pour « se condouloir avec lui du malheur arrivé à son fils, qui a été universellement plaint par toute cette ville, » Peiresc dit : « Mais pour ce que c'est chose faite qui ne peut pas ne l'avoir été, je me persuade que ce mal pourroit être cause de quelque bien, si Monsieur votre fils vouloit un peu résoudre à l'avenir de contenter ses parents, amis et serviteurs. La con-

choses prirent une tournure si alarmante qu'il fit quitter la Provence à son fils. En effet, le 10 octobre, une sentence du sénéchal d'Aix, rendue sur la poursuite de la veuve et de ses enfants, condamnait Marc-Antoine à avoir la tête tranchée. Mais Malherbe, sachant bien qu'en pareille occurrence il ne fallait que gagner du temps, envoya son fils en Normandie, comptant, « avec un million de gentilshommes, » sur un pardon général, dont le mariage de Madame avec Charles Ier devait être le prétexte[1].

En attendant cette amnistie qui tarda assez longtemps, il parvint à faire évoquer l'affaire au conseil du Roi, qui la renvoya au parlement de Dijon, et il sut se faire appuyer près de ses nouveaux juges par une lettre fort pressante de Marie de Médicis[2]. La procédure fut longue; enfin il obtint, en juin 1626, des lettres de grâce, qui ne furent entérinées que le 13 février de l'année suivante; mais Marc-Antoine, pour jouir de leur effet, dut, par arrêt de la Cour, payer les dépens et quinze cents livres de dommages et intérêts à la veuve Audebert et ses enfants[3].

Cinq mois après, jour pour jour, le 13 juillet, à quatre lieues d'Aix, Marc-Antoine périssait à son tour dans une querelle avec Gaspard de Bovet, baron de Bormes, et avec le beau-frère de celui-ci, Paul de Fortia, seigneur de Piles, dont on a déjà vu le nom plus haut. Malherbe cria à l'assassinat, et l'on peut voir dans sa lettre à Louis XIII[4] en quels termes il parlait des meurtriers de son fils. L'accusation ne paraît point suf-

dition des personnes auxquelles il a affaire est telle que l'on réduira à tout ce qu'il voudra, et la qualité du fait est réduite, Dieu merci, en termes qu'il n'y aura rien que vous n'obteniez. » (Bibliothèque de Carpentras, manuscrit cité, f° 545.)

1. Lettre à Racan du 13 décembre 1624 : « Il y a fort longtemps que je l'ai envoyé en Normandie, où il passe son temps, à ce qu'il m'écrit, mieux qu'en lieu où il a jamais été. Je l'ai tiré d'ici pour la doute que j'avois que ses parties ne lui eussent tendu quelque piége, comme certes j'ai découvert qu'ils avoient fait. Mais j'eus bon nez, de quoi bien lui prit et à moi aussi. J'attends, avec un million de gentilshommes, un pardon général de tous les duels, dont le mariage de Madame sera le prétexte. »

2. Voyez-en le texte à l'*Appendice*, p. LI.
3. Voyez à l'*Appendice*, p. LII, un résumé de l'affaire.
4. Voyez plus loin, p. 349 et suivantes.

fisamment établie[1], et, à vrai dire, à cette époque où les querelles étaient si fréquentes, où les parents et les amis, se soutenant les uns les autres l'épée à la main, changeaient si souvent un duel en mêlée, il n'était pas toujours facile, quand un des combattants restait sur le carreau, de savoir exactement par qui et comment il avait été frappé. Le récit de Tallemant me semble devoir se rapprocher assez de la vérité : « Voici, dit-il, comme ce pauvre garçon fut tué. Deux hommes d'Aix, ayant querelle, prirent la campagne ; leurs amis coururent après ; les deux partis se rencontrèrent en une hôtellerie. Chacun parla à l'avantage de son ami. Le fils de Malherbe étoit insolent ; les autres ne le purent souffrir ; ils se jetèrent dessus et le tuèrent. Celui qu'on en accusoit s'appelait Piles. Il n'étoit pas seul sur Malherbe ; les autres l'aidèrent à le dépêcher. »

Marc-Antoine fut enterré dans l'église des Minimes[2], à Aix, le surlendemain de sa mort, le 15 juillet, et ce jour même le bon Peiresc écrivait au malheureux père une lettre touchante, que nous donnerons plus loin[3].

Malherbe, qui croyait et pouvait croire à un assassinat, poursuivit sans relâche les meurtriers, et surtout de Piles, que des témoins déclaraient avoir vu frapper Marc-Antoine avant que celui-ci « eût la main à l'épée[4] ; » et il recommença comme demandeur le pénible chemin qu'il avait, les années précédentes, parcouru comme défendeur, pour ce même fils dont il voulait aujourd'hui venger la mort.

Un *Extrait des registres du sénéchal d'Aix*, imprimé de quatre pages, qu'a bien voulu me communiquer le savant bibliothécaire de Grenoble, M. Gariel, et qui était demeuré inconnu aux biographes de Malherbe, donne quelques détails intéressants sur

1. Balzac ne parle de l'affaire que comme d'un duel.
2. Aujourd'hui l'église des *Dames du Saint-Sacrement*. (Roux-Alpheran, *Recherches*, p. 39, note 2.)
3. Voyez l'*Appendice*, p. LIV. Le 27 juillet 1627, Malherbe n'avait point encore reçu la nouvelle de la mort de son fils, car nous avons de lui, à cette date, une lettre adressée à Peiresc et où il ne parle que de choses indifférentes.
4. Voyez à l'*Appendice*, p. LV, une lettre inédite de Malherbe à M. de Bouillon.

les premiers résultats du procès[1]. Nous y apprenons que, « sur la requête de Damoiselle Magdeleine de Corriolis, de la ville d'Aix, tant en son nom que comme femme et procuratrice générale de François de Malerbe, écuyer, gentilhomme ordinaire de la chambre du Roi, querellante en assassinat et meurtre commis en la personne de M. Marc-Antoine de Malerbe, lui vivant avocat au parlement de Provence, son fils, etc., » le sénéchal d'Aix prononçant, par défaut, contre les sieurs de Piles et de Bormes, les déclara, le 14 août 1627, un mois après le meurtre, « atteints et convaincus du cas et crime de meurtre et homicide douleusement[2] commis, » et les condamna à la peine de mort. Un troisième accusé, frère Louis de Villages, chevalier de l'ordre de Saint-Jean de Jérusalem, bien que contumax, fut élargi à charge de se représenter « quand sera dit et ordonné. »

Le jour même, les condamnés appelèrent de cette sentence, qui ne les effraya pas plus que Malherbe n'avait été effrayé de celle qui, en des circonstances analogues et presque dans les mêmes termes, avait été rendue contre son fils deux ans auparavant.

Quelque temps après, il écrivait à un de ses amis de Provence qu'il attendait « que le conseil des parties fût établi en quelque lieu pour y continuer les poursuites contre les assassins et les mettre le plus avant qu'il pourroit dans le chemin de Grève. » « Tout ce que je demande, ajoutait-il, c'est qu'on nous baille un parlement. Les assassins disent qu'ils ne veulent pas de Grenoble. De ce côté-là nous sommes d'accord. Je me doute qu'ils voudroient Paris, mais je ne le veux pas. Le judaïsme s'est étendu jusque sur la Seine. Il seroit à souhaiter qu'il fût demeuré sur le Jordain, et que cette canaille ne fût point mêlée, comme elle est, parmi les gens de bien. Il n'y a remède. Ma cause est bonne; je combattrai partout avec l'aide de Dieu, fût-ce dans Jérusalem et devant les douze lignées d'Israël[3]. »

Il combattit, en effet, mais inutilement. Bien que Louis XIII « l'eût exhorté à faire prendre les drôles, l'assurant que du

---

1. Voyez-en le texte à l'*Appendice*, p. LVII. — 2. Traîtreusement.
3. Cette lettre a été publiée pour la première fois, et d'après une copie du temps, par M. Roux-Alpheran (*Recherches*, p. 62). Elle n'est point datée et ne porte point de nom de destinataire.

reste il auroit justice[1]; » bien que Malherbe lui eût adressé, avec la belle ode contre les Rochelois, une lettre pathéthique[2], grâce aux relations de leur famille avec le parlement de Provence, et à la protection du frère de Richelieu, de l'archevêque d'Aix[3], les meurtriers échappèrent à sa vengeance. Suivant l'exemple que Malherbe leur avait donné lui-même, ils surent tirer l'affaire en longueur et la traîner de tribunal en tribunal. « Enfin, dit Balzac, qui le voyait tous les jours dans le fort de son affliction, on lui parla d'accommodement, et un conseiller du parlement de Provence, son ami particulier, lui porta parole de dix mille écus. Il en rejeta la première proposition, et nous[4] dit l'après-dînée ce qui s'étoit passé le matin entre lui et son ami; mais nous lui fîmes considérer que la vengeance qu'il desiroit étant apparemment impossible, à cause du crédit que sa partie avoit à la cour, il ne devoit pas refuser cette légère satisfaction qu'on lui présentoit, que nous appelâmes

Solatia luctus
Exigua ingentis, misero sed debita patri[5].

« Eh bien, dit-il, je croirai votre conseil; je pourrai prendre
« de l'argent, puisqu'on m'y force; mais je proteste que je ne
« garderai pas un teston pour moi de ce qu'on me baillera.
« J'emploierai le tout à faire bâtir un mausolée à mon fils. » Il usa du mot mausolée, au lieu de celui de tombeau, et fit le poëte partout[6]. »

1. Lettre de Malherbe à Peiresc, en date du 4 octobre 1627.
2. Voyez plus loin, p. 349 et suivantes.
3. Voyez la lettre que Malherbe lui adresse, en date du 2 janvier 1628.
4. A Balzac et à François de Porchères, sieur d'Arbaud. Il leur disait aussi qu'il vouloit se battre contre de Piles, et répondait aux objections qu'ils lui faisaient comme il répondit à Racan, en pareille circonstance, au camp de la Rochelle. Voyez plus loin, p. LXVIII.
5. Virgile, *Énéide*, liv. XI, v. 62, 63.
6. *OEuvres de Balzac*, édition de 1665, in-f°, tome II, p. 683. Dissertation XXVIII. A Monsieur de Plassac-Méré. *De Malherbe*. — Ce récit de Balzac est reproduit presque textuellement par Tallemant des Réaux. Il faut, disons-le en passant, lire avec méfiance ce qu'en divers passages de ses écrits Balzac a rapporté du *bonhomme Malherbe* qu'il

Je ne sais ce qui fit manquer ce projet d'accommodement ; mais au mois de juillet 1628, Malherbe, craignant probablement que ses adversaires n'obtinssent des lettres de grâce, quitta Paris pour aller trouver le Roi devant la Rochelle[1]. Ce voyage, qui devait lui être si fatal, paraît avoir été assez inutile, d'après ce qu'on lit dans une lettre du 14 septembre 1628, la dernière que l'on connaisse de lui : « On m'écrit de Provence que mes parties se vantent d'avoir eu leur rémission. Je n'en crois rien, pource que je sais que, si cela étoit, vous en eussiez mandé quelque chose par deçà. Mais quand il seroit vrai, je ne m'en mets guère en peine. Ce n'est pas là que je les attends. La pierre qui les fera chopper et choir, s'il plaît à Dieu, ce sera l'entérinement. Nous en verrons l'ébattement à cette Saint-Martin, ou bientôt après. Je vous supplie bien humblement, Monsieur, s'ils l'ont présentée ou s'ils la présentent, de prendre la peine de m'en faire avoir une copie, pour me préparer à combattre ce fantôme. Ils n'ont pas trouvé leur compte à la Jarne[2] ; je ne pense pas qu'ils le trouvent mieux à Toulouse. Peut-être s'imaginent-ils que mon âge me fera craindre les incommodités d'un si long voyage. Ils se trompent : la même cause qui m'a fait mépriser l'été me fera mépriser l'hiver[3]. »

Il ne devait plus y avoir pour lui d'été ni d'hiver. De son séjour au camp de la Rochelle au moment des plus grandes chaleurs, il avait rapporté le germe d'une maladie qui ruina rapidement la robuste constitution dont il se glorifiait encore trois ans auparavant[4] ; et le 16 octobre, trois semaines après

avait particulièrement connu. Ainsi il termine la dissertation que nous venons de citer par une anecdote que Tallemant lui a encore empruntée et où il prête à Malherbe une épigramme (*Bien que Dumoulin en son livre*) qui est de Racan.

1. Lettre de Peiresc à Malherbe en date du 14 juillet 1628. (Bibliothèque de Carpentras, manuscrit cité, f⁰ 556.)

2. La Jarne, près de la Rochelle. Le garde des sceaux s'y trouvait au mois d'août 1628. Voyez *Bassompierre*, édition Michaud et Poujoulat, p. 284.

3. Cette lettre, adressée à un sieur Legros, a été publiée pour la première fois par M. Miller, d'après le manuscrit 133 des papiers de Baluze.

4. « Je n'ai, grâces à Dieu, écrivait-il à Balzac en 1625, de quoi murmurer contre la constitution que la nature m'avoit donnée. Elle

avoir écrit la lettre que nous venons de citer, il mourait à Paris, à l'âge de soixante-treize ans.

Porchères d'Arbaud, son cousin par alliance, et le poëte Yvrande paraissent avoir été les seuls de ses parents et de ses amis qui assistèrent à ses derniers moments. Le fidèle Racan était encore au siége de la Rochelle, et ce fut de Porchères qu'il apprit les détails qu'il nous a transmis sur la fin de son maître[1]. Balzac prétend que lui aussi aurait pu en donner; il avait envoyé près du malade « un homme qui le vit mourir. » « Mais, dit-il, ce que je sais de plus particulier que les autres ne se peut écrire de bonne grâce, et il y a certaines vérités qui ne sont bonnes qu'à supprimer[2]. »

Il n'est pas difficile de deviner quelles étaient ces vérités. « Malherbe, dit Tallemant, n'étoit point autrement persuadé de l'autre vie; » et c'est une assertion que le récit de Racan ne vient certainement pas infirmer. Que penser, en effet, des croyances religieuses d'un homme qui proclamait « que la religion des honnêtes gens était celle de leur prince[3]? » Que dire d'un catholique qui, au lit de la mort, ne se décida à se confesser que lorsqu'on lui eut remontré « qu'ayant fait profession de vivre comme les autres hommes, il falloit mourir aussi comme les autres[4]? »

Ajoutons que dans ses lettres familières, où il laisse si librement courir sa plume, on ne retrouve rien qui rappelle ces

étoit si bonne qu'en l'âge de soixante-dix ans, je ne sais que c'est d'une seule des incommodités dont les hommes sont ordinairement assaillis en la vieillesse. Et si c'étoit être bien que de n'être point mal, il se voit peu de personnes à qui je dusse porter envie. » En effet, dans la correspondance de Malherbe, je n'ai guère trouvé d'autre mention de maladie que celle d'une sciatique qui le tint dix jours au lit. (Lettre à Peiresc du 3 octobre 1608.)

1. Voyez plus loin, p. LXXXVII et suivante.
2. Lettre à Conrart, du 23 janvier 1651, OEuvres, 1665, tome II, p. 900.
3. « Il avoit souvent à la bouche, dit Sauval, ces paroles assez libertines que le poëte Prudence attribue à l'empereur Gallien : *Cole dæmonium quod colit civitas.* » (*Antiquités de Paris*, tome I, p. 324.)
4. Voyez plus loin, p. LXXXVIII. « Il disoit, quand on lui parloit de l'enfer et du paradis : « J'ai vécu comme les autres, je veux mourir comme les autres, et aller où vont les autres. » (Tallemant, tome I, p. 305.)

quelques pratiques de dévotion dont parle Racan. Ce qui semble dominer chez lui, c'est une sorte de philosophie stoïque qu'il avait peut-être puisée dans Sénèque[1] et qu'il aimait à manifester par « le mépris de toutes les choses que l'on estime le plus en ce monde, » mépris dans lequel il comprenait malheureusement l'art même où il excellait[2].

Malherbe n'avait jamais beaucoup aimé sa famille, avec laquelle il paraît avoir vécu en assez mauvaise intelligence, et il le lui prouva à sa mort. Il la déshérita complétement et choisit pour légataire universel Vincent de Boyer, fils d'un neveu de sa femme, Jean-Baptiste de Boyer, conseiller au parlement de Provence. Il disposa, en outre, d'une somme de trois mille livres en faveur d'un sieur Astruc, avocat chargé des poursuites contre les meurtriers de Marc-Antoine, et à qui Mme de Malherbe, par reconnaissance de ses bons soins et de l'amitié qu'il avait portée à son fils, laissa aussi la moitié de ses biens.

Mme de Malherbe survécut encore vingt mois à son mari. Elle mourut au commencement de juin 1630, probablement à Aix où régnait alors la peste. Son testament, daté du 1er août 1629, est rempli du souvenir de son fils, dont elle demande

---

[1]. Cette philosophie était empreinte d'une sorte de fatalisme où n'entrait pour rien l'idée de Providence. « Qu'on die ce qu'on voudra de la prudence humaine, écrivait-il à son cousin Colomby, je ne la veux pas exclure de l'entremise de nos affaires, quand ce ne seroit que de peur de trop autoriser la nonchalance; mais pour ce qui est des événements, il faudroit d'autres exemples que ceux que j'ai vus jusqu'à cette heure, pour me faire croire qu'elle y ait aucune juridiction. Qui est heureux, ira aux Indes sur une claie ; qui est malheureux, quand il seroit dans le meilleur vaisseau du monde, il aura de la peine à traverser de Calais à Douvres, sans courir fortune de se noyer. »

[2]. « Un bon poëte, disait-il, n'est pas plus utile à l'État qu'un bon joueur de quilles. » Voyez plus loin, p. LXXVII et LXXVI. Il avait sans cesse à la bouche des maximes comme celles-ci : « Cette vie est une pure sottise. — J'estime si peu le monde, que je n'estime pas en quel habit nous fassions le peu de chemin que nous avons à y faire. — Pour moi je tiens que le vivre parmi tous les délices n'est pas grand'chose. » On ne peut du moins lui reprocher de n'avoir pas mis ses préceptes en pratique; car l'unique chambre qui lui servait de logement et les cinq ou six chaises de paille qui composaient son ameublement témoignent assez de son indifférence pour le luxe.

instamment[1] à ses héritiers de venger la mort, désir qui ne fut que bien imparfaitement exaucé. L'arrêt définitif dans cette triste affaire ne fut rendu qu'en 1632. Le 29 avril de cette année, le parlement de Toulouse[2] condamna le sieur de Fortia de Piles, « ce maroufle, » comme l'appelait Malherbe, à payer huit cents livres « pour faire prier Dieu pour le repos de l'âme de Marc-Antoine de Malherbe, fils de la dame de Carriolis, à cause de l'assassinat commis en la personne dudit Marc-Antoine, ladite somme applicable à l'église où son corps avoit été enseveli[3] » : châtiment bien léger s'il y avait eu réellement assassinat. Quant à l'autre accusé, le baron de Bormes, il est probable qu'il s'était auparavant arrangé avec la famille. Ce qui est certain, c'est qu'en 1638 il épousa une belle-sœur de ce même Vincent de Boyer, héritier de Malherbe[4].

Les mémoires que Racan a rédigés à la prière de Ménage, et que Tallemant a reproduits en les augmentant, sont une source précieuse de renseignements sur la vie de Malherbe; mais, quoiqu'il les ait écrits sans aucun doute avec les meilleures intentions du monde, il faut convenir qu'ils ne font guère honneur à son tact et à son discernement, et qu'ils ont peu servi la gloire de son maître. Je me garderai bien de vouloir représenter Malherbe comme un modèle de toutes les vertus, et de dire en style d'épitaphe avec Meusnier de Querlon qu'il fut « tout à la fois bon fils, bon père, bon mari, bon maître. » Ce qui précède fait justice de ces éloges ridicules; toutefois, d'après sa correspondance, on voit qu'on aurait pu dire de lui autre chose que ce qu'en a rapporté son disciple favori. Malheureusement Racan vivait au milieu d'une société corrompue et dans l'intimité du président Maynard, le poëte le plus licencieux peut-être d'une époque où il y en avait beaucoup, et il paraît avoir spécialement pris plaisir à conserver dans ses souvenirs et à nous transmettre avec une crudité naïve[5]

---

1. Roux-Alpheran, *Recherches*, p. 43 et suivantes.
2. Nous avons inutilement fait chercher à Toulouse, dans les archives du parlement, le texte de l'arrêt.
3. Roux-Alpheran, *Recherches*, p. 43. Cette somme revint à l'église des Minimes d'Aix, où Marc-Antoine avait été enterré.
4. *Ibidem*, p. 57.
5. Si l'on veut avoir une idée de cette naïveté de Racan, on n'a

des traits qu'il aurait pu, sans le moindre inconvénient, passer sous silence. A un autre point de vue, il nous a rapporté un certain nombre de mots et d'anecdotes où nous ne saurions découvrir le sel et la finesse qu'il voulait y voir. Il a beau nous dire : « Ces discours ne se peuvent exprimer avec la grâce qu'il (Malherbe) les prononçoit, parce qu'ils tiroient leur plus grand ornement de son geste et du ton de sa voix; » on se rappelle alors que lui Racan bégayait, et ne pouvant prononcer ni les *c* ni les *r*, ne devait pas être fort exigeant pour un homme qui s'avouait lui-même *du pays de Balbut en Balbutie*[1].

Dans un remarquable article de critique où, suivant son habitude, il a laissé peu de chose à dire à ceux qui viendront après lui[2], M. Sainte-Beuve a écrit ceci : « La probité subsiste même sous les défauts de Malherbe. Son caractère privé, bien qu'étroit, est solide, et suffit à porter, sans jamais fléchir, sa grandeur lyrique. » Rien n'est plus juste ni plus vrai. Si Malherbe était brusque et emporté[3], il pouvait se vanter « d'avoir une âme ennemie de dissimulation » et « de prétendre en finesse moins qu'homme du monde. » Il eut et mérita de

qu'à lire une lettre où il consulte sérieusement Chapelain sur un conte ordurier qu'il avait mis en vers, et se montre uniquement préoccupé du soin d'éviter un hiatus. Voyez OEuvres de Racan, Bibliothèque elzévirienne, tome I, p. 337.

1. Tallemant, qui rapporte ce mot (tome I, p. 287), dit de plus : « Malherbe gâtoit ses beaux vers en les prononçant, outre qu'on ne l'entendoit presque point, à cause de l'empêchement de sa langue et de l'obscurité de sa voix : avec cela, il crachoit au moins six fois en disant une stance de six vers. C'est pourquoi le cavalier Marin disoit qu'il n'avoit jamais vu d'homme plus humide, ni de poëte plus sec. A cause de sa crachoterie, il se mettoit toujours auprès de la cheminée. » Tallemant a emprunté ce passage à Balzac, qui ajoute : « Malherbe disoit les plus jolies choses du monde; mais il ne les disoit point de bonne grâce, et il étoit le plus mauvais récitateur du monde. »

2. *Revue européenne*, 15 mars 1859. Cet article, où M. Sainte-Beuve a résumé plusieurs de ses travaux antérieurs, est intitulé : *Malherbe*. — Je ferai seulement quelques réserves sur quelques-unes de ses appréciations du caractère du poëte.

3. Il l'était assez pour s'être oublié un jour jusqu'à souffleter la dame de ses pensées, la vicomtesse d'Auchy : voyez Tallemant, tome I, p. 301. Nous publierons la lettre d'excuse qu'il lui écrivit à ce sujet.

bons et sincères amis, et ne paraît guère avoir eu d'autres ennemis que ceux qu'il s'attirait par la rudesse d'une franchise qu'il poussait souvent jusqu'au cynisme[1] et par l'inflexibilité de ses doctrines littéraires. Chef d'école, se sentant appelé à réformer la poésie et la prose française, et persuadé, suivant l'expression de Boileau, que « notre langue veut être extrêmement travaillée[2], » il exerça et tint à exercer sur les écrivains que son talent, sa position et son âge groupaient autour de lui, une domination qui devenait souvent la plus minutieuse des tyrannies[3]. Écoutez ce qu'en dit Balzac :

« Vous vous souvenez du vieux pédagogue de la cour qu'on appeloit autrefois le tyran des mots et des syllabes, et qui s'appeloit lui-même, lorsqu'il étoit en belle humeur, le grammairien en lunettes et en cheveux gris. N'ayons point dessein d'imiter ce que l'on conte de ridicule de ce vieux docteur. Notre ambition se doit proposer de meilleurs exemples. J'ai pitié d'un homme qui fait de si grandes affaires entre *pas* et *point*; qui traite l'affaire des participes et des gérondifs comme si c'étoit celle de deux peuples voisins l'un de l'autre et jaloux de leurs frontières. Ce docteur en langue vulgaire avoit accoutumé de dire que depuis tant d'années il travailloit à dégasconner la cour et qu'il n'en pouvoit venir à bout. La mort l'attrapa sur l'arrondissement d'une période, et l'an climatérique l'avoit surpris délibérant si *erreur* et *doute* étoient masculins ou féminins. Avec quelle attention vouloit-il qu'on l'écoutât quand il dogmatisoit de l'usage et de la vertu des particules[4] ? »

Le portrait est sans doute un peu chargé, mais au fond je le crois vrai ; seulement en le traçant, le vaniteux écrivain, qui si souvent n'a été qu'un arrangeur de mots, oubliait qu'il avait adulé Malherbe vivant et ne se souvenait plus sans doute que de quelques blessures faites à son amour-propre[5].

---

1. Voyez, entre autres, Tallemant, tome I, p. 286.
2. Lettre de Boileau à Maucroix, 29 avril 1696. *Correspondance entre Boileau et Brossette*, édition Laverdet, p. 417.
3. « Lingendes, qui étoit pourtant assez poli, ne voulut jamais subir la censure de Malherbe, et disoit que ce n'étoit qu'un tyran, et qu'il abattoit l'esprit aux gens. » (Tallemant, tome I, p. 277.)
4. *Socrate chrétien*, discours x. *OEuvres*, tome II, p. 261.
5. De celle-ci peut-être : « Malherbe dit un jour à Gomberville, à

Une rare qualité de Malherbe et qui indique à la fois la vigueur et la supériorité de son esprit, c'est l'indifférence avec laquelle il bravait les attaques de ses adversaires : « Écrive contre moi qui voudra, » disait-il à ce même Balzac, qui n'était point doué d'une telle fermeté. « Si les colporteurs du Pont-Neuf n'ont rien à vendre que les réponses que je ferai, ils peuvent bien prendre les crochets ou se résoudre à mourir de faim. On pensera peut-être que je craigne les antagonistes. Non fais. Je me moque d'eux, et n'en excepte pas un, depuis le cèdre jusqu'à l'hysope[1]. » Il fit comme il disoit. Desportes, Bertaut et des Yveteaux le poursuivirent en vain de leurs critiques. Il se borna à répondre « que s'il s'y mettoit, il feroit de leurs fautes un livre plus gros que leurs livres mêmes[2]. » Il s'y mit une fois, et nous publierons dans un de nos prochains volumes les annotations dont il a chargé un exemplaire des œuvres de Desportes, exemplaire qui, après avoir appartenu à Balzac[3] et au président Bouhier, se trouve aujourd'hui à la bibliothèque de l'Arsenal.

Nous n'avons pas eu la prétention dans les pages qui précèdent d'épuiser ce qui concerne la vie et les écrits de Malherbe ;

propos des premières lettres de Balzac : « Pardieu ! pardieu ! toutes « ces badineries-là me sont venues à l'esprit ; mais je les ai rebutées. » (Tallemant, tome IV, p. 89.) — « Vous me prenez pour un autre, écrivait un jour Balzac à Conrart, si vous me prenez pour un admirateur ; je ne le suis pas de Virgile, comment le serois-je de Malherbe ? En effet, je ne l'estime beaucoup que par la comparaison des autres que j'estime peu ; mais je vous l'ai dit, il y a longtemps, et je ne pense pas que je m'en dédise jamais, s'il y a quelque objet de mon admiration dans le monde, c'est l'homme à qui j'écris cette lettre. » (*OEuvres*, tome II, p. 959.)

1. Lettre à Balzac. C'est la XVIIe du livre II, dans les anciennes éditions.

2. Tallemant, tome I, p. 275. Il se vengea pourtant un jour fort brutalement d'une satire de Berthelot (voyez plus loin, p. 96) ; il est vrai que la vicomtesse d'Auchy y était encore plus maltraitée que lui.

3. Le 20 novembre 1653, Balzac écrivait à Conrart : « Je vous dirai seulement que j'ai ici un exemplaire de ses œuvres (de Desportes), marqué de la main de feu M. de Malherbe, et corrigé d'une terrible manière. Toutes les marges sont bordées de ses observations critiques, et j'ai résolu, avec votre licence, d'en choisir les plus belles, pour en faire un chapitre de nos remarques. » (*OEuvres de Balzac*, 1665, in-fol., tome II, p. 957.)

et l'on trouvera dans sa biographie par Racan, dans nos commentaires et dans l'*Historiette* de Tallemant, bien des particularités qu'il était inutile de répéter ici. Quant aux jugements sur ses œuvres, nous nous en sommes abstenu le plus possible afin de nous conformer au plan fort sage adopté pour la *Collection des grands écrivains de la France*, dont fait partie le présent ouvrage. Cette lacune sera facilement réparable pour les lecteurs; placé sur le seuil du dix-septième siècle où il eut à la fois à combattre les derniers efforts de la Renaissance et à frayer le chemin aux nouveaux venus, s'offrant ainsi le premier à ceux qui se livrent à l'étude de cette grande époque, et ayant d'ailleurs le bonheur d'appartenir à une province jalouse entre toutes de la gloire de ses grands hommes, Malherbe a été depuis Godeau et Ménage l'objet de nombreux travaux. Cependant si nous ne prenons pas la parole pour nous-même, nous pouvons la céder à un autre; et l'on nous permettra de terminer cette notice en donnant une appréciation tracée par un chartreux, le seul de son ordre peut-être qui, en France, se soit occupé de critique littéraire : Bonaventure d'Argonne, plus connu sous le pseudonyme de Vigneul-Marville[1] :

« Malherbe, dit-il, étoit né avec un génie heureux pour la poésie, principalement pour la poésie lyrique. Il avoit de l'élévation dans l'esprit, de la noblesse dans les pensées et de la force dans l'expression. En un mot, Malherbe savoit louer ; ce qui est tout dire en ce genre de poésie.

« Son plus grand mérite vient de ce qu'il a pu vaincre le phébus de son siècle, et qu'en imitant les Grecs et les Latins, il n'a point pris cet air de collége et de fausse érudition affecté par Ronsard.

« Malherbe étoit flegmatique et donnoit beaucoup de temps à la composition de ses ouvrages, à imaginer ses desseins et à tourner ses vers. J'ai ouï dire qu'il ne faisoit ses odes que par petits morceaux, un vers d'un côté, un vers de l'autre.... Quelque peine qu'il ait prise dans ses compositions, il n'a point tant réussi que lorsque, s'abandonnant à son bon natu-

---

1. Il était né six ans après la mort de Malherbe, en 1634, et mourut en 1704.

rel, il a écrit avec rapidité ce qui lui venoit à la pensée. Nous en avons un exemple qui saute aux yeux dans les stances à M. du Périer, où, après avoir sué longtemps, sa veine venant à s'ouvrir, il fait voir plus de grâce, d'uniformité et de bon sens en trois stances qui nous dépeignent la mort, que dans toutes les autres qu'il s'est arrachées de l'esprit.

« C'est là mon sentiment, Monsieur, touchant ce rare poëte, dont vous avez voulu que je parlasse avec liberté.... Adieu, *perge me amare* [1]. »

[1]. Copie autographe des lettres de Bonaventure d'Argonne. Lettre à l'abbé de L.... (le nom est effacé), manuscrit de la Bibliothèque de Grenoble, n° 889, p. 52. — Cette lettre que nous croyons inédite est sans date.

Lud. Lalanne.

APPENDICE

DE LA NOTICE BIOGRAPHIQUE.

LETTRE DE RICHELIEU A MALHERBE.

Bayle, dans son piquant article sur Malherbe, dit ceci : « Je ne trouve pas qu'il ait eu beaucoup de part à l'affection du cardinal de Richelieu. Par malheur pour ce grand poëte, ses épargnes d'esprit furent connues de ce cardinal. » Que Richelieu ait été peu flatté de voir Malherbe lui offrir un jour des vers qui n'avaient point été faits à son intention, je l'admets sans difficulté[1]. Mais il n'en garda pas longtemps rancune au poëte, comme le prouve la lettre suivante, qu'il lui adressa le 15 mars 1628, lorsque Malherbe lui eut envoyé l'Ode contre les Rochelois, où six strophes lui sont consacrées[2].

« A MONSIEUR DE MALHERBE.

« 15 mars (1628).

« Monsieur, j'ai vu vos vers qui font voir que M. de Malherbe est et sera toujours lui-même tant qu'il plaira à Dieu le conserver. Je ne dirai pas seulement que je les ai trouvés excellents, mais bien que personne de jugement ne les lira qui ne les reconnoisse et avoue tels. Les meilleurs esprits vous doivent cet hommage d'approuver tout ce qui vient du vôtre comme parfait. Je prie Dieu que d'ici à trente ans vous nous puissiez donner de semblables témoignages de

---

1. Voyez plus loin, p. 313, la notice de la pièce CXVIII.
2. Voyez plus loin, pièce CIII, p. 279.

la verdeur de votre esprit, que les années n'ont pu faire vieillir qu'autant qu'il falloit pour l'épurer entièrement de ce qui se trouve quelquefois à redire en ceux qui ont peu d'expérience, aux jeunes gens. Pour vous donner lieu de passer ce temps commodément, j'écris de bonne encre à M. d'Effiat, touchant le mémoire que vous m'avez envoyé, et lui fais connoître que le Roi a tant d'inclination à favoriser les gens de mérite, qu'assurément il feroit contre son intention si vos affaires étoient sans recommandation en son esprit. Assurez-vous que j'embrasserai tous vos intérêts comme les miens propres, et que personne n'est plus que moi, etc., etc.[1]. »

LETTRE DE RECOMMANDATION DE MARIE DE MÉDICIS EN FAVEUR DE MALHERBE.

Cette lettre est inédite; l'original est conservé à la Bibliothèque impériale, collection Dupuy, vol. 631, f° 83 :

« Messieurs, le s^r de Malherbe aïant un procès au parlement de Bourgogne, auquel il est appelant d'une sentence rendue au siége d'Aix qui a adjugé des intéretz civilz à la veufve d'un nommé Audibert contre qui le filz aud. Malherbe s'est battu en duel, il y a quelque temps, auquel procès il soustient que tous deux aïant commis la mesme faute, la punition en doibt estre esgale, suivant et conformement aux éditz du Roy, Monsieur mon filz, sur ce sujet, il m'a supplié de vous écrire pour vous recommander son affaire ; ce que je fais bien volontiers par cette lettre, qui est pour vous assurer que vous ferez chose qui me sera fort agreable de luy tesmoigner en cette occasion l'estat que vous faites de ma recommandation, le favorizant en ce qui dépandra de voz charges autant que la justice le pourra permettre, comme une personne que son esprit a toujours fait estimer, en ceste cour, homme de mérite. La présente n'estant à autre fin, je ne l'alongerai que pour vous dire que j'en aurai du ressentiment ainsy que je vous feray paroistre aux occasions qui s'en présenteront. Priant sur ce

---

1. Cette lettre, publiée il y a quelques années dans le *Journal des savants de Normandie*, a été insérée par M. Avenel dans la *Correspondance de Richelieu*. La minute est aux archives du ministère des affaires étrangères.

Dieu qu'il vous tienne en sa sainte et digne garde. Escript à Paris le xxii₈ jour d'avril 1625.

« MARIE.

« BOUTHILLIER.

« A Mess⁸ les conseillers d'Estat du Roy, Monsieur mon filz, ses procureur et advocats généraux en son parlement de Bourgogne. »

PROCÈS DE LA VEUVE AUDEBERT CONTRE MARC-ANTOINE DE MALHERBE, MEURTRIER DE SON MARI.

Le savant archiviste de la Côte-d'Or, M. Joseph Garnier, a bien voulu nous envoyer le résumé suivant de l'affaire, qu'il a trouvé dans les archives du greffe de la cour d'appel de Dijon :

« Vu le procès criminel fait à requeste du procureur du Roy du senechal d'Aix en Provence, instigation et poursuite de D⁽ˡˡᵉ⁾ Honorade de Blain, vefve de Raymond Audebert, bourgeois dud⁽ⁱᵗ⁾ Aix, Gaspard et Anne Audebert, enfans et heritiers par bénéfice d'inventaire dud⁽ⁱᵗ⁾ feu Audebert, et M⁽ᵉ⁾ Marc-Antoine Malherbe, advocat au parlement dud⁽ⁱᵗ⁾ Aix, à cause de l'homicide commis à la personne dud. Audebert. — Sentence donnée au juge le 10⁽ᵉ⁾ octobre 1624, par laquelle icelui Malherbe auroit esté condamné à estre délivré ès mains de l'exécuteur de la haulte justice, mené et conduit par tous les lieux et carrefours de ladite ville accoustumés et jusques à la place des Jacobins, et sur l'échafaud d'icelle où seroit dressé un piloris avoir la teste tranchée, et en après son corps porté au lieu patibulaire; et où il ne pourroit estre apréhendé seroit exécuté en efigie; en 300 livres d'am. envers le Roy, 200 livres à l'esglise où led. défunt avoit esté inhumé, pour prier Dieu pour son ame, à ses frais, le sequestre définitivement deschargé, et en 500 livres d'am. envers lad. de Blain, 1000 livres pour chacun des enfans. — Lettres de relief d'appel, obtenues en la chanc. d'Aix, le 5 décembre 1624, par François de Malherbe, gentilhomme ordinaire de la ch. du Roy, au nom et comme père et légitime administrateur de la personne dudit M. A. son fils, touchant l'appel de la dite sentence.... — Lettres patentes obtenues à Paris par le même le 31 du mesme mois par lesquelles S. M. évoque l'affaire et en renvoie l'examen au parlement de Dijon.— Arrêt de cette cour du 17 fevrier 1625 qui retient la connoissance de cette affaire et nomme des commissaires pour en instruire.—Requeste de Malherbe père, du 16 avril, contenant que, le lieutenant d'Aix n'ayant rien prononcé contre le corps et la mémoire d'Audebert, il n'avait point observé la rigueur des édits sur le duel, il avait, lui, appellé de cette sentence à ce chef seulement, et demandoit que les parties produisissent par lettres et que le procureur général fût adjoint à la cause. — Arrêt du même jour qui ordonne la production de ces pièces.— Autre du 12 juin qui ordonne la nomination d'un curateur à la défence de feu Raymond Audebert, pour répondre sur les charges de l'information. — Arrêt du 13 qui délègue à cet effet F. Baudon, procureur à la cour.— Appointements divers pour la production des pièces et les dispositions des parties en ordonnance du commissaire de la cour, rendue en la ville d'Aix le 8 octobre 1625 à requeste de F. de Malherbe par laquelle il prescrit la comparution de Favre, curateur nommé à la défence de Audebert pour répondre sur les charges. Interrogatoires du curateur. Descente faite sur les lieux où l'on prétend que le combat a été fait. — Déclaration de Favre de l'impossibilité où il est de fournir la preuve des faits qu'il allègue. — Lettres patentes obtenues par ledit M. A. de Malherbe à Paris, au mois de juin 1626, par lesquelles S. M. en conséquence de son édit sur les duels du mois de fevrier précédent et en faveur de l'heureux mariage de sa sœur la reine d'Angleterre, auroit audit de Malherbe quitté, remis et pardonné, estcint et abolly le fait et cas de l'homicide dudit Audebert, ainsi qu'il est exprimé et déclaré dans lesdites lettres. — Arrêt du 1er décembre 1626, par lequel sur la présentation de ces lettres par ledit de Malherbe fils en l'audience, il auroit été dit qu'il serait ouy et répété sur le contenu en icelles par commissaires, et sur ses réponces communiquées au procureur général, estre ordonné à qui il appartiendra et ce pendant qu'il passera le guichet. — Interrogatoires dud. de Malherbe des 8 et 9 décembre. — Sa requête par laquelle il demande l'entérinement desdites lettres et la faveur de sortir de prison, sauf à ne pas quitter la ville.—Arrêt de la cour du 10 qui ordonne la communication desdites lettres et requête à la dame Audebert, et donne pour prison au sr Malherbe la maison de F. Gault, huissier. — Autres requêtes des parties. — Conclusions du procureur général. La cour entérine les lettres de grâce, ordonne que de Malherbe jouira de leur effet, le condamne en 1500 livres d'intérêts, savoir 500 livres envers la veuve A. et 1000 au profit des enfans, et aux dépens, ordonne qu'il tiendra prison jusques à l'entier payement des intérêts. — Met à néant l'appel intenté par F. de M. et les parties hors de cause. *Signé*, B. Legout et B. Millet.

« Fait à la Tournelle, a Dijon, le 13e février 1627, et prononcé aud. sr de Malherbe fils, prisonnier en la Conciergerie. »

APPENDICE

LETTRE INÉDITE DE PEIRESC A MALHERBE
SUR LA MORT DE SON FILS.

« Monsieur, je viens de me condouloir et de pleurer tout mon saoul avec la pauvre désolée mère, Mme de Malherbe, et voudrois bien m'être trouvé près de vous, ou que la distance des lieux et ma foible santé ne m'eussent pas empêché, comme elles font, de vous aller voir, ainsi que je le desirerois en cette funeste rencontre, pour joindre mes larmes aux vôtres et recevoir avec la condoléance et la compassion générale toutes les plaintes qu'une si juste douleur vous pouvoit faire verser dans le sein de l'un de vos plus fidèles serviteurs. Mais quoique je ne puisse personnellement m'acquitter de ce devoir, vous aurez, s'il vous plaît, agréable que je supplée comme je pourrai par lettre, et que je vous die que j'ai tant de part à votre perte que je suis encore moi-même hors des termes de recevoir aucune consolation; tant s'en faut que je puisse être en état d'entreprendre de vous en donner, sachant, comme je fais, combien vous seroit inutile tout ce qui pourroit venir d'une si chétive main que la mienne, et sachant aussi de quelle façon feu M. de Malherbe, votre fils, avoit gagné le cœur de tant d'amis que vous avez en ces pays, et des siens propres, voire de tout ce qu'il y a de galants hommes et de gens de bien, lesquels ne pouvoient assez admirer la bonne vie qu'il avoit reprise et l'assiduité qu'il mettoit à l'étude depuis peu : ce qui faisoit qu'un chacun avoit généralement conçu très-grande espérance de sa vertu et de sa magnanimité, et qu'on s'en promettoit tout ce qui se pouvoit attendre de l'un des plus beaux esprits de son siècle, et qui avoit les plus belles et les plus recommandables parties d'un gentilhomme de son âge. Mais nous étions certainement indignes d'en cueillir le fruit dans ce malheureux pays, puisque nous ne l'avons su priser et choyer comme il méritoit. Je prie Dieu que la punition n'en tombe que sur ceux qui en ont véritablement le tort, principalement à cette dernière action, dans laquelle Dieu l'a pris à soi, dans une conjoncture si avantageuse pour le salut de son âme, qu'il semble qu'il ait voulu laisser ce sujet de consolation à tous les siens; car ç'a été quand il étoit parvenu à un grand amendement de vie et mœurs et qu'il s'étoit entièrement dévoué à son service en une religion fort austère, auparavant qu'il eût le loisir ou le besoin de changer d'avis, Dieu lui ayant fait la grâce de mourir le plus chrétiennement et le plus exemplairement qu'on eût su desirer ou attendre d'un homme grandement consommé et exercé dans les plus grandes vertus humaines, et avec une constance et charité signalée : ce qui mérite et doit extorquer des actions de grâce à sa divine bonté dans les plus fortes des douleurs que la nature puisse faire ressentir en telle occurrence à ses plus proches et plus intéressés à sa perte; ce que j'ai vu fort constamment pratiquer, à ce coup, à Mme de Malherbe, laquelle, dans les plus violentes secousses de sa douleur, reprenoit ses forces pour en venir à ces termes, en se résignant à son Dieu et implorant son secours et sa juste vengeance. Je crois bien que votre constance ne vous manquera pas à vous non plus en cette occasion, et que vous vous y résoudrez enfin, comme tous vos meilleurs amis vous en conjurent, et encore celui qui est de si longue main et qui sera inviolablement à jamais, Monsieur, etc. [1]. »

LETTRE INÉDITE DE MALHERBE SUR LA MORT DE SON FILS.

Nous devons à l'obligeance de M. Rathery la communication de la lettre suivante de Malherbe à son cousin M. de Bouillon Malherbe. Elle est inédite et très-intéressante. On y voit la résolution du poëte de ne rien ménager pour venger la mort de son fils.

La pièce sur laquelle a été prise cette copie est une minute pleine de ratures et de corrections. Elle a figuré à la vente Lamoureux, où elle a été adjugée au prix de cent vingt-deux francs.

« Monsieur mon cher cousin,

« Vous ne doutez point que cette malheureuse affaire ne me donne des soins autant qu'il est possible d'en avoir. C'est pourquoi je n'ai pas répondu à votre lettre sitôt que j'eusse desiré. Il m'a fallu aller à Corbeil. A cette heure il me faut aller à Olinville où est le Roi, et à Chanteloup où est Monsieur le Cardinal. Je ne contesterai point contre ce que vous avez écrit. Vous le faites avec affection, je le vois bien; mais pour cela je ne saurois sortir de si justes sentiments comme sont les miens. La plupart des grands de cette cour m'ont fait l'honneur de m'envoyer visiter; et M. de Guise même à qui mes parties s'étoient adressées est venu jusque céans pour m'offrir son assistance contre

---

1. Bibliothèque de Carpentras, manuscrit cité, f° 552 v°.

les assassins, pource que un secrétaire qu'il a en Provence et son avocat lui ont écrit au vrai cette pitoyable histoire. Il dit au Roi qu'il n'y avoit en France un plus franc courage et une meilleure épée que celle de mon fils. Il en avoit dit autant devant les Reines, en ma présence, durant sa vie; et j'ai su que depuis huit jours, en compagnie des principaux de cette cour, sur ce que quelqu'un dit qu'a-vois[1] le visage bien changé, il dit qu'il y avoit assez de pères qui perdoient des fils uniques, mais qu'il n'y en avoit guère qui en perdissent un tel qu'étoit le mien. Ce pauvre enfant est loué de tout le monde, et ne s'en trouve pas un qui y trouve à redire. Tous les parents de votre cousine[2] prennent cette affaire, non comme l'affaire d'un parent, mais comme la leur propre. J'espère qu'avec l'assistance de tant de personnes, nos voleurs feront un grand coup, s'ils se sauvent. Pour vous, mon cher cousin, je vous réitère la très-humble prière que je vous ai faite[3].... Je vous en laisse arbitre et juge absolu; car j'en veux sortir et manger tout ce que Dieu m'a donné pour témoigner que j'ai été digne d'avoir un fils de cette réputation. C'est, Monsieur mon cousin, toute la contribution que je desire de vous en cette affaire. Vous couperez chemin à une grande longueur en laquelle je me mettrois nécessairement si je prenois une autre voie. [Mon cousin de Colomby s'obligera à vous ou avec vous. Il me l'a ainsi dit devant que de partir, et ainsi écrit depuis.... et quand il ne l'auroit jamais fait, il ne permettroit pas, je le sais bien, que je lui en fisse une segonde prière[4].] Adieu.

« Monsieur mon cher cousin, confirmez par cette action charitable la bonne opinion que j'ai de votre courage et la volonté que j'ai d'être toute ma vie

« Votre très-humble et très-affectionné serviteur,

« MALHERBE.

« J'ai fait imprimer ce que j'ai vu de ce qui a été écrit par deçà touchant cet assassinat. Mais depuis l'avoir fait imprimer, j'ai eu les informations qui chargent Piles d'avoir donné un coup à votre cousin au travers du corps, devant qu'il eût la main à l'épée. Il est venu depuis trois ou quatre jours une femme qui y étoit allée plaider par évocation. Elle dit merveille des regrets de la mort de mon pauvre fils et a usé de ce mot que tout le pleure jusqu'aux pierres[5]. »

1. Que j'avois. — 2. La femme de Malherbe.
3. Il y a ici neuf ou dix mots rayés.
4. La phrase placée entre crochets est biffée.
5. Ce post-scriptum tout entier est biffé sur la minute.

SENTENCE CONTRE LES MEURTRIERS DE MARC-ANTOINE DE MALHERBE.

Extrait des registres du sénéchal d'Aix.

« Vu le procès criminel et procédures faites par défaut à la requête de Damoiselle Magdeleine de Corriollis de la ville d'Aix, tant en son nom que comme femme et procuratrice générale de François de Malerbe, écuyer, gentilhomme ordinaire de la chambre du Roi, querellante en assassinat et meurtre commis en la personne de M. Marc-Antoine de Malerbe, lui vivant avocat au parlement de Provence, son fils; joint le procureur du Roi en ce siége général de ladite ville; et encore messire André d'Oraison, marquis dudit lieu, vicomte de Cadenet, prenant la cause de son procureur juridictionnel dudit Cadenet, joint au procès par requête du 11 août 1627, contre Pol de Fortias, sieur de Pilles, Jean-Baptiste de Couvet, baron de Bormes, et frère Louis de Villages, chevalier de l'ordre de Saint-Jean de Jérusalem, querellés et défaillants; même la sentence donnée par M. Pierre Gautier, conseiller audit siége, en empêchement des sieurs lieutenants criminel et particulier, et plus ancien conseiller audit siége, sur l'adjudication du profit et utilité des défauts obtenus contre lesdits querellés par la Damoiselle querellante, portant qu'avant juger l'entier profit et utilité desdits défauts, les témoins ouïs aux charges et informations prises contre lesdits querellés, seront recollés et recensés en leur déposition pour servir d'accaration, appelés lesdits querellés en personne ou domicile et pièces mentionnées au vœu de ladite sentence en date du 7 dudit mois d'août 1627. Extrait du rôle desdits témoins. Requête de commission à nous pour procéder audit recollement appointée par ledit M. Gautier. Lettres lues à cette fin, le tout en date dudit jour 7 août. Exploits faits sur les diligences de treuver lesdits querellés pour les assigner pour voir procéder audit recensement, et à faute de ce, d'avoir été assignés en leurs domiciles aux personnes y dénommées auxdites fins; et autres exploits d'assignations données auxdits témoins pour ledit recensement, le tout en date dudit jour 7 août, 8, 9, 10 et 11 dudit mois. Recollement et recensement par nous faits desdits témoins, avec le procès-verbal sur ce aussi par nous fait desdits jours 8, 9, 10 et 11 août 1627. Extrait de sentence rendue dans la chambre du conseil par M. Estienne, conseiller audit siége, sur le sublevement du sursoy obtenu par le sieur baron de Couvet, père dudit sieur baron de Bormes, du jugement de ce procès dudit jour 11 août. Extrait d'arrêt de la chambre des vacations du parlement de Provence donné sur la requête présentée par ladite Damoiselle querellante, portant enjonction aux officiers dudit siége général de passer outre au jugement du procès, auquel ledit sieur baron de Couvet ne sera en qualité, du 12 dudit mois, avec l'exploit au bas contenant ladite enjonction, faite tant à nous qu'à MM. Meyronnet et Arbaud, conseiller et procureur du Roi audit siége, dudit jour 12. Autre extrait d'arrêt de ladite chambre entre ledit sieur baron de Couvet et ladite Damoiselle de Corriollis, sur l'appellation relevée par ledit sieur baron, de la sentence donnée par ledit M. Estienne, ci-dessus mentionnée, portant que l'appellation est mise au néant et ce dont a été appelé tiendra, et enjonction à nous de procéder au jugement du procès contre lesdits querellés du 14 dud. mois d'août avec l'exploit au bas, sur l'intimation faite à nous et audit M. Meyronnet ledit jour. Requête de jonction dudit sieur marquis dudit jour 11. Conclusions du procureur du Roi et desdites Damoiselle de Corriollis et sieur marquis d'Oraison, et tout ce que de la part de ladite Damoiselle de Corriollis a été fourni et produit par devers nous. Tout considéré et en conseil.

« NOUS en jugeant l'entier profit et utilité des défauts pour les causes résultantes du procès, avons déclaré lesdits sieurs de Pilles et de Bormes atteints et convaincus du cas et crime de meurtre et homicide douleusement commis en la personne dudit feu M. Marc-Antoine de Malerbe. Pour réparation duquel les avons condamnés à faire amende honorable un jour d'audience, tête nue et à genoux, tenant un flambeau chacun d'eux entre leurs mains, et demander pardon à Dieu, au Roi, à justice et à ladite Damoiselle querellante en la qualité qu'elle procède, et en après être livrés ès mains de l'exécuteur de la haute justice, pour être menés et conduits par tous les lieux et carrefours dudit Aix accoutumés, et jusques à la place des Jacobins, et illec sur le piloris d'icelle avoir leurs têtes tranchées : et où ne pourront être appréhendés seront exécutés en effigie, les condamnant en outre chacun d'eux en 1500 livres d'amende, pour être employées à la fondation d'une messe en l'église où le corps dudit feu M. de Malerbe a été inhumé, pour faire prier Dieu pour son âme ; 3000 livres chacun envers le Roi, 1000 livres chacun envers ledit sieur marquis d'Oraison, et 20 000 livres aussi chacun envers ladite Damoiselle querellante en la susdite qualité, et aux frais et dépens de justice. Et ordonnons que pour le tout seront contraints solidairement, sauf à celui qui aura payé son recours contre l'autre. Et en ce qu'est dudit frère Louis de Villages, l'avons mis à procès ordinaire ; et au moyen de ce appointé, les parties en leurs faits contraires articuleront iceux dans la huitaine, feront preuves et enquêtes au mois pour ce fait, et rapporté, le tout communiqué au procureur du Roi, et remis par devers nous y ordonner ce qu'il appartiendra par raison. Et cependant avons élargi ledit frère de Villages par tout en passant les soumissions de se représenter et remettre lors et quand sera dit et ordonné, et à faute de ce demeurer à droit et payer le juge, le condamnant néanmoins aux dépens de contumace le concernant, les autres réservés, et à la taxe des adjugés à nous réservée. *Signé :* Puech, conseiller; Meyronnet, conseiller; Ruffy, Depontevez, Graffan, avocats. Publié à Aix dans la chambre du conseil du Siége général d'Aix, à M. Arbaud, procureur du Roi, ensemble à M. Erguillosi, procureur audit siége, intervenant pour M. Bourdon, procureur de la Damoiselle querellante, lesquels ont acquiescé. Et de suite sortant, nous commis en ladite chambre d'icelle avec M. Puech, conseiller audit siége, s'est présenté M. Longis, procureur au même siége, disant intervenir, tant pour lesdits sieurs de Pilles et de Bormes, que encore pour M. Jean-Baptiste de Couvet, sieur baron de Tretz, conseiller du Roi et garde des sceaux en la Cour, père et légitime administrateur dudit sieur de Bormes, lequel a dit qu'il appelle de ladite sentence, requérant audit sieur conseiller Puech de lui en concéder acte le 14e août 1627. *Signé :* Aymar, commis, suivant la sentence ci-dessus, et ordonnance dans ladite chambre. Lesdits sieurs de Pilles et de Bormes ont été exécutés en effigie ledit jour.

« TRABUC, *commis.* »

VIE
DE
Mʳ DE MALHERBE

PAR Mʳ DE RACAN.

NOTICE.

A quelle époque les *Mémoires* de Racan sur la vie de Malherbe furent-ils publiés pour la première fois? Cette question soulève quelques difficultés que nous allons exposer brièvement.

C'est dans la *Relation de l'histoire de l'Académie françoise*, par Pellisson[1], qu'on rencontre la première mention de cette biographie : « J'ai, dit-il, appris depuis peu, dans *quelques Mémoires que M. de Racan a donnés* pour la vie de cet excellent poëte (Malherbe)[2].... » Pellisson veut-il dire que Racan a publié ces *Mémoires* ou qu'il les a seulement communiqués à quelques amis, à Ménage, par exemple, dont nous allons parler? La phrase est assez ambiguë pour que le doute soit permis, d'autant plus que dans le *Catalogue de Messieurs de l'Académie*[3], Pellisson ne fait point figurer ces *Mémoires* parmi les ouvrages imprimés de Racan.

Soixante-seize ans plus tard, en 1729, le continuateur de Pellisson, l'abbé d'Olivet, en énumérant les œuvres de Racan, n'oublie pas les *Mémoires*, et les indique de la manière suivante[4] : « *Mémoires sur la vie de Malherbe*, Paris, in-12, 1651. » Voilà une indication bien précise ; malheureusement les renseignements bibliographiques de l'abbé d'Olivet laissent beaucoup à désirer ; et comme il est le seul qui ait mentionné cette édition, comme depuis lui elle n'a été vue par personne, on a pu, sans trop d'invraisemblance, révoquer en doute

---

1. Paris, Courbé, 1653, in-8°.
2. A la page 445, il cite trois anecdotes qu'il tire « des *Mémoires* que M. de Racan a écrits de la vie de Malherbe. »
3. Page 536.
4. *Histoire de l'Académie françoise*, par d'Olivet, 1729, in-4°, p. 110.

l'exactitude de son assertion. Ajoutons qu'entre 1653 et 1672 les *Mémoires* de Racan sont mentionnés plus d'une fois, et jamais comme imprimés. Ménage, pour qui, s'il faut l'en croire, ils auraient été composés, en cite plusieurs passages dans son édition de Malherbe[1]. La Fontaine y fait allusion dans son premier recueil de fables publié en 1668[2]; enfin, ils ont été copiés presque textuellement par Tallemant des Réaux[3], dont les *Historiettes* ont été rédigées de 1657 à 1660; et du silence que lui[4] et Ménage ont gardé au sujet de la publication qui en aurait été faite antérieurement, on peut tirer un très-fort argument contre la réalité de l'existence de l'édition de 1651.

Quoi qu'il en soit, la première édition que l'on connaisse actuellement de ces *Mémoires* est celle qu'en donna, en 1672, Pierre de Saint-Glas, abbé de Saint-Ussans, dans les *Divers Traités d'Histoire, de Morale et d'Éloquence* (Paris, in-12). Ils furent réimprimés en 1717 dans le tome II des *Mémoires de Littérature* de Sallengre, et dans les éditions de Malherbe publiées en 1722, 1723 et 1757.

L'édition la meilleure et la plus complète de ces *Mémoires* a été publiée par MM. Tenant de Latour[5], d'après un manuscrit qui nous paraît être contemporain de Racan[6]. Il suffit de le parcourir pour se convaincre que c'est bien là, sans altération ni interpolation, le véritable texte sorti de la plume de l'élève chéri de Malherbe: aussi nous le reproduisons fidèlement, à part quelques anecdotes omises dans les anciennes éditions et qu'il était impossible de donner ici. Nous conservons son titre: *Vie de M* de Malherbe par M* de Racan.*

1. « J'apprends, dit-il, des Mémoires de M. de Racan pour la vie de Malherbe, *écrits en ma faveur dans le dessein que j'avois d'écrire la vie de ce prince de nos poëtes lyriques....* » Voyez dans son édition de Malherbe ses observations sur la *Prière pour le Roi allant en Limousin*. Comme, dans sa préface rédigée à la fin de 1665, Ménage fait remonter à plus de douze ans le commencement de son travail, cela nous reporte à peu près à l'époque (1653) où Pellisson a parlé des Mémoires de Racan.

2. Voyez plus loin, p. LXXXI, note 3.

3. *Historiette de Malherbe*. Voyez l'édition donnée par M. P. Paris (tome I, p. 270 et suivantes). Les passages empruntés par Tallemant y sont indiqués.

4. Loin de renvoyer à un imprimé, Tallemant se sert de phrases comme celle-ci : « Racan, de qui j'ai eu la plus grande partie de ces Mémoires.... » (*Ibidem*, tome I, p. 301.)

5. *OEuvres complètes de Racan*, nouvelle édition revue et annotée par MM. Tenant de Latour. Paris, Jannet (bibliothèque elzévirienne), 1857, in-18, tome I, p. 253 et suivantes.

6. Bibliothèque impériale, fonds français, n° 6002, 26 p. in-4°.

VIE DE Mᴿ DE MALHERBE.

Messire François de Malherbe naquit à Caen en Normandie, environ l'an 1555. Il étoit de l'illustre maison de Malherbe Saint-Agnan, qui a porté les armes en Angleterre sous un duc Robert de Normandie[1], et s'étoit rendue plus illustre en Angleterre qu'au lieu de son origine, où elle s'étoit tellement rabaissée que le père dudit sieur de Malherbe n'étoit qu'assesseur à Caen[2]. Il se fit de la religion un peu avant que de mourir[3]. Son fils, dont nous parlons, en reçut un si grand déplaisir, qu'il se résolut de quitter son pays, et s'alla habituer en Provence, à la suite de Monsieur le Grand Prieur[4], qui en étoit gouverneur. Alors il entra en sa maison à l'âge de dix-sept ans[5], et le servit jusques à ce qu'il fut assassiné par Artiviti[6].

Pendant son séjour en Provence, il s'insinua aux bonnes grâces de la veuve d'un conseiller et fille d'un président, dont je ne sais point les noms[7], qu'il épousa depuis, et en eut plusieurs enfants, qui sont tous morts avant lui. Les plus remarquables, ce sont une fille qui mourut de la peste à l'âge de cinq ou six ans, laquelle il assista jusques à la mort, et un fils qui fut tué malheureusement à l'âge de   ans[8] par M. de Piles.

---

1. Robert II, fils de Guillaume le Conquérant.
2. En 1566, il était conseiller du Roi au siége présidial de Caen.
3. C'est une erreur. Le père de Malherbe, calviniste dès 1566, ne mourut qu'en 1606. Voyez plus haut la *Notice biographique*, p. x.
4. Voyez les notices des pièces ɪ et ɪɪ.
5. Ceci est encore une erreur. Malherbe ne quitta son père pour s'attacher au duc d'Angoulême qu'en août 1576, c'est-à-dire à vingt et un ans. Voyez plus haut la *Notice biographique*, p. x.
6. Altoviti.
7. Madeleine de Cariolis. Elle n'était point veuve d'un conseiller. Voyez la *Notice biographique*, p. xɪɪɪ.
8. On lit 9 *ans* dans le manuscrit, le premier chiffre étant resté en blanc. Le fils de Malherbe, quand il fut tué, était âgé d'environ vingt-sept ans.

Les actions les plus remarquables de sa vie, et dont je me puis souvenir, sont que pendant la Ligue lui et un nommé la Roque[1], qui faisoit joliment des vers et qui est mort à la suite de la reine Marguerite, poussèrent M. de Sully deux ou trois lieues si vertement qu'il en a toujours gardé du ressentiment contre le sieur de Malherbe, et c'étoit la cause, à ce qu'il disoit, qu'il n'avoit jamais su avoir de bienfaits du roi Henri IV pendant que le sieur de Sully a été dans les finances[2].

Je lui ai aussi ouï conter plusieurs fois qu'en un partage de fourrage ou butin qu'il avoit fait, il y eut un capitaine d'infanterie assez fâcheux qui le maltraita d'abord jusques à lui ôter son épée, ce qui fut cause que ce capitaine eut, pour un temps, les rieurs de son côté; mais enfin ayant fait en sorte de ravoir son épée, il obligea ce capitaine insolent d'en venir aux mains avec lui, et d'abord lui donna un coup d'épée au travers du corps qui le mit hors du combat, et fit tourner la chance, et tous ceux qui l'avoient méprisé retournèrent de son côté.

Il m'a encore dit plusieurs fois qu'étant habitué à Aix depuis la mort de Monsieur le Grand Prieur, son maître, il fut commandé de mener deux cents hommes de pied devant la ville de Martigues, qui étoit infectée de contagion, et que les Espagnols assiégeoient par mer et les Provençaux par terre pour empêcher qu'ils ne communiquassent le mauvais air, et qui la tinrent assiégée par lignes de communication si étroitement, qu'ils réduisirent le dernier vivant à mettre le drapeau noir sur la ville devant que de lever le siége[3]. Voilà ce que je lui ai ouï dire de plus remarquable en sa vie avant notre connoissance.

Son nom et son mérite furent connus de Henri le Grand par le rapport avantageux que lui en fit M. le cardinal du Perron[4]. Un jour le Roi lui demanda s'il ne faisoit plus de vers; il lui dit que depuis qu'il lui avoit fait l'honneur de l'employer en

---

1. On a de lui : *Les OEuvres du sieur de la Roque, de Clermont en Beauvoisis*. Paris, MDCIX, in-12.
2. Sully garda les finances neuf mois après la mort de Henri IV. Voyez la *Notice biographique*, p. XVIII.
3. Voyez plus haut la *Notice biographique*, p. XVIII.
4. Voyez p. XXI, note 2.

ses affaires, il avoit tout à fait quitté cet exercice, et qu'il ne falloit point que personne s'en mêlât après M. de Malherbe, gentilhomme de Normandie, habitué en Provence; qu'il avoit porté la poésie françoise à un si haut point que personne n'en pouvoit jamais approcher.

Le Roi se ressouvint de ce nom de Malherbe; il en parloit souvent à M. des Yveteaux[1], qui étoit alors précepteur de M. de Vendôme. Ledit sieur des Yveteaux, toutes les fois qu'il lui en parloit, lui offroit de le faire venir de Provence; mais le Roi, qui étoit ménager, craignoit que le faisant venir de si loin, il seroit obligé de lui donner récompense, du moins de la dépense de son voyage; ce qui fut cause que M. de Malherbe n'eut l'honneur de faire la révérence au Roi que trois ou quatre ans après que M. le cardinal du Perron lui en eut parlé; et par occasion étant venu à Paris pour ses affaires particulières, M. des Yveteaux prit son temps pour donner avis au Roi de sa venue, et aussitôt il l'envoya querir. C'étoit en l'an 1605. Comme il étoit sur son partement pour aller en Limousin, il lui commanda de faire des vers sur son voyage; ce qu'il fit et les lui présenta à son retour. C'est cette excellente pièce qui commence :

O Dieu, dont les bontés de nos larmes touchées[2]....

Le Roi trouva ces vers si admirables qu'il desira de le retenir à son service, et commanda à M. de Bellegarde de le garder jusques à ce qu'il l'eût mis sur l'état de ses pensionnaires. M. de Bellegarde lui donna sa table, et l'entretint d'un homme et d'un cheval, et mille livres d'appointements[3].

Ce fut où Racan, qui étoit lors page de la chambre sous M. de Bellegarde, et qui commençoit à rimailler de méchants vers, eut la connoissance de M. de Malherbe, de qui il a appris ce qu'il a témoigné depuis savoir de la poésie françoise,

---

1. Nicolas Vauquelin, sieur des Yveteaux, né vers 1567, mort en 1649. Tallemant des Réaux lui a consacré une historiette. Ses œuvres poétiques ont été publiées en 1854 par M. P. Blanchemain. Paris, Aubry, in-8°.
2. Voyez plus loin, p. 69, pièce XVIII.
3. Voyez plus haut, p. XXIII.

ainsi qu'il l'a dit plus amplement en une lettre qu'il a écrite à M. Conrart[1].

Cette connoissance et l'amitié qu'il contracta avec M. de Malherbe dura jusques à sa mort, arrivée en 1628, quatre ou cinq jours[2] avant la prise de la Rochelle, comme nous dirons ci-après.

A la mort d'Henri le Grand, arrivée en 1610, la reine Marie de Médicis donna cinq cents écus de pension à M. de Malherbe, ce qui lui donna moyen de n'être plus à charge à M. de Bellegarde. Depuis la mort d'Henri le Grand il a fort peu travaillé[3], et je ne sache que les odes qu'il a faites pour la Reine mère, quelques vers de ballet, quelques sonnets au Roi, à Monsieur et à des particuliers, et la dernière pièce qu'il fit avant que de mourir, qui commence :

Donc un nouveau labeur[4]....

Pour parler de sa personne et de ses mœurs, sa constitution étoit si excellente que je me suis laissé dire par ceux qui l'ont connu en sa jeunesse que ses sueurs avoient quelque chose d'agréable comme celles d'Alexandre.

Sa conversation étoit brusque ; il parloit peu, mais il ne disoit mot qu'il ne portât ; en voici quelques-uns :

Pendant la prison de Monsieur le Prince, le lendemain que Madame la Princesse, sa femme, fut accouchée de deux enfants morts[5], pour avoir été incommodée de la fumée qu'il faisoit en sa chambre au bois de Vincennes, il trouva un conseiller de Provence de ses amis en une grande tristesse chez M. le garde des sceaux du Vair ; il lui demanda la cause de son affliction. Le conseiller lui répond que les gens de bien ne pouvoient avoir

---

1. Cette lettre n'a pas été publiée.
2. Lisez treize jours. Voyez plus haut, p. xli.
3. Les pièces composées par Malherbe avant la mort d'Henri IV sont au nombre de cinquante et une, représentant environ deux mille trois cents vers ; les pièces postérieures à cette époque (sans compter celles qui ne sont pas datées) comprennent près de dix-huit cents vers, répartis en cinquante-huit pièces. Le reproche de Racan n'est donc guère fondé.
4. Voyez p. 277, pièce cm.
5. Au mois de décembre 1618.

de joie après le malheur qui venoit d'arriver de la perte de deux princes du sang par les mauvaises couches de Madame la Princesse. M. de Malherbe lui repartit ces propres mots : « Monsieur, Monsieur, cela ne vous doit point affliger; ne vous souciez que de bien servir, vous ne manquerez jamais de maître. »

Une autre fois, un de ses neveux l'étoit venu voir au retour du collége, où il avoit été neuf ans. Après lui avoir demandé s'il étoit bien savant, il lui ouvrit son *Ovide*, et convia son neveu de lui en expliquer quelques vers; à quoi son neveu se trouvant empêché, après l'avoir laissé tâtonner un quart d'heure avant que de pouvoir expliquer un mot de latin, M. de Malherbe ne lui dit rien, sinon : « Mon neveu, croyez-moi, soyez vaillant : vous ne valez rien à autre chose. »

Un jour, dans le Cercle[1], quelque homme prude, en l'abordant, lui fit un grand éloge de Mme la marquise de Guercheville[2], qui étoit lors présente comme dame d'honneur de la Reine, et après lui avoir conté toute sa vie et la constance qu'elle avoit eue aux poursuites amoureuses du feu roi Henri le Grand, il conclut son panégyrique par ces mots, en la montrant [à M. de Malherbe : « Voilà ce qu'a fait la vertu. »] M. de Malherbe, sans hésiter, lui montra de la même sorte la connétable de Lesdiguières[3], qui avoit son placer auprès de la Reine, et lui dit : « Voilà ce qu'a fait le vice. »

Un gentilhomme de ses parents faisoit tous les ans des enfants à sa femme, dont M. de Malherbe se plaignoit, en lui disant qu'il craignoit que cela n'apportât de l'incommodité à ses affaires, et qu'il n'eût pas le moyen de les élever selon leur condition; à quoi le parent lui répondit qu'il ne pouvoit avoir trop d'enfants pourvu qu'ils fussent gens de bien. M. de Malherbe lui dit fort sèchement qu'il n'étoit point de cet avis,

---

1. C'est-à-dire au cercle de la Reine.
2. Antoinette de Pons, marquise de Guercheville, morte en 1632.
3. Marie Vignon, fille d'un fourreur de Grenoble, mariée en premières noces à un drapier nommé Mathel, qui fut assassiné en 1614. Trois ans après elle épousa le connétable, avec lequel elle vivoit depuis longtemps. Voyez Tallemant, *Historiette du connétable de Lesdiguières* (édit. P. Paris, tome I, p. 127).

et qu'il aimoit mieux manger un chapon avec un voleur qu'avec trente capucins.

Quand son fils fut assassiné par M. de Piles, il alla exprès au siége de la Rochelle en demander justice au Roi, de qui n'ayant pas eu toute la satisfaction qu'il espéroit, il disoit tout haut dans la cour d'Estrées, qui étoit alors le logis du Roi, qu'il vouloit demander le combat contre M. de Piles. Des capitaines des gardes et autres gens de guerre qui étoient là se souioient de le voir à cet âge parler d'aller sur le pré, et le sieur de Racan, comme son ami, le voulut tirer à part pour lui donner avis qu'il se faisoit moquer de lui, et qu'il étoit ridicule, à l'âge de soixante-treize ans qu'il avoit, de se battre contre un homme de vingt-cinq ans. Sans attendre qu'il achevât sa remontrance, il lui répliqua brusquement : « C'est pour cela que je le fais : je hasarde un sol contre une pistole. »

Une année que la Chandeleur avoit été un vendredi, ayant gardé quelque reste de gigot du mouton du jeudi, dont il faisoit une grillade le samedi matin, sur les sept à huit heures, et comme après la Chandeleur l'Église ne permet plus de manger de viande le samedi, le sieur de Racan, entrant dans sa chambre à l'heure qu'il faisoit ce repas extraordinaire, lui dit : « Quoi, Monsieur, vous mangez de la viande ? Notre Dame n'est plus en couche. » M. de Malherbe se contenta de lui répondre assez brusquement, à son ordinaire, que les dames ne se levoient pas si matin.

Sa façon de corriger son valet étoit assez plaisante. Il lui donnoit dix sols par jour, qui étoient honnêtement en ce temps-là, pour sa vie, et vingt écus de gages ; et quand son valet l'avoit fâché, il lui faisoit une remontrance en ces termes : « Mon ami, quand on a offensé son maître, on offense Dieu ; et quand on offense Dieu, il faut, pour avoir absolution de son péché, jeûner et donner l'aumône ; c'est pourquoi je retiendrai cinq sols de votre dépense, que je donnerai aux pauvres à votre intention, pour l'expiation de vos péchés. »

Étant allé visiter Mme de Bellegarde au matin, un peu après la mort du maréchal d'Ancre, comme on lui dit qu'elle étoit allée à la messe, il demanda si elle avoit encore quelque chose à demander à Dieu, après qu'il avoit délivré la France du maréchal d'Ancre.

Un jour que M. de Mésiriac[1], avec deux ou trois de ses amis, lui apporta un livre d'arithmétique d'un auteur grec nommé Diophante, que M. de Mésiriac avoit commenté, et ses amis lui louant extraordinairement ce livre, comme un travail fort utile au public, M. de Malherbe leur demanda s'il feroit amender le pain et le vin.

Il fit presque une même réponse à un gentilhomme de la religion qui l'importunoit de controverse, lui demandant pour toute réplique si on boiroit de meilleur vin, et si on vivroit de meilleur blé à la Rochelle qu'à Paris.

Il n'estimoit aucun des anciens poëtes françois, qu'un peu Bertaut[2]; encore disoit-il que ses stances étoient *nichil au dos*[3], et que pour trouver une pointe à la fin, il faisoit les trois premiers vers insupportables.

Il avoit été ami de Regnier le satirique, et l'estimoit en son genre à l'égal des Latins; mais la cause de leur divorce arriva de ce qu'étant allés dîner ensemble chez M. Desportes[4], oncle de Regnier, ils trouvèrent que l'on avoit déjà servi les potages. M. Desportes reçut M. de Malherbe avec grande civilité, et offrant de lui donner un exemplaire de ses *Psaumes* qu'il avoit nouvellement faits, il se mit en devoir de monter en sa chambre pour l'aller querir. M. de Malherbe lui dit qu'il les avoit déjà vus, que cela ne valoit pas qu'il prît la peine de remonter, et que son potage valoit mieux que ses *Psaumes*. Il ne laissa pas de dîner avec M. Desportes, sans se dire mot, et aussitôt qu'ils furent sortis de table, ils se

---

1. C. G. Bachet de Méziriac, littérateur et mathématicien, membre de l'Académie française, né en 1581, mort en 1638. Son édition de l'*Arithmétique de Diophante* parut en 1621, in-f°.

2. J. Bertaut, évêque de Séez, né à Caen en 1552, mort en 1611.

3. « *Nichil au dos*, rapporte le *Dictionnaire* de Trévoux, s'est dit, suivant Henri Estienne, des pourpoints dont le devant étoit de velours et le derrière d'une étoffe de vil prix, et a été appliqué généralement à toutes les choses qui avoient un bel extérieur, auquel l'intérieur ne répondoit point. » *Nichil* est une forme souvent employée dans la basse latinité pour *nihil*.

4. Ph. Desportes, abbé de Tiron, né à Chartres en 1546, mort en 1606. La première édition de sa traduction en vers des cent cinquante psaumes parut en 1603; il en avait publié soixante en 1591; cent en 1598.

séparèrent et ne se sont jamais vus depuis. Cela donna lieu à Regnier de faire la satire contre Malherbe, qui commence :

>Rapin, le favori [1], etc.

Il n'estimoit point du tout les Grecs, et particulièrement il s'étoit déclaré ennemi du galimatias de Pindare.

Pour les Latins, celui qu'il estimoit le plus étoit Stace, qui a fait la Thébaïde, et après Sénèque le Tragique, Horace, Juvénal, Ovide, Martial.

Il estimoit fort peu les Italiens, et disoit que tous les sonnets de Pétrarque étoient *à la grecque*, aussi bien que les épigrammes de Mlle de Gournay [2].

Il se faisoit presque tous les jours, sur le soir, quelque petite conférence, où assistoient particulièrement Colomby, Maynard, Racan, Dumonstier [3] et quelques autres dont les noms n'ont pas été connus dans le monde; et [un jour], un habitant d'Aurillac, où Maynard étoit alors président, vint heurter à la porte en demandant : « Monsieur le Président est-il point ici ? » Cela obligea M. de Malherbe à se lever brusquement pour courir répondre à cet habitant : « Quel président demandez-vous? Apprenez qu'il n'y a point ici d'autre président que moi. »

Quelqu'un lui disant que M. Gaumin [4] avoit trouvé le secret d'entendre le sens de la langue punique, et qu'il y avoit fait le *Pater noster*, il dit à l'heure même assez brusquement, à son ordinaire : « Je m'en vais tout à cette heure y faire le *Credo;* » et à l'instant il prononça une douzaine de mots qui n'étoient

---

1. C'est la ixe satire.
2. Le *Ménagiana* rapporte que Racan ayant reproché aux épigrammes de Mlle de Gournay de manquer de pointe, celle-ci répondit qu'il ne fallait pas prendre garde à cela, que c'étaient des épigrammes à la grecque.
3. F. Cauvigny, sieur de Colomby, membre de l'Académie française, né à Caen en 1588, mort en 1648. — F. Maynard, président à Aurillac, membre de l'Académie française, né à Toulouse en 1582, mort en 1646. — Daniel Dumontier ou Dumonstier (on écrivait aussi, mais à tort, Dumoustier), célèbre portraitiste, né à Paris en 1550, mort en 1631.
4. Gilbert Gaulmin, orientaliste, né à Moulins en 1585, mort en 1665.

d'aucune langue, en disant : « Je vous soutiens que voilà le *Credo* en langue punique : qui est-ce qui me pourra dire le contraire ? »

Il s'opiniâtra fort longtemps avec un nommé M. de la Loy[1] à faire des sonnets licencieux[2]. Colomby n'en voulut jamais faire et ne les pouvoit approuver. Racan en fit un ou deux, mais ce fut le premier qui s'en ennuya ; et comme il en vouloit divertir[3] M. de Malherbe, en lui disant que ce n'étoit pas un sonnet si l'on n'observoit les règles ordinaires de rimer les deux premiers quatrains, M. de Malherbe lui disoit : « Eh bien, Monsieur, si ce n'est un sonnet, c'est une sonnette[4]. » Toutefois à la fin il s'en ennuya, et n'y a eu que Maynard, de tous ses écoliers, qui a continué à en faire jusques à la mort. M. de Malherbe les quitta lui-même, lorsque Colomby ni Racan ne l'en persécutoient plus. C'étoit son ordinaire de s'aheurter d'abord contre le conseil de ses amis, ne voulant pas être pressé, pour y revenir après que l'on ne l'en pressoit plus.

Il avoit aversion contre les fictions poétiques, et en lisant une épître de Regnier à Henri le Grand qui commence :

Il étoit presque jour, et le ciel souriant[5]....

et où il feint que la France s'enleva en l'air pour parler à Jupiter et se plaindre du misérable état où elle étoit pendant la Ligue, il demandoit à Regnier en quel temps cela étoit arrivé, et disoit qu'il avoit toujours demeuré en France depuis cinquante ans et qu'il ne s'étoit point aperçu qu'elle se fût enlevée hors de sa place.

Il avoit un frère aîné[6] avec lequel il a toujours été en

1. Laleu, suivant les anciennes éditions. Je ne pense pas que ce soit le Laleu, oncle de Tallemant, dont il est question dans les *Historiettes*.
2. Irréguliers, c'est-à-dire « dont les deux quatrains ne sont pas sur mesmes rimes, » ajoute Pellisson, qui a cité ce passage (p. 446) en l'abrégeant.
3. Détourner.
4. Dans les anciennes éditions on lit : « Si ce n'est un sonnet, ce sont des vers ; » ce qui rappelle fort les *épigrammes à la grecque* dont il vient d'être parlé.
5. C'est la première des *Épîtres* de Regnier. Elle parut en 1608.
6. Lisez *puîné* ; car Malherbe était l'aîné de la famille. Ce frère

procès, et comme un de ses amis le plaignoit de cette mauvaise intelligence, et que c'étoit un malheur assez ordinaire d'avoir procès avec ses proches, M. de Malherbe lui dit qu'il ne pouvoit pas en avoir avec les Turcs et les Moscovites, avec qui il n'avoit rien à partager.

Il perdit sa mère environ l'an 1615, qu'il étoit âgé de plus de soixante ans, et comme la Reine mère envoya un gentilhomme pour le consoler, il dit à ce gentilhomme qu'il ne pouvoit se revancher de l'honneur que lui faisoit la Reine qu'en priant Dieu que le Roi son fils pleurât sa mort aussi vieux qu'il pleuroit celle de sa mère.

Il ne pouvoit souffrir que les pauvres, en demandant l'aumône, dissent : « Noble gentilhomme ; » et disoit que cela étoit superflu, et que s'il étoit gentilhomme il étoit noble.

Quand les pauvres lui disoient qu'ils prieroient Dieu pour lui, il leur répondoit qu'il ne croyoit pas qu'ils eussent grand crédit envers Dieu, vu le mauvais état auquel il les laissoit en ce monde, et qu'il eût mieux aimé que M. de Luynes ou quelque autre favori lui eût fait la même promesse.

Un jour que M. de Termes reprenoit Racan d'un vers qu'il a changé depuis, où il y avoit, parlant d'un homme champêtre :

Le labeur de ses bras rend sa maison prospère [1],

Racan lui répondit que M. de Malherbe avoit usé de ce mot *prospère* de la même sorte en ce vers :

O que la fortune prospère [2]....

M. de Malherbe, qui étoit présent, lui dit assez brusque-

---

est celui que dans l'*Épitaphe de M. d'Is* (voyez p. 10, pièce IV), il appelle le *grand Éléazar mon frère*. Voyez plus loin, p. 333 et suivantes, l'*Instruction de Malherbe à son fils*.

1. Voyez les Œuvres de Racan (bibliothèque elzévirienne), tome I, p. 196. Ce vers a été ainsi modifié par l'auteur :

Il laboure le champ que labouroit son père.

2. C'est le douzième vers de la pièce XIX (voyez p. 76). Seulement il est imprimé ainsi :

O que nos fortunes prospères....

ment : « Eh bien, mort Dieu ! si je fais un pet[1], en voulez-vous faire un autre ? »

Quand on lui montroit quelques vers où il y avoit des mots superflus et qui ne servoient qu'à la mesure ou à la rime, il disoit que c'étoit une bride de cheval attachée avec une aiguillette.

Un homme de robe longue, de condition, lui apporta des vers assez mal polis, qu'il avoit faits à la louange d'une dame, et lui dit, avant que de les lui montrer, que des considérations l'avoient obligé à faire ces vers. M. de Malherbe les lut avec mépris, et lui demanda, après qu'il eut achevé, s'il avoit été condamné à être pendu ou à faire ces vers-là, parce que à moins de cela il ne devoit point exposer sa réputation en produisant des ouvrages si ridicules[2].

. . . .

S'étant vêtu un jour extraordinairement, à cause du grand froid qu'il faisoit, il avoit encore étendu sur sa fenêtre trois ou quatre aunes de frise verte ; et comme on lui demanda ce qu'il vouloit faire de cette frise, il répondit brusquement, à son ordinaire : « Je pense qu'il est avis à ce froid qu'il n'y a plus de frise dans Paris ; je lui montrerai bien que si. »

En ce même temps, ayant mis à ses jambes une si grande quantité de bas, presque tous noirs, qu'il ne se pouvoit chausser également qu'avec des jetons, Racan arriva en sa chambre comme il étoit en cet état-là, et lui conseilla, pour se délivrer de la peine de se servir de jetons, de mettre à chacun de ses bas un ruban de quelque couleur, ou une marque de soie qui commençât par une lettre de l'alphabet, comme au premier un ruban ou une lettre de soie amarante, au second un bleu, au troisième un cramoisi, et ainsi des autres. M. de Malherbe approuva le conseil et l'exécuta à l'heure même, et le lendemain, venant dîner chez M. de Bellegarde, en voyant Racan il lui dit, au lieu de bonjour : « J'en ai jusques à l'L ; » de quoi

---

1. Dans les anciennes éditions : *Si je fais une sottise.*
2. C'est à peu près ce qu'Alceste dit à Oronte dans *le Misanthrope*. Comparez la lettre xi de Racan à Chapelain, dans le tome I, p. 344, de l'édition de MM. de Latour.

tout le monde fut fort surpris, et Racan même eut de la peine à comprendre d'abord ce qu'il vouloit dire, ne se souvenant pas alors du conseil qu'il lui avoit donné, pour expliquer cette énigme.

Il disoit aussi à ce propos que Dieu n'avoit fait le froid que pour les pauvres et pour les sots, et que ceux qui avoient le moyen de se bien chauffer et bien habiller ne devoient point souffrir de froid.

Quand on lui parloit des affaires d'État, il avoit toujours ce mot en la bouche, qu'il a mis dans l'épître liminaire de Tite Live adressée à M. de Luynes : qu'il ne falloit point se mêler de la conduite d'un vaisseau où l'on n'étoit que simple passager.

Un jour que le roi Henri le Grand montra à M. de Malherbe la première lettre que le feu roi Louis XIII lui avoit écrite, et M. de Malherbe y ayant remarqué qu'il avoit signé *Loïs* sans *u* pour *Louis*, il demanda assez brusquement au Roi si Monsieur le Dauphin avoit nom *Loïs?* De quoi le Roi se trouvant étonné, voulut savoir la cause de cette demande. Alors M. de Malherbe lui fit voir qu'il avoit signé *Loïs*, et non pas *Louis*. Cela donna sujet d'envoyer querir celui qui montroit à écrire à Monsieur le Dauphin, pour lui enjoindre de lui faire mieux orthographier son seing avec un *u*, et c'est pourquoi M. de Malherbe disoit qu'il étoit cause que le feu Roi avoit nom *Louis*.

Comme les états généraux se tenoient à Paris, il y eut une rande contestation entre le tiers état et le clergé, qui donna sujet à cette belle harangue de M. le cardinal du Perron[1], et cette affaire s'échauffant, les évêques menaçoient de se retirer et de mettre la France en interdit. M. de Bellegarde entretenant M. de Malherbe de l'appréhension qu'il avoit d'être excommunié, M. de Malherbe lui dit, pour le consoler, qu'au contraire il s'en devoit réjouir, et que, devenant tout noir, comme sont les excommuniés, cela le délivreroit de la peine

---

1. Le 2 janvier 1615. Il s'agissait de répondre à divers articles que le tiers état avait mis en tête de ses cahiers, et entre autres à celui qui demandait que la couronne de France fût déclarée indépendante du pouvoir spirituel.

qu'il prenoit tous les jours à se peindre la barbe et les cheveux.

Une autre fois il disoit à M. de Bellegarde : « Vous faites bien le galant et l'amoureux des belles dames; lisez-vous encore à livre ouvert? » qui étoit sa façon de parler pour dire s'il étoit toujours prêt à les servir. M. de Bellegarde lui dit qu'oui; à quoi M. de Malherbe répondit en ces mots: « Pardieu ! Monsieur, j'aimerois mieux vous ressembler de cela que de votre duché et pairie. »

Un jour Henri le Grand lui montra des vers qu'on lui avoit donnés, qui commençoient :

> Toujours l'heur et la gloire
> Soient à votre côté !
> De vos faits la mémoire
> Dure à l'éternité !

M. de Malherbe, sur-le-champ, et sans en lire davantage, les retourna en cette sorte :

> Que l'épée et la dague
> Soient à votre côté;
> Ne courez point la bague
> Si vous n'êtes botté;

et là-dessus se retira sans faire aucun jugement.

Je ne sais si le festin qu'il fit à six de ses amis et où il faisoit le septième pourroit avoir place en sa vie. D'abord il n'en avoit prié que quatre, savoir : M. de Fouquerolles, enseigne ou lieutenant aux gardes du corps; M. de la Masure, gentilhomme de Normandie, qui étoit à la suite de M. de Bellegarde; M. de Colomby et M. Patris[1] : ce dernier est à présent au service de S. A. R.[2], capitaine de son château de Limours. Mais le jour de devant que se dût faire le festin, Yvrande[3] et Racan revinrent de Touraine, de la maison de Racan, venant descendre chez M. de Malherbe. A l'heure même qu'il les vit, il commanda à son valet d'acheter encore deux chapons, et les pria de dîner le lendemain chez lui. Enfin, pour le faire

1. Patrix, poëte, né à Caen en 1583, mort en 1671.
2. Gaston, duc d'Orléans.
3. Yvrande, gentilhomme breton et poëte.

court, tout le festin ne fut que de sept chapons bouillis, dont il leur en fit servir à chacun un, outre celui qu'il garda pour lui, et leur dit : « Messieurs, je vous aime tous également; c'est pourquoi je vous veux traiter de même, et ne veux point que vous ayez d'avantage l'un sur l'autre. »

Tout son contentement étoit d'entretenir ses amis particuliers, comme Racan, Colomby, Yvrande et autres, du mépris qu'il faisoit de toutes les choses que l'on estime le plus dans le monde. En voici un exemple : il disoit souvent à Racan que c'étoit folie de se vanter d'être d'une ancienne noblesse, et que plus elle étoit ancienne, plus elle étoit douteuse, et qu'il ne falloit qu'une femme lascive pour pervertir le sang de Charlemagne et de saint Louis ; que tel qui se pensoit être issu d'un de ces grands héros étoit peut-être venu d'un valet de chambre ou d'un violon . . . .
. . . .

Il ne s'épargnoit pas lui-même en l'art où il excelloit, et disoit souvent à Racan : « Voyez-vous, Monsieur, si nos vers vivent après nous, toute la gloire que nous en pouvons espérer est qu'on dira que nous avons été deux excellents arrangeurs de syllabes, et que nous avons eu une grande puissance sur les paroles, pour les placer si à propos chacune en leur rang, et que nous avons été tous deux bien fous de passer la meilleure partie de notre âge en un exercice si peu utile au public et à nous, au lieu de l'employer à nous donner du bon temps, ou à penser à l'établissement de notre fortune. »

Il avoit aussi un grand mépris pour tous les hommes en général, et après avoir fait le récit du péché de Caïn et de la mort d'Abel son frère, il disoit après : « Voilà un beau début ! Ils n'étoient que trois ou quatre au monde et il y en a un qui a tué son frère ! Que pouvoit espérer Dieu des hommes après cela pour se donner tant de peine de les conserver ? N'eût-il pas mieux fait d'en éteindre dès l'heure l'engeance pour jamais ? »

C'étoient les discours ordinaires qu'il avoit avec ses plus familiers amis ; mais ils ne se peuvent exprimer avec la grâce qu'il les prononçoit, parce qu'ils tiroient leur plus grand ornement de son geste et du ton de sa voix.

M. l'archevêque de Rouen l'ayant prié de dîner chez lui

pour entendre le sermon qu'il devoit faire en une église proche de son logis, aussitôt que M. de Malherbe eut dîné il s'endormit dans une chaire[1], et comme Monsieur de Rouen le pensa réveiller pour le mener au sermon, il le pria de l'en dispenser en lui disant qu'il dormiroit bien sans cela.

Il parloit fort ingénument de toutes choses, et avoit un grand mépris pour les sciences, particulièrement pour celles qui ne servent que pour le plaisir des yeux et des oreilles, comme la peinture, la musique et même la poésie, encore qu'il y fût excellent; et un jour comme Bordier[2] se plaignoit à lui qu'il n'y avoit des récompenses que pour ceux qui servoient le Roi dans les armées et dans les affaires d'importance, et que l'on étoit trop ingrat à ceux qui excelloient dans les belles-lettres, M. de Malherbe lui répondit que c'étoit faire fort prudemment, et que c'étoit sottise de faire des vers pour en espérer autre récompense que son divertissement, et qu'un bon poëte n'étoit pas plus utile à l'État qu'un bon joueur de quilles.

Un jour qu'il se retiroit fort tard de chez M. de Bellegarde avec un flambeau allumé devant lui, il rencontra M. de Saint-Paul, gentilhomme de condition, parent de M. de Bellegarde, qui le vouloit entretenir de quelques nouvelles de peu d'importance; il lui coupa court en lui disant: « Adieu, adieu, vous me faites ici brûler pour cinq sols de flambeau, et tout ce que vous me dites ne vaut pas six blancs. »

Dans ses *Heures*, il avoit effacé des litanies des saints tous les noms particuliers, et disoit qu'il étoit superflu de les nommer tous les uns après les autres, et qu'il suffiroit de les nommer en général : *Omnes sancti et sanctæ Dei, orate pro nobis.*

Il avoit aussi effacé plus de la moitié de son Ronsard et en cotoit à la marge les raisons. Un jour, Yvrande, Racan, Colomby et autres de ses amis le feuilletoient sur sa table, et Racan lui demanda s'il approuvoit ce qu'il n'avoit point effacé : « Pas plus que le reste, » dit-il. Cela donna sujet à la compagnie, et entre autres à Colomby, de lui dire que si l'on trou-

---

1. *Chaire*, chaise.
2. René Bordier, poëte du Roi, grand faiseur de ballets sous Henri IV et Louis XIII.

voit ce livre après sa mort, on croiroit qu'il auroit trouvé bon ce qu'il n'auroit point effacé ; sur quoi il lui dit qu'il disoit vrai, et tout à l'heure acheva d'effacer tout le reste.

Il étoit assez mal meublé, logeant ordinairement en chambre garnie, et n'avoit que sept ou huit chaires de paille ; et comme il étoit fort visité de ceux qui aimoient les belles-lettres, quand les chaires étoient toutes remplies, il fermoit sa porte par dedans, et si quelqu'un y venoit heurter, il lui crioit : « Attendez, il n'y a plus de chaires ; » et disoit qu'il valoit mieux ne les point recevoir que de leur donner l'incommodité d'être debout.

Il se vantoit avec autant de vanité d'avoir sué trois fois la v..... que s'il eût gagné trois batailles, et faisoit le récit assez plaisamment du voyage qu'il fit à Nantes pour trouver un homme qui avoit la réputation d'être expert en cette cure de maladie vénérienne. C'étoit la raison pourquoi on l'appeloit chez M. de Bellegarde le *père Luxure*.

Il a toujours été fort adonné aux femmes, et se vantoit en sa conversation ordinaire de ses bonnes fortunes et des merveilles qu'il y avoit faites.

Un jour, en entrant dans l'hôtel de Sens, il trouva dans la salle deux hommes qui jouoient au trictrac, et qui disputant d'un coup se donnoient tous deux au diable qu'ils avoient gagné. Au lieu de les saluer, il ne fit que dire : « Viens, diable, viens, tu ne saurois faillir : il y en a l'un ou l'autre à toi. »

Il y eut une grande contestation entre ceux qu'il appeloit du pays *d'adieusias*, qui étoient tous ceux de delà la Loire, et ceux du pays de deçà, qu'il appeloit du pays de *Dieu vous conduise* : savoir s'il falloit appeler le petit vase de quoi l'on se sert pour manger du potage une *cuiller* ou une *cuillère*. La raison de ceux du pays *d'adieusias*, d'où étoit Henri le Grand, ayant été nourri en Béarn, étoit que *cuiller*, étant féminin, devoit avoir une terminaison féminine. Le pays de *Dieu vous conduise* alléguoit, outre l'usage, que cela n'étoit pas sans exemple de voir des choses féminines qui avoient une terminaison masculine, entre autres une *perdrix*, une *met*[1] à boulanger ou de pressoir. Enfin cette dispute dura si longtemps qu'elle obligea le

---

1. Pétrin et huche ; conduit d'un pressoir par où s'écoule le vin.

Roi à en demander l'avis à M. de Malherbe, lequel ne craignit point de contester, et lui dire qu'il falloit dire *cuiller*, et non pas *cuillère*, et le renvoya aux crocheteurs du port au Foin, comme il avoit accoutumé ; et comme le Roi ne se sentoit pas condamné du jugement de M. de Malherbe, il lui dit ces mêmes mots : « Sire, vous êtes le plus absolu roi qui aye jamais gouverné la France, et si[1] vous ne sauriez faire dire deçà la Loire une cuillère, à moins que de faire défense, à peine de cent livres d'amende, de la nommer autrement. »

Un jour M. de Bellegarde, qui étoit, comme l'on sait, gascon, lui envoya demander lequel étoit le mieux dit de *dépensé* ou *dépendu* ; il répondit sur-le-champ que *dépensé* étoit plus françois, mais que *pendu*, *dépendu*, *rependu*, et tous les composés de ce vilain mot qui lui vinrent en la bouche, étoient plus propres pour les Gascons.

Quand on lui demandoit son avis de quelque mot françois, il renvoyoit ordinairement aux crocheteurs du port au Foin, et disoit que c'étoient ses maîtres pour le langage ; ce qui peut-être a donné lieu à Regnier de dire :

> Comment ! il faudroit donc, pour faire une œuvre grande
> Qui de la calomnie et du temps se défende,
> Et qui nous donne rang parmi les bons auteurs,
> Parler comme à Saint-Jean parlent les crocheteurs[2] ?

Un jour il récitoit à Racan des vers qu'il avoit nouvellement faits, et après il lui en demanda son avis. Racan s'en excusa, lui disant qu'il ne les avoit pas bien entendus et qu'il en avoit mangé la moitié ; dont se sentant piqué, parce qu'il étoit fâché de ce qu'on lui disoit un peu trop librement son défaut d'être bègue, il lui dit en colère : « Mort Dieu ! si vous me fâchez, je les mangerai tous ; ils sont à moi puisque je les ai faits, j'en puis faire ce que je voudrai. »

Il ne vouloit pas que l'on fît des vers qu'en sa langue originaire, et disoit que nous n'entendions point la finesse des langues que nous n'avions apprises que par art, et à ce propos,

1. *Et si*, et pourtant.
2. Satire IX, vers 29-32. — Le premier et le troisième vers cités ici sont imprimés un peu différemment dans les éditions de Regnier.

pour se moquer de ceux qui faisoient des vers latins, il disoit que si Virgile et Horace revenoient au monde ils bailleroient le fouet à Bourbon et à Sirmond[1].

. . . .

Il disoit souvent, et principalement quand on le reprenoit de ne suivre pas bien le sens des auteurs qu'il traduisoit ou paraphrasoit, qu'il n'apprêtoit pas les viandes pour les cuisiniers; comme s'il eût voulu dire qu'il se soucioit fort peu d'être loué des gens de lettres qui entendoient les livres qu'il avoit traduits, pourvu qu'il le fût des gens de la cour; et c'étoit de cette même sorte que Racan se défendoit de ses censures, en avouant qu'elles étoient fort justes, mais que les fautes qu'il lui reprenoit n'étoient connues que de trois ou quatre personnes qui le hantoient, et qu'il faisoit ses vers pour être lus dans le cabinet du Roi et dans les ruelles des dames, plutôt que dans sa chambre ou dans celles des autres savants en poésie.

Il avoit[2] pour ses écoliers les sieurs de Touvant[3], Colomby, Maynard et de Racan. Il en jugeoit diversement, et disoit en termes généraux que Touvant faisoit fort bien des vers, sans dire en quoi il excelloit; que Colomby avoit fort bon esprit, mais qu'il n'avoit point le génie à la poésie; que Maynard étoit celui de tous qui faisoit le mieux des vers, mais qu'il n'avoit point de force et qu'il s'étoit adonné à un genre de poésie auquel il n'étoit pas propre, voulant dire ses épigrammes, et qu'il n'y réussiroit pas, parce qu'il n'avoit pas assez de pointe; pour Racan, qu'il avoit de la force, mais qu'il ne travailloit pas assez ses vers; que le plus souvent, pour mettre une bonne pensée, il prenoit de trop grandes licences, et que de ces deux derniers on feroit un grand poëte.

1. Nicolas Bourbon, poëte latin, membre de l'Académie française, né en 1574, mort en 1644. — Jean Sirmond, poëte latin, membre de l'Académie française, né en 1589, mort en 1640.

2. On lit *avouoit* dans Pellisson, qui a cité ce passage (p. 445), dans Tallemant des Réaux et dans les anciennes éditions.

3. Charles de Piard, sieur d'Infrainville et de Touvant. Ses vers sont épars dans les recueils du commencement du dix-septième siècle, et entre autres dans le tome I des *Delices de la poesie françoise*, 1615, où il en est parlé comme d'un mort. Le manuscrit porte par erreur *Tourant* au lieu de *Touvant*.

La connoissance qu'avoit euc Racan avec M. de Malherbe étoit lorsqu'il étoit page de la chambre chez M. de Bellegarde, âgé au plus de dix-sept ans[1] ; c'est pourquoi il respectoit toujours M. de Malherbe comme son père, et M. de Malherbe vivoit avec lui comme avec son fils. Cela donna sujet à Racan, à son retour de Calais, où il fut porter les armes en sortant de page, de demander avis à M. de Malherbe de quelle sorte il se devoit conduire dans le monde, et lui fit la déduction de quatre ou cinq sortes de vies qu'il pouvoit faire. La première et la plus honorable étoit de suivre les armes ; mais d'autant qu'il n'y avoit alors point de guerre qu'en Suède ou en Hongrie, il n'avoit pas moyen de la chercher si loin, à moins que de vendre tout son bien pour faire son équipage et les frais de son voyage.

La seconde étoit de demeurer dans Paris pour liquider ses affaires, qui étoient fort brouillées, et celle-là lui plaisoit le moins.

La troisième étoit de se marier, sur la créance qu'il avoit de trouver un bon parti dans l'espérance que l'on auroit de la succession de Mme de Bellegarde, qui ne lui pouvoit manquer : à cela il disoit que cette succession seroit peut-être longue à venir, et que cependant, épousant une femme qui l'obligeroit, si elle étoit de mauvaise humeur il seroit contraint d'en souffrir.

Il lui proposoit aussi de se retirer aux champs à faire petit pot[2] ; ce qui n'eût pas été séant à un homme de son âge, et ce n'eût pas aussi été vivre selon sa condition.

Sur toutes ces propositions dont Racan lui demandoit conseil, M. de Malherbe, au lieu de lui répondre directement à sa demande, commença par une fable en ces mots[3] :

« Il y avoit, dit-il, un bonhomme âgé d'environ cinquante ans qui avoit un fils qui n'en avoit que treize ou quatorze. Ils n'avoient, pour tous deux, qu'un petit âne pour les porter

---

1. Racan étant né en 1589, cette date nous reporte à l'année 1606.
2. *Faire petit pot*, vivre petitement.
3. On sait que la Fontaine, qui a mis en vers cette fable (livre III, 1), publiée antérieurement dans les *Facéties* du Pogge, dans les *Fables* de Faërne et de Verdizotti, a mentionné ainsi le récit de Malherbe :

   Autrefois à Racan Malherbe l'a conté.

en un long voyage qu'ils entreprenoient. Le premier qui monta sur l'âne, ce fut le père ; mais après deux ou trois lieues de chemin, le fils commençant à se lasser, il le suivit à pied de loin et avec beaucoup de peine, ce qui donna sujet à ceux qui les voyoient passer de dire que ce bonhomme avoit tort de laisser aller à pied cet enfant qui étoit encore jeune, et qu'il eût mieux porté cette fatigue-là que lui. Le bonhomme mit donc son fils sur l'âne et se mit à le suivre à pied. Cela fut encore trouvé étrange par ceux qui les virent, lesquels disoient que ce fils étoit bien ingrat et de mauvais naturel, d'aller sur l'âne et de laisser aller son père à pied. Ils s'avisèrent donc de monter tous deux sur l'âne, et alors on y trouvoit encore à dire : « Ils sont bien cruels, disoient les passants, de monter ainsi tous « deux sur cette pauvre petite bête, qui à peine seroit suffi- « sante d'en porter un seul. » Comme ils eurent ouï cela, ils descendirent tous deux de dessus l'âne et le touchèrent devant eux. Ceux qui les voyoient aller de cette sorte se moquoient d'eux d'aller à pied, se pouvant soulager d'aller l'un ou l'autre sur le petit âne. Ainsi ils ne surent jamais aller au gré de tout le monde ; c'est pourquoi ils se résolurent de faire à leur volonté, et laisser au monde la liberté d'en juger à sa fantaisie. Faites-en de même, dit M. de Malherbe à Racan pour toute conclusion ; car quoi que vous puissiez faire, vous ne serez jamais généralement approuvé de tout le monde, et l'on trouvera toujours à redire en votre conduite[1]. »

Encore qu'il reconnût, comme nous avons déjà dit, que Racan avoit de la force en ses vers, il disoit qu'il étoit hérétique en poésie, pour ne se tenir pas assez étroitement dans ses observations, et voici particulièrement de quoi il le blâmoit :

Premièrement, de rimer indifféremment aux terminaisons en *ant* et en *ent*, comme *innocence* et *puissance*, *apparent* et *conquérant*, *grand* et *prend* ; et vouloit qu'on rimât pour les yeux aussi bien que pour les oreilles. Il le reprenoit aussi de rimer le simple et le composé, comme *temps* et *printemps*, *séjour* et *jour*. Il ne vouloit pas aussi qu'il rimât les mots qui

---

1. Les anciennes éditions ont intercalé ici la fable de la Fontaine, qui ne se trouvait certainement pas dans l'écrit de Racan.

avoient quelque convenance[1], comme *montagne* et *campagne*, *défense* et *offense*, *père* et *mère*, *toi* et *moi*. Il ne vouloit pas non plus que l'on rimât les mots qui dérivoient les uns des autres, comme *admettre*, *commettre*, *promettre*, et autres, qu'il disoit qui dérivoient de *mettre*. Il ne vouloit point encore qu'on rimât les noms propres les uns contre les autres, comme *Thessalie* et *Italie*, *Castille* et *Bastille*, *Alexandre* et *Lysandre*; et sur la fin il étoit devenu si rigide en ses rimes qu'il avoit même peine à souffrir que l'on rimât les verbes de la terminaison en *er* qui avoient tant soit peu de convenance, comme *abandonner*, *ordonner* et *pardonner*, et disoit qu'ils venoient tous trois de *donner*. La raison qu'il disoit pourquoi il falloit plutôt rimer des mots éloignés que ceux qui avoient de la convenance est que l'on trouvoit de plus beaux vers en les rapprochant qu'en rimant ceux qui avoient presque une même signification; et s'étudioit fort à chercher des rimes rares et stériles, sur la créance qu'il avoit qu'elles lui faisoient produire quelques nouvelles pensées, outre qu'il disoit que cela sentoit son grand poëte de tenter les rimes difficiles qui n'avoient point encore été rimées. Il ne vouloit point qu'on rimât sur *malheur* ni *bonheur*, parce qu'il disoit que les Parisiens n'en prononçoient que l'*u*, comme s'il y avoit *bonhur*, *malhur*[2], et de le rimer à *honneur* il le trouvoit trop proche. Il ne vouloit non plus que l'on rimât à *flame*, parce qu'il l'écrivoit et le prononçoit ainsi avec deux *m* : *flamme*, et le faisoit long en le prononçant; c'est pourquoi il ne le pouvoit rimer qu'à *épigramme*. Il reprenoit aussi Racan quand il rimoit *qu'ils ont eu* avec *vertu* ou *battu*, parce qu'il disoit que l'on prononçoit à Paris *ont eu* en trois syllabes, en faisant une de l'*e* et l'autre de l'*u* du mot *eu*.

Outre les réprimandes qu'il faisoit à Racan pour ses rimes, il le reprenoit encore de beaucoup de choses pour la construction de ses vers, et de quelques façons de parler trop hardies qui seroient trop longues à dire, et qui auroient meilleure grâce dans un art poétique que dans sa vie. C'est pourquoi je

---

1. *Convenance*, rapport.
2. On trouve cette orthographe dans les éditions de Malherbe de 1689, 1722 et 1723. Voyez la *Notice bibliographique*, p. ci et cii.

me contenterai de faire encore une remarque de ce point dont ils étoient en contestation.

Au commencement que M. de Malherbe vint à la cour, qui fut en 1605, comme nous avons déjà dit, il n'observoit pas encore de faire une pause au troisième vers des stances de six, comme il se peut voir en la Prière qu'il fit pour le Roi allant en Limousin, où il y a deux ou trois stances où le sens est emporté, et au psaume *Domine Dominus noster*[1], en cette stance et peut-être quelques autres dont je ne me souviens pas à présent :

>   Sitôt que le besoin excite son desir,
>   Qu'est-ce qu'en ta largesse il ne trouve à choisir?
>   Et par ton mandement, l'air, la mer et la terre
>   N'entretiennent-ils pas
>   Une secrète loi de se faire la guerre
>   A qui de plus de mets fournira ses repas?

Il demeura toujours en cette négligence pendant la vie de Henri le Grand, comme il se voit encore en la pièce qui commence :

>   Que n'êtes-vous lassées,

en la seconde stance, dont le premier vers est :

>   Que ne cessent mes larmes,

qu'il fit pour Madame la Princesse[2], et je ne sais s'il n'a point encore continué cette même négligence jusques en 1612, aux vers qu'il fit pour la place Royale[3] : tant y a que le premier qui s'aperçut que cette observation étoit nécessaire pour la perfection des stances de six fut Maynard, et c'est peut-être la raison pour laquelle M. de Malherbe l'estimoit l'homme de France qui savoit le mieux faire des vers. D'abord Racan, qui jouoit un peu du luth et aimoit la musique, se rendit en faveur des musiciens, qui ne pouvoient faire leur reprise aux stances de six, s'il n'y avoit un arrêt au troisième vers. Mais quand M. de Malherbe et Maynard voulurent qu'aux stances de dix, outre

---

1. Voyez les pièces XVIII et XV, p. 69 et 62.
2. C'est-à-dire pour le Roi amoureux de la princesse de Condé. Voyez pièce XLVI, p. 163.
3. Voyez pièce LVIII, p. 197 et suivantes.

l'arrêt du quatrième vers, on en fît encore un au septième, Racan s'y opposa, et ne l'a jamais presque observé. Sa raison étoit que les stances de dix ne se chantent presque jamais, et que quand elles se chanteroient on ne les chanteroit pas en trois reprises; c'est pourquoi il suffisoit d'en faire une au quatrième. Voilà la plus grande contestation qu'il a eue contre M. de Malherbe et ses écoliers, et pourquoi on a été prêt de le déclarer hérétique en poésie[1].

M. de Malherbe vouloit aussi que les élégies eussent un sens parfait de quatre vers en quatre vers, même de deux en deux, s'il se pouvoit; à quoi jamais Racan ne s'est accordé.

Il ne vouloit pas que l'on nombrât en vers de ces nombres vagues, comme *mille* ou *cent tourments*, et disoit assez plaisamment, quand il voyoit quelqu'un nombrer de cette sorte : « Peut-être n'y en avoit-il que quatre-vingt-dix-neuf. » Mais il estimoit qu'il y avoit de la grâce à nombrer nécessairement[2], comme en ce vers de Racan :

    Vieilles forêts de trois siècles âgées.

C'est encore une des censures à quoi Racan ne se pouvoit rendre de ne point nombrer par cent ou par mille pour dire infiniment, et néanmoins il n'a osé s'en licencier[3] que depuis sa mort.

A ce propos de nombrer, quand on lui disoit que quelqu'un avoit les fièvres en plurier, il demandoit aussitôt : « Combien en a-t-il de fièvres? »

Ses amis familiers, qui voyoient de quelle sorte il travailloit, disent avoir remarqué trois sortes de styles dans sa prose :

Le premier étoit en ses lettres familières, qu'il écrivoit à ses amis sans aucune préméditation, qui, quoique fort négligées, avoient toujours quelque chose d'agréable qui sentoit son honnête homme.

Le second étoit en celles où il ne travailloit qu'à demi, où l'on croit avoir remarqué beaucoup de dureté et de pensées indigestes qui n'avoient aucun agrément.

---

1. Ce passage a été cité par Pellisson, p. 448 et suivantes
2. C'est-à-dire d'une manière précise.
3. S'en donner la licence.

Le troisième étoit dans les choses que par un long travail il mettoit en leur perfection, où sans doute il s'élevoit beaucoup au-dessus de tous les écrivains de son temps.

Ces trois divers styles se peuvent remarquer en ses lettres familières à Racan et à ses autres amis, pour le premier ; pour le second, en ses lettres d'amour, qui n'ont jamais été fort estimées ; et pour le troisième, en la *Consolation à la princesse de Conti*, qui est presque le seul ouvrage de prose qu'il ait achevé.

Il se moquoit de ceux qui disoient qu'il y avoit du nombre en la prose, et disoit que de faire des périodes nombreuses c'étoit faire des vers en prose. Cela a fait croire à quelques-uns que les *Épîtres de Sénèque* n'étoient point de lui, parce que les périodes en sont un peu nombreuses.

Celle pour qui il a fait des vers sous le nom de Caliste étoit la vicomtesse d'Auchy, dont le bel esprit a paru jusques à sa mort ; et sa Rodanthe étoit Mme la marquise de Rambouillet[1]. Voici la raison pourquoi il lui donna ce nom-là :

Un jour ils s'entretenoient Racan et lui de leurs amours qui n'étoient qu'amours honnêtes, c'est-à-dire du dessein qu'ils avoient de choisir quelque dame de mérite et de qualité pour être le sujet de leurs vers.

M. de Malherbe lui nomma Mme de Rambouillet, et Racan Mme de Termes, qui étoit alors veuve[2]. Il se trouva que toutes deux avoient nom *Catherine*, savoir : la première, que M. de Malherbe avoit choisie, Catherine de Vivonne ; et celle de Racan, Catherine Chabot. Le plaisir que prit M. de Malherbe en cette conversation lui fit promettre d'en faire une Églogue, ou entretien de bergers, sous les noms de *Mélibée* pour lui et *Arcas* pour Racan, et je me suis étonné qu'il ne s'en est trouvé quelque commencement dans ses manuscrits, car je lui en ai ouï réciter près de quarante vers.

Prévoyant donc que ce même nom de *Catherine*, servant pour tous deux, feroit de la confusion dans cette Églogue qu'il se promettoit de faire, il passa tout le reste de l'après-dînée, avec Racan, à chercher des anagrammes sur ce nom qui eussent

---

1. Pour la vicomtesse d'Auchy, voyez pièce xxix. — Mme de Rambouillet, la célèbre marquise dont il est tant question dans Tallemant.
2. Elle ne le devint qu'en 1621.

de la douceur pour mettre dans les vers; ils n'en trouvèrent que trois : *Arthénice, Éracinthe* et *Carinthée.* Le premier fut jugé le plus beau; mais Racan s'en étant servi dans sa pastorale, qu'il fit incontinent après, M. de Malherbe méprisa les deux autres, et prit Rodanthe, ne se souciant plus d'en prendre qui fussent anagrammes de *Catherine.*

M. de Malherbe étoit alors marié et fort avancé en âge; c'est pourquoi son amour ne produisit que quelques vers, entre autres ceux qui commencent :

Chère beauté, que mon âme ravie, etc.[1],

et ces autres que Boisset mit en air :

Ils s'en vont, ces rois de ma vie[2].

Il fit aussi quelques lettres sur le même nom de Rodanthe; mais Racan, qui avoit trente-quatre ans moins que lui, et qui étoit alors garçon, Mme de Termes étant d'ailleurs veuve, il se trouva engagé à changer son amour poétique en une véritable et légitime, et fit quelques voyages en Bourgogne pour cet effet. C'est ce qui donna lieu à M. de Malherbe de lui écrire une lettre, où il y a des vers, pour le divertir de cette passion, sur ce qu'il avoit appris que Mme de Termes se laissoit cajoler par M. Vignier, qui l'a épousée depuis; et quand il sut que Racan étoit résolu de se marier en son pays, il le manda aussitôt à Mme de Termes, en une lettre qui est imprimée[3].

Il disoit, quand on lui parloit de l'enfer et du paradis : « J'ai vécu comme les autres, je veux mourir comme les autres, et aller où vont les autres. »

Il mourut à Paris, comme nous avons dit ci-devant, vers la fin du siége de la Rochelle, où Racan commandoit la compagnie de M. d'Effiat, ce qui fut cause qu'il n'assista point à sa mort et qu'il n'en a su que ce qu'il en a ouï dire à M. de Porchères d'Arbaud[4]. Il ne lui a point celé que pendant sa maladie

---

1. Voyez pièce LXXXII, p. 247.
2. Voyez p. 221 la notice de la pièce LXVIII, où est réfutée cette assertion de Racan.
3. Ce sont les lettres XXX et IX du livre I, dans les anciennes éditions.
4. F. d'Arbaud, sieur de Porchères, membre de l'Académie française. Voyez plus loin la *Notice bibliographique*, p. XCII et XCIII.

il n'eût eu beaucoup de difficulté à le faire résoudre de se confesser, lui disant qu'il n'avoit accoutumé de se confesser qu'à Pâques. Il étoit pourtant fort soumis aux commandements de l'Église, et quoiqu'il fût fort avancé en âge, il ne mangeoit pas volontiers de la viande aux jours défendus, sans permission ; car ce qu'il en mangea le samedi d'après la Chandeleur, ce fut par mégarde. Il alloit à la messe toutes les fêtes et tous les dimanches, et ne manquoit point à se confesser et communier à Pâques, en sa paroisse. Il parloit toujours de Dieu et des choses saintes avec grand respect, et un de ses amis lui fit un jour avouer devant Racan qu'il avoit une fois fait vœu d'aller d'Aix à la Sainte-Baume tête nue, pour la maladie de sa femme. Néanmoins il lui échappoit quelquefois de dire que la religion des honnêtes gens étoit celle de leur prince ; et il avoit souvent ces mots à la bouche, à l'exemple de M. Coeffeteau[1] : *Bonus animus, bonus Deus, bonus cultus*. C'est pourquoi Racan s'enquit fort soigneusement de quelle sorte il étoit mort. Il apprit que celui qui l'acheva de résoudre à se confesser fut Yvrande, gentilhomme qui avoit été nourri page de la grande écurie, et qui étoit son écolier en poésie, aussi bien que Racan. Ce qu'il lui dit pour le persuader de recevoir les sacrements fut qu'ayant toujours fait profession de vivre comme les autres hommes, il falloit mourir aussi comme les autres ; et M. de Malherbe lui demandant ce que cela vouloit dire, Yvrande lui dit que quand les autres mouroient, ils se confessoient, communioient et recevoient les autres sacrements de l'Église. M. de Malherbe avoua qu'il avoit raison, et envoya quérir le vicaire de Saint-Germain, qui l'assista jusques à la mort.

On dit qu'une heure avant que de mourir, après avoir été deux heures à l'agonie, il se réveilla comme en sursaut pour reprendre son hôtesse, qui lui servoit de garde, d'un mot qui n'étoit pas bien françois à son gré ; et comme son confesseur lui en fit réprimande, il lui dit qu'il ne pouvoit s'en empêcher, et qu'il vouloit jusques à la mort maintenir la pureté de la langue françoise.

1. Coeffeteau, évêque de Marseille, né en 1574, mort en 1623.

NOTICE BIBLIOGRAPHIQUE.

I

OEuvres détachées publiées du vivant de Malherbe.

Les renseignements bibliographiques qui suivent et que j'ai eu beaucoup de peine à réunir sont les plus complets et les plus précis que l'on ait jusqu'ici donnés sur les OEuvres de Malherbe. Cependant ils ne le sont point encore autant que je l'aurais désiré; car il y a plusieurs volumes qu'il m'a été impossible de me procurer, et de plus il m'a été parfois fort difficile de me reconnaître au milieu de la confusion causée par les supercheries des libraires et les contrefaçons; on en jugera par ce seul fait que de 1635 à 1647 il y eut six éditions des *OEuvres* qui portent le titre de *troisième*.

1. Les Larmes de saint Pierre, imitées du Tansille. Paris, 1587, in-4.

    Ces stances furent réimprimées à Paris, L. Brexel, 1596, in-8, et à Rouen, Raph. du Petit-Val, 1598, in-8; de plus, comme nous le disons ailleurs (voyez pièce III, p. 4), elles furent insérées dans divers recueils de vers publiés du vivant de Malherbe.

2. Ode du sieur de Malherbe. A la Reine. Pour sa bienvenue en France. Aix, J. Tholosan, 1601, 16 pag. in-8.

3. Ode sur l'attentat commis en la personne de Sa Majesté, le 19 décembre 1605. In-8.

    Voyez pièce XIX, p. 75.

4. Vers du sieur de Malherbe à la Reine. Paris, Ad. Beys,

1611, 36 pag. in-8, plus un feuillet pour l'extrait du privilége.

On y trouve l'ode à la Reine : *Nymphe qui jamais ne sommeilles*, et l'ode à M. de Bellegarde : *A la fin c'est trop de silence.*

L'extrait du privilége porte : « Par grace et privilege du Roy, il est permis au sieur de Malherbe de faire imprimer ses OEuvres durant le temps de six ans, par tels imprimeurs et libraires que bon luy semblera et pour tel temps qu'il voudra accorder à chacun d'iceux, et deffenses sont faictes.... comme plus amplement est contenu et declaré par les lettres de ce données à Paris, le 25ᵉ jour de novembre 1610. — Signées Louys.... — Ledict sieur de Malherbe, suivant le contenu audict privilege, a permis à Adrien Beys, marchant libraire à Paris, d'imprimer les vers qui sont cy-devant. Faict à Paris, ce 14 decembre 1610. »

L'ode à la Reine reparut l'année suivante dans *les Trophées de Henry le Grand*, Lyon, 1611, in-4 de 32 pages.

5. Lettre de consolation à Madame la princesse de Conty sur la mort de M. le chevalier de Lorraine de Guise, son frere. Paris, Toussaint du Bray, 1614, in-8.

6. Recit d'un berger sur les alliances de France et d'Espagne. Sans date, ni nom de lieu. (Paris, 1615), 4 pag. in-4.

7. Le XXXIIIᵉ livre de Tite Live nouvellement trouvé à Bamberg, en Allemagne, traduit par le Sʳ de Malherbe, gentilhomme ordinaire de la chambre du Roy, et dédié à Monseigneur le duc de Luynes. A Paris, chez Toussainct du Bray (avant février), MDCXXI, in-8. Avec privilege du Roy.

Comme nous le disons (p. 390), une partie de cette traduction avait paru dès 1616 dans la traduction de Tite Live par Vigenère. Voyez aussi plus loin p. xcɪɪɪ.

8 et 9. Pour le Roy allant chastier la rebellion des Rochelois. Sans lieu ni date. (Paris, 1628), 18 pag. in-4. Le même, 20 pag. in-8.

Malherbe, dans une lettre à Peiresc en date du 3 avril 1628, rapporte qu'il avait fait tirer trois cent cinquante exemplaires de cette pièce et qu'on en fit une « autre impression sans son soin et sans son aveu. »

NOTICE BIBLIOGRAPHIQUE.

Un exemplaire de l'édition in-8 a figuré à la vente de M. Ch. Giraud en 1855 (n° 1309), et la lettre, suivant le catalogue, portait des corrections de la main même de Malherbe.

J'ignore quelle est de ces deux éditions la première en date. On trouve dans toutes les deux l'ode que nous avons donnée sous le n° CIII, la lettre de Malherbe à Louis XIII avec quelques vers et le sonnet sur la mort de son fils (voyez pièce CII). C'est donc à tort que Tallemant des Réaux a avancé que ce sonnet n'avait point été imprimé. Pour être exact, il aurait dû se borner à dire que la pièce ne figurait point dans les éditions de 1630, 1631, etc.

Il se pourrait aussi que Balzac eût commis une erreur dans la lettre à M. de Plassac Meré que nous avons citée plus haut (voyez p. XL). « Malherbe, dit-il, fit imprimer un factum et trois sonnets qui n'ont point été mis dans le corps de ses autres ouvrages. Je voudrois bien pouvoir contenter la curiosité que vous avez de les voir. Mais de plusieurs exemplaires qu'il m'en avoit donnés, il ne s'en est pu trouver aucun parmi mes papiers, et il ne me souvient que de ce seul vers :

> Mon fils qui fut si brave et que j'aimai si fort.

Sur ma parole assurez-vous qu'ils étoient tous excellents et que ce n'est pas une petite perte que celle que vous en faites. »

Je crois qu'ici comme ailleurs la mémoire de Balzac l'a mal servi; et que par ces trois sonnets dont personne autre que lui n'a parlé, il faut entendre tout simplement les vers mentionnés dans la plaquette citée plus haut. Quant aux factums, il est certain que Malherbe a dû en publier (voyez plus haut, p. LVI); mais nous n'avons pu en rencontrer un seul exemplaire.

Ajoutons pour compléter cette liste que les pièces XI, XC, XCI, XCII, XCIV de notre édition ont été publiées d'abord en feuilles volantes, sans date, ni lieu d'impression.

II

OEuvres.

(Poésies, traductions, lettres, etc.)

1. Les OEuvres de Mre François de Malherbe, gentil-homme ordinaire de la chambre du Roy. A Paris, chez Charles Chappelain, M.DC.XXX. Auec priuilege du Roy. In-4.

Après le titre, se trouve un beau portrait de Malherbe (*D. Dumonstier pinxit. — Vosterman sculp.*).

Le volume contient :

1° *Discours sur les œuvres de Mr de Malherbe* (22 feuillets non paginés). Ce *Discours* n'est pas signé, mais il est de Godeau, évêque de Vence, et parut séparément dès 1629, in-4. Quelques bibliographes l'indiquent à tort comme étant de Porchères.

2° Le privilége du Roy, dont voici la teneur : « Louys, par la grace de Dieu, Roy de France et de Navarre. A nos amez et feaux conseillers, les gents tenants nos cours de Parlement de Paris, Tholoze, Roüen, Bordeaux, Dijon, Aix, Grenoble et Rennes, preuost de Paris, seneschal de Lyon, et à tous nos autres juges et officiers qu'il appartiendra, chacun en droit soy, salut. Nostre bien amé François d'Arbaud, escuyer, sieur de Porcheres, nous a tres-humblement remonstré que le feu sieur de Malherbe, gentil-homme ordinaire de nostre chambre, son cousin, lui auroit peu auparauant son deceds recommandé et mis entre ses mains toutes les œuures par luy faites, composées, corrigées et augmentées, tant en prose qu'en poësie, pour les faire imprimer toutes en un volume, sans estre meslées ni accommodées auec aucunes œuures, comme auroient fait cy-deuant quelques imprimeurs et libraires, qui en auroient imprimé ou fait imprimer quelques pieces separement, sous priuilege particulier, ce que nous ayant l'exposant tres-humblement supplié luy permettre, Nous, voulant fauoriser l'intention dudit deffunt de Malherbe, auons audit exposant permis et permettons par ces presentes, que pendant six ans il puisse faire imprimer par tel imprimeur et libraire que bon luy semblera, toutes et chacunes des œuures, tant en prose qu'en poësie, imprimées et non imprimées dudit deffunt sieur de Malherbe, les reduire et mettre en un seul volume, et en tel caractere que bon luy semblera; sans que pendant ledit temps aucuns autres imprimeurs, libraires ne autres personnes les puissent imprimer par pieces separées, ne autrement en quelque façon que ce soit, à peine de deux mille livres d'amende, applicables moitié à nous et l'autre moitié audit exposant, auec confiscation des exemplaires qui se trouueront d'autre impression, et de tous depens, dommages et interests. Voulant qu'en mettant par luy le contenu du present priuilege au commencement ou à la fin de chacun desdits exemplaires, il soit tenu pour deuëment signifié; à la charge de mettre deux desdits exemplaires en nostre bibliotheque au couuent des Cordeliers à Paris. Car tel est nostre plaisir. Donné à la Rochelle le neufieme jour de nouembre mille six cens vingt-huit, et de nostre regne le dix-neufieme.

« Par le Roy en son conseil, Le Long.

« Le sieur de Porcheres a cedé et transporté à Charles Chappelain, imprimeur à Paris, le priuilege cy-dessus, pour en jouïr avec tout le droit y contenu. A Paris, le quatorzieme de decembre mil six cens vingt-huit.

« Acheué d'imprimer le vingt-deuxieme de decembre mil six cens vingt-neuf. »

3º *Traitté des Bienfaits de Seneque* (voyez plus bas la notice nº 9).

4º *Le XXXIIIe livre de Tite Live*, précédé d'une dédicace à Monseigneur le duc de Luynes, et suivi d'un *advertissement*.

5º Les *Lettres de Mr de Malherbe*. Elles sont divisées en trois livres et sont au nombre de quatre-vingt-dix-sept. La pagination finit avec les lettres et recommence avec les poésies.

6º Les *Poésies de Mr de Malherbe*. Elles sont divisées en six livres.

Malgré la date de l'*acheué d'imprimer* (22 décembre 1629) le volume n'avait point encore paru en juin 1630, comme on le voit d'après une lettre de Peiresc à Dupuy en date du 16 juin 1630. (Bibliothèque impériale, manuscrits Dupuy, nº 717, fº 97.)

Nous avons eu à signaler quelques légères différences entre deux exemplaires datés de cette année 1630.

Je ne sais si ce fut Porcheres qui donna ses soins à cette édition; ce doute m'est venu en lisant dans les correspondances inédites de Peiresc et de P. Dupuy la mention d'un sieur Granier qui, en 1629, préparait une édition des Œuvres de Malherbe, et pour qui on avait demandé à Peiresc communication des lettres qu'il possédait. Dupuy, le 18 mai 1629, écrit à son ami de Provence :

« Notre ami, qui entreprend les Œuvres de M. de Malherbe,

s'appelle Granier, qui a l'honneur d'être connu de vous et de Monsieur votre frère, vous prend au mot pour les lettres de M. de Malherbe qui serviroient de grand ornement à son édition; que si n'avez le loisir d'en faire le choix et retrancher ce qui seroit inutile, il vous donne sa parole que les envoyant ici, il les reverra très-exactement et suivra l'ordre que lui prescrirez. Je vous prie, s'il y a moyen, de le favoriser en cela. La mémoire de M. de Malherbe semble vous y convier, et puisqu'il les avoit voulu examiner pour les polir, cela fait croire qu'il les jugeoit dignes de voir le jour. Mondit sieur Granier m'avoit, il y a quelque temps, fait cette prière que j'avois éconduite, crainte de vous faire une requête incivile. Mais puisque de vous-même vous vous y êtes comme engagé, je n'ai fait difficulté de faire cet office. Vous en userez néanmoins comme le trouverez plus à propos. » (*Bibliothèque de Carpentras*, manuscrits Peiresc, Reg. 41, vol. 2.)

Dupuy en parla encore plusieurs fois à Peiresc, qui lui répondit le 18 août suivant :

« Des lettres de feu M. de Malherbe, je vous écrivois la semaine passée ce que j'en avois trouvé. Je suis bien aise que vous ayez eu des nouvelles du recueil que feu M. de Malherbe avoit fait d'aucunes de ses lettres plus considérables et aucunes pièces dont il m'avoit aucune fois parlé, et m'avoit même demandé mes liasses de lettres qu'il m'avoit écrites pour y en insérer quelques-unes. Je craignois que cela fût perdu; car M. le conseiller de Boyer qui est héritier, ou père de l'héritier dudit feu M. de Malherbe, ne l'ayant pas trouvé entre ses papiers, étoit bien en peine où il pouvoit avoir recours. Je m'étonne fort que le sieur Icard [1] lui aye voulu celer, puisqu'il étoit dépositaire et comme fidéi-commissaire de tous les livres et papiers du défunt, pour remettre le tout audit sieur de Boyer, à qui il a en effet rendu les livres et quelques papiers, mais, à ce que je vois, il avoit soustrait le meilleur. Il n'y avoit que deux jours que mondit sieur de Boyer étoit parti de cette ville pour aller du côté de Toulon, quand je reçus votre avis; mais à son retour je lui communiquerai l'avis, et ferai que lui en écrira comme il faut audit sieur Icard, auquel je ferai même écrire par Monsieur le premier président et par le marquis d'Oraison, qui sont ses meilleurs patrons et amis, et qui aimoient bien le pau-

---

1. Ou Ycard. C'était l'homme d'affaires de Malherbe, autant du moins que je puis le conjecturer d'après la correspondance du poëte avec Peiresc, où il en est parlé plusieurs fois.

vre Malherbe. Je n'y ai pas du crédit pour mon particulier, pour certaines petites galanteries qui m'avoient été faites de sa main en affaire bien importante ; mais je le ferai prendre de tant de côtés qu'il aura bien de la peine à se parer de coup, où je serai bien aise d'agir pour l'amour du pauvre M. de Malherbe que j'ai aimé comme mon propre père, et pour l'amour aussi de M. Granier, à qui j'ai de l'obligation, sans l'avoir jamais servi, dont je serois bien aise de me pouvoir revancher, mais principalement pour l'amour de vous, Monsieur, puisque vous vous en mêlez si charitablement. Je verrai aussi par même moyen s'il y avoit moyen d'arracher de mondit sieur le premier président et de M. le marquis d'Oraison quelques-unes des lettres que ledit sieur de Malherbe leur écrivoit, dont j'en ai autrefois vu de très-bonnes. M. de Boyer m'avoit dit, ce me semble, tout après le décès du sieur de Malherbe, que le défunt avoit laissé quelques siens écrits en dépôt en mains d'un sieur de Porchères, son parent (autre que le célèbre courtisan), pour prendre le soin de les faire revoir et imprimer. Je croyois que ce fût lui qui eût remis à M. Granier ce qu'il en avoit, et qui lui eût aussi remis le privilége dont j'avois autrefois ouï parler. Il sera bon de s'en éclaircir et m'en écrire, s'il vous plaît, au plus tôt que vous pourrez, pour s'assurer si c'est autre chose que le recueil dont ledit sieur Icard se trouve aujourd'hui saisi [1]. »

Le Granier en question est sans contredit Auger (ou Oger) de Mauléon, seigneur de Granier, qui, entré à l'Académie française le 3 septembre 1635, en fut chassé à l'unanimité le 14 mai suivant, pour avoir abusé d'un dépôt à lui confié par des religieuses. « C'étoit, dit Pellisson, un ecclésiastique, natif du pays de Bresse, homme de bonne mine, de bon esprit, d'agréable conversation, qui avoit même du savoir et des belles-lettres. Pour s'établir à Paris, il s'associa avec un libraire nommé Chapelain, et depuis avec un autre nommé Bouillerot. Et comme il avoit été curieux de bons manuscrits, il en mit au jour quelques-uns qui étoient encore fort rares. Nous lui devons les mémoires de la reine Marguerite et ceux de M. de Villeroy, les lettres du cardinal d'Ossat et celles de M. de Foix[2]. » Ce libraire Chapelain ou Chappelain est précisément celui qui a été l'éditeur de Malherbe.

---

1. Bibliothèque impériale, manuscrits Dupuy, n° 717, f° 75.
2. *Histoire de l'Académie françoise*, édition Livet, tome I, p. 153.

2. Les OEuvres de Mre François de Malherbe, gentil-homme ordinaire de la chambre du Roy. Seconde édition. Paris, Chappelain, avec privilege du Roy, 1631, in-4.

> Cette seconde édition est à peu de chose près la reproduction de la précédente. Le *Discours* a subi d'assez grandes modifications que nous avons indiquées. Les variantes du texte sont peu nombreuses et peu importantes. Ce sont, à notre connaissance, les deux seules éditions publiées pendant la durée des six années du privilége qui expirait en décembre 1634.

3. Les OEuvres de Messire François de Malherbe, gentil-homme ordinaire de la chambre du Roy. Troisiesme edition. Imprimé à Troyes et se vendent (*sic*) à Paris, chez Jean Promé, au coin de la rue Dauphine. M.DC.XXXV, in-8.

> Cette édition, assez incorrecte, contient les mêmes œuvres que les précédentes; mais immédiatement après le titre et avant le *Discours*, on a placé six pages non numérotées, contenant les *Fragments* qui, dans les deux premières éditions, terminent le sixième livre des poésies.
>
> Il y a six éditions qui portent le titre de *troisième*. Voyez les n°s 4, 7, 10, 15 et 16.

4. Les OEuvres de Messire François de Malherbe, etc. Troisiesme edition. A Troyes, chez Jacques Balduc, M.DC.XXXV, in-8.

> C'est probablement la même impression que la précédente, avec un autre titre. Comme les *Fragments* et le *Discours* de Godeau ne sont point paginés, et que les six livres de poésies et les œuvres en prose ont une pagination différente, il y a des exemplaires où les poésies précèdent les traductions et les lettres.

5. Les OEuvres de Mre François de Malherbe, etc. Paris, Est. Hébert, 1635, in-8.

> Je n'ai pu rencontrer cette édition, qui a figuré en 1855 à la vente de M. Ch. Giraud, sous le n° 1300.

6. Les Epistres de Seneque, traduites par Mre François de Malherbe, gentil-homme ordinaire de la chambre du Roy. A Paris, chez Anthoine de Sommaville, M.DC.XXXVII.

> Cette édition, dont nous ignorons le format, est restée jusqu'ici inconnue à tous les bibliographes. Nous n'avons pu nous

la procurer, mais son existence nous a été révélée par la note suivante mise à la suite du privilége de l'édition des *Épîtres* de 1648 : *Achevé d'imprimer pour la première fois le septiesme septembre* 1637. Voyez plus bas la notice n° 17.

7. Les OEuvres de Mre François de Malherbe, etc. Troisiesme edition. A Paris, chez Antoine de Sommaville, M. DC. XXXVIII, avec privilege du Roy, in-4.

Le *Discours* de Godeau, le *Traité des Bienfaits* et, avec une pagination différente, les poésies, voilà ce que contient le volume, où ne se trouvent ni le Tite Live, ni les lettres, ni le privilége. En tête le portrait, d'après Dumonstier, gravé par Briot. On remarquera le titre de *troisième édition* donné à cette édition, qui est la quatrième et peut-être la sixième. Voyez n°s 3, 4, 10, 15, 16.

8. Les Epistres de Seneque, traduites par Mre François de Malherbe, gentil-homme ordinaire de la chambre du Roy. A Paris, chez Anthoine de Sommaville, M. DC. XXXIX, avec privilege du Roy, in-12.

A la suite du privilége, daté du 6 décembre 1636, on lit : *Achevé d'imprimer, pour la seconde fois, le premier jour de février* 1639. Avant le texte des épîtres, on trouve neuf feuillets non paginés, et contenant : 1° Épître dédicatoire adressée à Richelieu par J. B. de Boyer, neveu par alliance et héritier de Malherbe; 2° un Avis *au lecteur*, de J. Baudoin, qui déclare avoir donné ses soins à l'édition; 3° deux petites pièces de vers français, par Dalibray et Colletet, et une épigramme latine de I. Isnard, toutes trois à l'éloge du traducteur; 4° le privilége du Roi. — En tête un méchant portrait signé H^r.

9. Seneque. Des Bienfaits, de la version de Mre François de Malherbe, gentil-homme ordinaire de la chambre du Roy. A Paris, chez Antoine de Sommaville, M. DC. XXXIX, in-12.

A la suite du privilége, on lit : *Achevé d'imprimer pour la première fois le* 30 *mai* 1639. Il est dit dans ce privilége : « Nostre bien-amé Antoine de Sommaville, marchand libraire à Paris, nous a fait remonstrer qu'il desireroit faire imprimer et mettre en lumiere le *Traitté des bienfaits* de Senèque, de la version de François de Malherbe, gentil-homme ordinaire de nostre chambre; lequel il a recouvert augmenté de quelques chapitres non encore imprimés. » Ces chapitres sont les onze premiers du livre second, qui, suivant une note de l'édition de 1630, n'avaient point été traduits par Malherbe. Nous avons dit ailleurs, tome II, p. 251, ce que nous pensions de l'authenticité de ce texte. En tête le portrait signé H^r, qui se retrouve dans l'édition des *Épîtres* que nous venons de mentionner.

10. Les OEuvres de Mre François de Malherbe, gentilhomme, etc. Troisiesme édition. Paris, chez Henault, 1641, in-8.

    J'ai pris cette indication sur le catalogue de la Bibliothèque Sainte-Geneviève; mais je n'ai pu voir le volume, qui ne s'est pas retrouvé sur les rayons. Voyez n°s 3, 4, 7, 15, 16.

11. Les OEuvres de Mre François de Malherbe, gentilhomme, etc. A Paris, chez Antoine de Sommaville, M.DC.XLII, in-12, avec privilége du Roy.

    Malgré son titre, ce volume ne contient que le *Discours* (non paginé) de Godeau et les six livres de poésie. On y trouve le fragment : *Elle étoit jusqu'au nombril*, que j'avais cru publié pour la première fois dans l'édition de Ménage. Voyez plus loin, p. 316, pièce cxx.

12. Les Epistres de Seneque, traduites par Mre François de Malherbe, gentil-homme, etc. A Paris, chez Anthoine de Sommaville, M.DC.XXXXV, in-12.

    C'est, avec quelques légères variantes, la reproduction de l'édition de 1639. A la suite du privilége, on lit : *Achevé d'imprimer pour la quatriesme fois le troisiesme jour de juillet mil six cens quarante cinq*. Entre 1637 et 1645 il y a donc eu encore une édition. Personne n'en a parlé et nous n'avons pu la découvrir.

13. Les Lettres de Mre François de Malherbe, gentilhomme, etc. Paris, Barbin, M.DC.XLV, in-12.

    J'ai relevé cette indication sur le catalogue de la Bibliothèque Sainte-Geneviève. Le volume n'a pu être retrouvé sur les rayons.

14. Les Lettres de Mre François de Malherbe, gentilhomme, etc. A Paris, chez Antoine de Sommaville, M.DC.XLV, in-12.

    En tête se trouve la traduction du XXXIIIe livre de Tite Live, avec la dédicace au duc de Luynes.

15. Les OEuvres de Mre François de Malherbe, gentil-homme, etc. Troisiesme édition. A Troyes, chez Nicolas Oudot, M. DC. XLVII, in-8.

L'ordre est le même que dans le numéro 3.

16. Les OEuvres de Mre François de Malherbe, gentil-homme, etc. Troisiesme édition, à Paris, chez Mathurin Henault, M. DC. XLVII, in-8.

Reproduction des précédentes éditions données à Troyes. Voyez plus haut les n°s 3, 4, 15.

17. Les Epistres de Seneque, traduites par Mre François de Malherbe, gentil-homme, etc. A Paris, chez Antoine de Sommaville, M. DC. XLVIII, avec privilége du Roy. In-4. En tête un beau portrait gravé par Briot.

Cette édition est divisée en deux parties. La première contient l'épître dédicatoire de Boyer au cardinal de Richelieu, un Avis au lecteur, de J. Baudoin ; le privilége du Roy, daté d'Amiens, le 6 décembre 1636 ; les quatre-vingt-onze épîtres traduites par Malherbe. La seconde partie renferme, avec une pagination différente, la suite des epistres de Seneque traduites par Pierre Du-Ryer. On lit, après le privilége de la première partie : Achevé d'imprimer pour la première fois le septiesme septembre 1637 : ce qui nous donne la date de la première édition. Voyez plus haut le n° 9.

18. Seneque. Des Bienfaits, de la version de Mre François de Malherbe, gentil-homme, etc. A Paris, chez Antoine de Sommaville, M. DC. L, in-12.

Reproduction de l'édition de 1639. Voyez le n° 9.

19. Les OEuvres de Seneque, de la traduction de Mre François de Malherbe, gentil-homme, etc., continuées par Pierre Du-Ryer, de l'Académie françoise. A Paris, chez Antoine de Sommaville, M. DC. LVIII et M. DC. LIX, avec privilége du Roy. 2 vol. in-fol.

Le premier volume de cette belle édition contient le Traité des Bienfaits et les Épîtres. Il est daté de 1659, et le tome II de 1658. du Ryer a beaucoup modifié le texte de Malherbe.

20. Les OEuvres de Mre François de Malherbe, gentil-

homme, etc. Imprimé à Orléans, et se vend à Paris, chez Claude Barbin, M.DC.LIX, in-12.

Cette édition contient le *Discours* de Godeau et les six livres de poésies, comme l'édition de 1642. Voyez le n° 11.

21. Les OEuvres de M. François de Malherbe, gentilhomme, etc. Imprimé à Orléans, et se vend à Paris, chez Guillaume de Luyne, M.DC.LIX, in-12.

On y trouve le *Discours* de Godeau, les six livres de poésies et les *Lettres*.

22. Les Lettres de Mre François de Malherbe, gentil-homme, etc. Imprimé à Orléans, et se vend à Paris, chez Claude Barbin, M.DC.LIX, in-12.

23. Les Poesies de M. François de Malherbe, gentil-homme, etc. Imprimé à Orléans, et se vend à Paris, chez Antoine de Sommaville, M.DC.LX, in-12.

Cette édition ne renferme absolument que les six livres de poésies, sans préface, dédicace, ni privilége.

24. Les OEuvres de Seneque, de la traduction de du Ryer, etc. Lyon, chez Christofle Fourny, M.DC.LXV, 14 vol. in-12.

25. Les OEuvres de Seneque, de la traduction de Pierre du Rier, etc. Imprimées à Lyon, et se vendent à Paris, au Palais, par la Compagnie des libraires associés au privilége, M.DC.LXIX, 14 vol. in-12.

Comme la précédente, cette édition est la reproduction de l'édition de 1659, in-fol. Voyez le n° 19.

26. Les Poésies de M. de Malherbe, avec les Observations de Monsieur Menage. A Paris, chez Thomas Jolli, M.DC.LXVI, avec privilege du Roy. In-8.

A la suite du privilége, on lit : *Achevé d'imprimer pour la première fois le 19e jour de janvier* 1666.

Cette édition contient une épître dédicatoire de Ménage à Colbert, une préface, le *Discours* de Godeau, les six livres de poésies, auxquels Ménage a ajouté quelques nouvelles pièces, puis les *Observations* qui ne comprennent pas moins de 366 pages, et des additions et corrections qui ont été fondues dans les réimpressions de 1689, 1722 et 1723. L'exemplaire de cette édition, annoté par Huet et dont nous avons parlé d'après Saint-Marc [1], est actuellement à la Bibliothèque impériale. Sur le feuillet de garde est attachée une copie de la pièce XI, en haut de laquelle on lit, écrit de la main de Huet : *Envoyé par le P. Martin, cordelier, le 8 janvier 1704.* Elle a servi à Huet à relever les variantes que nous avons signalées, d'après Saint-Marc, qui en a négligé quelques-unes. Quant aux annotations peu nombreuses du savant prélat, ce ne sont guère que des indications des passages d'auteurs anciens imités par Malherbe.

Ce volume vient de la maison professe des jésuites, à Paris, à laquelle Huet avait légué sa bibliothèque. Un autre exemplaire, qui vient du collége des jésuites de la même ville, est conservé à la Bibliothèque de l'Université. Il porte au bas du titre et de la main de Ménage : *Dono V. Cl. Æg Menagii.*

Aux archives de l'Empire, dans le Recueil Clérambaut, tome XX (KK, 601), f° 125, on trouve la lettre suivante de Ménage à Colbert, lettre dont je dois la communication à mon ami M. G. Servois.

> Monseigneur,
>
> Je vous envoie enfin les Observations sur les poésies de Malherbe que j'ay pris la liberté de vous desdier. Je vous supplie, Monseigneur, de les avoir agréables, et de les recevoir comme un témoignage de ma reconnoissance, et de la passion ardente et respectueuse avec laquelle je suis,
>
> Monseigneur,
> Votre très-humble et très-obéissant serviteur.
>
> MÉNAGE.

27. Les Epistres de Senecque, traduites par Mre François de Malherbe, gentil-homme, etc. Paris, par la Compaignie des libraires du Palais, 1667, in-12.

Les *épîtres* sont divisées en trois parties. La dernière comprend la suite des épîtres traduite par du Ryer.

28. Les Poésies de Malherbe avec les Observations de Ménage, segonde édition. A Paris, chez Claude Barbin,

---

1. Voyez p. 38, la notice de la pièce XI.

ML. DC. LXXXIX, in-12, avec privilége du Roy. (Il y a des exemplaires avec portrait, suivant Brunet.)

Cette édition, publiée trois ans avant la mort de Ménage, reproduit l'édition de 1666. L'orthographe adoptée est fort bizarre et conforme à la prononciation parisienne :

> O qu'il nous *ust* coûté de morts,
> O que la France *ust* fait d'efforts, etc.
> Qui n'*ust* crû que ses murailles
> N'*ussent* fait des funérailles, etc.
> Priam qui vit ses *fis* abattus par Achille, etc.

Cette orthographe a été suivie dans les éditions données en 1722 et 1723.

29. Les mêmes avec les observations de Ménage. Paris, Brunet, 1698, in-12.

Je n'ai pu me procurer cette édition dont j'ai trouvé l'indication dans quelques catalogues.

30. Les OEuvres de François de Malherbe avec les observations de M. Menage et les remarques de M. Chevreau sur les poésies. Paris, Coustelier, 1722, 3 vol. in-12 (avec approbation et privilege du Roy).

Tome I : un extrait des *Mémoires de littérature*, de Sallengre (publiés à la Haye en 1717); la *Vie de Malherbe*, par Racan; les *Poésies* en six livres, et les *Remarques* de Chevreau. — Tome II : la dédicace de Ménage à Colbert, la préface et les observations de Ménage. — Tome III : le *Discours* de Godeau, les lettres et la traduction de Tite Live.

Dans plusieurs exemplaires, après la *Vie*, par Racan, on rencontre un portrait de Malherbe gravé par A. Bormans. A la suite de cette même Vie, on lit cet *Avis :* « Dans la dernière édition des *Poësies* de Malherbe (1689), les *Observations* de M. Ménage étoient à la suite des Poësies, dans celle-ci ce sont les *Remarques* de M. Chevreau. Cet arrangement a paru nécessaire pour rendre égaux les trois volumes de la présente édition, dont le second contient les *Observations* de M. Ménage, et le troisième les *Lettres* et la *Traduction du XXXIIIe livre de Tite Live*. On a suivi, pour l'impression de ce dernier volume, l'orthographe de l'édition *in-quarto* 1631. Celle du second et des *Poësies* est conforme à l'édition de M. Ménage, de 1689, laquelle a servi de copie à celle-ci. »

NOTICE BIBLIOGRAPHIQUE.

« Outre la *Vie de Malherbe*, par Racan, à laquelle on a ajouté quelques *Notes*, et l'*Éloge de ses œuvres* par M. Godeau, cette édition est augmentée des *Remarques* de M. Chevreau, qui ne sont pas moins estimées des Savants que les *Observations* de M. Ménage. »

Urbain Chevreau, secrétaire de Christine de Suède, mort en 1701, avait publié en 1660 (Saumur, in-4) une partie des *Remarques* insérées ici. Le reste a été tiré de ses *OEuvres mêlées*.

31. Les OEuvres de François de Malherbe, avec les observations de M. Menage et les remarques de M. Chevreau sur les poésies. Paris, chez les frères Barbou, M.DCC.XXII, avec privilége du Roy. 3 vol. in-12.

32. Les mêmes. Paris, chez les frères Barbou, M.DCC.XXIII, avec privilége du Roy. 3 vol. in-12.

Ces deux éditions renferment absolument les mêmes matières que l'édition de Coustelier; seulement l'ordre des tomes n'est pas le même : le tome III de l'une est devenu le tome II de l'autre.

33. Poésies de Malherbe, rangées par ordre chronologique avec un Discours sur les obligations que la langue et la poésie françoise ont à Malherbe, et quelques remarques historiques et critiques. A Paris, de l'imprimerie de Joseph Barbou, M.DCC.LVII, in-8, portr.

Cette édition, due à Lefebvre de Saint-Marc, contient : un *Avertissement;* la *Vie*, par Racan; les *Poésies*, divisées en quatre livres et rangées pour la première fois par ordre chronologique. Le *Discours* mentionné sur le titre renferme de nombreux extraits d'un commentaire inédit de Malherbe sur Desportes, commentaire écrit sur un exemplaire des poésies de ce dernier. C'est l'exemplaire dont nous avons déjà parlé (p. XLVII) et qui, après avoir été possédé successivement par Balzac, le président Bouhier, et, au dire de L. Parrelle (voyez plus loin, n° 53), par la Bibliothèque impériale, est aujourd'hui à la Bibliothèque de l'Arsenal.

A la suite du *Discours* se trouve une « Table raisonnée des poésies de Malherbe, où l'on rend compte de l'ordre qu'on leur a donné dans cette édition, et des corrections qu'il avoit faites en différents temps à quelques-unes des principales; où l'on rassemble ce qu'il peut avoir eu dessein d'imiter chez les anciens ou chez les modernes, et où l'on entre dans quelques détails historiques et critiques. »

Saint-Marc, dans ce volume, qui nous a été fort utile, a donné pour la première fois une édition critique des poésies de Malherbe. Il a collationné avec soin les nombreux recueils où avaient paru d'abord une grande partie des pièces, et les éditions qui en avaient été faites séparément avant 1630; il en a relevé les variantes et ajouté quelques morceaux qui n'avaient point encore été réunis aux œuvres. Il a de plus rangé, autant qu'il l'a pu, les pièces par ordre chronologique ; aussi, malgré quelques erreurs et quelques incorrections, son travail a mérité de servir de type à la plupart des éditions postérieures. En tête de la table est une liste chronologique des recueils qu'il a consultés, liste qu'on trouvera plus loin (p. cix-cxii). Le portrait qui accompagne le volume a été gravé, d'après Dumonstier, par St. Fessard.

Il y a, de cette édition, des exemplaires de trois sortes : papier ordinaire, papier fort et papier de Hollande.

34. Poésies de Malherbe, rangées par ordre chronologique, avec la Vie de l'auteur et de courtes notes. Nouvelle édition, revue et corrigée avec soin. A Paris, chez J. Barbou, M. DCC. LXIV. In-8 (avec un portrait gravé par L. J. Cathelin, daté de 1762, et portant cette indication fautive : *N. D. Monstier pinxit*).

Dans l'avertissement, l'éditeur, Meusnier de Querlon, prévient qu'il reproduit l'édition de Saint-Marc; seulement il lui a fait subir d'assez nombreuses modifications. Il a supprimé : 1º la *Vie*, par Racan, qu'il a remplacée par une notice qui a été souvent réimprimée dans les éditions postérieures; 2º le *Discours sur les obligations que la langue et la poésie françoise ont à Malherbe*; 3º la *Table raisonnée*. Par contre il a réimprimé pour la première fois la lettre de Malherbe à Louis XIII.

35. Les mêmes. Paris, Barbou, M. DCC. LXXVI, in-8.

36. Poésies de Malherbe, rangées par ordre chronologique. A Genève, M. DCC. LXXVII. (Édit. Cazin.) In-12.

Il n'y a dans ce volume que les poésies divisées en quatre livres, sans avertissement, préface, notice ni commentaire. En tête un portrait gravé par N. de Launay, d'après Dumonstier.

37. OEuvres choisies de Malherbe. Paris, Didot, 1796, in-12.

38. Poésies de Malherbe. A Paris, imprimé au Louvre par

Didot l'aîné, an V, m.dcc.xcvii, in-4, papier vélin, tiré à 250 exemplaires.

Les poésies, dans cette magnifique édition, sont divisées en cinq livres : Odes, Stances, Chansons, Sonnets, Épigrammes. Après la notice biographique placée en tête se trouve une *Table des pièces par ordre chronologique.*

39. Poésies de Malherbe. Édition stéréotype, à Paris, de l'imprimerie de P. Didot l'aîné, an VIII, in-12.

C'est, ainsi que la suivante, la reproduction de l'édition in-4.

40. Poésies de Malherbe. Édition stéréotype. Paris, Didot l'aîné, an IX, in-18.

41. Poésies de Malherbe et de Racan. Paris, Deterville, Debray, 1801, in-18.

Fait partie d'une collection de poëtes français en quatorze volumes in-18.

42. Malherbiana, précédé de la Vie de Malherbe, avec un choix de ses poésies, par Cousin d'Avallon, Paris, Delaunay, 1811, in-16.

43. Poésies de Malherbe. A Paris, de l'imprimerie et de la fonderie de P. Didot l'aîné, m.dccc.xv, in-8.

C'est la reproduction de l'édition de 1797 et le XXIe volume de la Collection des meilleurs ouvrages de la langue française, dédiée aux amateurs de l'art typographique.

44. Choix des poésies de Malherbe, avec des remarques par Jullien Letertre. A Caen, de l'imprimerie de F. Poisson, 1815, petit in-18.

Ce livre est moins une édition de Malherbe qu'une étude littéraire sur quelques-unes de ses poésies, qui même n'y sont pas rapportées en entier. Le commentaire est souvent intercalé entre les strophes. En tête un *Discours préliminaire*, et un *Éloge de Malherbe.*

45. Poésies de Malherbe. Paris, Menard et Desenne, 1821, in-18, avec portrait.

46. Poésies de Malherbe, revues avec soin sur toutes les éditions de ce poëte par P. R. Auguis, précédées d'une notice

biographique et suivies de la lettre de Malherbe à Louis XIII. Paris, Froment, 1822, in-18.

47. Poésies de Malherbe, suivies d'un choix de ses lettres. Édition nouvelle, avec des variantes et des notes. Paris, Janet et Cotelle, 1822, in-8 (avec portrait gravé par Dequevauviller).

On y trouve un avertissement, la vie de Malherbe par Meusnier de Querlon, les poésies et quarante-huit lettres. Cette édition, où l'on a suivi le texte de 1776, a été réimprimée en 1824 sous le même titre, dans le même format et chez les mêmes libraires.

48. Poésies de Malherbe, ornées de son portrait et d'un fac-similé de son écriture. Nouvelle édition, dédiée à la ville de Caen. A Paris, J. J. Blaise, M.DCCC.XXII, in-8, portrait.

Dans cette édition, dédiée par l'éditeur Blaise à la ville de Caen, les poésies sont rangées en quatre livres, suivant l'ordre adopté par Saint-Marc. A la suite viennent la lettre à Louis XIII et la lettre de consolation à la princesse de Conti. Les notes sont rejetées à la fin du volume, où elles occupent les p. 279 à 307. Le portrait placé en tête a été gravé par Dien; la notice est celle de Meusnier de Querlon. Le fac-similé reproduit un billet de Malherbe à Peiresc en date du 17 juillet 1615.

49. Lettres de Malherbe, ornées du fac-similé de son écriture, dédiées à la ville de Caen, avec une vue de cette ville. A Paris, J. J. Blaise, libraire, M.DCCC.XXII, in-8.

Ce volume, qui parut après l'édition des poésies que nous venons d'indiquer, est uniquement composé des lettres de Malherbe à Peiresc, lettres conservées en original à la Bibliothèque impériale, et restées jusqu'alors inédites. L'édition est très-fautive. Le fac-similé de l'écriture de Malherbe, qui n'est peut-être pas joint à tous les exemplaires, est celui qui a été donné dans l'édition des poésies.

50. Poésies de Malherbe. Paris, L. De Bure, M.DCCC.XXIII, gr. in-32.

En tête, courte biographie et un portrait gravé par Ingouf. Les poésies y sont divisées en cinq livres.

51. Poésies de Malherbe, etc. Paris, Janet et Cotelle, 1824, in-8.

C'est la réimpression de l'édition donnée en 1822 par les

mêmes libraires, ou peut-être la même édition où l'on a mis un nouveau titre.

52. Poésies de Malherbe. Paris, L. De Bure, M.DCCC.XXV, gr. in-32.

Reproduction de l'édition de 1823, ou peut-être la même édition rajeunie par un nouveau titre.

53. OEuvres choisies de Malherbe, avec des notes de tous les commentateurs, édition publiée par L. Parrelle. Paris, Lefèvre, 1825, 2 vol. in-8 (XXV° et XXVI° volumes de la Collection des classiques français).

Le tome Ier de cette édition, faite avec soin, comprend la *Vie de Malherbe*, par Racan, avec un *supplément*, et les poésies. Dans le tome second, on trouve : 1° les *Lettres choisies*, au nombre de quarante-huit; 2° *Lettres et fragments de la correspondance avec Peiresc* (soixante et une lettres, dont quelques-unes inédites); 3° le *Commentaire sur Philippe Desportes*, qui avait été analysé dans l'édition de 1757, par Lefebvre de Saint-Marc (voyez plus haut, n° 33); 4° *Observations critiques sur Tite Live*. C'est l'*avertissement* placé par Malherbe à la suite de sa traduction de Tite Live ; 5° *Pensées traduites ou imitées de Sénèque*. Ce sont des pensées tirées de la traduction des *Épîtres*.

54. Poésies de Malherbe. Paris, Dufour, 1827, in-48.

(Collection des classiques en miniature.)

55. Poésies de Malherbe, suivies d'un choix de ses lettres, avec un essai historique sur sa vie et ses ouvrages, par M. Léon Thiessé. Paris, Baudouin frères, M.DCCC.XXVIII, in-8. (Collection des meilleurs ouvrages de la langue française en prose et en vers.)

On y trouve un *avertissement*, un *essai historique*, les poésies divisées en cinq livres (Odes, Stances, Chansons, Sonnets, Épigrammes), et un choix de quarante-cinq lettres publiées antérieurement.

56. Poésies de Malherbe. Paris, Lecointe, 1829, in-18.

(Nouvelle bibliothèque des classiques français.)

57. Poésies de Malherbe, suivies d'un choix de ses let-

tres, etc., par M. Léon Thiessé. Paris, Pourrat frères, 1831, in-8.

C'est la reproduction (ou peut-être simplement un rajeunissement) de l'édition donnée par le même auteur en 1828. Il y a eu aussi une réimpression portant la date de 1838.

58. OEuvres complètes de Boileau, précédées des OEuvres de Malherbe, etc. Paris, Lefèvre, 1835, gr. in-8 à 2 colonnes.

59. OEuvres complètes de Boileau, précédées des OEuvres de Malherbe. Paris, F. Didot, 1838, gr. in-8 à 2 colonnes.

C'est la reproduction du numéro 58.

60. Poésies de François Malherbe, avec un commentaire inédit, par André Chénier, précédées d'une notice sur la vie de Malherbe et d'une lettre sur le commentaire. Seule édition complète, publiée par MM. de Latour. Paris, Charpentier, 1842, in-18.

Il y a eu un nouveau tirage en 1855. La vie de Malherbe placée en tête est signée Antoine de Latour. Elle est suivie d'une *lettre* de M. Tenant de Latour à Mme la comtesse de Ranc..... au sujet du commentaire écrit par André Chénier sur les marges d'un exemplaire de l'édition de 1776. A la suite des poésies, MM. de Latour ont ajouté *le Bouquet des fleurs de Sénèque*, réimprimé en 1834 par l'abbé de la Rue, et qu'il nous est impossible de reconnaître comme de Malherbe (voyez plus loin, p. cxvii). Le volume est terminé par la lettre de Malherbe à Louis XIII.

61. OEuvres de Malherbe (poésie et prose), J. B. Rousseau et Écouchard Lebrun. Paris, F. Didot, 1843, in-12.

62. Instruction de F. de Malherbe à son fils, publiée pour la première fois en son entier d'après le manuscrit de la Bibliothèque d'Aix. Caen, imprimerie de F. Poisson et fils, 1846, VIII et 38 p. in-8.

La préface, signée *Ph. de Chennevières*, est datée d'Aix, février 1844. Voyez plus loin, p. 331 et suivantes.

63. OEuvres choisies de J. B. Rousseau, suivies des meilleures odes de Malherbe, etc. Lyon, Pélagaud, et Paris, Poussielgue, 1853, in-8.

Réimprimé en 1854.

64. Lettres inédites de Malherbe, mises en ordre par Georges Mancel, conservateur de la Bibliothèque de Caen. Caen, le Gost-Clerisse, 1852, 64 p. in-18, avec fac-simile.

M. Mancel a classé et réuni dans cette brochure les lettres (au nombre de vingt-sept) publiées antérieurement par M. Roux-Alpheran (*Mémoires de l'Académie d'Aix*, 1840), par M. Miller (*Revue de bibliographie analytique*, mars 1841), et par M. Hauréau (*Bulletin des comités historiques*, 1850).

III

Anciens recueils de poésies (1597-1635) où ont été insérées des pièces de Malherbe.

On sait que la plupart des poésies de Malherbe ont paru pour la première fois dans des recueils de vers publiés depuis la fin du seizième siècle jusqu'à sa mort. Saint-Marc, qui s'est beaucoup servi de ces recueils pour collationner le texte de l'édition de 1630, en a dressé une liste chronologique (voyez son édition, p. 417 et 418), que nous reproduisons en la complétant. Dans les notes où nous relevons les variantes et ici, nous désignons ceux dont il a fait usage par les lettres de l'alphabet qu'il a adoptées pour les distinguer.

1. Diverses poesies nouvelles. Rouen, Raph. du Petit-Val, 1597, in-12 (A).

2. L'Academie des poetes françois. Paris, Ant. du Brueil, 1599, in-12 (B).

3. Le Parnasse des plus excellents poetes françois de ce temps, ou Muses françoises ralliees de diverses parts. Paris, Mathieu Guillemot, tome I, 1599, in-16 (C). — Tome II, 1600 (D).

Le même libraire a réédité plusieurs fois ce recueil, publié par Despinelles, en lui faisant subir d'assez nombreuses modifications. Je citerai l'édition de 1603 (E), les deux éditions de 1607 (F, G), et celles de 1609 (H), de 1618 (O), et de 1628.

4. Les Muses gaillardes, recueillies des plus beaux esprits de ce temps, par A. D. B. (Antoine du Brueil). Paris, Antoine du Brueil, in-12 (sans date).

   Il en a été publié en 1609 deux éditions (I) ; l'une porte *seconde* et l'autre *dernière édition*.

5. Nouveau Recueil des plus beaux vers de ce temps. Paris, Toussainct du Bray, 1609, in-8 (K).

   Ce recueil, dédié à la vicomtesse d'Auchy, a été réimprimé à Lyon, Barthélemy Ancelin, 1615, in-12.

6. Le Temple d'Apollon, ou nouveau Recueil des plus excellents vers de ce temps. Rouen, Raphael du Petit-Val, 1611, 2 vol. in-12 (L).

7. Le Parnasse des plus excellents poetes françois. A Lyon, par Barthelemy Ancelin, 2 vol. in-18 (M).

   Saint-Marc n'a vu de ce recueil qu'un exemplaire sans frontispice, et a conjecturé qu'il était de 1612. C'était peut-être l'édition de 1618, dont il est question à la page précédente, n° 3.

8. Les Delices de la poesie françoise, ou Recueil des plus beaux vers de ce temps, recueillis par François de Rosset. Paris, Toussainct du Bray, 1615, 2 vol. in-8 (N).

   Il y a des exemplaires qui sont datés de 1618.

9. Le Parnasse des plus excellents poetes françois. A Lyon, par Barthelemy Ancelin, 1618, 2 gros vol. in-18.

   Ce recueil, dû aussi à Despinelles, diffère notablement du *Parnasse* publié à Paris. Voyez ci-dessus, n° 3.

10. Le Cabinet des Muses, ou nouveau Recueil des plus beaux vers de ce temps. A Rouen, de l'imprimerie de David du Petit-Val, 1619, 2 vol. in-12.

11. Les Delices de la poesie françoise, ou dernier Recueil des plus beaux vers de ce temps. Paris, Toussainct du Bray, 1620, in-8 (P).

12. Le Second livre des Delices de la poesie françoise, ou nouveau Recueil des plus beaux vers de ce temps, par J. Baudouin. Paris, Toussainct du Bray, 1620, in-8.

13. Les Delices de la poesie françoise ou dernier Recueil des plus beaux vers de ce temps, corrigé de nouveau par ses autheurs et augmenté d'une eslite de plusieurs rares pièces non encore imprimées, dédié à madame la princesse de Conty. A Paris, Toussainct du Bray, 1621.

> Comme le dit le libraire dans son Avis aux lecteurs, c'est un abrégé des deux éditions précédentes de ce recueil. Il annonce que « ceux des auteurs qu'il a l'honneur de connoistre et qui se sont rencontrés à Paris ont corrigé eux-mêmes leurs vers. »

14. Le Bouquet des plus belles fleurs de l'éloquence cueilli dans les jardins des sieurs du Perron, du Vair, Daudiguier, du Rousset, Coiffetaud, Bertaud, Malerbe, la Brosse, la Serre. Paris, Billaine, 1625, in-8.

> Les noms des poëtes sont placés dans autant de fleurs réunies dans un vase.

15. Recueil des plus beaux vers de messieurs de Malherbe, Racan, Maynard, etc. Paris, Toussainct du Bray, 1626, in-8 (R).

> D'autres éditions, ou peut-être seulement des exemplaires de 1626 rajeunis par de nouveaux frontispices, sont datés de 1627 (R), 1630, 1638, etc.

16. Le Sejour des Muses, ou la Cresme des bons vers, tirez du meslange et cabinet des sieurs de Ronsard, du Perron, Aubigny pere et fils, de Malherbe, etc. Rouen, chez Thomas Daré, 1626, in-12.

17. Le Sejour des Muses, ou la Cresme des bons vers, etc. Rouen, Martin de la Motte, 1630, in-8 (S).

18. Le Doux Entretien des bonnes Compagnies, ou le Recueil des plus beaux airs à danser, le tout composé depuis trois mois par les plus rares et excellens esprits de ce temps. A Paris, chez Jean Guignard, au quatriesme pillier de la grande salle du Palais. M.DC.XXXIV, in-12.

> On y trouve sous le numéro 34 une chanson qui est indiquée comme étant de « Monsieur de Malherbe. » Nous donnons plus loin (p. cxx) cette pièce qui n'avait jamais été recueillie, et sur l'attribution de laquelle nous avons les plus grands doutes. Elle

a été signalée pour la première fois, avec un sonnet à Perrache (que l'on trouvera plus bas), par M. Éd. Fournier dans le numéro de *l'Artiste* du 15 septembre 1850, p. 120.

19. Le Sacrifice des Muses au grand cardinal de Richelieu. Paris, Seb. Cramoisy, 1635, 2 part. in-4.

C'est Bois-Robert qui a été l'éditeur de ce recueil.

IV

Ouvrages divers contenant des pièces de Malherbe.

1. Le Triomphe du Berlan, où sont deduites plusieurs des tromperies du jeu et par le repentir sont montrez les moyens d'éviter le pesché, par le capitaine I. Perrache, gentilhomme provençal. Paris, par Math. Guillemot, 1585. Avec privilége du Roy, 8.

Il parut de ce livre une deuxième édition en 1587, ou pour mieux dire on se borna à rajeunir la première en lui donnant le titre suivant : *La vanité du jeu, la miserable condition et fin damnable de ceux qui le suyvent et les moyens de s'en tirer, poëme tres excellent et necessaire à ceux qui font profession de la guerre, volontiers addonnez à ceste malheureuse escolle berlandiere.*

En tête du volume se trouvent huit pièces latines, provençales et françaises, par F. du Perrier, la Bellaudière, Thomassin, C. de Nostredame. La dernière est un sonnet de Malherbe à Perrache, sonnet qui n'avait point encore été recueilli, et que nous avons connu trop tard pour l'insérer à son rang dans notre édition. Nous le donnons ici. C'est M. Édouard Fournier qui l'a mentionné le premier dans l'article indiqué plus haut.

A MONSIEUR PERRACHE.

Le guerrier qui, brûlant, dans les cieux se rendit,
De monstres et de maux dépeupla tout le monde,
Arracha d'un taureau la torche vagabonde,
Et sans vie à ses pieds un lion étendit;

Anthée dessous lui la poussière mordit,
Inégal à sa force à nul autre seconde,

> Et l'Hydre, si souvent à renaître féconde,
> Par un coup de sa main les sept têtes perdit.
>
> De tout ce qui troubloit le repos de la terre
> Le Berlan seulement fut exempt de sa guerre,
> N'osant pas sa vertu poursuivre ce bonheur.
>
> Perrache qui s'émeut d'une sainte colère,
> L'attaque, le combat, et remporte l'honneur
> D'avoir fait un travail qu'Alcide n'a su faire.

2. Recueil des cartels et defis pour le combat de la barriere. Paris, 1605, in-12.

   Voyez pièce XVI.

3. L'Art d'embellir, par le sieur Flurance Rivault. 1608, in-8.

   Voyez pièce XXVIII.

4. Recueil des vers du balet de la Reyne. Paris, 1609, in-12.

   Voyez pièce XLI.

5. La Jeunesse d'Estienne Pasquier et sa suite. Paris, chez Jean Petit-Pas, 1610, in-8.

   Voyez pièce I.

6. Recueil des vers lugubres et spirituels de Louis de Chabans, Sr du Maine. Paris, 1611, in-8.

   Voyez pièce LVI.

7. Les Trophées de Henry le Grand. Lyon, 1611, in-4.

   On y trouve la pièce LIII.

8. Le Camp de la place Royalle. Paris, 1612, in-4.

   Voyez pièces LVIII et LIX.

9. Theoremes sur le sacré mystere de nostre Redemption, par J. de la Ceppede. Toulouse, 1613, in-4.

   Voyez pièce LX.

10. Recueil de diverses inscriptions proposées pour remplir les tables d'attente étans sous les statues du roi Charles VII et de la Pucelle d'Orléans. Paris, 1613, et 1628, in-4.

    Voyez pièces LXI et LXII.

11. Description du ballet de Madame, sœur aisnee du Roy. Paris, 1615. — Lyon, pour François Yvrad, M.DC.XV, 32 p. in-8.

Voyez pièces LXXII et LXXIII.

12. Airs de cour. Paris, P. Ballard, 1615, 1617, 1624, in-12.

Voyez pièces LXVIII, LXXIII, LXXXVIII.

13. Les Decades qui se trouvent de Tite Live en françois.... par B. de Vigenere. — En cette derniere edition est aiousté ce qui defailloit au troisiesme liure de la quatriesme decade, trouué en un vieil liure de la bibliothéque du Chapitre de Bamberque, et traduit en françois par le Sr de Malherbe. Avec Priuilege du Roy. A Paris, chez la vefve L'Angelier, in-fol. Tome I, M.DC.XVII, tome II, M.DC.XVI.

C'est dans le tome II, imprimé avant le tome I, que se trouve la traduction de Malherbe, placée, comme l'indique le titre, dans la quatrième decade. Elle est précédée de la note suivante : « Ce troisiesme livre de la quatriesme Decade est en partie de la traduction du sieur de Malherbe, en partie de celle du sieur de Vigenere. Ce qui est traduit par le sieur de Malherbe est la partie qui defailloit jusques à cette heure et qui a esté nouvellement trouvée; à sçavoir depuis le commencement du livre jusques à la description de la ville de Leucade, et finit ainsi : *D'environ cinq cens pas de long et six vingts de large*. La traduction de Vigenere recommence en ces mots : *En ce destroict est située la ville de Leucade*, etc. »

On lit de plus, dans l'*Extrait du privilege du Roy :* « Par grace et privilege du Roy, il est permis à Françoise de Louvain, vefve de feu Abel L'Angelier, d'imprimer ou faire imprimer, vendre et distribuer le *troisiesme livre de la quatriesme Decade de Tite Live*, tourné en françois par le sieur de Malherbe.... Donné à Paris, le cinquiesme jour de septembre, l'an de grace mil six cens seize, et de nostre regne le septiesme. »

14. Airs de différents auteurs mis en tablature de luth. Paris, P. Ballard, 1617, in-4.

15. Les Poemes divers du sieur de Lortigues, provençal. Paris, J. Gesselin, 1617.

Voyez pièce LXXV.

16. Le Pourtraict de l'Eloquence françoise, par J. du Pré. Paris, 1621, in-8.

> Voyez pièce lxxiii.

17. Recueil de lettres nouvelles, publié par Faret. Paris, Toussainct du Bray, 1627, in-8.

> Le privilége est du 27 mars 1627. Il y a dans ce volume neuf lettres de Malherbe, qui occupent les quatre-vingt-dix-neuf premières pages.

18. OEuvres de Ronsard. Paris, 1723, in-fol.

> On trouve, au tome I, l'épigramme (voyez pièce lxxxv) sur le portrait de Cassandre.

19. Discours sur les arcs triomphaux dressés en la ville d'Aix à l'heureuse arrivée de Louis XIII, en 1622. Aix, Tholosan, 1624, in-fol.

> Voyez pièces lxxxvi et lxxxvii.

20. Somme théologique, par le P. Garasse. 1625.

> Voyez pièces xcvi et xcvii.

21. Philine, ou l'Amour contraire, pastoralle, par le sieur de la Morelle. Paris, 1630, in-8.

> Voyez pièce cvi.

22. Continuation des Mémoires de littérature de M. de Salengre. 1726, tome I.

> Voyez pièce cv.

PIÈCES

ATTRIBUÉES A MALHERBE.

En 1776 les *Affiches de Normandie* signalèrent comme existant dans un manuscrit de la Bibliothèque du Roi un rondeau sur l'Immaculée Conception, rondeau qui portait le nom de Malherbe. Cette pièce ne fut pourtant publiée qu'en 1855, par M. G. Mancel[1], d'après une copie transcrite dans un manuscrit de la Bibliothèque de Caen, intitulé : *les Trois siècles palinodiques*, de l'abbé Guyot. En voici le texte, que j'ai revu sur le manuscrit qui se trouve encore aujourd'hui à la Bibliothèque impériale[2] :

> *Rondeau où la Vierge refute*
> *Une disjunctive improbable,*
> *Faisant sa contraire probable,*
> *Qui evidamment la confute.*

MALHERBE.

Ou Dieu a peu ce qu'il n'a voulu fere :
Ou a voulu et n'a peu ce parfaire ;
Ou il a peu et voulu, et n'a faict
Que mon corps fust en nature parfaict.
Chacun implique, et l'opposite infere,
Qu'il soit ainsy, raison peult satisfaire
Pour son vouloir, son vouloir ne diffaire
A son povoir, ne le vouloir au faict.
    Ou Dieu a peu....
    Ou a voulu...
    Ou il a peu....

Droict filial en grace me prefere
Aux aultres corps, et tant d'honneur confere

---

1. *Rondeau inédit de Malherbe sur l'immaculée conception*, Caen, le Gost-Clerisse, 1855, 8 p. in-8. Tiré à cinquante exemplaires.
2. Fonds français, n° 300 (*olim* 6989), in-fol. sur vélin.

Que fils pour mere a peu mettre en effect;
Par consequent la loy de vice infect
A mon concept formellement defere.
  Ou Dieu a peu....

Si M. Mancel avait recouru à ce manuscrit, il n'aurait pas hésité un instant à reconnaître à quel point était peu fondée cette attribution d'un pareil rondeau. En effet, par son écriture gothique et ses miniatures, le manuscrit est certainement antérieur à 1540[1]; or, Malherbe est né en 1555. D'ailleurs, à défaut d'autre preuve, le style de la pièce suffirait seul à démontrer que jamais il n'a pu être l'auteur d'un pareil galimatias.

Le Malherbe qui a laissé cet échantillon de son talent poétique appartenait-il de près ou de loin à la famille de François? Je n'en sais absolument rien, et la chose, à vrai dire, est fort indifférente.

En 1834 M. l'abbé de la Rue réimprima[2], dans le tome III de ses *Essais historiques sur les bardes, les jongleurs et les trouvères normands et anglo-normands*, un opuscule publié en 1590, sans nom d'auteur, sous le titre de : *le Bouquet des fleurs de Sénèque*, Caen, chez Jacques le Bas, in-4. C'est un recueil de huit odes, traitant de sujets philosophiques, et ayant chacune une épigraphe tirée de l'écrivain latin. Le livre est imprimé à Caen, patrie de Malherbe; il est inspiré de Sénèque, dont Malherbe a traduit les *Bienfaits* et les *Épîtres*[3] : voilà, à ce qu'il me semble, les seules raisons qui ont pu porter M. de la Rue

---

1. Dans son *Catalogue des manuscrits* (tome III, p. 267), M. Paulin Paris n'hésite pas à assigner au manuscrit la date de 1536 ou 1537. Il nous semble que les vers mêmes sont bien antérieurs à cette date.

2. Il en fut fait la même année un tirage à part intitulé : *le Bouquet des fleurs de Sénèque, poésies inédites de Malherbe*, Caen, Mancel, 1834, 32 p. gr. in-8.

3. Il n'était pas besoin d'être traducteur de Sénèque pour composer un pareil *Bouquet*; longtemps avant 1590, on avait publié : *Flores Senecæ excerpti ab Erasmo, emendati ab Ant. Goino*, Anvers, 1539, in-8; *Flores utriusque Senecæ morales*, Paris, Gorbinus, 1574, in-12; *Flores Senecæ de moribus*, sans date, in-8, etc.

cxviii PIÈCES ATTRIBUÉES A MALHERBE.

à l'attribuer à Malherbe. Je dis : à ce qu'il me semble ; car il n'en a donné aucune et s'est contenté d'émettre ses assertions avec une assurance aussi grande que si le nom de Malherbe eût figuré sur le titre et que le poëte eût raconté dans une préface l'histoire de ces poésies[1]. Or, comme je viens de le dire, le volume de 1590 est anonyme ; on n'y trouve ni dédicace, ni préface, ni avertissement, ni privilége quelconque, c'est-à-dire pas une seule de ces pièces qui peuvent fournir des renseignements ; et, de plus, l'examen des vers, loin d'être favorable à la thèse de M. l'abbé de la Rue, fait au contraire arriver à des conclusions diamétralement opposées.

D'abord, si Malherbe eût été réellement l'auteur de ces poésies, qui ne manquent pas d'un certain mérite, il serait malaisé d'expliquer qu'aucun souvenir ne s'en fût conservé dans les écrits de ses compatriotes et de ses contemporains, et qu'on n'en retrouvât pas la moindre trace soit dans sa correspondance, soit dans sa *Vie* par Racan. Pourquoi d'ailleurs n'aurait-il pas signé ce livre? il n'en était point à ses débuts, puisque trois ans auparavant, en 1587, il avait publié à Paris *les Larmes de saint Pierre*.

A ces difficultés viennent s'en joindre d'autres tirées des vers eux-mêmes. Quelques-uns n'ont jamais pu être écrits par Malherbe, comme :

S'un fils ingrat aux bienfaits de son père.
Qui n'a vu n'*Athènes* ni Rome ;

---

[1] « Loin de la cour et de la capitale, dit M. l'abbé de la Rue, c'est dans la solitude qu'il (Malherbe) médite et se pénètre de la morale de Sénèque, en traduisant presque toutes ses épîtres ; et sa philosophie le charme tellement, qu'elle inspire bientôt sa muse ; aussi le sujet de ses premières odes est-il toujours pris dans une sentence du philosophe qui fait ses délices, et comme, par sa naissance et son mérite, il était en rapport avec les familles les plus distinguées de la Normandie, c'est aux personnes les plus marquantes de cette province qu'il adresse ses premières productions. Malherbe les réunit en 1590 et les fit imprimer à Caen, sous le titre de *Bouquet des fleurs de Sénèque*. Cet ouvrage passa absolument inaperçu dans la capitale, alors dominée par la Ligue, et dans les provinces agitées par la guerre civile ; aussi est-il devenu excessivement rare et absolument inconnu aux premiers comme aux derniers éditeurs des œuvres de Malherbe. » (Tome III, p. 355.)

ou bien encore ceux-ci, dont il se serait moqué s'il les avait
trouvés dans Desportes :

> Un ruisselet argentelet,
> Au bord mousselet, doucelet, etc.

Puis est-ce bien Malherbe qui a pu dire en 1590 :

> Si mes parents sont morts, ils ont payé la dette
> Qu'on doit en ce séjour,

quand son père et sa mère vivaient encore? En outre, dans ces
vers parsemés d'invectives contre les *athéistes sans souci* et
les *pourceaux d'Épicure*[1], règne un profond sentiment philosophique et religieux qui s'accorde peu avec ce que l'on sait de
son genre de vie et de son caractère, et dont on ne rencontre
aucun vestige dans ses écrits.

Il me semble que la discussion peut se résumer ainsi : d'un
côté, aucune espèce de motif plausible pour attribuer ces
pièces à Malherbe; de l'autre, raisons suffisantes pour lui en
refuser la paternité. On ne s'étonnera donc pas de ne point voir
figurer dans notre édition *le Bouquet des fleurs de Sénèque*[2].

Dans le tome III (p. 354) du même ouvrage, M. l'abbé de la
Rue mentionne, comme se trouvant dans un manuscrit du docteur J. de Cahaignes, dont nous avons déjà parlé (p. x), la traduction en vers par Malherbe, alors âgé de vingt ans, d'une épitaphe composée en latin par ledit de Cahaignes. On ne sait à
Caen, du moins c'est la réponse qui m'a été faite, où l'on peut
trouver cette pièce. Dans le même article où il a donné le sonnet à Perrache (voyez plus haut, p. cxii), M. Éd. Fournier
a encore réimprimé une chanson qu'il a tirée du *Doux entretien des bonnes compagnies*, 1634, in-12. Ce livre est un recueil

---

1. Voyez l'ode IV, qui commence ainsi :
> Je hais le mignon médisant.

J'ai rencontré cette pièce dans plusieurs de ces recueils manuscrits
que nos pères aimaient tant à former, mais elle ne portait point de
nom d'auteur.

2. On le trouvera dans l'édition des poésies de Malherbe donnée
par MM. de Latour (bibliothèque Charpentier, 1842, in-18). Il y
est placé à la fin, sous le titre de *Poésies de la jeunesse de Malherbe*.
En 1590, Malherbe avait trente-cinq ans.

de chansons *composées depuis trois mois*, dit le titre. Une seule pièce (le n° 34) y porte un nom d'auteur; c'est la pièce qui est attribuée à Malherbe et que voici :

PAR MONSIEUR DE MALHERBE.

Belle, quand te lasseras-tu
    De causer mon martyre?
— Je n'ons ni biauté ni vartu;
    Cela vous plaît à dire.
Portez vos biaux discours ailleurs,
Car je n'aimons point les railleurs.

Je ne te raille nullement
    Quand je te nomme belle.
— Je sommes belle voirement,
    Mais c'est à la chandelle;
Ce niantmoins pas un sermonneur
N'a rien gannié sur notre honneur.

Tu sais bien, si tu me connois,
    Que je ne dissimule.
— Vous donnez le goût à la noix,
    Vous sucrez la pilule;
Framis qui ne vous connoîtroit
Peut bien dire qu'il en tenroit.

Faut-il voir tant de cruauté
    Parmi tant de mérite?
— Si vous appelez laideur beauté,
    J'avons sen que vous dite;
La, la, Monsieur, tous vos rebus
Ne passont point pour Jacobus.

Il n'y a beauté sous le ciel
    Qui soit à toi semblable.
— Si vous voulez parbolizer,
    Allez à tous les diable,
Avecque tout votre jargon
Qui ne vaut pas un patagon.

En France, je suis admiré
    Comme chose adorable.
— Si vous vous étiez bien miré,

PIÈCES ATTRIBUÉES A MALHERBE.

    Vous iriez à l'étable ;
Car vous êtes un âne bien fait,
Tant en paroles qu'en effet.

    N'aimer pas un sujet si beau,
      C'est faire mille crimes.
    — C'est à Nicolle du Poinciau
      Qu'il faut conter ces rimes.
    A répondra, car elle a lu
    Les livres du père Goullu [1].

Je ne peux me figurer que Malherbe ait composé de pareils vers. Le titre du volume portant que la pièce en question, comme toutes les autres, était, en 1634, composée depuis *trois mois*, ne suffit-il pas pour éveiller la défiance, car à cette date il y avait cinq ans que Malherbe n'était plus de ce monde ? L'erreur est si grossière que, pour l'expliquer, j'avais d'abord supposé que ce recueil était une réimpression d'un livre publié antérieurement et dont on aurait seulement rajeuni la date. Mais le privilége est bien de 1634 (12 juillet). Mon hypothèse est donc inadmissible. Enfin, le style de la chanson est tel, il diffère si complétement de tout ce que l'on connaît de notre poëte, que je n'hésite pas à croire qu'il y a eu ici supercherie ou erreur du libraire [2].

On trouve dans le tome III, p. 378, de l'édition de Tallemant des Réaux, par M. P. Paris, une notice sur la célèbre Mme des Loges, notice tirée des manuscrits de Conrart, et dans laquelle on lit ce qui suit :

« Il a été fait une infinité de vers et autres pièces à sa louange, et il y a un livre tout entier, écrit à la main, rempli des vers des plus beaux esprits de ce temps, au frontispice

---

1. Dom Jean Goulu, général des Feuillants, mort en 1629. Il a publié entre autres *douze lettres de Philippe à Ariste*, où il critique vivement Balzac. — On a fait sur lui une épitaphe qui commence ainsi :

    Ci-gît non un goulu de vivres,
    Mais un goulu des meilleurs livres, etc.

2. Le fils de Malherbe avait fait des vers qui sont perdus. Cette chanson serait-elle de lui ? Je donne cette conjecture pour ce qu'elle vaut.

duquel sont écrits ceux-ci, qui ont été faits et écrits par feu M. de Malherbe :

> Ce livre est comme un sacré temple,
> Où chacun doit, à mon exemple,
> Offrir quelque chose de prix.
> Cette offrande est due à la gloire
> D'une dame que l'on doit croire
> L'ornement des plus beaux esprits. »

Ces vers, qui sont sans doute de Malherbe, n'ont point encore été réunis à ses OEuvres. Nous en dirons autant d'une épigramme citée dans sa *Vie*, par Racan; mais de telle nature qu'il est impossible de la faire figurer dans notre édition [1].

On trouve encore dans quelques recueils imprimés ou manuscrits des pièces signées du nom de Malherbe. Ainsi le *Chansonnier* Maurepas (tome XXIV, p. 258) donne comme étant de lui l'épigramme bien connue contre le parasite Montmor :

> Montmor plus goulu qu'un pourceau,

épigramme qui est de Malleville.

Dans un recueil du dix-huitième siècle (*l'Élite des poésies fugitives*, 1769, tome III, p. 24) on rencontre le *madrigal* suivant :

> Le soleil ici-bas ne voit que vanité,
> De vices et d'erreurs tout l'univers abonde;
> Mais aimer tendrement une jeune beauté
> Est la plus douce erreur des vanités du monde.

Il est signé Malherbe, mais rien ne prouve qu'il soit de notre poëte.

L'ancien catalogue imprimé de la Bibliothèque impériale mentionne un petit opuscule fort rare qui y est classé à l'article de Malherbe : il est intitulé : *Quatuor orationes de fati principatu habitæ in gymnasio Ferrato, ab ingenuis adoles-*

---

[1]. Le *Bulletin du Bouquiniste* annonçait, en 1857, comme contenant entre autres des vers inconnus de Malherbe, un recueil intitulé : *Hortus epitaphiorum*, 1666, in-8. Toutes les pièces de Malherbe qui y figurent se trouvent dans l'édition de 1630.

centibus Franc. Malherbe, Juliodunensi, Philiberto de Boire, Andegavensi, Hilario Guibert, Salmuriensi, et Vincentio Rochin, Turonensi. Cal. sept. 1602, authore Lud. Rochæo, Ambiano, ejusdem collegii Primipilo, necnon Parisiorum Cholereæ domus alumno. Andegavi, apud Joannem Hernault. (78 p. in-4 par les signatures, mais de format in-12.) — La dedicace à Balesdens, curé de Saint-Séverin, est datée de la veille des calendes de septembre 1602.

Inutile de dire que, malgré le prénom, il ne s'agit pas ici de notre Malherbe. En 1602 il avait quarante-sept ans, et n'était plus d'âge à passer pour un *ingenuus adolescens*. De plus, ce François Malherbe, harangueur, était, comme on le voit par le titre, citoyen de Loudun, ce qui nous met un peu loin de la ville de Caen.

DES PORTRAITS
DE MALHERBE.

On connaît, ou du moins on connaissait (car je ne sais si tous trois existent encore aujourd'hui), trois portraits contemporains de Malherbe. L'un, peint par Finsonius, appartenait au siècle dernier à M. Boyer d'Aguilles (ou d'Éguilles), et fut gravé avec le reste de la riche collection de cet amateur[1]. Au bas de la gravure exécutée par Coelemans on lit : *Finsonius Belga pinxit* 1613. Or Malherbe en 1613 avait cinquante-huit ans, et le portrait le représente à l'âge d'environ trente ou trente-cinq ans; de plus, en cette même année 1613, Malherbe ne quitta Paris que pour aller à Fontainebleau, tandis que Finsonius resta en Provence[2]. Il faut donc, ou que la date soit

---

[1]. *Recueil d'estampes d'après les tableaux des peintres les plus célèbres d'Italie, des Pays-Bas et de France, qui sont à Aix, dans le cabinet de M. Boyer d'Aguilles*, procureur général du Roy au parlement de Provence, gravées par Jacques Coelemans d'Anvers, par les soins et sous la direction de Monsieur Jean-Baptiste Boyer d'Aguilles, conseiller au même parlement, avec une description de chaque tableau et le portrait de chaque peintre. A Paris, chez P. J. Mariette, MDCCXLIV, in-fol.

Une première édition, mais moins complète, avait paru en 1709. A la page 11, se trouve la notice suivante :

« Portrait de François de Malherbe, gentilhomme ordinaire du Roy, et le plus grand poëte de son siècle, peint en 1613 par Finsonius, peintre flamand, peu connu hors de la Provence, où il avoit établi son séjour, mais qui cependant a fait, dit-on, des portraits qui peuvent aller de pair avec ceux de Vandyck. Celui-ci, qui est un de ses plus beaux, est passé à titre d'héritage dans la famille de Messieurs Boyer, avec les livres et les manuscrits de Malherbe. Jean-Baptiste Boyer, un de leurs ancêtres, mort doyen du parlement de Provence en 1637, dont on trouvera ci-après le portrait, étoit beau-frère de ce restaurateur de la poésie françoise. Ils avoient épousé les deux sœurs. Les plus grandes alliances n'ont rien de préférable à celle d'un homme aussi rare que celui-ci. »

[2]. Voyez sur Finsonius (Louis Finson, de Bruges) la longue et

fausse ou, ce qui est plus probable, que Finsonius ait copié un portrait fait une vingtaine d'années auparavant. La gravure de Coelemans n'a été reproduite qu'une fois, et en lithographie, par Rulmann; l'éditeur ou l'artiste a ajouté au bas cette indication erronée : *D'après un tableau de Dumoutier.*

Le second portrait est un crayon du célèbre Daniel Dumonstier[1], ce bizarre personnage sur lequel Tallemant des Réaux nous a laissé une charmante historiette. Il avait été fait pour Peiresc, qui l'avait commandé à l'artiste et eut toutes les peines du monde à l'obtenir. La correspondance inédite du savant antiquaire nous offre à ce propos quelques détails piquants qu'on nous permettra de transcrire ici.

Le 1er avril 1607, Peiresc écrit d'Aix à Dumonstier : « Ne laissez pas de me faire savoir ce qu'il vous faut pour le prix des peintures de M. le président (du Vair) et de M. de Malerbe, et je vous ferai quand et quand payer de par delà; car il me tarde bien d'avoir ces portraits-là. M. de Malerbe m'a bien recommandé souvent de vous envoyer vos poissons, mais il ne m'a pas encore dit d'avoir la peinture en dépôt, comme vous dites. Je le crois pieusement en attendant de vos nouvelles, et vous supplie de faire état de moi comme de votre, etc.[2] »

Dumonstier, grand amateur de curiosités, paresseux et peu délicat de sa nature, Dumonstier, « ce maraud indigne de la connoissance des gens d'honneur, » comme l'appelait Dupuy[3], sut exploiter l'éloignement et la générosité de Peiresc et se

---

curieuse notice placée en tête du tome I des *Recherches sur la vie et les ouvrages de quelques peintres provinciaux de l'ancienne France*, de Ph. de Pointel (de Chennevières). Paris, Dumoulin, 1847, in-8. — Voyez aussi dans le même volume (p. 98 à 140) une description détaillée de la collection de M. Boyer d'Aguilles.

1. On écrit ordinairement Dumoustier; mais l'orthographe véritable est Dumonstier. Du moins c'est ainsi qu'il a signé ses portraits et des vers insérés dans les recueils du temps. Une importante collection de ses crayons est au cabinet des estampes de la Bibliothèque impériale. Celui de Malherbe n'y figure pas, et l'on ne sait ce qu'il est devenu.

2. Bibliothèque de Carpentras, manuscrits Peiresc, Reg. XLI, tome I, f° 447 et suivant.

3. Lettre inédite de P. Dupuy à Peiresc, Bibliothèque de Carpentras, manuscrits Peiresc, Reg. XLI, tome II, f° 92.

laissa sans remords accabler par lui de poissons, de lézards et de reproches[1].

Le 1ᵉʳ juillet de la même année Peiresc était obligé de lui écrire encore : « Je porte bien impatiemment l'attente si longue des portraits de M. du Vair et de M. de Malerbe. Je vous supplie de ne me faire point tant languir et de quitter quelque autre besogne pour y mettre la dernière main et me les envoyer par le premier messager. Je vous assure que je vous en aurai trois fois autant l'obligation que si vous attendez tant de me donner ce contentement. Il y a déjà plus de quatre mois que vous m'aviez écrit que vous les aviez mis en déposition chez M. de Malerbe, et toutefois vous me confessez maintenant qu'ils ne sont point achevés. Si vous n'êtes plus soigneux de votre réputation, vous voyez bien pour qui on vous prendra. Je vous en supplie de tout mon cœur; et pour un coup d'éperon, je vous envoie un lézard qui fut porté[2] dernièrement du grand Caire, en Égypte, etc.[3] » Le 12 octobre, nouvel envoi de poissons; aussi le 12 du mois suivant Malherbe écrivait à Peiresc : « J'oubliois à vous dire que le sieur Dumonstier est si content de vous qu'il n'est pas possible de plus : il vous eût envoyé le portrait de M. le premier président, et à M. du Perrier, celui de M. le cardinal du Perron; mais il attend que le mien soit achevé, ce qui sera, Dieu aidant, cette semaine[4]. » Mais la se-

---

1. Le 27 avril Peiresc lui parle encore des portraits et du payement, et lui annonce qu'il lui expédie des poissons curieux. On lit aussi à la date de 1607 dans la Vie de Peiresc par Gassendi que nous avons citée plus haut (p. xx) : « Quin etiam mittens Parisios, adjec-
« tam voluit congeriem diversissimam conchyliorum et piscium, qui
« monstrosa forma in mari Mediterraneo visuntur, itemque pellem
« felis marini et innumera alia, quæ destinavit præsertim ad picto-
« rem celebrem Danielem Monsterium a quo exspectabat icones Varii,
« Thuani, Casauboni atque Malherbii. » (*Viri illustris Nicolai Claudii Fabricii de Peiresc vita per Petrum Gassendum*, p. 107.)
2. Apporté.
3. Bibliothèque de Carpentras, manuscrits Peiresc, Reg. XLI, tome I.
4. « Le sieur Dumonstier vous prie de l'excuser (écrit Malherbe à Peiresc le 20 janvier 1608), à cause du temps qui est si rigoureux qu'on ne peut travailler; car certainement il n'y avoit ordre (moyen) de manier le pinceau. Je le presserai, aussitôt qu'il dégèlera, de satisfaire à votre desir. »

maine se passa, celle-là et bien d'autres, et Peiresc, ne voyant rien venir, lui expédia, le 26 avril 1608, une nouvelle caisse « où il y a tout plein de poissons étranges de notre mer.... espérant que cela l'exciteroit à lui envoyer les portraits. » — « Il ne faut point perdre de temps, ajoutait-il, car si M. de Malerbe vous échappe encore, vous ne le recouvrerez point facilement. J'entends qu'il s'en va en Bourgogne avec Monsieur le Grand, dont je ne pense pas qu'il puisse être sitôt de retour[1]. » Dumonstier dut terminer son travail vers cette époque, car c'est la dernière fois qu'il en est question dans la correspondance de Peiresc et dans celle du poëte.

A moins, ce qui est bien peu probable, qu'il n'en existât un autre exécuté aussi par D. Dumonstier, c'est le portrait fait pour Peiresc et représentant Malherbe à l'âge d'environ cinquante-trois ans, qui fut gravé après sa mort, d'abord par Vosterman[2] pour orner la première édition de ses œuvres (1630), puis par Briot[3]. Ces deux gravures, fort belles, ont servi de type à cette multitude de portraits de toute grandeur[4] publiés depuis le dix-septième siècle, et qui, altérés successivement, ont fini par devenir complétement méconnaissables.

Le portrait qui accompagne notre édition est une reproduction fidèle de la gravure de Vosterman.

Enfin il existe à la Bibliothèque de Caen, mais je ne puis en parler que par ouï-dire, un troisième portrait qui paraît être de la première moitié du dix-septième siècle. C'est peut-être un des deux portraits dont il est question dans les dernières lettres de Malherbe à son cousin M. de Bouillon : il lui écrivait le 21 décembre 1627 : « Pour avoir mon portrait vous n'avez que faire de gageure. La demande que vous m'en faites

---

1. Bibliothèque de Carpentras, manuscrits Peiresc, Reg. XLI, tome II, f° 447, v°.

2. « Je suis bien aise que Wostreman se soit trouvé là pour tailler son portrait, » écrit Peiresc à Dupuy le 17 juin 1630. (Bibliothèque impériale, collection Dupuy, manuscrit 717, p. 97.)

3. Voyez l'édition des OEuvres, de 1638, et celle des *Épîtres de Sénèque*, de 1648.

4. Il en existe vingt-huit (gravures ou lithographies) au cabinet des estampes de la Bibliothèque impériale. En 1815, une souscription fut ouverte à Caen, par les soins de M. P. A. Lair, et le produit servit à frapper une médaille qui fut gravée par M. A. Gatteaux.

est trop obligeante pour ne la vous accorder pas. Je desire seulement que vous me donniez temps jusques à ce que nous soyons dans les chaleurs. Il est vrai que je n'ai jamais que mauvaise mine, mais en hiver je l'ai pire qu'en été. Je vous en ferai donc faire un ce mois de mai, et en ferai faire un autre pour me faire mettre en médaille, pour en tirer une cinquantaine et de cette façon satisfaire à beaucoup de personnes qui me font la même prière que vous. Il y a une douzaine de mes parents ou de mes amis à Caen à qui j'en veux donner. Il m'en faut pour cette ville et pour Provence. Ce ne seroit jamais fait de m'amuser à me faire peindre. » Le 21 janvier suivant, il lui renouvelait sa promesse pour le mois de mai. L'a-t-il tenue? cela est probable, et il est fort possible que l'un de ces portraits soit celui que l'on conserve à la Bibliothèque de Caen.

Quant à la statue de pierre que Segrais éleva à Malherbe, au portrait en pied exécuté par Robert Lefèvre, à la statue de bronze par Dantan qui se trouve à Caen, et à une autre statue de pierre qui figure dans une des niches du nouveau Louvre, nous n'avons pas à nous en occuper.

OEUVRES
DE MALHERBE.

POÉSIES.

I

SUR LE PORTRAIT D'ÉTIENNE PASQUIER QUI N'AVOIT POINT DE MAINS.

Le célèbre avocat Etienne Pasquier raconte que, se trouvant, en 1583, à Troyes, il fit faire son portrait par un peintre flamand, Jean Dovy, qui le représenta sans mains. Cette particularité lui inspira un distique latin qui fut l'occasion d'un déluge de vers français, grecs, latins, etc., réunis et imprimés à Paris, en 1584, in-4°, sous le titre de : *La Main, ou OEuvres poétiques faites sur la main d'Étienne Pasquier*. Le volume parvint à Henri d'Angoulême, grand prieur de France, fils naturel de Henri II, et ce prince, alors gouverneur de Provence, adressa d'Aix, à Pasquier, le 8 juillet 1585, une lettre accompagnée de deux quatrains, l'un composé par lui-même, l'autre (celui que nous donnons ici) par « le seigneur de Malherbe, » qui était alors attaché à sa personne. L'épigramme de Malherbe parut en 1610, dans *la Jeunesse d'Étienne Pasquier*, par And. Duchesne, et fut reproduite dans l'édition de Ménage (1666), puis avec la lettre du grand prieur dans les *OEuvres de Pasquier* (1723, tome II, col. 219 et 1046).

Il ne faut qu'avec le visage
L'on tire tes mains au pinceau :
Tu les montres dans ton ouvrage,
Et les caches dans le tableau.

II

STANCES.

Cette pièce, adressée à une dame de Provence dont on ignore le nom, fut publiée d'abord dans *le Temple d'Apollon* (Rouen, 1611), recueil que nous n'avons pu nous procurer, puis dans *le Cabinet des Muses* (1619). Elle ne reparut ensuite, et très-incorrectement, que dans l'édition de Saint-Marc, qui l'a donnée avec raison comme composée avant le mois de juin 1586. En effet, dans l'avant-dernière strophe, le poëte, alors en Provence, fait allusion à son protecteur, Henri d'Angoulême, dont nous venons de parler, lequel fut tué à Aix par Philippe Altoviti, baron de Castellane, le 2 juin 1586 (voyez à cette date le *Journal de l'Estoile*).

Si des maux renaissants avec ma patience
N'ont pouvoir d'arrêter un esprit si hautain,
Le temps est médecin d'heureuse expérience;
Son remède est tardif, mais il est bien certain.

Le temps à mes douleurs promet une allégeance,
Et de voir vos beautés se passer quelque jour;
Lors je serai vengé, si j'ai de la vengeance
Pour un si beau sujet pour qui j'ai tant d'amour.

Vous aurez un mari sans être guère aimée,
Ayant de ses desirs amorti le flambeau;
Et de cette prison de cent chaînes fermée
Vous n'en sortirez point que par l'huis du tombeau.

Tant de perfections qui vous rendent superbe,
Les restes du mari, sentiront le reclus;
Et vos jeunes beautés floriront comme l'herbe,

Que l'on a trop foulée et qui ne fleurit plus.

Vous aurez des enfants des douleurs incroyables,
Qui seront près de vous et crieront à l'entour ;
Lors fuiront de vos yeux les soleils agréables,
Y laissant pour jamais des étoiles autour.

Si je passe en ce temps dedans votre province,
Vous voyant sans beauté et moi rempli d'honneur,
Car peut-être qu'alors les bienfaits d'un grand Prince
Marieront ma fortune avecque le bonheur,

Ayant un souvenir de ma peine fidèle,
Mais n'ayant point à l'heure autant que j'ai d'ennuis,
Je dirai : « Autrefois cette femme fut belle,
Et je fus d'autre fois plus sot que je ne suis. »

22 et 27. On voit ici, comme plus loin (III, v. 137), que Malherbe, dans ses premières compositions, ne proscrivait pas encore l'hiatus, dont on retrouve aussi quelques exemples dans ses dernières pièces. Voyez CV, v. 2 et 62, et CVIII, v. 39.

III

LES LARMES DE SAINT PIERRE,

imitées du Tansille.

AU ROI.

Le poëme de Luigi Tansillo (né à Nola, mort en 1569) est intitulé : *Le Lagrime di San Pietro*. Publié en partie dès 1560 (Venise, in-8°), il ne parut en entier qu'en 1585. La première édition des Stances de Malherbe, dédiées à Henri III, date de 1587 (Paris, in-4°). Elles furent réimprimées en 1596 et 1598, et figurèrent dans divers recueils, de 1599 à 1608 (l'*Académie des poëtes françois*, le *Parnasse des plus excellents poëtes de ce temps*, etc.).

« Malherbe, dit Ménage, fit ce poëme étant encore fort jeune. Il n'est pas si poli que ses autres ouvrages, et j'ai souvent ouï dire à M. Guyet et à M. de Racan que l'auteur le désavouoit. Cependant on ne peut nier qu'il n'y ait beaucoup de belles choses. » Parmi les lettres de Costar, il s'en trouve une adressée à la marquise de Lavardin, et dont le sujet est la critique de ces Stances de Malherbe.

Nous indiquerons, dans l'*Appendice* de ce volume, les emprunts que Malherbe a faits au Tansille.

Ce n'est pas en mes vers qu'une amante abusée
Des appas enchanteurs d'un parjure Thésée,
Après l'honneur ravi de sa pudicité,
Laissée ingratement en un bord solitaire,
Fait de tous les assauts que la rage peut faire
Une fidèle preuve à l'infidélité.

Les ondes que j'épands d'une éternelle veine
Dans un courage saint ont leur sainte fontaine ;
Où l'amour de la terre, et le soin de la chair
Aux fragiles pensers ayant ouvert la porte,
Une plus belle amour se rendit la plus forte,

Et le fit repentir aussitôt que pécher.

Henri, de qui les yeux et l'image sacrée
Font un visage d'or à cette âge ferrée,
Ne refuse à mes vœux un favorable appui ; 15
Et si pour ton autel ce n'est chose assez grande,
Pense qu'il est si grand, qu'il n'auroit point d'offrande
S'il n'en recevoit point que d'égales à lui.

La foi qui fut au cœur d'où sortirent ces larmes,
Est le premier essai de tes premières armes ; 20
Pour qui tant d'ennemis à tes pieds abattus,
Pâles ombres d'enfer, poussière de la terre,
Ont connu ta fortune, et que l'art de la guerre
A moins d'enseignements que tu n'as de vertus.

De son nom de rocher, comme d'un bon augure, 25
Un éternel état l'Église se figure ;
Et croit, par le destin de tes justes combats,
Que ta main relevant son épaule courbée,
Un jour, qui n'est pas loin, elle verra tombée
La troupe qui l'assaut, et la veut mettre bas. 30

Mais le coq a chanté pendant que je m'arrête
A l'ombre des lauriers qui t'embrassent la tête,
Et la source déjà commençant à s'ouvrir
A lâché les ruisseaux qui font bruire leur trace,
Entre tant de malheurs estimant une grâce, 35
Qu'un Monarque si grand les regarde courir.

Ce miracle d'amour, ce courage invincible,
Qui n'espéroit jamais une chose possible

30. *La troupe qui l'assaut*, etc., les huguenots.

Que rien finît sa foi que le même trépas,
De vaillant fait couard, de fidèle fait traître,
Aux portes de la peur abandonne son maître,
Et jure impudemment qu'il ne le connoît pas.

A peine la parole avoit quitté sa bouche,
Qu'un regret aussi prompt en son âme le touche,
Et mesurant sa faute à la peine d'autrui,
Voulant faire beaucoup, il ne peut davantage
Que soupirer tout bas, et se mettre au visage
Sur le feu de sa honte une cendre d'ennui.

Les arcs qui de plus près sa poitrine joignirent,
Les traits qui plus avant dans le sein l'atteignirent,
Ce fut quand du Sauveur il se vit regardé;
Les yeux furent les arcs, les œillades les flèches,
Qui percèrent son âme, et remplirent de brèches
Le rempart qu'il avoit si lâchement gardé.

Cet assaut, comparable à l'éclat d'une foudre,
Pousse et jette d'un coup ses défenses en poudre;
Ne laissant rien chez lui, que le même penser
D'un homme qui tout nu de glaive et de courage
Voit de ses ennemis la menace et la rage,
Qui le fer en la main le viennent offenser.

Ces beaux yeux souverains, qui traversent la terre
Mieux que les yeux mortels ne traversent le verre,
Et qui n'ont rien de clos à leur juste courroux,
Entrent victorieux en son âme étonnée,

---

52. Traduction exacte du vers du Tansille (I, st. 39) :
    Gli occhi fur gli archi, e i guardi fur gli strali.
58. *Tout nu*, c'est-à-dire *dénué*, mot qui a la même étymologie.

Comme dans une place au pillage donnée, 65
Et lui font recevoir plus de morts que de coups.

La mer a dans le sein moins de vagues courantes,
Qu'il n'a dans le cerveau de formes différentes,
Et n'a rien toutefois qui le mette en repos ;
Car aux flots de la peur sa navire qui tremble 70
Ne trouve point de port, et toujours il lui semble
Que des yeux de son maître il entend ce propos :

« Eh bien, où maintenant est ce brave langage ?
Cette roche de foi ? cet acier de courage ?
Qu'est le feu de ton zèle au besoin devenu ? 75
Où sont tant de serments qui juroient une fable ?
Comme tu fus menteur, suis-je pas véritable ?
Et que t'ai-je promis qui ne soit advenu ?

« Toutes les cruautés de ces mains qui m'attachent,
Le mépris effronté que ces bourreaux me crachent, 80
Les preuves que je fais de leur impiété,
Pleines également de fureur et d'ordure,
Ne me sont une pointe aux entrailles si dure,
Comme le souvenir de ta déloyauté.

« Je sais bien qu'au danger les autres de ma suite 85
Ont eu peur de la mort, et se sont mis en fuite ;
Mais toi, que plus que tous j'aimai parfaitement,
Pour rendre en me niant ton offense plus grande,
Tu suis mes ennemis, t'assembles à leur bande,
Et des maux qu'ils me font prends ton ébattement. » 90

Le nombre est infini des paroles empreintes

80. Var. (B, E, F, L, O) : Que ces bouches me crachent.
83. Var. (édit. de 1631 et de 1635) : Ne me sont une preuve....

Que regarde l'Apôtre en ces lumières saintes ;
Et celui seulement que sous une beauté
Les feux d'un œil humain ont rendu tributaire,
Jugera sans mentir quel effet a pu faire 95
Des rayons immortels l'immortelle clarté.

Il est bien assuré que l'angoisse qu'il porte
Ne s'emprisonne pas sous les clefs d'une porte,
Et que de tous côtés elle suivra ses pas ;
Mais pour ce qu'il la voit dans les yeux de son maître, 100
Il se veut absenter, espérant que peut-être
Il la sentira moins en ne la voyant pas.

La place lui déplaît, où la troupe maudite
Son Seigneur attaché par outrage dépite ;
Et craint tant de tomber en un autre forfait, 105
Qu'il estime déjà ses oreilles coupables
D'entendre ce qui sort de leurs bouches damnables,
Et ses yeux d'assister aux tourments qu'on lui fait.

Il part, et la douleur qui d'un morne silence
Entre les ennemis couvroit sa violence, 110
Comme il se voit dehors a si peu de combats,
Qu'il demande tout haut que le sort favorable
Lui fasse rencontrer un ami secourable,
Qui touché de pitié lui donne le trépas.

En ce piteux état il n'a rien de fidèle 115
Que sa main, qui le guide où l'orage l'appelle ;
Ses pieds comme ses yeux ont perdu la vigueur ;
Il a de tout conseil son âme dépourvue,
Et dit en soupirant que la nuit de sa vue

111. Var. (B, E, F, L, O) : A si peu de compas.

Ne l'empêche pas tant que la nuit de son cœur. 120

Sa vie auparavant si chèrement gardée,
Lui semble trop longtemps ici-bas retardée;
C'est elle qui le fâche, et le fait consumer;
Il la nomme parjure, il la nomme cruelle,
Et toujours se plaignant que sa faute vient d'elle, 125
Il n'en veut faire compte, et ne la peut aimer.

« Va, laisse-moi, dit-il, va, déloyale vie;
Si de te retenir autrefois j'eus envie,
Et si j'ai desiré que tu fusses chez moi,
Puisque tu m'as été si mauvaise compagne, 130
Ton infidèle foi maintenant je dédaigne,
Quitte-moi, je te prie, je ne veux plus de toi.

« Sont-ce tes beaux desseins, mensongère et méchante,
Qu'une seconde fois ta malice m'enchante,
Et que pour retarder une heure seulement 135
La nuit déjà prochaine à ta courte journée,
Je demeure en danger que l'âme, qui est née
Pour ne mourir jamais, meure éternellement?

« Non, ne m'abuse plus d'une lâche pensée;
Le coup encore frais de ma chute passée 140
Me doit avoir appris à me tenir debout,
Et savoir discerner de la trêve la guerre,
Des richesses du ciel les fanges de la terre,
Et d'un bien qui s'envole un qui n'a point de bout.

« Si quelqu'un d'aventure en délices abonde, 145
Il se perd aussitôt et déloge du monde;

<small>131. Dans la plupart des mots en *aigne*, l'*i* ne se prononçait pas.
132. Var. (B, E, F, L, O) : Quitte-moi, je te quitte.</small>

Qui te porte amitié, c'est à lui que tu nuis;
Ceux qui te veulent mal, sont ceux que tu conserves,
Tu vas à qui te fuit, et toujours le réserves
A souffrir en vivant davantage d'ennuis.   150

« On voit par ta rigueur tant de blondes jeunesses,
Tant de riches grandeurs, tant d'heureuses vieillesses,
En fuyant le trépas au trépas arriver;
Et celui qui chétif aux misères succombe,
Sans vouloir autre bien que le bien de la tombe,   155
N'ayant qu'un jour à vivre, il ne peut l'achever.

« Que d'hommes fortunés en leur âge première,
Trompés de l'inconstance à nos ans coutumière,
Du depuis se sont vus en étrange langueur!
Qui fussent morts contents, si le ciel amiable   160
Ne les abusant pas en son sein variable,
Au temps de leur repos eût coupé ta longueur.

« Quiconque de plaisir a son âme assouvie,
Plein d'honneur et de bien, non sujet à l'envie,
Sans jamais en son aise un malaise éprouver,   165
S'il demande à ses jours davantage de terme,
Que fait-il, ignorant, qu'attendre de pied ferme
De voir à son beau temps un orage arriver?

« Et moi, si de mes jours l'importune durée
Ne m'eût en vieillissant la cervelle empirée,   170
Ne devois-je être sage, et me ressouvenir
D'avoir vu la lumière aux aveugles rendue,
Rebailler aux muets la parole perdue,

162. Tous les recueils portent *ta* longueur, au lieu de *sa*, que donnent les éditions de 1630 et 1631, et qui est une faute d'impression.
166. C'est-à-dire : S'il demande que le terme de ses jours soit reculé.

Et faire dans les corps les âmes revenir?

« De ces faits non communs la merveille profonde, 175
Qui par la main d'un seul étonnoit tout le monde,
Et tant d'autres encor, me devoient avertir
Que si pour leur auteur j'endurois de l'outrage,
Le même qui les fit', en faisant davantage,
Quand on m'offenseroit, me pouvoit garantir. 180

« Mais troublé par les ans, j'ai souffert que la crainte,
Loin encore du mal, ait découvert ma feinte;
Et sortant promptement de mon sens et de moi,
Ne me suis aperçu qu'un destin favorable
M'offroit en ce danger un sujet honorable 185
D'acquérir par ma perte un triomphe à ma foi.

« Que je porte d'envie à la troupe innocente
De ceux qui massacrés d'une main violente
Virent dès le matin leur beau jour accourci;
Le fer qui les tua leur donna cette grâce, 190
Que si de faire bien ils n'eurent pas l'espace,
Ils n'eurent pas le temps de faire mal aussi.

« De ces jeunes guerriers la flotte vagabonde
Alloit courre fortune aux orages du monde,
Et déjà pour voguer abandonnoit le bord, 195
Quand l'aguet d'un pirate arrêta leur voyage;
Mais leur sort fut si bon, que d'un même naufrage
Ils se virent sous l'onde, et se virent au port.

« Ce furent de beaux lis, qui mieux que la nature
Mêlant à leur blancheur l'incarnate peinture 200

180. Var. (E, F, L) : Me pourroit garantir.
196. *L'aguet*, l'embuscade.

Que tira de leur sein le couteau criminel,
Devant que d'un hiver la tempête et l'orage
A leur teint délicat pussent faire dommage,
S'en allèrent fleurir au printemps éternel.

« Ces enfants bienheureux (créatures parfaites, 205
Sans l'imperfection de leurs bouches muettes)
Ayant Dieu dans le cœur ne le purent louer,
Mais leur sang leur en fut un témoin véritable ;
Et moi pouvant parler, j'ai parlé, misérable,
Pour lui faire vergogne, et le désavouer. 210

« Le peu qu'ils ont vécu leur fut grand avantage,
Et le trop que je vis ne me fait que dommage.
Cruelle occasion du souci qui me nuit !
Quand j'avois de ma foi l'innocence première,
Si la nuit de la mort m'eût privé de lumière, 215
Je n'aurois pas la peur d'une immortelle nuit.

« Ce fut en ce troupeau que venant à la guerre
Pour combattre l'enfer, et défendre la terre,
Le Sauveur inconnu sa grandeur abaissa ;
Par eux il commença la première mêlée, 220
Et furent eux aussi que la rage aveuglée
Du contraire parti les premiers offensa.

« Qui voudra se vanter avec eux se compare,
D'avoir reçu la mort par un glaive barbare,
Et d'être allé soi-même au martyre s'offrir ; 225
L'honneur leur appartient d'avoir ouvert la porte
A quiconque osera d'une âme belle et forte
Pour vivre dans le ciel en la terre mourir.

216. VAR. (édit. de 1631) : D'une éternelle nuit.

« O desirable fin de leurs peines passées !
Leurs pieds qui n'ont jamais les ordures pressées,   230
Un superbe plancher des étoiles se font ;
Leur salaire payé les services précède,
Premier que d'avoir mal ils trouvent le remède,
Et devant le combat ont les palmes au front.

« Que d'applaudissements, de rumeur, et de presses,   235
Que de feux, que de jeux, que de traits de caresses,
Quand là-haut en ce point on les vit arriver !
Et quel plaisir encore à leur courage tendre,
Voyant Dieu devant eux en ses bras les attendre,
Et pour leur faire honneur les Anges se lever !   240

« Et vous, femmes, trois fois, quatre fois bienheureuses,
De ces jeunes amours les mères amoureuses,
Que faites-vous pour eux, si vous les regrettez ?
Vous fâchez leur repos, et vous rendez coupables,
Ou de n'estimer pas leurs trépas honorables,   245
Ou de porter envie à leurs félicités.

« Le soir fut avancé de leurs belles journées ;
Mais qu'eussent-ils gagné par un siècle d'années ?
Ou que leur advint-il en ce vite départ,
Que laisser promptement une basse demeure,   250
Qui n'a rien que du mal, pour avoir de bonne heure
Aux plaisirs éternels une éternelle part ?

« Si vos yeux pénétrant jusqu'aux choses futures
Vous pouvoient enseigner leurs belles aventures,
Vous auriez tant de bien en si peu de malheurs,   255
Que vous ne voudriez pas pour l'empire du monde

256. *Voudriez*, en deux syllabes.

N'avoir eu dans le sein la racine féconde
D'où naquit entre nous ce miracle de fleurs.

« Mais moi, puisque les lois me défendent l'outrage
Qu'entre tant de langueurs me commande la rage, 260
Et qu'il ne faut soi-même éteindre son flambeau ;
Que m'est-il demeuré pour conseil et pour armes,
Que d'écouler ma vie en un fleuve de larmes,
Et la chassant de moi l'envoyer au tombeau ?

« Je sais bien que ma langue ayant commis l'offense, 265
Mon cœur incontinent en a fait pénitence.
Mais quoi ? si peu de cas ne me rend satisfait.
Mon regret est si grand, et ma faute si grande,
Qu'une mer éternelle à mes yeux je demande
Pour pleurer à jamais le péché que j'ai fait. » 270

Pendant que le chétif en ce point se lamente,
S'arrache les cheveux, se bat et se tourmente,
En tant d'extrémités cruellement réduit,
Il chemine toujours, mais rêvant à sa peine,
Sans donner à ses pas une règle certaine, 275
Il erre vagabond où le pied le conduit.

A la fin égaré (car la nuit qui le trouble
Par les eaux de ses pleurs son ombrage redouble),
Soit un cas d'aventure, ou que Dieu l'ait permis,
Il arrive au jardin, où la bouche du traître, 280
Profanant d'un baiser la bouche de son maître,
Pour en priver les bons aux méchants l'a remis.

Comme un homme dolent, que le glaive contraire
A privé de son fils et du titre de père,
Plaignant deçà delà son malheur advenu, 285

« Toutefois tu sais tout, tu connois qui nous sommes,
Tu vois quelle inconstance accompagne les hommes,
Faciles à fléchir quand il faut endurer. 345
Si j'ai fait comme un homme en faisant une offense,
Tu feras comme Dieu d'en laisser la vengeance,
Et m'ôter un sujet de me désespérer.

« Au moins si les regrets de ma faute avenue
M'ont de ton amitié quelque part retenue, 350
Pendant que je me trouve au milieu de tes pas,
Desireux de l'honneur d'une si belle tombe,
Afin qu'en autre part ma dépouille ne tombe,
Puisque ma fin est près, ne la recule pas. »

En ces propos mourants ses complaintes se meurent, 355
Mais vivantes sans fin ses angoisses demeurent,
Pour le faire en langueur à jamais consumer.
Tandis la nuit s'en va, ses lumières s'éteignent,
Et déjà devant lui les campagnes se peignent
Du safran que le jour apporte de la mer. 360

L'Aurore d'une main, en sortant de ses portes,
Tient un vase de fleurs languissantes et mortes,
Elle verse de l'autre une cruche de pleurs,
Et d'un voile tissu de vapeur et d'orage,
Couvrant ses cheveux d'or, découvre en son visage 365
Tout ce qu'une âme sent de cruelles douleurs.

Le soleil qui dédaigne une telle carrière,
Puisqu'il faut qu'il déloge, éloigne sa barrière;
Mais comme un criminel qui chemine au trépas,
Montrant que dans le cœur ce voyage le fâche, 370
Il marche lentement, et desire qu'on sache
Que si ce n'étoit force il ne le feroit pas.

Ses yeux par un dépit en ce monde regardent;
Ses chevaux tantôt vont, et tantôt se retardent,
Eux-mêmes ignorants de la course qu'ils font; 375
Sa lumière pâlit, sa couronne se cache;
Aussi n'en veut-il pas, cependant qu'on attache
A celui qui l'a fait des épines au front.

Au point accoutumé les oiseaux qui sommeillent,
Apprêtés à chanter dans les bois se réveillent; 380
Mais voyant ce matin des autres différent,
Remplis d'étonnement ils ne daignent paroître,
Et font, à qui les voit, ouvertement connoître
De leur peine secrète un regret apparent.

Le jour est déjà grand, et la honte plus claire 385
De l'apôtre ennuyé l'avertit de se taire;
Sa parole se lasse, et le quitte au besoin;
Il voit de tous côtés qu'il n'est vu de personne,
Toutefois le remords que son âme lui donne
Témoigne assez le mal qui n'a point de témoin. 390

Aussi l'homme qui porte une âme belle et haute,
Quand seul en une part il a fait une faute,
S'il n'a de jugement son esprit dépourvu,
Il rougit de lui-même, et combien qu'il ne sente
Rien que le ciel présent et la terre présente, 395
Pense qu'en se voyant tout le monde l'a vu.

392. *En une part,* quelque part.

IV

ÉPITAPHE DE MONSIEUR D'IS, PARENT DE L'AUTEUR,
ET DE QUI L'AUTEUR ÉTOIT HÉRITIER.

Ménage, en 1666, a édité cette pièce pour la première fois et lui a donné le titre ci-dessus. On peut à peu près en fixer la date, grâce à l'*Instruction de F. de Malherbe à son fils*, publiée en 1846 (Caen, in-8º), par M. Ph. de Chennevières. On lit en effet dans ce document, qu'au moment où Malherbe l'écrivait, c'est-à-dire au mois de juillet 1605, la fille de Jean le Valloys, sieur d'Ifs, oncle du poëte, était âgée d'environ seize ans, et qu'elle était née peu de temps avant la mort de son père. M. d'Ifs mourut donc vers l'année 1589, et son épitaphe ne dut pas se faire attendre.

Les trois sœurs de Malherbe étaient Jeanne, morte vers 1597, Marie et Louise. — Son frère Éléazar était conseiller au siége présidial de Caen. — Ses trois tantes étaient Charlotte et Marie le Valloys, sœurs de sa mère, et Jeanne de Mainbeville, seconde femme de M. d'Ifs. Ménage s'est trompé en prétendant que Malherbe était héritier de celui-ci, car M. d'Ifs, nous venons de le dire, avait laissé une fille, qui fut mariée à François de Malherbe, sieur de Bouillon et d'Escousebeuf, l'aîné de la maison. « Dieu la fasse vivre, dit Malherbe dans son *Instruction*, et lui donne des enfans. Si elle n'en avoit point, mon cousin de Maizet et nous en serions héritiers. » — On a publié un certain nombre de lettres adressées par Malherbe à son cousin de Bouillon. On les trouvera dans notre édition.

    Ici dessous gît Monsieur d'Is.
    Plût or à Dieu qu'ils fussent dix !
    Mes trois sœurs, mon père et ma mère ;
    Le grand Éléazar, mon frère ;
    Mes trois tantes, et Monsieur d'Is.   5
    Vous les nommé-je pas tous dix ?

V

POUR MONSIEUR DE MONTPENSIER, A MADAME DEVANT SON MARIAGE.

STANCES.

 Henri de Bourbon, duc de Montpensier, né le 12 mai 1573, mort le 27 février 1608, avait demandé la main de Catherine de Bourbon, sœur de Henri IV, duchesse de Bar, née le 7 février 1558, morte le 13 février 1604.
 Il est assez difficile d'assigner une date bien précise à cette pièce, imprimée dès 1603, dans le *Parnasse des plus excellents poëtes de ce temps*. Elle a été certainement composée avant 1599, puisque Catherine épousa Henri de Lorraine, duc de Bar, le 31 janvier de cette année, qui vit aussi le mariage du duc de Montpensier avec Henriette-Marie de Joyeuse. Les écrits du temps reprochent à Henri IV de n'avoir pas hésité à promettre à la fois à divers princes la main de sa sœur. « Ne l'a-t-il pas offerte, dit l'*Apologie pour le roi Henri IV*, à cinq ou six en même temps, en mandant à l'un : « Venez-moi trou-« ver, je vous donnerai ma sœur; » à l'autre : « Faites faire la paix « par ceux de votre parti, je vous donnerai ma sœur? » O prince vraiment politique ! » — De tous ces prétendants, Catherine préférait le comte de Soissons, qu'elle fut sur le point d'épouser en dépit du Roi, au commencement de 1593; mais Henri la fit revenir près de lui et rappela en même temps de Bretagne le duc de Montpensier qu'il lui destinait pour époux et qu'elle refusa opiniâtrément (de Thou, liv. I, 105). L'Estoile prétend (janvier 1599) que le duc avait fait sa demande lors du dernier siége de Rouen, qui dura depuis le mois de décembre 1591 jusqu'au mois d'avril 1592. Ce serait donc dans cet intervalle qu'il faudrait placer la date de la pièce. A cette époque, Malherbe était en Normandie, où il séjourna de 1586 à 1595.

Beau ciel par qui mes jours sont troubles ou sont calmes,
Seule terre où je prends mes cyprès et mes palmes,
Catherine, dont l'œil ne luit que pour les Dieux,

Punissez vos beautés plutôt que mon courage,
Si trop haut s'élevant il adore un visage 5
Adorable par force à quiconque a des yeux.

Je ne suis pas ensemble aveugle et téméraire,
Je connois bien l'erreur que l'amour m'a fait faire,
Cela seul ici-bas surpassoit mon effort ;
Mais mon âme qu'à vous ne peut être asservie, 10
Les destins n'ayant point établi pour ma vie
Hors de cet Océan de naufrage ou de port.

Beauté, par qui les Dieux las de notre dommage
Ont voulu réparer les défauts de notre âge,
Je mourrai dans vos feux, éteignez-les ou non, 15
Comme le fils d'Alcmène en me brûlant moi-même ;
Il suffit qu'en mourant dans cette flamme extrême,
Une gloire éternelle accompagne mon nom.

On ne doit point sans sceptre aspirer où j'aspire :
C'est pourquoi, sans quitter les lois de votre empire, 20
Je veux de mon esprit tout espoir rejeter.
Qui cesse d'espérer, il cesse aussi de craindre,
Et sans atteindre au but où l'on ne peut atteindre,
Ce m'est assez d'honneur que j'y voulois monter.

Je maudis le bonheur où le ciel m'a fait naître, 25

5, 6. Malherbe fait bien de ne vanter que le visage de la princesse. En effet, la Reine mère avait empêché ses deux fils François d'Alençon et Henri III d'épouser Catherine, en leur représentant qu'elle était naine et contrefaite. « Ce qui n'étoit pas vrai, » s'écrie avec indignation le P. Daniel, « *car elle étoit d'une médiocre stature, quoique tant soit peu boiteuse.* »
23, 24. Properce a dit (II, 10, 5) :

> Quod si deficiant vires, audacia certe
> Laus erit : in magnis et voluisse sat est.

Qui m'a fait desirer ce qu'il m'a fait connoître ;
Il faut ou vous aimer, ou ne vous faut point voir.
L'astre qui luit aux grands en vain à ma naissance
Épandit dessus moi tant d'heur et de puissance,
Si pour ce que je veux j'ai trop peu de pouvoir. 30

Mais il le faut vouloir, et vaut mieux se résoudre
En aspirant au ciel être frappé de foudre,
Qu'aux desseins de la terre assuré se ranger.
J'ai moins de repentir, plus je pense à ma faute,
Et la beauté des fruits d'une palme si haute 35
Me fait par le desir oublier le danger.

36. Var. (édit. de 1631 et de 1635) : Me fait par le plaisir....

VI

AU ROI HENRI LE GRAND, SUR LA PRISE DE MARSEILLE.

ODE.

La ville de Marseille, tombée au pouvoir de la Ligue dès 1589, avait été, à peu près depuis cette époque, gouvernée despotiquement par Louis d'Aix, viguier, et Charles Casault (ou Casaux), premier consul, qui s'étaient fait continuer dans leurs fonctions. Ils avaient projeté de vendre la ville aux Espagnols, lorsque deux frères, Pierre et Barthélemy de Libertat, la livrèrent, dans la nuit du 16 au 17 février 1596, aux troupes du Roi, commandées par le duc de Guise, gouverneur de Provence. Casault fut tué; son fils et Louis d'Aix parvinrent à s'échapper. « En moins d'une heure et demie, dit Palma Cayet, cette ville qui étoit presque espagnole redevint toute françoise. » Pierre de Libertat, nommé viguier perpétuel et gratifié de cinquante mille écus, mourut l'année suivante, empoisonné, dit-on, par les ligueurs.

Malherbe, qui ne vint s'établir à Paris qu'après juillet 1605, était, suivant Ménage, encore en Provence quand il fit cette ode, imprimée pour la première fois dans l'édition de 1630.

    Enfin après tant d'années,
    Voici l'heureuse saison
    Où nos misères bornées
    Vont avoir leur guérison.
    Les Dieux longs à se résoudre
    Ont fait un coup de leur foudre,
    Qui montre aux ambitieux,
    Que les fureurs de la terre
    Ne sont que paille et que verre
    A la colère des cieux.

Peuples, à qui la tempête
A fait faire tant de vœux,
Quelles fleurs à cette fête
Couronneront vos cheveux?
Quelle victime assez grande 15
Donnerez-vous pour offrande?
Et quel Indique séjour
Une perle fera naître
D'assez de lustre, pour être
La marque d'un si beau jour? 20

Cet effroyable colosse,
Casaux, l'appui des mutins,
A mis le pied dans la fosse
Que lui cavoient les destins.
Il est bas, le parricide; 25
Un Alcide fils d'Alcide,
A qui la France a prêté
Son invincible génie,
A coupé sa tyrannie
D'un glaive de liberté. 30

Les aventures du monde
Vont d'un ordre mutuel,
Comme on voit au bord de l'onde
Un reflux perpétuel.
L'aise et l'ennui de la vie 35

17-20. Imitation de ces deux vers de Martial (X, 38) :
> O nox omnis et hora quæ notata est
> Caris littoris Indici lapillis !

24. *Cavoient*, creusaient.
26. Charles de Lorraine, duc de Guise. Il était fils du duc Henri, assassiné à Blois.
20. Allusion au nom de Libertat.

Ont leur course entre-suivie
Aussi naturellement
Que le chaud et la froidure,
Et rien, afin que tout dure,
Ne dure éternellement. 40

Cinq ans Marseille volée
A son juste possesseur,
Avoit langui désolée
Aux mains de cet oppresseur.
Enfin le temps l'a remise 45
En sa première franchise;
Et les maux qu'elle enduroit
Ont eu ce bien pour échange,
Qu'elle a vu parmi la fange
Fouler ce qu'elle adoroit. 50

Déjà tout le peuple More
A ce miracle entendu;
A l'un et l'autre bosphore
Le bruit en est répandu;
Toutes les plaines le savent 55
Que l'Inde et l'Euphrate lavent;
Et déjà pâle d'effroi
Memphis se pense captive,
Voyant si près de sa rive
Un neveu de Godefroi. 60

53. Le Bosphore de Thrace et le Bosphore Cimmérien.
60. On sait que les princes lorrains prétendaient descendre de Godefroi de Bouillon.

VII

SUR LE MÊME SUJET.

ODE.

Imprimée pour la première fois, comme la pièce précédente, dans l'édition de 1630.

Soit que de tes lauriers la grandeur poursuivant
D'un cœur où l'ire juste et la gloire commande,
Tu passes comme un foudre en la terre Flamande,
D'Espagnols abattus la campagne pavant;
  Soit qu'en sa dernière tête   5
  L'Hydre civile t'arrête,
  Roi, que je verrai jouir
  De l'Empire de la terre,
  Laisse le soin de la guerre,
  Et pense à te réjouir.   10

Nombre tous les succès où ta fatale main,
Sous l'appui du bon droit aux batailles conduite,
De tes peuples mutins la malice a détruite,
Par un heur éloigné de tout penser humain;
  Jamais tu n'as vu journée   15
  De si douce destinée;
  Non celle où tu rencontras
  Sur la Dordogne en désordre
  L'orgueil à qui tu fis mordre

17. *Non celle*, pas même celle.

La poussière de Coutras. 20

Casaux, ce grand Titan qui se moquoit des cieux,
A vu par le trépas son audace arrêtée,
Et sa rage infidèle, aux étoiles montée,
Du plaisir de sa chute a fait rire nos yeux.

. . . .
. . . .

Ce dos chargé de pourpre, et rayé de clinquants, 25
A dépouillé sa gloire au milieu de la fange,
Les Dieux qu'il ignoroit ayant fait cet échange
Pour venger en un jour ses crimes de cinq ans.
  La mer en cette furie
  A peine a sauvé Dorie; 30
  Et le funeste remords
  Que fait la peur des supplices,
  A laissé tous ses complices
  Plus morts que s'ils étoient morts.

20. La bataille de Coutras, où fut vaincu et tué le duc de Joyeuse, se livra le 20 octobre 1587.

30. C. Doria commandait sept galères espagnoles qu'au mois de décembre 1595 Casault avait introduites dans le port de Marseille.

VIII

VICTOIRE DE LA CONSTANCE.

STANCES.

Ménage a prétendu à tort que Malherbe avait apporté cette pièce de Provence, quand il vint à Paris en 1605 : elle avait été plusieurs années auparavant insérée, d'abord dans les *Diverses poésies nouvelles* (Rouen, 1597, in-12), où elle est intitulée *Chanson*, puis dans deux éditions (1599 et 1603) du *Parnasse des plus excellents poëtes de ce temps*.

Enfin cette beauté m'a la place rendue
Que d'un siége si long elle avoit défendue ;
Mes vainqueurs sont vaincus ; ceux qui m'ont fait la loi
    La reçoivent de moi.

J'honore tant la palme acquise en cette guerre,   5
Que si victorieux des deux bouts de la terre
J'avois mille lauriers de ma gloire témoins,
    Je les priserois moins.

Au repos où je suis tout ce qui me travaille,
C'est la doute que j'ai qu'un malheur ne m'assaille,   10
Qui me sépare d'elle, et me fasse lâcher
    Un bien que j'ai si cher.

Il n'est rien ici-bas d'éternelle durée ;

  2. Var. (A, C, etc.) :
    Qu'elle avoit contre moi si longtemps défendue.
 10. Var. (C, E, F, etc.) : C'est le doute....

Une chose qui plaît n'est jamais assurée ;
L'épine suit la rose, et ceux qui sont contents 15
　　Ne le sont pas longtemps.

Et puis qui ne sait point que la mer amoureuse
En sa bonace même est souvent dangereuse ;
Et qu'on y voit toujours quelques nouveaux rochers,
　　Inconnus aux nochers ? 20

Déjà de toutes parts tout le monde m'éclaire ;
Et bientôt les jaloux ennuyés de se taire,
Si les vœux que je fais n'en détournent l'assaut,
　　Vont médire tout haut.

Peuple qui me veux mal, et m'imputes à vice 25
D'avoir été payé d'un fidèle service,
Où trouves-tu qu'il faille avoir semé son bien,
　　Et ne recueillir rien ?

Voudrois-tu que ma dame, étant si bien servie,
Refusât le plaisir où l'âge la convie, 30
Et qu'elle eût des rigueurs à qui mon amitié
　　Ne sût faire pitié ?

Ces vieux contes d'honneur, invisibles chimères,
Qui naissent aux cerveaux des maris et des mères,

17-20. Cette strophe, suivant Saint-Marc, ne fut ajoutée à la pièce que dans le *Recueil des plus beaux vers,* publié en 1627.
21. *M'éclaire,* m'épie.
29-32. Var. (A, etc.) :
　　Qu'aurois-je fait aux dieux pour avoir eu la peine
　　D'attacher mon espoir à la poursuite vaine
　　D'une maîtresse ingrate, à qui mon amitié
　　　　Ne sût faire pitié ?

Étoient-ce impressions qui pussent aveugler 35
    Un jugement si clair?

Non, non, elle a bien fait de m'être favorable,
Voyant mon feu si grand, et ma foi si durable,
Et j'ai bien fait aussi d'asservir ma raison
    En si belle prison. 40

C'est peu d'expérience à conduire sa vie,
De mesurer son aise au compas de l'envie,
Et perdre ce que l'âge a de fleur et de fruit,
    Pour éviter un bruit.

De moi, que tout le monde à me nuire s'apprête, 45
Le ciel à tous ses traits fasse un but de ma tête;
Je me suis résolu d'attendre le trépas,
    Et ne la quitter pas.

33-36. Ménage a remarqué avec raison que cette strophe, fort peu morale, paraît avoir été inspirée par les vers suivants de Bembo, que nous reproduisons avec leur ancienne orthographe :

> Il pregio d'honestate amato et colto
> Da quelle antiche poste in prosa e'n rima;
> Et le uoci che'l uulgo errante et stolto
> Di peccato et disnor si graui estima;
> Et quel lungo rimbombo indi raccolto,
> Che s'ode risonar per ogni clima;
> Son fole di romanzi, et sogno et ombra,
> Che l'alme simplicette preme, e'ngombra.
>
> (*Delle Rime di P. Bembo*, terza impressione, p. 142.)

37-40. Var. (A, etc.) :

> Non, non, elle a bien fait, et la femme avisée
> Qui n'a de songes vains sa raison abusée,
> Préférant sagement au langage l'effet,
>   Fera ce qu'elle a fait.

45. *De moi*, pour moi, quant à moi.

Plus j'y vois de hasard, plus j'y trouve d'amorce;
Où le danger est grand, c'est là que je m'efforce;   50
En un sujet aisé moins de peine apportant,
    Je ne brûle pas tant.

Un courage élevé toute peine surmonte;
Les timides conseils n'ont rien que de la honte;
Et le front d'un guerrier aux combats étonné   55
    Jamais n'est couronné.

Soit la fin de mes jours contrainte ou naturelle,
S'il plaît à mes Destins que je meure pour elle,
Amour en soit loué, je ne veux un tombeau
    Plus heureux ni plus beau.   60

53-56. VAR. (A, etc.) :
    Toujours d'un beau dessein la gloire aventureuse
    Veut avoir pour hôtesse une âme généreuse,
    Et jamais un guerrier au combat étonné
        Ne se voit couronné.
Le tome II des *Muses ralliées* donne ainsi ce dernier vers :
        N'eut le front couronné.
60. VAR. (A, etc.) : Ne plus beau.

IX

CONSOLATION A CARITÉE SUR LA MORT DE SON MARI.

Cette pièce parut pour la première fois, mais incomplétement, dans le tome II du *Parnasse des plus excellents poëtes de ce temps*, Paris, 1600, in-16. Elle ne fut donnée telle qu'elle est ici qu'en 1607, dans une autre édition du *Parnasse*.

Caritée était, suivant Ménage, qui paraît avoir eu de bonnes informations, la veuve d'un gentilhomme de Provence, nommé Lévêque, seigneur de Saint-Étienne.

Ainsi quand Mausole fut mort,
Artémise accusa le sort,
De pleurs se noya le visage,
Et dit aux astres innocens
Tout ce que fait dire la rage, 5
Quand elle est maîtresse des sens.

Ainsi fut sourde au réconfort,
Quand elle eut trouvé dans le port
La perte qu'elle avoit songée,
Celle de qui les passions 10
Firent voir à la mer Égée
Le premier nid des Alcyons.

Vous n'êtes seule en ce tourment

---

7. Var. (D) : Ainsi perdit tout réconfort.
10-12. Alcyone, fille d'Éole; son époux Céyx ayant péri dans un naufrage, elle se précipita dans la mer, et Thétis les changea tous deux en alcyons.

Qui témoignez du sentiment,
O trop fidèle Caritée :
En toutes âmes l'amitié,
De mêmes ennuis agitée,
Fait les mêmes traits de pitié.

De combien de jeunes maris
En la querelle de Pâris
Tomba la vie entre les armes,
Qui fussent retournés un jour,
Si la mort se payoit de larmes,
A Mycènes faire l'amour!

Mais le destin qui fait nos lois,
Est jaloux qu'on passe deux fois
Au deçà du rivage blême;
Et les Dieux ont gardé ce don,
Si rare, que Jupiter même
Ne le sut faire à Sarpédon.

Pourquoi donc si peu sagement,
Démentant votre jugement,

13-18. VAR. (D) :
    Vous n'étiez seule en ce malheur,
    Qui témoigniez de la douleur,
    Belle et divine Caritée :
    En toutes âmes l'amitié,
    Des mêmes ennuis agitée,
    Sent les mêmes traits de pitié.

30. VAR. (P) : Ne le put....
  On connaît dans la Fable deux héros du nom de Sarpédon. Tous deux avaient pour père Jupiter, qui accorda à l'un (fils d'Europe) de vivre trois âges d'homme, et qui ne put sauver l'autre (fils de Laodamie), tué par Patrocle au siége de Troie.

32. VAR. (D et E) :
    Trompant votre beau jugement.

Passez-vous en cette amertume
Le meilleur de votre saison,
Aimant mieux plaindre par coutume, 35
Que vous consoler par raison?

Nature fait bien quelque effort,
Qu'on ne peut condamner qu'à tort;
Mais que direz-vous pour défendre
Ce prodige de cruauté, 40
Par qui vous semblez entreprendre
De ruiner votre beauté?

Que vous ont fait ces beaux cheveux,
Dignes objets de tant de vœux,
Pour endurer votre colère? 45
Et devenus vos ennemis,
Recevoir l'injuste salaire
D'un crime qu'ils n'ont point commis?

Quelles aimables qualités
En celui que vous regrettez 50
Ont pu mériter qu'à vos roses
Vous ôtiez leur vive couleur,
Et livriez de si belles choses
A la merci de la douleur?

36. Dans les deux éditions D et E, de 1600 et de 1603, cette stance était suivie de celle-ci, qui terminait la pièce et que Malherbe a complétement modifiée lorsqu'il a ajouté six stances nouvelles (voyez plus loin vers 69-72) :

>Quelle injustice faites-vous
>Aux yeux que vous aurez si doux,
>Quand vos orages seront calmes,
>De refuser de les guérir
>Et ne les apprêter aux palmes
>Qu'ils brûlent de vous acquérir!

Remettez-vous l'âme en repos,
Changez ces funestes propos ;
Et par la fin de vos tempêtes,
Obligeant tous les beaux esprits,
Conservez au siècle où vous êtes
Ce que vous lui donnez de prix.

Amour autrefois en vos yeux
Plein d'appas si délicieux,
Devient mélancolique et sombre,
Quand il voit qu'un si long ennui
Vous fait consumer pour une ombre
Ce que vous n'avez que pour lui.

S'il vous ressouvient du pouvoir
Que ses traits vous ont fait avoir,
Quand vos lumières étoient calmes,
Permettez-lui de vous guérir,
Et ne différez point les palmes
Qu'il brûle de vous acquérir.

Le temps d'un insensible cours
Nous porte à la fin de nos jours;
C'est à notre sage conduite,
Sans murmurer de ce défaut,
De nous consoler de sa fuite,
En le ménageant comme il faut.

69. *Vos lumières*, vos yeux. C'est le *lumina* des Latins.

X

DESSEIN DE QUITTER UNE DAME
QUI NE LE CONTENTOIT QUE DE PROMESSE.

STANCES.

Cette pièce a été imprimée d'abord dans le tome II du *Parnasse des plus excellents poëtes de ce temps*, dont quelques exemplaires, suivant Saint-Marc, sont datés de 1599. Elle porte le titre de *chanson* dans un autre Recueil.

Beauté, mon beau souci, de qui l'âme incertaine
A, comme l'Océan, son flux et son reflux,
Pensez de vous résoudre à soulager ma peine,
Ou je me vais résoudre à ne le souffrir plus.

Vos yeux ont des appas que j'aime et que je prise, 5
Et qui peuvent beaucoup dessus ma liberté;
Mais pour me retenir, s'ils font cas de ma prise,
Il leur faut de l'amour autant que de beauté.

Quand je pense être au point que cela s'accomplisse,
Quelque excuse toujours en empêche l'effet; 10
C'est la toile sans fin de la femme d'Ulysse,
Dont l'ouvrage du soir au matin se défait.

Madame, avisez-y, vous perdez votre gloire

---

1. VAR. (D) : Beauté, mon cher souci.
4. VAR. (*ibid.*) : Ou je me résoudrai de ne le souffrir plus.
7. VAR. (*ibid.*) : Mais en me retenant....

De me l'avoir promis, et vous rire de moi ;
S'il ne vous en souvient vous manquez de mémoire,   15
Et s'il vous en souvient vous n'avez point de foi.

J'avois toujours fait compte, aimant chose si haute,
De ne m'en séparer qu'avecque le trépas ;
S'il arrive autrement ce sera votre faute,
De faire des serments et ne les tenir pas.   20

16. Var. (D) : Ou s'il vous en souvient....
17, 18. Var. (*ibid.*) :
    J'avois toujours fait cas, aimant chose si haute,
    De ne m'en départir jusques à mon trépas.

XI

CONSOLATION A MONSIEUR DU PÉRIER, GENTILHOMME D'AIX EN PROVENCE, SUR LA MORT DE SA FILLE.

STANCES.

Ces stances, les plus célèbres de Malherbe, ont été écrites postérieurement au mois de juin 1599, puisque le poëte y fait allusion à la mort de ses deux premiers enfants, dont le second mourut dans ses bras, à Caen, le 23 juin de cette année. Elles furent imprimées en 1607, dans le tome II du *Parnasse des plus excellents poëtes de ce temps*, et avaient d'abord paru en Provence, en feuille volante. Cette première édition, aujourd'hui introuvable, contenait de nombreuses variantes, que Huet avait transcrites sur un exemplaire des œuvres de Malherbe (édition de 1666). Saint-Marc eut communication de ce volume, et c'est d'après lui que nous donnerons les variantes.

François du Périer, fils de Laurent du Périer, avocat au parlement d'Aix, était un grand ami de Malherbe, qui en parle souvent dans ses lettres. Sa fille s'appelait Marguerite. On raconte que Malherbe avait d'abord rédigé ainsi le vers 15 :

    Et Rosette a vécu ce que vivent les roses;

mais à l'imprimerie on déchiffra mal le manuscrit, et l'on mit *Roselle* au lieu de *Rosette*. En lisant l'épreuve à haute voix, le poëte fut frappé de ce changement et écrivit le vers tel qu'il est aujourd'hui. Nous ne savons où cette anecdote fort connue a été rapportée pour la première fois, mais elle nous semble démentie par la rédaction primitive du vers en question que nous donne une variante rapportée plus bas.

Dans un manuscrit de la collection Gaignières, à la Bibliothèque impériale (n° 1001, p. 274), on trouve une parodie de cette pièce, à propos d'un factum de Sacy pour M. de Pommereu. Elle commence ainsi :

    Ta fureur, de Sacy, sera-t-elle éternelle?

Ta douleur, du Périer, sera donc éternelle,
    Et les tristes discours
Que te met en l'esprit l'amitié paternelle
    L'augmenteront toujours?

Le malheur de ta fille au tombeau descendue,
    Par un commun trépas,
Est-ce quelque dédale, où ta raison perdue
    Ne se retrouve pas?

Je sais de quels appas son enfance étoit pleine,
    Et n'ai pas entrepris,
Injurieux ami, de soulager ta peine
    Avecque son mépris.

Mais elle étoit du monde, où les plus belles choses
    Ont le pire destin;

    1-4. Var. :
        Ta douleur, Cléophon, sera donc incurable,
            Et les sages discours
        Qu'apporte à l'adoucir un ami secourable,
            L'enaigrissent toujours.
    9-12. Var. :
        J'ai su de son esprit la beauté naturelle,
            Et si par du mépris
        Je voulois t'empêcher de soupirer pour elle,
            Je serois mal appris.

        Nul autre plus que moi n'a fait cas de sa perte,
            Pour avoir vu ses mœurs,
        Avec étonnement qu'une saison si verte
            Portât des fruits si meurs.
    13-16. Var. :
        Mais elle étoit du monde, où les plus belles choses
            Font le moins de séjour,
        Et ne pouvoit Rosette être mieux que les roses
            Qui ne vivent qu'un jour.

Et rose elle a vécu ce que vivent les roses, 15
    L'espace d'un matin.

Puis quand ainsi seroit, que selon ta prière
    Elle auroit obtenu
D'avoir en cheveux blancs terminé sa carrière,
    Qu'en fût-il advenu? 20

Penses-tu que plus vieille en la maison céleste
    Elle eût eu plus d'accueil?
Ou qu'elle eût moins senti la poussière funeste,
    Et les vers du cercueil?

Non, non, mon du Périer, aussitôt que la Parque 25
    Ote l'âme du corps,
L'âge s'évanouit au deçà de la barque,
    Et ne suit point les morts.

Tithon n'a plus les ans qui le firent cigale;
    Et Pluton aujourd'hui, 30
Sans égard du passé, les mérites égale
    D'Archémore et de lui.

Ne te lasse donc plus d'inutiles complaintes;
    Mais sage à l'avenir,

---

25. Var. : Non, non, mon Cléophon....

29. Tithon, aimé de l'Aurore, obtint d'elle l'immortalité; mais il avait oublié de lui demander en même temps une jeunesse éternelle. Aussi, plus tard, pour le consoler de sa décrépitude, elle ne vit d'autre moyen que de le changer en cigale.

32. Opheltès, fils de Lycurgue, roi de Némée, mourut en bas âge, et les sept chefs qui allaient assiéger Thèbes, ayant été involontairement cause de sa mort, instituèrent en son honneur les jeux néméens, et le surnommèrent *Archémore*.

34. Var. : Ains, sage à l'avenir.

Aime une ombre comme ombre, et des cendres éteintes 35
    Éteins le souvenir.

C'est bien, je le confesse, une juste coutume,
    Que le cœur affligé,
Par le canal des yeux vidant son amertume,
    Cherche d'être allégé. 40

Même quand il advient que la tombe sépare
    Ce que nature a joint,
Celui qui ne s'émeut a l'âme d'un barbare,
    Ou n'en a du tout point.

Mais d'être inconsolable, et dedans sa mémoire 45
    Enfermer un ennui,
N'est-ce pas se haïr pour acquérir la gloire
    De bien aimer autrui?

Priam qui vit ses fils abattus par Achille,
    Dénué de support, 50
Et hors de tout espoir du salut de sa ville,
    Reçut du réconfort.

---

37. VAR. : Je sais que la nature a fait cette coutume.
39. VAR. : Versant son amertume.
43, 44. Ces deux vers sont imités du *Pastor fido* (act. IV, sc. v):
    Ben duro cor avrebbe, o non avrebbe
    Più tosto cor.

La strophe avait été d'abord écrite ainsi par Malherbe :
    Mais lorsque la blessure est en lieu si sensible,
        Il faut que de tout point
    L'homme cesse d'être homme et n'ait rien de passible
        S'il ne s'en émeut point.

45. VAR. : Mais sans se consoler....
47. VAR. : N'est-ce pas se haïr pour une vaine gloire.

François, quand la Castille, inégale à ses armes,
    Lui vola son Dauphin,
Sembla d'un si grand coup devoir jeter des larmes,   55
    Qui n'eussent point de fin.

Il les sécha pourtant, et comme un autre Alcide
    Contre fortune instruit,
Fit qu'à ses ennemis d'un acte si perfide
    La honte fut le fruit.   60

Leur camp qui la Durance avoit presque tarie
    De bataillons épais,
Entendant sa constance eut peur de sa furie,
    Et demanda la paix.

De moi, déjà deux fois d'une pareille foudre   65
    Je me suis vu perclus,

---

54. François, fils aîné de François Ier, né en 1517, mort en 1536. Sa mort assez soudaine fit croire qu'il avait été empoisonné, à l'instigation de Charles-Quint, et Sébastien de Montecuculli, gentilhomme ferrarais et son échanson, expia par un affreux supplice ces soupçons, qui n'avaient aucune espèce de fondement.

55. VAR. : Sembloit....

56. VAR. : Qui n'eussent jamais fin.

64. Charles-Quint, après avoir envahi la Provence en juillet 1536 et assiégé Marseille, fut forcé, au mois de septembre, d'opérer une retraite désastreuse, et l'année suivante, de conclure un armistice transformé en 1538 en une trêve de dix ans.

65. Malherbe à cette époque, ainsi que nous l'avons dit plus haut, avait perdu deux enfants : Henri, mort le 29 octobre 1587, et Jourdaine, le 23 juin 1599. Son troisième et dernier enfant ne vint au monde que dix-sept mois après la mort de Jourdaine.

Balzac a dit assez spirituellement au sujet de cette strophe, dans son premier *Entretien* adressé à dom André, le Feuillant : « Pour le plan de l'appartement que vous m'avez envoyé, je fais état de vous porter une description de la retraite de l'empereur Charles. Et je fais en ceci comme le bonhomme Malherbe quand il se mettoit im-

Et deux fois la raison m'a si bien fait résoudre,
    Qu'il ne m'en souvient plus.

Non qu'il ne me soit grief que la terre possède
    Ce qui me fut si cher ;   70
Mais en un accident qui n'a point de remède,
    Il n'en faut point chercher.

La mort a des rigueurs à nulle autre pareilles ;
    On a beau la prier,
La cruelle qu'elle est se bouche les oreilles,   75
    Et nous laisse crier.

Le pauvre en sa cabane, où le chaume le couvre,
    Est sujet à ses lois ;
Et la garde qui veille aux barrières du Louvre
    N'en défend point nos Rois.   80

De murmurer contre elle, et perdre patience,
    Il est mal à propos ;
Vouloir ce que Dieu veut, est la seule science
    Qui nous met en repos.

médiatement après les rois et qu'il disoit : « Priam a reçu de la
« consolation ; François premier n'a pas voulu mourir de regret, ni
« moi aussi. »

69. Var. : Non qu'il ne me soit mal....
Grief ne formait autrefois qu'une seule syllabe.
73-76. Var. :
    La mort d'un coup fatal toute chose moissonne,
        Et l'arrêt souverain
    Qui veut que sa rigueur ne connoisse personne
        Est écrit en airain.

XII

A LA REINE, MÈRE DU ROI, SUR SA BIENVENUE
EN FRANCE.

ODE PRÉSENTÉE A SA MAJESTÉ, A AIX, L'ANNÉE 1600.

Marie de Médicis, quand elle vint en France partager le trône de Henri IV, fit son entrée à Aix le 16 novembre 1600, et en repartit le surlendemain. Il paraît que ce fut François du Périer, dont il vient d'être question, qui présenta Malherbe à la nouvelle Reine. La première édition de cette ode a été donnée en 1601, à Aix, chez J. Tholosan, sous le titre de *Ode du sieur de Malherbe. A la Reine, pour sa bienvenue en France*, 16 p. in-8º. Elle était jusqu'ici restée inconnue aux éditeurs de Malherbe et aux bibliographes. La pièce reparut en 1603 dans le *Parnasse des plus excellents poëtes*, et fut réimprimée fort souvent avant 1630. C'est une de celles que Malherbe a le plus retravaillées, comme le prouvent les nombreuses variantes que nous allons avoir à relever. — Nous n'avons pas besoin de dire que les mots *mère du Roi* n'ont été ajoutés au titre que dans les réimpressions postérieures à la mort de Henri IV.

  Peuples, qu'on mette sur la tête
  Tout ce que la terre a de fleurs;
  Peuples, que cette belle fête
  A jamais tarisse nos pleurs;
  Qu'aux deux bouts du monde se voie   5

5-8. VAR. (E, F, L, O) :
    Que les flammes aillent aux nues,
    Que le bal empêche les rues,
    Et dans l'oubli soyent noyés
    Tant de pitoyables orages....

Édition de 1601 :
    Que le bal étouffe les rues
    Et dans les coupes soient noyes.

Luire le feu de notre joie ;
Et soient dans les coupes noyés
Les soucis de tous ces orages,
Que pour nos rebelles courages
Les Dieux nous avoient envoyés. 10

A ce coup iront en fumée
Les vœux que faisoient nos mutins,
En leur âme encore affamée
De massacres et de butins ;
Nos doutes seront éclaircies ; 15
Et mentiront les Prophéties
De tous ces visages pâlis,
Dont le vain étude s'applique
A chercher l'an climatérique
De l'éternelle fleur de lis. 20

Aujourd'hui nous est amenée
Cette Princesse, que la foi
D'Amour ensemble et d'Hyménée
Destine au lit de notre Roi ;

11-14. Var. (E, O) :

>A ce coup sera dissipée
>L'attente qu'avoient nos mutins,
>Qu'ils retremperoient leur épée
>Aux parricides intestins.

16. Var. (E, O, etc.) : A la honte des prophéties.
18. Var. (O) : De qui le cerveau s'alambique.
19. « Année dangereuse à passer, où on est en danger de mort, au dire des astrologues, » dit le *Dictionnaire* de Trévoux. — La soixante-troisième année était regardée comme l'année climatérique de la vie de l'homme.
24. Var. (édition de 1601, E, F, O, S) :

>D'un loyal et saint hyménée
>Fait épouse de notre Roi.

La voici, la belle Marie, 25
Belle merveille d'Étrurie,
Qui fait confesser au soleil,
Quoi que l'âge passé raconte,
Que du ciel, depuis qu'il y monte,
Ne vint jamais rien de pareil. 30

Telle n'est point la Cythérée,
Quand un nouveau feu s'allumant,
Elle sort pompeuse et parée
Pour la conquête d'un amant ;
Telle ne luit en sa carrière 35
Des mois l'inégale courrière ;
Et telle dessus l'horizon
L'Aurore au matin ne s'étale,
Quand les yeux mêmes de Céphale
En feroient la comparaison. 40

Le Sceptre que porte sa race,
Où l'heur aux mérites est joint,
Lui met le respect en la face,
Mais il ne l'enorgueillit point ;
Nulle vanité ne la touche ; 45

32. Var. (édit. de 1601) : Quand d'un nouveau....
33, 34. Var. (E, O) :
    Elle va pompeuse et parée
    Se faire voir à quelque amant.
37. Var. (édit. de 1601) : Ni telle....
39. *Céphale*, nom de deux héros mythologiques qui furent l'un et l'autre aimés de l'Aurore.
41. Malherbe avait mis d'abord (édition de 1601, E, O) :
    L'antique sceptre de sa race.
Il a bien fait de changer ce vers, qui avait dû flatter la Reine. On sait que la race des Médicis n'était rien moins qu'ancienne, et que Marie Stuart appelait Catherine, sa belle-mère, « la fille du marchand. »

Les Grâces parlent par sa bouche ;
Et son front, témoin assuré
Qu'au vice elle est inaccessible,
Ne peut que d'un cœur insensible
Être vu sans être adoré.   50

Quantes fois, lorsque sur les ondes
Ce nouveau miracle flottoit,
Neptune en ses caves profondes
Plaignit-il le feu qu'il sentoit !
Et quantes fois en sa pensée,   55
De vives atteintes blessée,
Sans l'honneur de la royauté
Qui lui fit celer son martyre,
Eût-il voulu de son empire
Faire échange à cette beauté !   60

51-60. Var. (E, O) :

    Quantes fois, lorsque sur les ondes
    Elle flottoit en ses vaisseaux,
    Neptune après ses tresses blondes
    Attentif courut sur les eaux !
    Et quantes fois en sa pensée,
    Que l'amour avoit offensée,
    Si l'honneur de la royauté
    Ne l'eût fait celer son martyre,
    Eût-il voulu de son empire
    Faire échange à cette beauté !

Dans le tome I des *Muses françoises ralliées* et dans le *Séjour des Muses* (1626), le huitième vers est ainsi :

    Ne l'eût fait sage en son martyre.

L'édition de 1601 offre encore les variantes suivantes pour les vers 4 et 8 de cette stance :

    Attentif a couru les eaux !
    . . . .
    N'avoit fait honte à son martyre.

54. Var. (F, L, O) : Soupira du feu qu'il sentoit.

Dix jours, ne pouvant se distraire
Du plaisir de la regarder,
Il a par un effort contraire
Essayé de la retarder;
Mais à la fin, soit que l'audace 65
Au meilleur avis ait fait place,
Soit qu'un autre démon plus fort
Aux vents ait imposé silence,
Elle est hors de sa violence,
Et la voici dans notre port. 70

La voici, peuples, qui nous montre
Tout ce que la gloire a de prix;
Les fleurs naissent à sa rencontre
Dans les cœurs, et dans les esprits;
Et la présence des merveilles 75
Qu'en oyoient dire nos oreilles,
Accuse la témérité
De ceux qui nous l'avoient décrite,
D'avoir figuré son mérite
Moindre que n'est la vérité. 80

O toute parfaite Princesse,
L'étonnement de l'univers,

---

61. Une tempête força Marie de Médicis de relâcher à Portofino le 19 octobre et d'y séjourner jusqu'au 28. (*Journal de l'Estoile*, année 1600.)

63, 64. Var. (édit. de 1601, E, F, L, O, S):

    Par une tempête contraire
    Il a pensé la retarder.

71. Cette strophe se trouve pour la première fois dans les *Délices de la poésie françoise*, 1615.

81. Var. (édit. de 1601): Iô, belle et divine Princesse!
    (E, O): O belle et divine Princesse!
    (S): O toute divine Princesse!

POÉSIES, XII.

Astre par qui vont avoir cesse
Nos ténèbres et nos hivers ;
Exemple sans autres exemples,
Future image de nos temples,
Quoi que notre foible pouvoir
En votre accueil ose entreprendre,
Peut-il espérer de vous rendre
Ce que nous vous allons devoir ?

Ce sera vous qui de nos villes
Ferez la beauté refleurir,
Vous qui de nos haines civiles
Ferez la racine mourir ;
Et par vous la paix assurée
N'aura pas la courte durée
Qu'espèrent infidèlement,
Non lassés de notre souffrance,
Ces François qui n'ont de la France
Que la langue et l'habillement.

Par vous un Dauphin nous va naître,
Que vous-même verrez un jour
De la terre entière le maître,
Ou par armes ou par amour ;

---

90. Les quatre derniers vers de cette strophe avaient été primitivement écrits par Malherbe des deux manières suivantes (édit. de 1601, E, O, S) :

> Quel ingrat ne baisera pas,
> S'il n'a la raison empêchée,
> La terre qui sera touchée
> Des belles marques de vos pas ?

> Quel orgueil n'estimera pas
> Sa peine assez récompensée,
> S'il baise la terre pressée, etc. ?

93. Var. (E, F, O, etc.) : Vous, qui de nos guerres civiles.

Et ne tarderont ses conquêtes, 105
Dans les oracles déjà prêtes,
Qu'autant que le premier coton,
Qui de jeunesse est le message,
Tardera d'être en son visage,
Et de faire ombre à son menton. 110

Oh! combien lors aura de veuves
La gent qui porte le turban!
Que de sang rougira les fleuves
Qui lavent les pieds du Liban!
Que le Bosphore en ses deux rives 115
Aura de Sultanes captives!
Et que de mères à Memphis,
En pleurant diront la vaillance
De son courage et de sa lance,
Aux funérailles de leurs fils! 120

Cependant notre grand Alcide,
Amolli parmi vos appas,
Perdra la fureur qui sans bride

115, 116. Var. (édit. de 1601, E, F, O) :

O que Jaffe et Tyr en leurs rives
Auront, etc.

La fin de cette strophe rappelle ces deux vers de Catulle (*Epithalamium Pelei et Thetidos*, 349) :

Illius egregias virtutes claraque facta
Sæpe fatebuntur gnatorum in funere matres.

123. Citons un échantillon des critiques du dix-septième siècle. Voici ce que dit, à propos de ces vers, Urbain Chevreau, qui a publié en 1660 des *Remarques sur les œuvres poétiques de Monsieur de Malherbe* : « Outre qu'*amolli* ne me plaît pas, dit-il, cette bride est une vilaine chose pour un grand roi, et nous sommes trop respectueux et trop retenus en France pour y donner une bride aux rois et aux princes. »

POÉSIES, XII.

L'emporte à chercher le trépas ;
Et cette valeur indomptée, 125
De qui l'honneur est l'Eurysthée,
Puisque rien n'a su l'obliger
A ne nous donner plus d'alarmes,
Au moins pour épargner vos larmes,
Aura peur de nous affliger. 130

Si l'espoir qu'aux bouches des hommes
Nos beaux faits seront récités,
Est l'aiguillon par qui nous sommes
Dans les hasards précipités ;
Lui, de qui la gloire semée 135
Par les voix de la renommée,
En tant de parts s'est fait ouïr,
Que tout le siècle en est un livre,
N'est-il pas indigne de vivre,
S'il ne vit pour se réjouir ? 140

Qu'il lui suffise que l'Espagne,
Réduite par tant de combats
A ne l'oser voir en campagne,
A mis l'ire et les armes bas ;
Qu'il ne provoque point l'envie 145
Du mauvais sort contre sa vie ;

123, 124. Var. (édit. de 1601, E, F, S, etc.) :
.... La fureur qui le guide
A la recherche du trépas.

126. *L'Eurysthée*, c'est-à-dire le mobile. On sait qu'Eurysthée imposa à Hercule des épreuves dont le héros sortit victorieux.

132. Var. (édit. de 1601) : Voleront nos faits récités.

139, 140. Var. (édit. de 1601, E, F)
A quoi doit-il penser qu'à vivre,
Vous jouir et se réjouir ?

Et puisque, selon son dessein,
Il a rendu nos troubles calmes,
S'il veut davantage de palmes,
Qu'il les acquière en votre sein. 150

C'est là qu'il faut qu'à son génie,
Seul arbitre de ses plaisirs,
Quoi qu'il demande, il ne dénie
Rien qu'imaginent ses desirs;
C'est là qu'il faut que les années 155
Lui coulent comme des journées,
Et qu'il ait de quoi se vanter
Que la douceur qui tout excède,
N'est point ce que sert Ganimède
A la table de Jupiter. 160

Mais d'aller plus à ces batailles,
Où tonnent les foudres d'enfer,
Et lutter contre des murailles,
D'où pleuvent la flamme et le fer,
Puisqu'il sait qu'en ses destinées 165
Les nôtres seront terminées,

151-154. VAR. (E, O) :
    C'est là qu'il faut qu'à son génie,
    Faisant inventer des plaisirs,
    Il s'entretienne et ne se nie
    Rien qu'imaginent ses desirs.
161-164. VAR. (édit. de 1601, E, F, O, etc.) :
    Mais d'aller plus à ces batailles
    Où tonne l'horreur des enfers,
    Et lutter contre des murailles
    D'où pleuvent les feux et les fers.
165-170. VAR. (E, O, F) :
    Puisqu'il sait qu'en ses destinées
    Les nôtres seront terminées,

POÉSIES, XII.

Et qu'après lui notre discord
N'aura plus qui dompte sa rage,
N'est-ce pas nous rendre au naufrage
Après nous avoir mis à bord ?

Cet Achille, de qui la pique
Faisoit aux braves d'Ilion
La terreur que fait en Afrique
Aux troupeaux l'assaut d'un lion,
Bien que sa mère eût à ses armes
Ajouté la force des charmes,
Quand les Destins l'eurent permis,
N'eut-il pas sa trame coupée
De la moins redoutable épée
Qui fût parmi ses ennemis ?

Les Parques d'une même soie
Ne dévident pas tous nos jours ;

   Et qu'en lui seul est réservé
   Notre bien et notre dommage,
   N'est-ce pas chercher le naufrage
   D'un vaisseau qu'il en a sauvé ?

Dans les *Muses ralliées*, on lit à l'avant-dernier vers la forme provinciale *cercher* au lieu de *chercher*.

175-180. Dans les éditions de 1601 et de 1603, on trouve cette variante :

   Bien que sa peau fût estimée
   Dans un fleuve si bien charmée,
   Que nulle sorte de péril
   Ne lui pût oncques faire brèche,
   Ne chut-il pas d'un coup de flèche
   Dans les embûches de Paris ?

Et dans celle de 1618 :

   Bien que par les charmes d'un fleuve,
   On le crût si bien à l'épreuve,
   Que nulle sorte de périls
   A sa peau ne pût faire brèche, etc.

Ni toujours par semblable voie
Ne font les planètes leur cours ;
Quoi que promette la fortune,
A la fin quand on l'importune, 185
Ce qu'elle avoit fait prospérer
Tombe du faîte au précipice ;
Et pour l'avoir toujours propice
Il la faut toujours révérer. 190

Je sais bien que sa Carmagnole
Devant lui se représentant
Telle qu'une plaintive idole,
Va son courroux sollicitant,
Et l'invite à prendre pour elle 195
Une légitime querelle ;
Mais doit-il vouloir que pour lui
Nous ayons toujours le teint blême,
Cependant qu'il tente lui-même
Ce qu'il peut faire par autrui ? 200

Si vos yeux sont toute sa braise,
Et vous la fin de tous ses vœux,
Peut-il pas languir à son aise
En la prison de vos cheveux ?
Et commettre aux dures corvées 205
Toutes ces âmes relevées,
Que d'un conseil ambitieux

191. Le Roi était en ce moment en guerre avec le duc de Savoie, au sujet du marquisat de Saluces, dont Carmagnole est la capitale.
195-199. Var. (édit. de 1601, E, F, etc.) :

    Et l'appelle à venger l'injure
    Que lui fait un voisin parjure ;
    Mais doit-il vouloir que pour lui
    Ceux qui l'aiment soient toujours blêmes,
    Cependant qu'il tente lui-mêmes....

La faim de gloire persuade
D'aller sur les pas d'Encelade
Porter des échelles aux cieux ? 210

Apollon n'a point de mystère,
Et sont profanes ses chansons,
Ou, devant que le Sagittaire
Deux fois ramène les glaçons,
Le succès de leurs entreprises, 215
De qui deux provinces conquises
Ont déjà fait preuve à leur dan,
Favorisé de la victoire,
Changera la fable en histoire
De Phaéton en l'Éridan. 220

Nice payant avecque honte
Un siége autrefois repoussé,
Cessera de nous mettre en compte
Barberousse qu'elle a chassé ;
Guise en ses murailles forcées 225
Remettra les bornes passées
Qu'avoit notre empire marin ;
Et Soissons fatal aux superbes,
Fera chercher parmi les herbes
En quelle place fut Turin. 230

216. La Bresse et la Savoie conquises en 1600, la première par Biron, la seconde par Lesdiguières.
221-224. En 1543, du 10 août au 8 septembre, Nice fut inutilement assiégée par une armée française, que secondait une flotte turque. Cette ville avait fait jadis partie du comté de Provence.
225. Le duc de Guise dont il a été question plus haut, p. 23 et 24.
228. Charles de Bourbon, comte de Soissons.

XIII

PROSOPOPÉE D'OSTENDE.

STANCES.

D'après un passage de la *Vie de Peiresc* par Gassendi, Malherbe écrivit en 1604 ces stances, qui parurent non en 1630, comme le dit Saint-Marc, mais en 1615, dans les *Délices de la poésie françoise*. C'est une imitation d'une pièce de vers latins qui venait d'être composée par Grotius, alors âgé d'une vingtaine d'années. Voici cette pièce :

    Area parva Ducum, totus quam respicit orbis,
    Celsior una malis, et quam damnare ruinæ
    Nunc quoque fata timent, alieno in litore resto.
    Tertius annus abit, toties mutavimus hostem ;
    Sævit hyems pelago, morbisque furentibus æstas;
    Et minimum est quod fecit Iber. Crudelior armis
    In nos orta lues; nullum est sine funere funus,
    Nec perimit mors una semel. Fortuna, quid hæres?
    Qua mercede tenes mistos in sanguine Manes?
    Quis tumulos moriens hos occupet, hoste peremto,
    Quæritur, et sterili tantum de pulvere pugna est.

Ostende se rendit aux Espagnols, le 20 septembre 1604, après un siége de trente-neuf mois. (Voy. de Thou, liv. CXXX.)

Trois ans déjà passés, théâtre de la guerre,
J'exerce de deux chefs les funestes combats,
Et fais émerveiller tous les yeux de la terre,
De voir que le malheur ne m'ose mettre à bas.

A la merci du ciel en ces rives je reste,
Où je souffre l'hiver froid à l'extrémité;
Lorsque l'été revient il m'apporte la peste,
Et le glaive est le moins de ma calamité.

Tout ce dont la Fortune afflige cette vie
Pêle-mêle assemblé me presse tellement,
Que c'est parmi les miens être digne d'envie,
Que de pouvoir mourir d'une mort seulement.

Que tardez-vous, Destins? ceci n'est pas matière
Qu'avecque tant de doute il faille décider;
Toute la question n'est que d'un cimetière,
Prononcez librement qui le doit posséder.

XIV

AUX OMBRES DE DAMON.

Suivant Ménage, qui le tenait de Racan, Malherbe aurait composé cette pièce en Provence, c'est-à-dire avant le mois d'août de l'année 1605. Elle n'est point terminée; aussi n'a-t-elle été imprimée que dans l'édition de 1630.

. . . .

L'Orne comme autrefois nous reverroit encore,
Ravis de ces pensers que le vulgaire ignore,
Égarer à l'écart nos pas et nos discours;
Et couchés sur les fleurs comme étoiles semées,
Rendre en si doux ébat les heures consumées,   5
    Que les soleils nous seroient courts.

Mais, ô loi rigoureuse à la race des hommes,
C'est un point arrêté, que tout ce que nous sommes,
Issus de pères rois et de pères bergers,
La Parque également sous la tombe nous serre,   10
Et les mieux établis au repos de la terre,
    N'y sont qu'hôtes et passagers.

Tout ce que la grandeur a de vains équipages,
D'habillements de pourpre, et de suite de pages,
Quand le terme est échu n'allonge point nos jours;   15
Il faut aller tout nus où le Destin commande;
Et de toutes douleurs, la douleur la plus grande
    C'est qu'il faut laisser nos amours.

Amours qui la plupart infidèles et feintes,
Font gloire de manquer à nos cendres éteintes, 20
Et qui plus que l'honneur estimant le plaisir,
Sous le masque trompeur de leurs visages blêmes,
Acte digne du foudre! en nos obsèques mêmes
      Conçoivent de nouveaux desirs.

Elles savent assez alléguer Artémise, 25
Disputer du devoir et de la foi promise;
Mais tout ce beau langage est de si peu d'effet,
Qu'à peine en leur grand nombre une seule se treuve
De qui la foi survive, et qui fasse la preuve
      Que ta Carinice te fait. 30

Depuis que tu n'es plus, la campagne déserte
A dessous deux hivers perdu sa robe verte,
Et deux fois le printemps l'a repeinte de fleurs,
Sans que d'aucuns discours sa douleur se console,
Et que ni la raison, ni le temps qui s'envole, 35
      Puisse faire tarir ses pleurs.

Le silence des nuits, l'horreur des cimetières,
De son contentement sont les seules matières;
Tout ce qui plaît déplaît à son triste penser;
Et si tous ses appas sont encore en sa face, 40
C'est que l'amour y loge, et que rien qu'elle fasse
      N'est capable de l'en chasser.

. . . .
. . . .

Mais quoi? c'est un chef-d'œuvre où tout mérite abonde,

23, 24. Ovide a dit (*Ars am.*, III, 431):
    Funere sæpe viri vir quæritur.

Un miracle du ciel, une perle du monde,
Un esprit adorable à tous autres esprits; 45
Et nous sommes ingrats d'une telle aventure,
Si nous ne confessons que jamais la nature
  N'a rien fait de semblable prix.

J'ai vu maintes beautés à la cour adorées,
Qui des vœux des amants à l'envi desirées, 50
Aux plus audacieux ôtoient la liberté;
Mais de les approcher d'une chose si rare,
C'est vouloir que la rose au pavot se compare,
  Et le nuage à la clarté.

Celle à qui dans mes vers, sous le nom de Nérée, 55
J'allois bâtir un temple éternel en durée,
Si la déloyauté ne l'avoit abattu,
Lui peut bien ressembler du front ou de la joue,
Mais quoi! puisqu'à ma honte il faut que je l'avoue,
  Elle n'a rien de sa vertu. 60

L'âme de cette ingrate est une âme de cire,
Matière à toute forme, incapable d'élire,
Changeant de passion aussitôt que d'objet;
Et de la vouloir vaincre avecque des services,
Après qu'on a tout fait, on trouve que ses vices 65
  Sont de l'essence du sujet.

Souvent de tes conseils la prudence fidèle
M'avoit sollicité de me séparer d'elle,
Et de m'assujettir à de meilleures lois;

---

55. « Je me souviens d'avoir ouï dire, rapporte Ménage, mais je ne me souviens point à qui, que cette Nérée étoit une dame de Provence qui avoit nom Renée. » Nérée est en effet l'anagramme de Renée.

Mais l'aise de la voir avoit tant de puissance, 70
Que cet ombrage faux m'ôtoit la connoissance
    Du vrai bien où tu m'appelois.

Enfin après quatre ans une juste colère,
. . . .
Que le flux de ma peine a trouvé son reflux;
Mes sens qu'elle aveugloit ont connu leur offense, 75
Je les en ai purgés, et leur ai fait défense
    De me la ramentevoir plus.

La femme est une mer aux naufrages fatale;
Rien ne peut aplanir son humeur inégale;
Ses flammes d'aujourd'hui seront glaces demain; 80
Et s'il s'en rencontre une à qui cela n'avienne
Fais compte, cher esprit, qu'elle a comme la tienne
    Quelque chose de plus qu'humain.

77. *Ramentevoir*, rappeler.

XV

PARAPHRASE DU PSAUME VIII.

C'est le psaume *Domine, Dominus noster, quam admirabile est nomen tuum in universa terra!*
Saint-Marc conjecture, d'après une assertion de Racan, que ces stances, imprimées pour la première fois dans les *Délices de la poésie françoise*, Paris, 1615, ont été composées avant 1605. Cela est probable, car dans une lettre à Peiresc, en date du 3 mai 1614, Malherbe en parle comme de vers qu'il avait faits *autrefois*. Il ajoute qu'on venait de les mettre en musique.

O Sagesse éternelle, à qui cet univers
Doit le nombre infini des miracles divers
Qu'on voit également sur la terre et sur l'onde;
      Mon Dieu, mon créateur,
Que ta magnificence étonne tout le monde,   5
Et que le ciel est bas au prix de ta hauteur!

Quelques blasphémateurs, oppresseurs d'innocents,
A qui l'excès d'orgueil a fait perdre le sens,
De profanes discours ta puissance rabaissent;
      Mais la naïveté   10
Dont mêmes au berceau les enfants te confessent,
Clôt-elle pas la bouche à leur impiété?

De moi, toutes les fois que j'arrête les yeux
A voir les ornements dont tu pares les cieux,
Tu me sembles si grand, et nous si peu de chose,   15
      Que mon entendement
Ne peut s'imaginer quelle amour te dispose

A nous favoriser d'un regard seulement.

Il n'est foiblesse égale à nos infirmités ;
Nos plus sages discours ne sont que vanités ; 20
Et nos sens corrompus n'ont goût qu'à des ordures ;
   Toutefois, ô bon Dieu,
Nous te sommes si chers, qu'entre tes créatures,
Si l'ange est le premier, l'homme a le second lieu.

Quelles marques d'honneur se peuvent ajouter 25
A ce comble de gloire où tu l'as fait monter ?
Et pour obtenir mieux quel souhait peut-il faire ?
   Lui que jusqu'au ponant,
Depuis où le soleil vient dessus l'hémisphère,
Ton absolu pouvoir a fait son lieutenant ? 30

Sitôt que le besoin excite son desir,
Qu'est-ce qu'en ta largesse il ne trouve à choisir ?
Et par ton règlement l'air, la mer et la terre
   N'entretiennent-ils pas
Une secrète loi de se faire la guerre 35
A qui de plus de mets fournira ses repas ?

Certes je ne puis faire en ce ravissement,
Que rappeler mon âme, et dire bassement :

---

24. Var. (N et P) :
  Si l'ange a le premier....

28. « J'ai ouï dire à plusieurs de nos anciens, raconte Ménage, qu'on se moquoit à la cour de ce vers, à cause du mot de *Ponant*. » Dans le langage populaire, ce mot, en effet, avait une tout autre signification. (Voy. le *Dictionnaire comique* de Leroux.)

36. Malherbe s'est souvenu ici du chapitre v, livre IV, du *Traité des Bienfaits* de Sénèque, dont il a, comme on sait, fait une traduction.

O Sagesse éternelle, en merveilles féconde,
 Mon Dieu, mon créateur, 40
Que ta magnificence étonne tout le monde,
Et que le ciel est bas au prix de ta hauteur !

XVI

POUR LES PAIRS DE FRANCE, ASSAILLANTS AU COMBAT DE BARRIÈRE.

STANCES.

« Le dimanche 25 février 1605, dit Bassompierre, se fit (à Paris) le combat à la barrière, le seul qui s'est fait du règne du feu Roi (Henri IV), ni de celui de son fils présent régnant. Notre partie étoit les chevaliers de l'Aigle, et étions le comte de Sault, Saint-Luc et moi, qui entrions ensemble. » Les stances de Malherbe furent imprimées en 1605, dans le *Recueil des cartels et défis.... pour le combat de la barrière;* Paris, in-12. Dans ce volume que je n'ai pu me procurer, elles sont, suivant Saint-Marc, intitulées : *Pour les paladins de France.* Je ne crois pas qu'elles aient été réimprimées avant l'édition de 1630.

Et quoi donc ? la France féconde
En incomparables guerriers,
Aura jusqu'aux deux bouts du monde
Planté des forêts de lauriers,
Et fait gagner à ses armées   5
Des batailles si renommées,
Afin d'avoir cette douleur
D'ouïr démentir ses victoires,
Et nier ce que les histoires
Ont publié de sa valeur ?   10

Tant de fois le Rhin et la Meuse
Par nos redoutables efforts
Auront vu leur onde écumeuse
Regorger de sang et de morts;

Et tant de fois nos destinées 15
Des Alpes et des Pyrénées
Les sommets auront fait branler,
Afin que je ne sais quels Scythes,
Bas de fortune et de mérites,
Présument de nous égaler. 20

Non, non, s'il est vrai que nous sommes
Issus de ces nobles aïeux
Que la voix commune des hommes
A fait asseoir entre les dieux,
Ces arrogants, à leur dommage, 25
Apprendront un autre langage,
Et dans leur honte ensevelis,
Feront voir à toute la terre,
Qu'on est brisé comme du verre
Quand on choque les fleurs de lis. 30

Henri, l'exemple des monarques
Les plus vaillants et les meilleurs,
Plein de mérites et de marques
Qui jamais ne furent ailleurs ;
Bel astre vraiment adorable, 35
De qui l'ascendant favorable
En tous lieux nous sert de rempart,
Si vous aimez votre louange,
Desirez-vous pas qu'on la venge
D'une injure où vous avez part ? 40

18. Les adversaires des *Pairs de France* représentaient des Scythes.
— Plus loin (vers 46) le poëte fait allusion à la tradition qui donnait pour premier roi aux Scythes, Scythès, fils d'Hercule et d'Échidna.

21-24. On sait qu'une légende acceptée jusqu'au seizième siècle faisait descendre les Francs de Francus, fils d'Hector.

Ces arrogants, qui se défient
De n'avoir pas de lustre assez,
Impudemment se glorifient
Aux fables des siècles passés ;
Et d'une audace ridicule, 45
Nous content qu'ils sont fils d'Hercule,
Sans toutefois en faire foi ;
Mais qu'importe-t-il qui puisse être
Ni leur père ni leur ancêtre,
Puisque vous êtes notre roi ? 50

Contre l'aventure funeste
Que leur garde notre courroux,
Si quelque espérance leur reste,
C'est d'obtenir grâce de vous ;
Et confesser que nos épées, 55
Si fortes et si bien trempées
Qu'il faut leur céder, ou mourir,
Donneront à votre couronne
Tout ce que le ciel environne,
Quand vous le voudrez acquérir. 60

XVII

A MADAME LA PRINCESSE DOUAIRIÈRE, CHARLOTTE DE LA TRIMOUILLE.

SONNET.

Suivant Ménage, Malherbe fit ce sonnet en arrivant à la cour, c'est-à-dire en 1605. Il l'envoya à la princesse (Charlotte-Catherine de la Trémouille, veuve de Henri Ier, prince de Condé), avec une lettre qui a été publiée, et où il lui dit : « Je vous apporte l'offrande d'un chétif sonnet que je fis tout aussitôt que je sus qu'au lieu de revenir par deçà, vous tourniez le visage vers la Provence. »

Ces vers furent imprimés pour la première fois, en 1620, dans les tomes I et II des *Délices de la poésie françoise*.

Quoi donc, grande Princesse en la terre adorée,
Et que même le ciel est contraint d'admirer,
Vous avez résolu de nous voir demeurer
En une obscurité d'éternelle durée ?

La flamme de vos yeux, dont la cour éclairée   5
A vos rares vertus ne peut rien préférer,
Ne se lasse donc point de nous désespérer,
Et d'abuser les vœux dont elle est desirée ?

Vous êtes en des lieux, où les champs toujours verts,
Pour ce qu'ils n'ont jamais que des tièdes hivers,   10
Semblent en apparence avoir quelque mérite.

Mais si c'est pour cela que vous causez nos pleurs,
Comment faites-vous cas de chose si petite,
Vous de qui chaque pas fait naître mille fleurs ?

10. Var. (éd. de 1631) : De tièdes hivers.

XVIII

PRIÈRE POUR LE ROI HENRI LE GRAND, ALLANT EN LIMOUSIN.

STANCES.

Henri IV, en septembre 1605, au moment où il partait avec des troupes pour aller tenir les grands jours en Limousin, commanda ces vers à Malherbe, qui les lui présenta à son retour. Il est peut-être permis de croire, d'après un passage de l'Estoile, qu'ils parurent d'abord en feuille volante. En tout cas, ils furent imprimés en 1607 dans le tome II du *Parnasse des plus excellents poëtes de ce temps.*

On peut voir dans l'*Histoire de l'Académie françoise* par Pellisson (édition Livet, tome I, p. 120 et suiv.) l'analyse de l'examen que l'illustre compagnie fit de la pièce de Malherbe, examen auquel elle consacra trois mois (du 9 avril au 6 juillet 1638), sans pourtant achever sa besogne ; car elle ne s'occupa point des vingt-quatre derniers vers (il y en a en tout 126). Une seule strophe (*Quand un Roi fainéant*) trouva grâce devant elle.

O Dieu, dont les bontés de nos larmes touchées
Ont aux vaines fureurs les armes arrachées,
Et rangé l'insolence aux pieds de la raison,
Puisqu'à rien d'imparfait ta louange n'aspire,
Achève ton ouvrage au bien de cet empire, 5
Et nous rends l'embonpoint comme la guérison.

Nous sommes sous un roi si vaillant et si sage,

3. *L'insolence.* L'édition de 1630 et les éditions postérieures portent *l'innocence*, ce qui n'offre aucun sens, et est évidemment une faute d'impression. Nous avons suivi, avec Ménage et Saint-Marc, la leçon que donnent les divers Recueils où la pièce avait paru antérieurement et un manuscrit dont nous parlons plus loin. Voyez p. 72, *note* sur les v. 80-82.

Et qui si dignement a fait l'apprentissage
De toutes les vertus propres à commander,
Qu'il semble que cet heur nous impose silence, 10
Et qu'assurés par lui de toute violence,
Nous n'avons plus sujet de te rien demander.

Certes quiconque a vu pleuvoir dessus nos têtes
Les funestes éclats des plus grandes tempêtes
Qu'excitèrent jamais deux contraires partis, 15
Et n'en voit aujourd'hui nulle marque paroître,
En ce miracle seul il peut assez connoître
Quelle force a la main qui nous a garantis.

Mais quoi? de quelque soin qu'incessamment il veille,
Quelque gloire qu'il ait à nulle autre pareille, 20
Et quelque excès d'amour qu'il porte à notre bien;
Comme échapperons-nous en des nuits si profondes,
Parmi tant de rochers que lui cachent les ondes,
Si ton entendement ne gouverne le sien?

Un malheur inconnu glisse parmi les hommes, 25
Qui les rend ennemis du repos où nous sommes;
La plupart de leurs vœux tendent au changement;
Et comme s'ils vivoient des misères publiques,
Pour les renouveler ils font tant de pratiques,
Que qui n'a point de peur n'a point de jugement. 30

En ce fâcheux état ce qui nous réconforte,
C'est que la bonne cause est toujours la plus forte,
Et qu'un bras si puissant t'ayant pour son appui,
Quand la rébellion plus qu'une hydre féconde
Auroit pour le combattre assemblé tout le monde, 35

12. VAR. (F, L, O) : Nous n'ayons pas....

Tout le monde assemblé s'enfuiroit devant lui.

Conforme donc, Seigneur, ta grâce à nos pensées,
Ote-nous ces objets qui des choses passées
Ramènent à nos yeux le triste souvenir ;
Et comme sa valeur, maîtresse de l'orage, 40
A nous donner la paix a montré son courage,
Fais luire sa prudence à nous l'entretenir.

Il n'a point son espoir au nombre des armées,
Étant bien assuré que ces vaines fumées
N'ajoutent que de l'ombre à nos obscurités ; 45
L'aide qu'il veut avoir, c'est que tu le conseilles ;
Si tu le fais, Seigneur, il fera des merveilles,
Et vaincra nos souhaits par nos prospérités.

Les fuites des méchants, tant soient-elles secrètes,
Quand il les poursuivra n'auront point de cachettes ; 50
Aux lieux les plus profonds ils seront éclairés ;
Il verra sans effet leur honte se produire,
Et rendra les desseins qu'ils feront pour lui nuire
Aussitôt confondus comme délibérés.

La rigueur de ses lois, après tant de licence, 55
Redonnera le cœur à la foible innocence,
Que dedans la misère on faisoit envieillir.
A ceux qui l'oppressoient, il ôtera l'audace ;
Et sans distinction de richesse, ou de race,
Tous de peur de la peine auront peur de faillir. 60

60. C'est la traduction du vers :
 Oderunt peccare mali formidine pœnæ,
qui est lui-même une imitation de ce vers d'Horace (Epist. I, xvi, 52) :
 Oderunt peccare boni virtutis amore.

La terreur de son nom rendra nos villes fortes,
On n'en gardera plus ni les murs ni les portes,
Les veilles cesseront au sommet de nos tours ;
Le fer mieux employé cultivera la terre,
Et le peuple qui tremble aux frayeurs de la guerre,   65
Si ce n'est pour danser, n'aura plus de tambours.

Loin des mœurs de son siècle il bannira les vices,
L'oisive nonchalance, et les molles délices,
Qui nous avoient portés jusqu'aux derniers hasards ;
Les vertus reviendront de palmes couronnées,   70
Et ses justes faveurs aux mérites données,
Feront ressusciter l'excellence des arts.

La foi de ses aïeux, ton amour et ta crainte,
Dont il porte dans l'âme une éternelle empreinte,
D'actes de piété ne pourront l'assouvir ;   75
Il étendra ta gloire autant que sa puissance ;
Et n'ayant rien si cher que ton obéissance,
Où tu le fais régner il te fera servir.

Tu nous rendras alors nos douces destinées ;
Nous ne reverrons plus ces fâcheuses années   80

66. On trouve dans deux recueils (N et P) de 1615 et 1620, la variante *n'orra* (futur du verbe *ouïr*), qui me semble bien préférable.

« Cette stance est fort belle, » dit Ménage, et il a raison. « M. de Racan, ajoute-t-il, y trouve pourtant à dire qu'on y parle de danser au son des tambours, dans un poëme adressé à Dieu : ce qui lui semble peu respectueux. Mais à cela on peut répondre qu'on dansoit devant le tabernacle, etc., etc. »

80-82. Un manuscrit de la Bibliothèque impériale (*Suppl. fr.*, n° 297) contient de cette pièce une copie du temps qui nous donne ici les variantes suivantes :

> Nous ne reverrons plus ces fâcheuses années
> Qui d'une âme de roche eussent tiré des pleurs.
> Toute félicité comblera nos familles.

Qui pour les plus heureux n'ont produit que des pleurs.
Toute sorte de biens comblera nos familles,
La moisson de nos champs lassera les faucilles,
Et les fruits passeront la promesse des fleurs.

La fin de tant d'ennuis dont nous fûmes la proie 85
Nous ravira les sens de merveille et de joie;
Et d'autant que le monde est ainsi composé
Qu'une bonne fortune en craint une mauvaise,
Ton pouvoir absolu, pour conserver notre aise,
Conservera celui qui nous l'aura causé. 90

Quand un roi fainéant, la vergogne des princes,
Laissant à ses flatteurs le soin de ses provinces,
Entre les voluptés indignement s'endort,
Quoi que l'on dissimule, on n'en fait point d'estime;
Et si la vérité se peut dire sans crime, 95
C'est avecque plaisir qu'on survit à sa mort.

Mais ce roi, des bons rois l'éternel exemplaire,
Qui de notre salut est l'ange tutélaire,
L'infaillible refuge, et l'assuré secours,
Son extrême douceur ayant dompté l'envie, 100
De quels jours assez longs peut-il borner sa vie,
Que notre affection ne les juge trop courts?

Nous voyons les esprits nés à la tyrannie,
Ennuyés de couver leur cruelle manie,
Tourner tous leurs conseils à notre affliction; 105
Et lisons clairement dedans leur conscience,
Que s'ils tiennent la bride à leur impatience,

91-96. Cette strophe fait évidemment allusion à Henri III.
103. Var. (N) : Nous voyons ces esprits....

Nous n'en sommes tenus qu'à sa protection.

Qu'il vive donc, Seigneur, et qu'il nous fasse vivre;
Que de toutes ces peurs nos âmes il délivre; 110
Et rendant l'univers de son heur étonné,
Ajoute chaque jour quelque nouvelle marque
Au nom qu'il s'est acquis du plus rare monarque
Que ta bonté propice ait jamais couronné.

Cependant son Dauphin d'une vitesse prompte 115
Des ans de sa jeunesse accomplira le compte;
Et suivant de l'honneur les aimables appas,
De faits si renommés ourdira son histoire,
Que ceux qui dedans l'ombre éternellement noire
Ignorent le soleil, ne l'ignoreront pas. 120

Par sa fatale main qui vengera nos pertes,
L'Espagne pleurera ses provinces désertes,
Ses châteaux abattus, et ses champs déconfits.
Et si de nos discords l'infâme vitupère
A pu la dérober aux victoires du père, 125
Nous la verrons captive aux triomphes du fils.

123. Var. (F, L, O) : Et ses camps....
124. *Vitupère* signifie à proprement parler « blâme, reproche, » et le vers assez obscur de Malherbe veut dire : Si nos discordes dignes de tant de blâme ont pu empêcher Henri IV de dompter l'Espagne.
126. Le manuscrit cité plus haut donne une dernière strophe que voici :

> Il est temps, ô grand Dieu, que les fleaux de ton ire
> Lui fassent confesser qu'en vain elle desire
> De voir le monde entier à son empire joint.
> La paix en apparence a nos guerres bornées;
> Mais puisque tous nos maux viennent de ces menées,
> Nous pouvons nous aimer et ne la haïr point.

XIX

SUR L'ATTENTAT COMMIS EN LA PERSONNE DE HENRI LE GRAND, LE 19 DE DÉCEMBRE 1605.

ODE.

« Le lundi 19 décembre 1605, dit l'Estoile, comme le Roi revenant de la chasse passoit à cheval sur le pont Neuf, environ les cinq heures du soir, se rencontra un fou qui, ayant un poignard nu sous son manteau, tâcha d'en offenser Sa Majesté; et l'ayant saisi par le derrière de son manteau, que le Roi avoit agrafé, le secoua assez longtemps, jusques à ce que, chacun étant accouru au secours, étant pris et interrogé sur ce qu'il vouloit faire, dit qu'il vouloit tuer le Roi, pour ce qu'il lui détenoit injustement son bien et la plupart de son royaume, et plusieurs autres folies; puis, en riant, dit que pour le moins il lui avoit fait belle peur. Ce fou s'appeloit Jacques des Isles, natif de Senlis, praticien et procureur audit lieu, et transporté dès longtemps de son esprit; lequel, à cette occasion, selon la déposition des procureurs mêmes dudit Senlis, avoit été chassé de leur siége, et l'en avoient ôté comme fou et furieux. » Malgré une folie aussi bien constatée, les juges vouloient l'envoyer au gibet; « mais le Roi ne le voulut jamais permettre, disant qu'il en faisoit conscience. »

La pièce de Malherbe parut en 1607 dans le *Parnasse des plus excellents poëtes de ce temps*. Le P. Lelong en indique une édition in-8° que je n'ai pu rencontrer.

> Que direz-vous, races futures,
> Si quelquefois un vrai discours
> Vous récite les aventures
> De nos abominables jours?

4. Quelques exemplaires de l'édition de 1630 et l'édition de 1631 portent :
> De nos misérables jours,

vers trop court d'une syllabe.

Lirez-vous, sans rougir de honte,
Que notre impiété surmonte
Les faits les plus audacieux,
Et les plus dignes du tonnerre,
Qui firent jamais à la terre
Sentir la colère des cieux?

O que nos fortunes prospères
Ont un change bien apparent!
O que du siècle de nos pères
Le nôtre s'est fait différent!
La France devant ces orages,
Pleine de mœurs et de courages
Qu'on ne pouvoit assez louer,
S'est faite aujourd'hui si tragique,
Qu'elle produit ce que l'Afrique
Auroit vergogne d'avouer.

Quelles preuves incomparables
Peut donner un prince de soi,
Que les rois les plus adorables
N'en quittent l'honneur à mon roi?
Quelle terre n'est parfumée
Des odeurs de sa renommée?
Et qui peut nier qu'après Dieu,
Sa gloire qui n'a point d'exemples,
N'ait mérité que dans nos temples
On lui donne le second lieu?

Qui ne sait point qu'à sa vaillance
Il ne se peut rien ajouter?
Qu'on reçoit de sa bienveillance
Tout ce qu'on en doit souhaiter?
Et que si de cette couronne,

Que sa tige illustre lui donne,
Les lois ne l'eussent revêtu,
Nos peuples d'un juste suffrage
Ne pouvoient sans faire naufrage
Ne l'offrir point à sa vertu ? 40

Toutefois, ingrats que nous sommes,
Barbares, et dénaturés,
Plus qu'en ce climat où les hommes
Par les hommes sont dévorés,
Toujours nous assaillons sa tête 45
De quelque nouvelle tempête ;
Et d'un courage forcené,
Rejetant son obéissance,
Lui défendons la jouissance
Du repos qu'il nous a donné. 50

La main de cet esprit farouche
Qui sorti des ombres d'enfer
D'un coup sanglant frappa sa bouche,
A peine avoit laissé le fer ;
Et voici qu'un autre perfide, 55
Où la même audace réside,
Comme si détruire l'État
Tenoit lieu de juste conquête,
De pareilles armes s'apprête

35-40. La même idée est exprimée dans ces vers de Ronsard sur Charles IX :

 Et quand il ne seroit héritier de l'Empire,
 Sur ses rares vertus on le devroit élire.

51. Jean Chatel, qui, le 27 décembre 1594, s'introduisit dans la chambre de Gabrielle d'Estrées, où le Roi venait d'arriver, et le frappa d'un coup de couteau qui lui fendit la lèvre. Dès le surlendemain, l'assassin était tenaillé, écartelé et brûlé.

A faire un pareil attentat.   60

O soleil, ô grand luminaire,
Si jadis l'horreur d'un festin
Fit que de ta route ordinaire
Tu reculas vers le matin,
Et d'un émerveillable change   65
Te couchas aux rives du Gange,
D'où vient que ta sévérité,
Moindre qu'en la faute d'Atrée,
Ne punit point cette contrée
D'une éternelle obscurité ?   70

Non, non, tu luis sur le coupable,
Comme tu fais sur l'innocent;
Ta nature n'est point capable
Du trouble qu'une âme ressent.
Tu dois ta flamme à tout le monde;   75
Et ton allure vagabonde,
Comme une servile action
Qui dépend d'une autre puissance,
N'ayant aucune connoissance,
N'a point aussi d'affection.   80

Mais, ô planète belle et claire,
Je ne parle pas sagement;
Le juste excès de la colère

71, 72. « .... Patris vestri qui.... solem suum oriri facit super
« bonos et malos, et pluit super justos et injustos, » dit l'évangile
de saint Matthieu (chap. v, verset 45).

Sénèque, de son côté, a dit (je cite la traduction de Malherbe, *Des
Bienfaits*, liv. IV, chap. xxv) : « Les méchants voient le soleil comme
les bons, et les mers ne font point meilleure mine à la barque d'un
marchand qu'à la frégate d'un écumeur. »

M'a fait perdre le jugement;
Ce traître, quelque frénésie 85
Qui travaillât sa fantaisie,
Eut encore assez de raison,
Pour ne vouloir rien entreprendre,
Bel astre, qu'il n'eût vu descendre
Ta lumière sous l'horizon. 90

Au point qu'il écuma sa rage,
Le dieu de Seine étoit dehors
A regarder croître l'ouvrage
Dont ce prince embellit ses bords;
Il se resserra tout à l'heure 95
Au plus bas lieu de sa demeure;
Et ses Nymphes dessous les eaux,
Toutes sans voix et sans haleine,
Pour se cacher furent en peine
De trouver assez de roseaux. 100

La terreur des choses passées
A leurs yeux se ramentevant,
Faisoit prévoir à leurs pensées
Plus de malheurs qu'auparavant;
Et leur étoit si peu croyable 105
Qu'en cet accident effroyable
Personne les pût secourir,
Que pour en être dégagées,
Le ciel les auroit obligées
S'il leur eût permis de mourir. 110

Revenez, belles fugitives;
De quoi versez-vous tant de pleurs?

93, 94. La grande galerie du Louvre.

Assurez vos âmes craintives;
Remettez vos chapeaux de fleurs;
Le Roi vit, et ce misérable, 115
Ce monstre vraiment déplorable,
Qui n'avoit jamais éprouvé
Que peut un visage d'Alcide,
A commencé le parricide,
Mais il ne l'a pas achevé. 120

Pucelles, qu'on se réjouisse;
Mettez-vous l'esprit en repos;
Que cette peur s'évanouisse;
Vous la prenez mal à propos;
Le Roi vit, et les destinées 125
Lui gardent un nombre d'années,
Qui fera maudire le sort
A ceux dont l'aveugle manie
Dresse des plans de tyrannie
Pour bâtir quand il sera mort. 130

O bienheureuse intelligence,
Puissance, quiconque tu sois,
Dont la fatale diligence
Préside à l'empire françois;
Toutes ces visibles merveilles, 135
De soins, de peines, et de veilles,
Qui jamais ne t'ont pu lasser,
N'ont-elles pas fait une histoire,
Qu'en la plus ingrate mémoire
L'oubli ne sauroit effacer? 140

Ces archers aux casaques peintes
Ne peuvent pas n'être surpris,
Ayant à combattre les feintes

De tant d'infidèles esprits;
Leur présence n'est qu'une pompe; 145
Avecque peu d'art on les trompe;
Mais de quelle dextérité
Se peut déguiser une audace,
Qu'en l'âme aussitôt qu'en la face
Tu n'en lises la vérité? 150

Grand démon d'éternelle marque,
Fais qu'il te souvienne toujours
Que tous nos maux en ce monarque
Ont leur refuge et leur secours;
Et qu'arrivant l'heure prescrite, 155
Que le trépas, qui tout limite,
Nous privera de sa valeur,
Nous n'avons jamais eu d'alarmes
Où nous ayons versé des larmes
Pour une semblable douleur. 160

Je sais bien que par la justice,
Dont la paix accroît le pouvoir,
Il fait demeurer la malice
Aux bornes de quelque devoir,
Et que son invincible épée 165
Sous telle influence est trempée,
Qu'elle met la frayeur partout,
Aussitôt qu'on la voit reluire;
Mais quand le malheur nous veut nuire,
De quoi ne vient-il point à bout? 170

Soit que l'ardeur de la prière
Le tienne devant un autel,
Soit que l'honneur à la barrière
L'appelle à débattre un cartel,

Soit que dans la chambre il médite, 175
Soit qu'aux bois la chasse l'invite,
Jamais ne t'écarte si loin,
Qu'aux embûches qu'on lui peut tendre
Tu ne sois prêt à le défendre,
Sitôt qu'il en aura besoin. 180

Garde sa compagne fidèle,
Cette reine dont les bontés
De notre foiblesse mortelle
Tous les défauts ont surmontés.
Fais que jamais rien ne l'ennuie; 185
Que toute infortune la fuie;
Et qu'aux roses de sa beauté,
L'âge, par qui tout se consume,
Redonne, contre sa coutume,
La grâce de la nouveauté. 190

Serre d'une étreinte si ferme
Le nœud de leurs chastes amours,
Que la seule mort soit le terme
Qui puisse en arrêter le cours.
Bénis les plaisirs de leur couche, 195
Et fais renaître de leur souche
Des scions si beaux et si verts,
Que de leur feuillage sans nombre
A jamais ils puissent faire ombre
Aux peuples de tout l'univers. 200

187. L'édition de 1630 porte par erreur *bonté*. J'ai adopté le texte des Recueils.

193. Dans les éditions de 1630 et de 1631, on lit : *Que sa seule mort*, ce qui est évidemment une faute d'impression; aussi j'ai cru devoir suivre la leçon que donnent les Recueils.

Surtout pour leur commune joie
Dévide aux ans de leur Dauphin,
A longs filets d'or et de soie,
Un bonheur qui n'ait point de fin ;
Quelques vœux que fasse l'envie,
Conserve-leur sa chère vie ;
Et tiens par elle ensevelis
D'une bonace continue
Les aquilons, dont sa venue
A garanti les fleurs de lis.

Conduis-le sous leur assurance
Promptement jusques au sommet
De l'inévitable espérance
Que son enfance leur promet ;
Et pour achever leurs journées,
Que les oracles ont bornées
Dedans le trône impérial,
Avant que le ciel les appelle,
Fais-leur ouïr cette nouvelle
Qu'il a rasé l'Escurial.

213. Texte des Recueils :
    De l'indubitable espérance.

XX

AUX DAMES, POUR LES DEMI-DIEUX MARINS, CONDUITS PAR NEPTUNE.

STANCES.

Ces stances, imprimées pour la première fois, en 1609, dans le *Nouveau Parnasse*, furent composées pour le carrousel *des Quatre Éléments*, donné peu de temps après que la Reine fut accouchée (10 février 1606) de Christine, qui fut plus tard duchesse de Savoie. « Nous fîmes quelques ballets, dit Bassompierre, et un carrousel qui fut couru au Louvre et à l'Arsenal, qui étoit de quatre troupes. La première étoit de l'Eau, où M. le Grand (Bellegarde) et les principaux de la cour étoient. Celle qui entroit après étoit la Terre, que M. de Vendôme menoit; la troisième étoit le Feu, que M. de Rohan conduisoit, et la quatrième l'Air, de laquelle étoit chef M. le comte de Sommerive. » Bassompierre parle encore, à l'année 1608, de ce ballet *des Dieux marins*, qui fut dansé à Paris, par lui et d'autres seigneurs, à l'arrivée du duc de Mantoue.

O qu'une sagesse profonde
Aux aventures de ce monde
Préside souverainement;
Et que l'audace est mal apprise
De ceux qui font une entreprise,   5
Sans douter de l'événement!

Le renom que chacun admire
Du prince qui tient cet empire,
Nous avoit fait ambitieux
De mériter sa bienveillance,   10
Et donner à notre vaillance
Le témoignage de ses yeux.

Nos forces, partout reconnues,
Faisoient monter jusques aux nues
Les desseins de nos vanités ;
Et voici qu'avecque des charmes
Un enfant qui n'avoit point d'armes
Nous a ravi nos libertés.

Belles merveilles de la terre,
Doux sujets de paix et de guerre,
Pouvons-nous avecque raison
Ne bénir pas les destinées,
Par qui nos âmes enchaînées
Servent en si belle prison ?

L'aise nouveau de cette vie
Nous ayant fait perdre l'envie
De nous en retourner chez nous,
Soit notre gloire ou notre honte,
Neptune peut bien faire compte
De nous laisser avecque vous.

Nous savons quelle obéissance
Nous oblige notre naissance
De porter à sa royauté ;
Mais est-il ni crime ni blâme,
Dont vous ne dispensiez une âme
Qui dépend de votre beauté ?

Qu'il s'en aille à ses Néréides,

---

32. Ce vers est ainsi dans le *Nouveau recueil des plus beaux vers*, 1615, et dans les *Délices de la poésie françoise*, édit. de 1620. Les éditions de 1630 et de 1631 portent : *Nous oblige à notre naissance*, ce qui n'offre aucun sens. Ménage a corrigé *Nous obligea*.

Dedans ses cavernes humides,
Et vive misérablement
Confiné parmi ses tempêtes;
Quant à nous, étant où vous êtes,
Nous sommes en notre élément.

38. Il y a par erreur *carvernes* dans l'édition de 1630.

XXI

AU ROI HENRI LE GRAND, SUR L'HEUREUX SUCCÈS
DU VOYAGE DE SEDAN.

ODE.

Cette pièce fut imprimée pour la première fois, en 1607, dans le *Parnasse des plus excellents poëtes de ce temps*. On voit dans l'Estoile qu'elle courait manuscrite dès le mois de décembre de l'année précédente. Suivant Ménage, qui le tenait de Racan, c'était une de celles que Malherbe estimait le plus.

Henri IV partit de Paris le 15 mars 1606, à la tête de son armée, pour aller assiéger le duc de Bouillon dans Sedan, qui se rendit le 2 avril.

Enfin après les tempêtes
Nous voici rendus au port;
Enfin nous voyons nos têtes
Hors de l'injure du sort.
Nous n'avons rien qui menace 5
De troubler notre bonace;
Et ces matières de pleurs,
Massacres, feux, et rapines,
De leurs funestes épines
Ne gâteront plus nos fleurs. 10

Nos prières sont ouïes,
Tout est réconcilié;
Nos peurs sont évanouies,
Sedan s'est humilié.
A peine il a vu le foudre 15
Parti pour le mettre en poudre,

Que faisant comparaison
De l'espoir et de la crainte,
Pour éviter la contrainte
Il s'est mis à la raison.

Qui n'eût cru que ses murailles,
Que défendoit un lion,
N'eussent fait des funérailles
Plus que n'en fit Ilion ;
Et qu'avant qu'être à la fête
De si pénible conquête,
Les champs se fussent vêtus
Deux fois de robe nouvelle,
Et le fer eût en javelle
Deux fois les blés abattus ?

Et toutefois, ô merveille !
Mon roi, l'exemple des rois,
Dont la grandeur nonpareille
Fait qu'on adore ses lois,
Accompagné d'un Génie,
Qui les volontés manie,
L'a su tellement presser
D'obéir et de se rendre,
Qu'il n'a pas eu pour le prendre
Loisir de le menacer.

Tel qu'à vagues épandues
Marche un fleuve impérieux,
De qui les neiges fondues

---

22. *Un lion.* La maison des seigneurs de la Marck, ducs de Bouillon, portait dans ses armes un *lion issant de gueules en chef.*

23. Var. (F, M, O) : Eussent fait....

Rendent le cours furieux ;
Rien n'est sûr en son rivage ; 45
Ce qu'il trouve il le ravage ;
Et traînant comme buissons
Les chênes et les racines,
Ote aux campagnes voisines
L'espérance des moissons. 50

Tel, et plus épouvantable,
S'en alloit ce conquérant,
A son pouvoir indomptable
Sa colère mesurant.
Son front avoit une audace 55
Telle que Mars en la Thrace ;
Et les éclairs de ses yeux
Étoient comme d'un tonnerre,
Qui gronde contre la terre,
Quand elle a fâché les cieux. 60

Quelle vaine résistance
A son puissant appareil,
N'eût porté la pénitence
Qui suit un mauvais conseil ?
Et vu sa faute bornée 65
D'une chute infortunée,
Comme la rébellion,
Dont la fameuse folie
Fit voir à la Thessalie
Olympe sur Pélion ? 70

Voyez comme en son courage,
Quand on se range au devoir,
La pitié calme l'orage
Que l'ire a fait émouvoir.

A peine fut réclamée 75
Sa douceur accoutumée,
Que d'un sentiment humain
Frappé non moins que de charmes,
Il fit la paix, et les armes
Lui tombèrent de la main. 80

Arrière, vaines chimères
De haines et de rancueurs;
Soupçons de choses amères,
Éloignez-vous de nos cœurs;
Loin, bien loin, tristes pensées, 85
Où nos misères passées
Nous avoient ensevelis;
Sous Henri, c'est ne voir goutte,
Que de révoquer en doute
Le salut des fleurs de lis. 90

O Roi, qui du rang des hommes
T'exceptes par ta bonté,
Roi, qui de l'âge où nous sommes
Tout le mal as surmonté;
Si tes labeurs, d'où la France 95
A tiré sa délivrance,
Sont écrits avecque foi,
Qui sera si ridicule
Qui ne confesse qu'Hercule
Fut moins Hercule que toi? 100

De combien de tragédies,

---

82. *Rancueurs*, rancunes.
99. Var. (K) :
    Qu'il ne confesse....

Sans ton assuré secours,
Étoient les trames ourdies
Pour ensanglanter nos jours?
Et qu'auroit fait l'innocence,
Si l'outrageuse licence,
De qui le souverain bien
Est d'opprimer et de nuire,
N'eût trouvé pour la détruire
Un bras fort comme le tien?

Mon roi, connois ta puissance,
Elle est capable de tout;
Tes desseins n'ont pas naissance
Qu'on en voit déjà le bout;
Et la fortune amoureuse
De la vertu généreuse
Trouve de si doux appas
A te servir et te plaire,
Que c'est la mettre en colère
Que de ne l'employer pas.

Use de sa bienveillance,
Et lui donne ce plaisir,
Qu'elle suive ta vaillance
A quelque nouveau desir;
Où que tes bannières aillent,
Quoi que tes armes assaillent,
Il n'est orgueil endurci,
Que brisé comme du verre,
A tes pieds elle n'atterre,
S'il n'implore ta merci.

116. Var. (F, K, M, O) : De ta vertu....

Je sais bien que les oracles
Prédisent tous qu'à ton fils
Sont réservés les miracles
De la prise de Memphis;
Et que c'est lui dont l'épée,   135
Au sang barbare trempée,
Quelque jour apparoissant
A la Grèce qui soupire,
Fera décroître l'empire
De l'infidèle Croissant.   140

Mais tandis que les années
Pas à pas font avancer
L'âge où de ses destinées
La gloire doit commencer,
Que fais-tu, que d'une armée,   145
A te venger animée,
Tu ne mets dans le tombeau
Ces voisins dont les pratiques
De nos rages domestiques
Ont allumé le flambeau?   150

Quoique les Alpes chenues
Les couvrent de toutes parts,
Et fassent monter aux nues
Leurs effroyables remparts;
Alors que de ton passage   155
On leur fera le message,
Qui verront-elles venir,
Envoyé sous tes auspices,

---

131. *Les oracles*. Allusion aux nombreux horoscopes faits et publiés à l'époque de la naissance du Dauphin.
148. *Ces voisins*. Le duc de Savoie.

Qu'aussitôt leurs précipices
Ne se laissent aplanir? 160

Crois-moi, contente l'envie
Qu'ont tant de jeunes guerriers
D'aller exposer leur vie
Pour t'acquérir des lauriers;
Et ne tiens point ocieuses 165
Ces âmes ambitieuses,
Qui jusques où le matin
Met les étoiles en fuite,
Oseront sous ta conduite
Aller querir du butin. 170

Déjà le Tessin tout morne
Consulte de se cacher,
Voulant garantir sa corne,
Que tu lui dois arracher;
Et le Pô, tombe certaine 175
De l'audace trop hautaine,
Tenant baissé le menton,
Dans sa caverne profonde
S'apprête à voir en son onde
Choir un autre Phaéton. 180

Va, monarque magnanime,
Souffre à ta juste douleur,
Qu'en leurs rives elle imprime

---

165. *Ocieuses*, oisives.
173. Les poëtes de l'antiquité ont en général représenté les dieux des fleuves avec une tête de taureau. *Corniger Hesperidum fluvius regnator aquarum*, dit Virgile (*Énéide*, VIII, 77), en parlant du Tibre.

Les marques de ta valeur.
L'astre dont la course ronde 185
Tous les jours voit tout le monde,
N'aura point achevé l'an,
Que tes conquêtes ne rasent
Tout le Piémont, et n'écrasent
La couleuvre de Milan. 190

Ce sera là que ma lyre,
Faisant son dernier effort,
Entreprendra de mieux dire
Qu'un cygne près de sa mort ;
Et se rendant favorable 195
Ton oreille incomparable,
Te forcera d'avouer,
Qu'en l'aise de la victoire
Rien n'est si doux que la gloire
De se voir si bien louer. 200

Il ne faut pas que tu penses
Trouver de l'éternité
En ces pompeuses dépenses
Qu'invente la vanité ;
Tous ces chefs-d'œuvres antiques 205
Ont à peine leurs reliques ;
Par les Muses seulement
L'homme est exempt de la Parque ;
Et ce qui porte leur marque

---

184. Il y a ici une faute dans les éditions de 1630 et de 1631 : *douleur*, comme deux vers plus haut, au lieu de *valeur*.

190. Le duché de Milan avait pour armes une couleuvre dévorant un enfant.

191-200. Comparez cette strophe avec le fragment cxxi.

Demeure éternellement. 210

Par elles traçant l'histoire
De tes faits laborieux,
Je défendrai ta mémoire
Du trépas injurieux ;
Et quelque assaut que te fasse 215
L'oubli par qui tout s'efface,
Ta louange dans mes vers,
D'amarante couronnée,
N'aura sa fin terminée
Qu'en celle de l'univers. 220

218. « *Couronner quelqu'un d'amarante*, est, dit Ménage, une façon de parler très-belle et très-poétique, pour dire *lui donner l'immortalité* ; l'amarante étant une fleur qui ne se flétrit point, comme le marque son nom, et qui pour cela est appelée l'*Immortelle.* »

XXII

CHANSON.

Composée avant le mois d'octobre 1606 et imprimée en 1607 dans le *Parnasse des plus excellents poëtes de ce temps*.

« J'ai ouï dire à M. de Racan, dit Ménage, que cette chanson fut faite dans la chambre de Mme de Bellegarde, par elle, par lui et par Malherbe, à l'imitation d'une chanson espagnole, dont le refrain étoit : *Bien puede ser, No puede ser;* et que Mme de Bellegarde y avoit beaucoup plus de part, ni que lui, ni que Malherbe. Ainsi cette pièce n'a point dû être mise parmi celles de Malherbe. Cependant, de son temps même, elle passoit pour être de Malherbe, comme il paroît par ces vers que Berthelot fit contre lui, au sujet de cette chanson. »

La pièce de Berthelot, composée de sept couplets très-mordants, se termine ainsi :

>   Être six ans à faire une ode,
>   Et faire des lois à sa mode,
>   Cela se peut facilement ;
>   Mais de nous charmer les oreilles
>   Par sa *merveille des merveilles,*
>   Cela ne se peut nullement.

Pour se venger, Malherbe, à ce que raconte encore Ménage, fit donner des coups de bâton à Berthelot par un gentilhomme de Caen nommé la Boulardière.

On lit dans le *Journal de l'Estoile*, à la date du 14 décembre 1606 : « Ce jour, M. Despinelle m'a donné le *Combat de l'Amour et du Repos*, vers de Malherbe, avec la réponse de Berthelot. » Il y a ici évidemment une erreur de l'Estoile ou de son éditeur. Le *Combat de l'Amour et du Repos* est une pièce de cent cinquante vers qui commence ainsi :

>   Cet enfant de qui les flammes
>   Brûlent les plus belles âmes
>   Et les courages les plus bas,
>   Un jour pensant voir sa mère,

POÉSIES, XXII.

Se vint rendre à ma commère,
Pour dormir entre ses bras.

Elle a été imprimée, sans nom d'auteur, dans le second volume du *Parnasse des plus excellents poëtes.* Rien ne permet de supposer qu'elle puisse être de Malherbe : le style appartient à un mauvais poëte de l'école de Ronsard, et de plus ce n'est nullement à ces vers que répondent les vers de Berthelot cités plus haut.

Qu'autres que vous soient desirées,
Qu'autres que vous soient adorées,
   Cela se peut facilement;
Mais qu'il soit des beautés pareilles
A vous, merveille des merveilles,   5
   Cela ne se peut nullement.

Que chacun sous telle puissance
Captive son obéissance,
   Cela se peut facilement;
Mais qu'il soit une amour si forte   10
Que celle-là que je vous porte,
   Cela ne se peut nullement.

Que le fâcheux nom de cruelles
Semble doux à beaucoup de belles,
   Cela se peut facilement;   15
Mais qu'en leur âme trouve place
Rien de si froid que votre glace,
   Cela ne se peut nullement.

Qu'autres que moi soient misérables
Par vos rigueurs inexorables,   20
   Cela se peut facilement;
Mais que la cause de leurs plaintes

---

7. Var. (G, M, O) : Que chacun sous votre puissance.

Porte de si vives atteintes,
  Cela ne se peut nullement.

Qu'on serve bien, lorsque l'on pense
En recevoir la récompense,
  Cela se peut facilement;
Mais qu'une autre foi que la mienne
N'espère rien et se maintienne,
  Cela ne se peut nullement.

Qu'à la fin la raison essaie
Quelque guérison à ma plaie,
  Cela se peut facilement;
Mais que d'un si digne servage
La remontrance me dégage,
  Cela ne se peut nullement.

Qu'en ma seule mort soient finies
Mes peines et vos tyrannies,
  Cela se peut facilement;
Mais que jamais par le martyre
De vous servir je me retire,
  Cela ne se peut nullement.

22, 23. Var. (G, M, O):
  Mais que de si vives atteintes
  Parte la cause de leurs plaintes.

Porte, substitué à *parte* dans l'édition de 1630 et dans les suivantes, pourrait bien être une faute d'impression.

25, 26. Var. *(ibid.)*:
  Qu'un amant flatté d'espérance
  Obstine sa persévérance.

34, 35. Var. (G, M, O):
  Mais que de si digne servage,
  Pour une autre je me dégage.

XXIII

STANCES.

Cette pièce parut en 1607, dans le même recueil que la précédente. Suivant Ménage, elle fut faite pour M. de Bellegarde, « au sujet d'une fille qui s'étoit imaginé que M. de Bellegarde l'aimoit. »

>Philis qui me voit le teint blême,
>Les sens ravis hors de moi-même,
>Et les yeux trempés tout le jour,
>Cherchant la cause de ma peine,
>Se figure, tant elle est vaine, 5
>Qu'elle m'a donné de l'amour.

>Je suis marri que la colère
>Me porte jusqu'à lui déplaire;
>Mais pourquoi ne m'est-il permis
>De lui dire qu'elle s'abuse, 10
>Puisqu'à ma honte elle s'accuse
>De ce qu'elle n'a point commis?

>En quelle école nonpareille
>Auroit-elle appris la merveille
>De si bien charmer ses appas, 15

6. Var. (G, I, K, M, etc.) : Qu'elle me donne....
8. Var. (ibid.) : M'emporte....
11, 12. Var. (ibid.) :
>Puisqu'à sa honte elle m'accuse
>De ce que je n'ai point commis.

Que je pusse la trouver belle,
Pâlir, transir, languir pour elle,
Et ne m'en apercevoir pas ?

Oh ! qu'il me seroit desirable
Que je ne fusse misérable
Que pour être dans sa prison !
Mon mal ne m'étonneroit guères,
Et les herbes le plus vulgaires
M'en donneroient la guérison.

Mais, ô rigoureuse aventure !
Un chef-d'œuvre de la nature,
Au lieu du monde le plus beau,
Tient ma liberté si bien close,
Que le mieux que je m'en propose
C'est d'en sortir par le tombeau.

Pauvre Philis malavisée,
Cessez de servir de risée,
Et souffrez que la vérité
Vous témoigne votre ignorance,
Afin que perdant l'espérance,
Vous perdiez la témérité.

C'est de Glycère que procèdent
Tous les ennuis qui me possèdent,

---

21. Dans l'édition de 1631 et dans certains exemplaires de l'édition de 1630, ce vers a une syllabe de moins par suite de l'élision :
   Que pour être en sa prison.
22. Var. (G, I, K, M, etc.) : Mes douleurs ne dureroient guères.
23. Var. (1631, etc.) : Et les herbes les plus vulgaires.
27. Var. (G, I, K, M, etc.) : En un lieu si fort et si beau.

Sans remède, et sans réconfort;
Glycère fait mes destinées, 40
Et comme il lui plaît mes années
Sont ou près ou loin de la mort.

C'est bien un courage de glace,
Où la pitié n'a point de place,
Et que rien ne peut émouvoir; 45
Mais quelque défaut que j'y blâme,
Je ne puis l'ôter de mon âme,
Non plus que vous y recevoir.

XXIV

AU ROI HENRI LE GRAND.

SONNET.

Une copie autographe de ce sonnet et du suivant existe à la Bibliothèque impériale, dans le tome I de la *Correspondance de Peiresc* (*suppl. fr.* n° 998). Le premier y est intitulé : *Sonnet pour Mess^re le Dauphin et d'Orléans*, et le second : *Sonnet au Roi sur la naissance de Monsieur d'Anjou*. Ils ont été imprimés pour la première fois, l'un en 1611 dans le *Temple d'Apollon*, l'autre en 1609 dans le *Nouveau Recueil des plus beaux vers de ce temps*. Comme il y est question du second fils du Roi, né le 16 avril 1607, et que Malherbe, dans une lettre adressée à Peiresc le 18 juillet de la même année, mentionne ces deux pièces, il en résulte qu'elles ont été composées entre les mois d'avril et de juillet. — L'Estoile, à la date du 17 août 1607, écrit dans son *Journal :* « M. du Pui m'a donné quatre sonnets nouveaux de Malherbe, qu'on trouve assez bien faits. » Les deux sonnets dont nous parlons étaient évidemment du nombre.

Je le connois, Destins, vous avez arrêté
Qu'aux deux fils de mon roi se partage la terre,
Et qu'après le trépas ce miracle de guerre
Soit encore effroyable en sa postérité.

Leur courage aussi grand que leur prospérité   5
Tous les forts orgueilleux brisera comme verre ;
Et qui de leurs combats attendra le tonnerre,
Aura le châtiment de sa témérité.

1. VAR. (manuscrit de Malherbe et L) : Destins, je le connois....
4. VAR. (*ibid.*) : Soit encore adorable....

Le cercle imaginé, qui de même intervalle
Du nord et du midi les distances égale, 10
De pareille grandeur bornera leur pouvoir.

Mais étant fils d'un père où tant de gloire abonde,
Pardonnez-moi, Destins, quoi qu'ils puissent avoir,
Vous ne leur donnez rien s'ils n'ont chacun un monde.

XXV

AU ROI HENRI LE GRAND.

SONNET.

Voyez la notice de la pièce précédente. Ce sonnet est un des cinq sonnets irréguliers composés par Malherbe; d'après la règle, les deux premiers quatrains devraient avoir les mêmes rimes.

Mon roi, s'il est ainsi que des choses futures
L'école d'Apollon apprend la vérité,
Quel ordre merveilleux de belles aventures
Va combler de lauriers votre postérité!

Que vos jeunes lions vont amasser de proie! 5
Soit qu'aux rives du Tage ils portent leurs combats,
Soit que de l'Orient mettant l'empire bas,
Ils veuillent rebâtir les murailles de Troie..

Ils seront malheureux seulement en un point;
C'est que si leur courage à leur fortune joint 10
Avoit assujetti l'un et l'autre hémisphère,

Votre gloire est si grande en la bouche de tous,
Que toujours on dira qu'ils ne pouvoient moins faire,
Puisqu'ils avoient l'honneur d'être sortis de vous.

5-8. Var. (manuscrit de Malherbe) :
    Que vos jeunes lions vont amasser de proies
    Sitôt qu'en l'âge mûr ils seront arrivés!
    Et que pour les combats qu'ils auront achevés
    La paternelle amour vous donnera de joies!

XXVI

POUR LE PREMIER BALLET
DE MONSEIGNEUR LE DAUPHIN.

AU ROI HENRI LE GRAND.

SONNET.

Saint-Marc et, après lui, les autres éditeurs de Malherbe ont eu tort d'assigner à ce sonnet (imprimé pour la première fois, je crois, dans l'édition de 1630) la date de 1610. Le Dauphin dansa, il est vrai, un ballet à la fin de février de cette année, mais ce n'était pas le premier, car, dans une lettre écrite par Malherbe à M. de Calas, le 6 mars 1608, je trouve le passage suivant : « La mort du comte de Montpensier a empêché M. le Dauphin de danser un ballet, combien qu'il fût venu exprès ici pour cela. Le Roi en eut le plaisir à Saint-Germain le soir du premier jeudi de carême, et certainement ceux qui y étoient présents disent que de bien grandes personnes eussent été fort empêchées de s'en acquitter si dignement. Les personnages du ballet étoient M. le Dauphin, Madame, M. le chevalier de Vendôme, Mademoiselle de Vendôme, M. et Mademoiselle de Verneuil et quatre ou cinq autres petits garçons de leur âge. » — C'est donc vers le mois de mars 1608 que fut composé le sonnet ci-dessous.

Voici de ton État la plus grande merveille,
Ce fils où ta vertu reluit si vivement ;
Approche-toi, mon prince, et vois le mouvement
Qu'en ce jeune Dauphin la musique réveille.

Qui témoigna jamais une si juste oreille   5
A remarquer des tons le divers changement ;
Qui jamais à les suivre eut tant de jugement,
Ou mesura ses pas d'une grâce pareille ?

Les esprits de la cour s'attachant par les yeux
A voir en cet objet un chef-d'œuvre des cieux,
Disent tous que la France est moins qu'il ne mérite ;

Mais moi que du futur Apollon avertit,
Je dis que sa grandeur n'aura point de limite,
Et que tout l'univers lui sera trop petit.

XXVII

A MONSIEUR LE GRAND ÉCUYER DE FRANCE.

ODE.

Roger de Saint-Lari, seigneur de Bellegarde, grand écuyer de France, créé duc et pair par Louis XIII en 1620. C'est à lui qu'en 1605 Henri IV confia Malherbe jusqu'à ce qu'il eût pourvu au sort du poëte. « M. de Bellegarde, dit Racan, lui donna sa table, un cheval et mille livres d'appointements. » L'ode de Malherbe parut en 1609 dans le *Nouveau Parnasse* et dans le *Nouveau Recueil des plus beaux vers de ce temps*, et nous avons conservé le titre qu'elle y porte et qui est préférable à celui de l'édition de 1630 : *A Monseigneur le duc de Bellegarde*, car Bellegarde n'était encore en 1609 que *Monsieur le grand écuyer*. Le texte des premières éditions diffère tellement de celui de l'édition de 1630, que nous le donnerons plus loin (p. 117) d'après le *Nouveau Recueil des plus beaux vers de ce temps*, édition de 1615.

A la fin c'est trop de silence
En si beau sujet de parler :
Le mérite qu'on veut celer
Souffre une injuste violence.
Bellegarde, unique support   5
Où mes vœux ont trouvé leur port,
Que tarde ma paresse ingrate,
Que déjà ton bruit nonpareil
Aux bords du Tage et de l'Euphrate

1, 2. Scarron a reproduit ces vers dans une ode à la duchesse d'Aiguillon, mais il a eu soin d'ajouter :

  Ces vers sont ici d'importance,
  J'ai fort bien fait de les voler.

N'a vu l'un et l'autre soleil ?

Les Muses hautaines et braves
Tiennent le flatter odieux,
Et comme parentes des Dieux
Ne parlent jamais en esclaves ;
Mais aussi ne sont-elles pas
De ces beautés dont les appas
Ne sont que rigueur et que glace,
Et de qui le cerveau léger,
Quelque service qu'on lui fasse,
Ne se peut jamais obliger.

La vertu, qui de leur étude
Est le fruit le plus précieux,
Sur tous les actes vicieux
Leur fait haïr l'ingratitude ;
Et les agréables chansons
Par qui les doctes nourrissons
Savent charmer les destinées,
Récompensent un bon accueil
De louanges que les années
Ne mettent point dans le cercueil.

Les tiennes par moi publiées,
Je le jure sur les autels,
En la mémoire des mortels
Ne seront jamais oubliées ;
Et l'éternité que promet
La montagne au double sommet,
N'est que mensonge et que fumée,
Ou je rendrai cet univers

20. *Obliger*, enchaîner, attacher par la reconnaissance, etc.

Amoureux de ta renommée,
Autant que tu l'es de mes vers.   40

Comme en cueillant une guirlande,
L'homme est d'autant plus travaillé,
Que le parterre est émaillé
D'une diversité plus grande ;
Tant de fleurs de tant de côtés   45
Faisant paroître en leurs beautés
L'artifice de la Nature,
Qu'il tient suspendu son desir,
Et ne sait en cette peinture
Ni que laisser, ni que choisir :   50

41-44. Encore des vers pillés par Scarron, qui n'a point oublié d'en avertir le lecteur :

>   Vous serez encore pillé,
>   Prince de la rime normande :
>   Comme en cueillant une guirlande
>   On a l'esprit fort travaillé,
>   Quand d'une diversité grande
>   Le jardin se trouve émaillé.

Au reste, Malherbe avait imité lui-même dans cette strophe les vers suivants de l'ode de du Bellai au prince de Melfe :

>   Mais comme errant par une prée,
>   De diverses fleurs diaprée,
>   La vierge souvent n'a loisir,
>   Parmi tant de beautés nouvelles,
>   De reconnoître les plus belles,
>   Et ne sait lesquelles choisir.
>
>   Ainsi confus de merveilles,
>   Pour tant de vertus pareilles
>   Qu'en toi reluire je voi,
>   Je perds toute connoissance,
>   Et pauvre par l'abondance
>   Ne sais que choisir en toi.

Ainsi quand, pressé de la honte
Dont me fait rougir mon devoir,
Je veux mon œuvre concevoir
Qui pour toi les âges surmonte,
Tu me tiens les sens enchantés　　　　55
De tant de rares qualités,
Où brille un excès de lumière,
Que plus je m'arrête à penser
Laquelle sera la première,
Moins je sais par où commencer.　　　　60

Si nommer en son parentage
Une longue suite d'aïeux
Que la gloire a mis dans les cieux,
Est réputé grand avantage,
De qui n'est-il point reconnu　　　　65
Que toujours les tiens ont tenu
Les charges les plus honorables,
Dont le mérite et la raison,
Quand les Destins sont favorables,
Parent une illustre maison?　　　　70

Qui ne sait de quelles tempêtes
Leur fatale main autrefois,
Portant la foudre de nos rois,
Des Alpes a battu les têtes?
Qui n'a vu dessous leurs combats　　　　75
Le Pô mettre les cornes bas?
Et les peuples de ses deux rives,
Dans la frayeur ensevelis,
Laisser leurs dépouilles captives
A la merci des fleurs de lis?　　　　80

71-80. Voyez dans Brantôme la vie du maréchal de Termes et

Mais de chercher aux sépultures
Des témoignages de valeur,
C'est à ceux qui n'ont rien du leur
Estimable aux races futures ;
Non pas à toi, qui revêtu 85
De tous les dons que la vertu
Peut recevoir de la Fortune,
Connois que c'est que du vrai bien,
Et ne veux pas, comme la lune,
Luire d'autre feu que du tien. 90

Quand le monstre infâme d'envie,
A qui rien de l'autrui ne plaît,
Tout lâche et perfide qu'il est,
Jette les yeux dessus ta vie,
Et te voit emporter le prix 95
Des grands cœurs et des beaux esprits
Dont aujourd'hui la France est pleine,
Est-il pas contraint d'avouer
Qu'il a lui-même de la peine
A s'empêcher de te louer ? 100

Soit que l'honneur de la carrière
T'appelle à monter à cheval,
Soit qu'il se présente un rival
Pour la lice ou pour la barrière,
Soit que tu donnes ton loisir 105

---

celle du maréchal de Bellegarde. Le premier contribua puissamment au gain de la bataille de Cérisoles, où il fut fait prisonnier

85-90. Voyez, comme contre-partie de ce panégyrique, l'historiette que Tallemant des Réaux a consacrée à Bellegarde.

101. *Carrière*. Ce mot se dit, suivant Nicot, « de la course et tirée d'un homme à cheval, soit qu'il joute, soit qu'il coure pour plaisir tant que la longueur d'une haleine ou lice se peut étendre. »

A prendre quelque autre plaisir,
Éloigné des molles délices;
Qui ne sait que toute la cour,
A regarder tes exercices,
Comme à des théâtres accourt? 110

Quand tu passas en Italie,
Où tu fus querir pour mon roi
Ce joyau d'honneur et de foi,
Dont l'Arne à la Seine s'allie;
Téthys ne suivit-elle pas 115
Ta bonne grâce et tes appas,
Comme un objet émerveillable,
Et jura qu'avecque Jason
Jamais argonaute semblable
N'alla conquérir la toison? 120

Tu menois le blond Hyménée,
Qui devoit solennellement
De ce fatal accouplement
Célébrer l'heureuse journée.
Jamais il ne fut si paré; 125
Jamais en son habit doré
Tant de richesses n'éclatèrent;
Toutefois les Nymphes du lieu,
Non sans apparence, doutèrent
Qui de vous deux étoit le Dieu. 130

De combien de pareilles marques,
Dont on ne me peut démentir,
Ai-je de quoi te garantir

---

114. *L'Arne*, l'Arno. Bellegarde avait été envoyé à Florence pour y chercher Marie de Médicis.

Contre les menaces des Parques?
Si ce n'est qu'un si long discours
A de trop pénibles détours;
Et qu'à bien dispenser les choses,
Il faut mêler pour un guerrier
A peu de myrte et peu de roses
Force palme et force laurier?

Achille étoit haut de corsage;
L'or éclatoit en ses cheveux;
Et les dames avecque vœux
Soupiroient après son visage;
Sa gloire à danser et chanter,
Tirer de l'arc, sauter, lutter,
A nulle autre n'étoit seconde;
Mais s'il n'eût rien eu de plus beau,
Son nom, qui vole par le monde,
Seroit-il pas dans le tombeau?

S'il n'eût par un bras homicide,
Dont rien ne repoussoit l'effort,
Sur Ilion vengé le tort
Qu'avoit reçu le jeune Atride;
De quelque adresse qu'au giron
Ou de Phénix, ou de Chiron,
Il eût fait son apprentissage,
Notre âge auroit-il aujourd'hui
Le mémorable témoignage
Que la Grèce a donné de lui?

C'est aux magnanimes exemples
Qui sous la bannière de Mars
Sont faits au milieu des hasards,
Qu'il appartient d'avoir des temples:

Et c'est avecque ces couleurs 165
Que l'histoire de nos malheurs
Marquera si bien ta mémoire,
Que tous les siècles à venir
N'auront point de nuit assez noire,
Pour en cacher le souvenir. 170

En ce long temps où les manies
D'un nombre infini de mutins,
Poussés de nos mauvais destins,
Ont assouvi leurs félonies,
Par quels faits d'armes valeureux, 175
Plus que nul autre aventureux,
N'as-tu mis ta gloire en estime?
Et déclaré ta passion,
Contre l'espoir illégitime
De la rebelle ambition? 180

Tel que d'un effort difficile
Un fleuve au travers de la mer,
Sans que son goût devienne amer,
Passe d'Élide en la Sicile;
Ses flots par moyens inconnus 185
En leur douceur entretenus
Aucun mélange ne reçoivent;
Et dans Syracuse arrivant
Sont trouvés de ceux qui les boivent
Aussi peu salés que devant : 190

Tel entre ces esprits tragiques,

181-190. Voltaire a imité cette comparaison dans les vers si connus de la *Henriade* :

    Belle Aréthuse, ainsi ton onde fortunée....

Ou plutôt démons insensés,
Qui de nos dommages passés
Tramoient les funestes pratiques,
Tu ne t'es jamais diverti   195
De suivre le juste parti;
Mais blâmant l'impure licence
De leurs déloyales humeurs,
As toujours aimé l'innocence,
Et pris plaisir aux bonnes mœurs.   200

Depuis que pour sauver sa terre,
Mon roi, le plus grand des humains,
Eut laissé partir de ses mains
Le premier trait de son tonnerre,
Jusqu'à la fin de ses exploits,   205
Que tout eut reconnu ses lois,
A-t-il jamais défait armée,
Pris ville, ni forcé rempart,
Où ta valeur accoutumée
N'ait eu la principale part?   210

Soit que près de Seine et de Loire
Il pavât les plaines de morts,
Soit que le Rhône outre ses bords
Lui vît faire éclater sa gloire,
Ne l'as-tu pas toujours suivi?   215
Ne l'as-tu pas toujours servi?
Et toujours par dignes ouvrages
Témoigné le mépris du sort
Que sait imprimer aux courages
Le soin de vivre après la mort?   220

195. *Diverti*, détourné.

Mais quoi? ma barque vagabonde
Est dans les Syrtes bien avant ;
Et le plaisir la décevant
Toujours l'emporte au gré de l'onde.
Bellegarde, les matelots 225
Jamais ne méprisent les flots,
Quelque phare qui leur éclaire ;
Je ferai mieux de relâcher,
Et borner le soin de te plaire,
Par la crainte de te fâcher. 230

L'unique but où mon attente
Croit avoir raison d'aspirer,
C'est que tu veuilles m'assurer
Que mon offrande te contente ;
Donne-m'en d'un clin de tes yeux 235
Un témoignage gracieux ;
Et si tu la trouves petite,
Ressouviens-toi qu'une action
Ne peut avoir peu de mérite,
Ayant beaucoup d'affection. 240

Ainsi de tant d'or et de soie
Ton âge dévide son cours,
Que tu reçoives tous les jours
Nouvelles matières de joie ;
Ainsi tes honneurs florissants, 245
De jour en jour aillent croissants,
Malgré la fortune contraire ;
Et ce qui les fait trébucher,
De toi ni de Termes ton frère

---

249. César-Auguste de Saint-Lari, baron de Termes, tué au siége de Clérac le 22 juillet 1621.

Ne puisse jamais approcher. 250

Quand la faveur à pleines voiles,
Toujours compagne de vos pas,
Vous feroit devant le trépas
Avoir le front dans les étoiles,
Et remplir de votre grandeur 255
Ce que la terre a de rondeur,
Sans être menteur, je puis dire
Que jamais vos prospérités
N'iront jusques où je desire,
Ni jusques où vous méritez. 260

A la fin c'est trop de silence
En si beau sujet de parler;
Le mérite qu'on veut celer
Souffre une injuste violence.
Bellegarde, unique support 5
Où mes vœux ont trouvé leur port,
Que tarde ma paresse ingrate,
Que déjà ton bruit nonpareil
Au bord du Tage et de l'Euphrate
N'a vu l'un et l'autre soleil? 10

Les Muses hautaines et braves
Tiennent le flatter odieux;
Et comme parentes des Dieux
Ne parlent jamais en esclaves:
Mais aussi ne sont-elles pas 15
De ces beautés dont les appas
Ne sont que rigueur et que glace,
Et de qui le cerveau léger,
Quelque service qu'on leur fasse,
Ne se peut jamais obliger. 20

La vertu, qui de leur étude
Est le fruit le plus précieux,
Sur tous les actes vicieux
Leur fait haïr l'ingratitude;
Et les agréables chansons   25
Par qui leurs doctes nourrissons
Savent charmer les destinées,
Récompensent un bon accueil
De louanges que les années
Ne mettent point dans le cercueil.   30

Les tiennes vivront, je le jure
Touchant de la main à l'autel,
Sans que jamais rien de mortel
Ait pouvoir de leur faire injure;
Et l'éternité que promet   35
La montagne au double sommet
N'est que mensonge et que fumée,
Ou je rendrai cet univers
Amoureux de ta renommée
Autant que tu l'es de mes vers.   40

Comme en cueillant une guirlande
On est d'autant plus travaillé
Que le parterre est émaillé
D'une diversité plus grande,
Tant de fleurs de tant de côtés   45
Faisant paroître en leurs beautés
L'artifice de la nature,
Que les yeux troublés de plaisir
Ne savent en cette peinture
Ni que laisser ni que choisir :   50

Ainsi quand pressé de la honte
Dont me fait rougir mon devoir,
Je veux une œuvre concevoir
Qui pour toi les âges surmonte.
Tu me tiens les sens enchantés   55
De tant de rares qualités
Où brille un excès de lumière,
Que plus je m'arrête à penser
Laquelle sera la première,
Moins je sais par où commencer.   60

Par combien de semblables marques
Dont on ne peut me démentir,
Ai-je de quoi te garantir
Contre les outrages des Parques ?
Mais des sujets beaucoup meilleurs
Me font tourner ma route ailleurs,
Et la bienséance des choses
M'avertit qu'il faut qu'un guerrier
En sa couronne ait peu de roses
Avecque beaucoup de laurier.

Achille étoit haut de corsage,
L'or éclatoit en ses cheveux,
Et les femmes avec des vœux
Soupiroient après son visage ;
Sa gloire à danser et chanter,
Tirer de l'arc, sauter, lutter,
A nulle autre n'étoit seconde ;
Mais s'il n'eût rien eu de plus beau,
Son nom qui vole par le monde
Fût-il pas clos dans le tombeau ?

C'est aux magnanimes exemples
Qui dessus la scène de Mars
Sont faits au milieu des hasards,
Qu'il appartient d'avoir des temples ;
Et c'est là que je veux trouver
De quoi si dignement graver
Les monuments de ta mémoire,
Que tous les siècles à venir
N'auront point de nuit assez noire
Pour en cacher le souvenir.

En ce long temps où les manies
D'un nombre infini de mutins
Poussés de nos mauvais destins
Ont assouvi leurs tyrannies,
Qui se peut vanter comme toi
D'avoir toujours gardé sa foi
Hors de soupçon comme de crime ?
Et d'une forte passion
Haï l'espoir illégitime
De la rebelle ambition ?

Tel que d'un effort difficile
Un fleuve par-dessous la mer,
Sans que son flot devienne amer,
Passe de Grèce en la Sicile;
Il ne sait lui-même comment 105
Il peut couler si nettement,
Et sa fugitive Aréthuse,
Coutumière à le mépriser,
De ce miracle est si confuse
Qu'elle s'accorde à le baiser: 110

Tel entre ces esprits tragiques,
Ou plutôt démons insensés,
Qui de nos dommages passés
Tramoient les funestes pratiques,
Tu ne t'es jamais diverti 115
De suivre le juste parti,
Mais blâmant l'impure licence
De nos déloyales humeurs,
As toujours aimé l'innocence
Et pris plaisir aux bonnes mœurs. 120

Si nommer en son parentage
Une longue suite d'aïeux
Que la gloire a mis dans les cieux,
Est réputé grand avantage,
A qui peut-il être inconnu 125
Que toujours les tiens ont tenu
Les charges les plus honorables
Qu'espèrent avecque raison
Sous des monarques favorables
Ceux qui sont d'illustre maison? 130

Qui ne sait de quelles tempêtes
Leur fatale main autrefois,
Portant la foudre de nos rois,
Des Alpes a battu les têtes?
Qui n'a vu dessous les combats 135
Le Pô mettre ses cornes bas?
Et les peuples de ses deux rives
Dans la frayeur ensevelis,
Laisser leurs dépouilles captives
A la merci des fleurs de lis? 140

Mais de chercher aux sépultures
Des témoignages de valeur,
C'est à ceux qui n'ont rien du leur
Estimable aux races futures,
Non pas à toi qui revêtu 145
De tous les dons que la vertu
Peut recevoir de la Fortune,
Connois ce qui vraiment est bien,
Et ne veux pas, comme la lune,
Luire d'autre feu que du tien. 150

Quand le monstre infâme d'envie,
A qui rien de l'autrui ne plaît,
Tout lâche et perfide qu'il est,
Jette les yeux dessus ta vie,
Et voit qu'on te donne le prix 155
Des beaux cœurs et des beaux esprits
Dont aujourd'hui la France est pleine,
N'est-il pas contraint d'avouer
Qu'il a lui-même de la peine
A s'empêcher de te louer? 160

De quelle adresse incomparable
Ce que tu fais n'est-il réglé?
Qui ne voit s'il n'est aveuglé
Que ton discours est admirable?
Et les charmes de tes bontés 165
N'ont-ils pas sur les volontés
Une si parfaite puissance,
Qu'une âme ne peut éviter
D'être sous ton obéissance,
Quand tu l'en veux solliciter? 170

Soit que l'honneur de la carrière
T'appelle à monter à cheval,
Soit qu'il se présente un rival
Pour la lice ou pour la barrière,
Soit que tu donnes ton loisir 175
A faire en quelque autre plaisir
Luire tes grâces nonpareilles,
Voit-on pas que toute la cour
Aux spectacles de tes merveilles
Comme à des théâtres accourt? 180

Quand il a fallu par les armes
Venir à l'essai glorieux
De réduire ces furieux
Aveuglés d'appas et de charmes,
Qui plus heureusement a mis 185
La honte au front des ennemis?
Et par de plus dignes ouvrages
Témoigné le mépris du sort,
Dont sollicite les courages
Le soin de vivre après la mort? 190

Dreux sait bien avec quelle audace
Il vit au haut de ses remparts
Ton glaive craint de toutes parts
Se faire abandonner la place,
Et sait bien que les assiégés 195
En péril extrême rangés
Tenoient déjà leur perte sûre,
Quand demi-mort, par le défaut
Du sang versé d'une blessure,
Tu fus remporté de l'assaut. 200

La défense victorieuse
D'un petit nombre de maisons,
Qu'à peine avoit clos de gazons
Une hâte peu curieuse;
Un camp venant pour te forcer, 205
Abattu sans se redresser,
Et le repos d'une province
Par un même effet rétabli,
Au gré des sujets et du Prince,
Sont-ce choses dignes d'oubli? 210

Sous la canicule enflammée
Les blés ne sont point aux sillons
Si nombreux que les bataillons
Qui fourmilloient en cette armée,
Et si la fureur des Titans 215
Par de semblables combattants
Eût présenté son escalade,
Le ciel avoit de quoi douter
Qu'il n'eût vu régner Encelade
En la place de Jupiter. 220

Qui vers l'épaisseur d'un bocage
A vu se retirer des loups
Qu'un berger de cris et de coups
A repoussés de son herbage,
Il a vu ces désespérés 225
Par ta gloire déshonorés
S'en revenir en leur tranchée,
Et ne rester de leurs efforts
Que toute la terre jonchée
De leurs blessés et de leurs morts. 230

La paix qui neuf ans retirée,
Faisoit la sourde à nous ouïr,
A la fin nous laissa jouir
De sa présence desirée.
Au lieu du soin et des ennuis 235
Par qui nos jours sembloient des nuits,
L'âge d'or revint sur la terre,
Les délices eurent leur tour,
Et mon roi lassé de la guerre
Mit son temps à faire l'amour. 240

Le nom de sa chaste Marie
Le travailloit d'une langueur
Qu'il pensoit que pour sa longueur
Jamais il ne verroit guérie,
Et bien que des succès heureux 245
De ses combats aventureux
Toute l'Europe sût l'histoire,
Il croyoit en sa royauté
N'avoir rien, s'il n'avoit la gloire
De posséder cette beauté. 250

Elle auparavant invincible
Et plus dure qu'un diamant,
S'apercevoit que cet amant
La faisoit devenir sensible.
Les doutes que les femmes font 255
Et la conduite qu'elles ont
Plus discrète et plus retenue,
Contre sa flamme combattant,
Faisoit qu'elle étoit moins connue,
Mais elle étoit grande pourtant. 260

En l'heureux sein de la Toscane,
Diane aux ombres de ses bois
La nourrissoit dessous ses lois,
Qui n'enseignent rien de profane.
Tandis le temps faisoit mûrir 265
Le dessein de l'aller querir,
Et ne restoit plus que d'élire
Celui qui seroit le Jason
Digne de faire à cet empire
Voir une si belle toison. 270

Tu vainquis en cette dispute,
Aussi plein d'aise dans le cœur
Qu'à Pise jadis un vainqueur
Ou de la course ou de la lutte;
Et parus sur les poursuivants 275
Dont les vœux trop haut s'élevants
Te donnoient de la jalousie,
Comme dessus des arbrisseaux
Un de ces pins de Silésie
Qui font les mâts de nos vaisseaux. 280

Quelle prudence inestimable
Ne fis-tu remarquer alors?
Quels ornements d'âme et de corps
Ne te firent trouver aimable?
Téthys, que ta grâce ravit, 285
Pleine de flamme te suivit
Autant que dura ton passage,
Et l'Arno cessa de couler,
Plein de honte qu'en son rivage
Il n'avoit de quoi t'égaler. 290

Tu menois le blond Hyménée,
Qui devoit solennellement
De ce fatal accouplement
Célébrer l'heureuse journée.
Jamais il ne fut si paré, 295
Jamais en son habit doré
Tant de richesses n'éclatèrent;
Toutefois les Nymphes du lieu
Non sans apparence doutèrent
Qui de vous deux étoit le Dieu. 300

Mais quoi? ma barque vagabonde
Est dans les Syrtes bien avant ;
Et le plaisir la décevant
Toujours la pousse au gré de l'onde.
Bellegarde, les matelots 305
Jamais ne méprisent les flots,
Quelque phare qui leur éclaire ;
Je ferai mieux de relâcher,
Et borner le soin de te plaire
Par la crainte de te fâcher. 310

Toute la gloire où mon attente
Croit avoir raison d'aspirer,
C'est qu'il te plaise m'assurer
Que mon offrande te contente.
Donne-m'en d'un clin de tes yeux 315
Un témoignage gracieux,
Et si tu la trouves petite,
Considère qu'une action
Ne peut avoir peu de mérite
Ayant beaucoup d'affection. 320

Ainsi toujours d'or et de soie
Ton âge dévide son cours ;
Ainsi te naissent tous les jours
Nouvelles matières de joie,
Et les foudres accoutumés 325
De tous les traits envenimés
Que par la fortune contraire
L'ire du ciel fait décocher,
De toi, ni de Termes ton frère,
Ne puissent jamais approcher. 330

Quand la faveur à pleines voiles,
Toujours compagne de vos pas,
Vous feroit devant le trépas
Avoir le front dans les étoiles,
Et remplir de votre grandeur 335
Ce que la terre a de rondeur,
Sans être menteur je puis dire
Que jamais vos prospérités
N'iront jusques où je desire,
Ni jusques où vous méritez. 340

XXVIII

A MONSIEUR DE FLEURANCE, SUR SON ART D'EMBELLIR.

SONNET.

Cette pièce se trouve en tête du livre intitulé : *l'Art d'embellir, tiré du sens de ce sacré Paradoxe :* La sagesse de la personne embellit sa face, *étendu en toute sorte de Beauté et ès moyens de faire que le corps retire en effet son embellissement des belles qualités de l'Ame.* Par le sieur de Flurance Rivault. A Paris, chez Julien Bertaut, 1608. — David de Rivault, sieur de Flurance, né à Laval ou dans les environs, vers 1571, mort à Tours au mois de janvier 1616, fut successivement sous-précepteur, lecteur aux mathématiques, puis précepteur de Louis XIII, et conseiller d'État. Le plus connu de ses ouvrages a pour titre : *les Élémens d'artillerie*, 2ᵉ édition, 1608, in-8.

Caliste est la vicomtesse d'Auchy, dont nous allons parler à la page 128.

Le sonnet est irrégulier (voyez la notice de la pièce xxv).

Voyant ma Caliste si belle,
Que l'on n'y peut rien desirer,
Je ne me pouvois figurer
Que ce fût chose naturelle.

J'ignorois que ce pouvoit être   5
Qui lui coloroit ce beau teint,
Où l'Aurore même n'atteint
Quand elle commence de naître.

2. Var. (*Art d'embellir*) :
    Que rien ne s'y peut desirer.
5, 6. Voyez la notice de la pièce xxix.

Mais, Fleurance, ton docte écrit
M'ayant fait voir qu'un bel esprit   10
Est la cause d'un beau visage;

Ce ne m'est plus de nouveauté,
Puisqu'elle est parfaitement sage,
Qu'elle soit parfaite en beauté.

10. VAR. (*Art d'embellir*) :
  M'ayant fait voir qu'un sage esprit.

XXIX

SONNET.

La belle dont Malherbe déplore le départ est Charlotte Jouvenel des Ursins, mariée à Eustache de Conflans, vicomte d'Auchy (ou Ochy), chevalier des ordres du Roi. Les généalogistes le font mourir en juin 1628. Si cette date est exacte, elle réfute complétement le récit de Tallemant (*Historiette de la vicomtesse d'Auchy*), suivant lequel le vicomte, tant qu'il vécut, tint prudemment sa femme à la campagne. Quoi qu'il en soit, une fois arrivée à Paris (elle y était avant 1609), elle se forma une petite cour de poëtes et de savants, et se rendit ridicule par ses prétentions littéraires et même théologiques, car, en 1631, elle fit paraître sous son nom des *Homélies sur l'Épître de saint Paul aux Hébreux*. Malherbe, Lingendes, Malleville ont à l'envi célébré ses attraits, mais il ne semble pas qu'elle en ait été plus séduisante. « Elle n'avoit rien de beau, dit Tallemant, que la gorge et le tour du visage. Elle avoit un teint de malade, et ses yeux furent toujours les moins brillants et les moins clairvoyants du monde. » Elle mourut le 3 janvier 1646, assez âgée, on peut le croire, sans avoir besoin de s'en rapporter à Berthelot, qui écrivait d'elle :

> Ses enfants pleins de vie,
>   Devant Pavie,
> N'étoient déjà plus mineurs.

Outre les vers que Malherbe a composés en son honneur, il lui a adressé un certain nombre de lettres publiées pour la première fois dans l'édition de 1630.

Le sonnet ci-dessous a été, ainsi que les huit pièces suivantes, inséré dans le *Nouveau Recueil des plus beaux vers de ce temps*, qui est précisément dédié « à très-illustre et vertueuse dame Charlotte des Ursins, vicomtesse d'Ochi. » Ce volume, publié à Paris en 1609, a été réimprimé sous le même titre, à Lyon, par Barthélemy Ancelin, 1615, in-12.

Quel astre malheureux ma fortune a bâtie ?
A quelles dures lois m'a le ciel attaché,
Que l'extrême regret ne m'ait point empêché
De me laisser résoudre à cette départie ?

Quelle sorte d'ennuis fut jamais ressentie
Égale au déplaisir dont j'ai l'esprit touché ?
Qui jamais vit coupable expier son péché
D'une douleur si forte, et si peu divertie ?

On doute en quelle part est le funeste lieu
Que réserve aux damnés la justice de Dieu,
Et de beaucoup d'avis la dispute en est pleine ;

Mais sans être savant, et sans philosopher,
Amour en soit loué, je n'en suis point en peine :
Où Caliste n'est point, c'est là qu'est mon enfer.

4. *Départie*, départ.
5-8. Les vers de ce quatrain sont ainsi rangés dans l'édition de 1630 :

> Quelle sorte d'ennuis fut jamais ressentie
> Égale au déplaisir dont j'ai l'esprit touché ?
> D'une douleur si forte, et si peu divertie,
> Qui jamais vit coupable expier son péché ?

Nous avons suivi la disposition des Recueils, et séparé la seconde rime masculine du quatrain de celle qui termine le premier vers du tercet.

XXX

STANCES.

Imprimées en 1609 avec le titre de *chanson* dans le *Nouveau Parnasse* et dans le *Nouveau recueil des plus beaux vers de ce temps.* « M. de Racan, dit Ménage, croit que Malherbe fit ces stances pour lui-même. » Elles sont adressées à la vicomtesse d'Auchy.

> Laisse-moi, raison importune,
> Cesse d'affliger mon repos,
> En me faisant mal à propos
> Désespérer de ma fortune ;
> Tu perds temps de me secourir,   5
> Puisque je ne veux point guérir.
>
> Si l'Amour en tout son empire,
> Au jugement des beaux esprits,
> N'a rien qui ne quitte le prix
> A celle pour qui je soupire,   10
> D'où vient que tu me veux ravir
> L'aise que j'ai de la servir ?
>
> A quelles roses ne fait honte
> De son teint la vive fraîcheur ?
> Quelle neige a tant de blancheur   15
> Que sa gorge ne la surmonte ?
> Et quelle flamme luit aux cieux
> Claire et nette comme ses yeux ?

13-18. Voyez plus haut la notice de la pièce XXIX.

Soit que de ses douces merveilles
Sa parole enchante les sens, 20
Soit que sa voix de ses accents
Frappe les cœurs par les oreilles,
A qui ne fait-elle avouer
Qu'on ne la peut assez louer ?

Tout ce que d'elle on me peut dire, 25
C'est que son trop chaste penser,
Ingrat à me récompenser,
Se moquera de mon martyre :
Supplice qui jamais ne faut
Aux desirs qui volent trop haut. 30

Je l'accorde, il est véritable :
Je devois bien moins desirer ;
Mais mon humeur est d'aspirer
Où la gloire est indubitable.
Les dangers me sont des appas ; 35
Un bien sans mal ne me plaît pas.

Je me rends donc sans résistance
A la merci d'elle et du sort ;
Aussi bien par la seule mort
Se doit faire la pénitence 40
D'avoir osé délibérer
Si je la devois adorer.

30. Var. (K) : A celui qui vole trop haut.

XXXI

SONNET.

Imprimé en 1609 dans le *Nouveau recueil des plus beaux vers de ce temps*.

Berthelot, qui détestait Malherbe et la vicomtesse d'Auchy, a fait de ce sonnet une parodie, dont voici quelques vers :

De toutes les laideurs Francine est la plus laide....
. . . .

La cire de ses yeux éblouit les regards ;
Ainsi que dans le miel Amour y tient ses dards,
Dont il la perce à jour comme l'on fait un crible.

Mes yeux en la voyant font un mauvais repas :
Qu'en dis-tu, ma raison ? crois-tu qu'il soit possible
D'avoir du jugement et ne l'abhorrer pas ?

Il n'est rien de si beau comme Caliste est belle,
C'est une œuvre où nature a fait tous ses efforts ;
Et notre âge est ingrat qui voit tant de trésors,
S'il n'élève à sa gloire une marque éternelle.

La clarté de son teint n'est pas chose mortelle ; 5
Le baume est dans sa bouche, et les roses dehors ;
Sa parole et sa voix ressuscitent les morts,
Et l'art n'égale point sa douceur naturelle.

La blancheur de sa gorge éblouit les regards ;
Amour est en ses yeux, il y trempe ses dards, 10

10. A propos de ce vers, Mme de Rambouillet disait, suivant Tallemant (*Historiette de la vicomtesse d'Auchy*), que Malherbe avait

Et la fait reconnoître un miracle visible.

En ce nombre infini de grâces et d'appas,
Qu'en dis-tu, ma raison? crois-tu qu'il soit possible
D'avoir du jugement, et ne l'adorer pas?

raison, car les yeux de la vicomtesse pleuraient presque toujours et « l'Amour pouvoit trouver de quoi tremper ses dards tout à son aise. »

XXXII

STANCES.

Publiées en 1609 avec le titre de *chanson* dans le *Nouveau recueil des plus beaux vers de ce temps.*

« M. de Racan, dit Ménage, croit que ces stances ont été faites par Malherbe pour la vicomtesse d'Auchi.... Mais Mme la marquise de Rambouillet m'a assuré qu'il les avoit faites pour une certaine Mme la comtesse de la Roche, au nom de laquelle il avoit visé en cet endroit de ces mêmes stances :

> Avec quelle raison me puis-je figurer
> Que cette âme de roche une grâce m'octroie?

Parmi les lettres de Théophile il y en a une à cette Mme la comtesse de la Roche. » C'est probablement la même dont Malherbe parle dans une lettre à Peiresc du 5 avril 1611, et qui à cette date était depuis trois jours à l'agonie.

Le dernier de mes jours est dessus l'horizon ;
Celle dont mes ennuis avoient leur guérison
S'en va porter ailleurs ses appas et ses charmes ;
Je fais ce que je puis, l'en pensant divertir ;
Mais tout m'est inutile, et semble que mes larmes
Excitent sa rigueur à la faire partir.

Beaux yeux, à qui le ciel, et mon consentement,
Pour me combler de gloire, ont donné justement
Dessus mes volontés un empire suprême,
Que ce coup m'est sensible; et que tout à loisir
Je vais bien éprouver qu'un déplaisir extrême
Est toujours à la fin d'un extrême plaisir.

Quel tragique succès ne dois-je redouter

Du funeste voyage où vous m'allez ôter
Pour un terme si long tant d'aimables délices, 15
Puisque votre présence étant mon élément,
Je pense être aux enfers, et souffrir leurs supplices,
Lorsque je m'en sépare une heure seulement!

Au moins si je voyois cette fière beauté
Préparant son départ cacher sa cruauté 20
Dessous quelque tristesse, ou feinte, ou véritable;
L'espoir, qui volontiers accompagne l'amour,
Soulageant ma langueur, la rendroit supportable,
Et me consoleroit jusques à son retour.

Mais quel aveuglement me le fait desirer? 25
Avec quelle raison me puis-je figurer
Que cette âme de roche une grâce m'octroie?
Et qu'ayant fait dessein de ruiner ma foi,
Son humeur se dispose à vouloir que je croie
Qu'elle a compassion de s'éloigner de moi? 30

Puis étant son mérite infini comme il est,
Dois-je pas me résoudre à tout ce qui lui plaît,
Quelques lois qu'elle fasse, et quoi qu'il m'en advienne,
Sans faire cette injure à mon affection
D'appeler sa douleur au secours de la mienne, 35
Et chercher mon repos en son affliction?

Non, non, qu'elle s'en aille à son contentement,
Ou dure ou pitoyable, il n'importe comment;
Je n'ai point d'autre vœu que ce qu'elle souhaite;
Et quand de mes souhaits je n'aurois jamais rien, 40
Le sort en est jeté, l'entreprise en est faite,

40. Var. (H, K, N) : Et quand de mes travaux....

Je ne saurois brûler d'autre feu que du sien.

Je ne ressemble point à ces foibles esprits,
Qui bientôt délivrés, comme ils sont bientôt pris,
En leur fidélité n'ont rien que du langage;
Toute sorte d'objets les touche également;
Quant à moi, je dispute avant que je m'engage,
Mais quand je l'ai promis, j'aime éternellement.

48. « J'ai appris de M. de Racan, dit encore Ménage, que cette stance et celle qui commence par *Voilà comme je vis, voilà ce que j'endure*, qui est de la plainte d'Alcandre pour la captivité de sa maîtresse (voyez p. 160), étoient les deux de toutes les poésies de Malherbe que Malherbe estimoit davantage. » — On sait que, quand il s'agit de leurs œuvres, les auteurs et les artistes sont loin d'être des juges infaillibles.

XXXIII

SONNET.

Imprimé, comme les pièces précédentes, dans le recueil de 1609, et adressé à la vicomtesse d'Auchy.

Beauté, de qui la grâce étonne la nature,
Il faut donc que je cède à l'injure du sort,
Que je vous abandonne, et loin de votre port
M'en aille au gré du vent suivre mon aventure.

Il n'est ennui si grand que celui que j'endure ; 5
Et la seule raison qui m'empêche la mort,
C'est la doute que j'ai que ce dernier effort
Ne fût mal employé pour une âme si dure.

Caliste, où pensez-vous ? qu'avez-vous entrepris ?
Vous résoudrez-vous point à borner ce mépris, 10
Qui de ma patience indignement se joue ?

Mais, ô de mon erreur l'étrange nouveauté !
Je vous souhaite douce, et toutefois j'avoue
Que je dois mon salut à votre cruauté.

XXXIV

SONNET.

Imprimé dans le même recueil de 1609, avec le titre de *chanson*. Il n'est guère besoin de dire qu'ici, comme dans la pièce suivante, il s'agit de Fontainebleau, dont le château et les jardins durent de nombreux embellissements à Henri IV, qui y fit travailler dès l'année 1593.

Beaux et grands bâtiments d'éternelle structure,
Superbes de matière, et d'ouvrages divers,
Où le plus digne roi qui soit en l'univers
Aux miracles de l'art fait céder la nature ;

Beau parc, et beaux jardins, qui dans votre clôture   5
Avez toujours des fleurs, et des ombrages verts,
Non sans quelque Démon qui défend aux hivers
D'en effacer jamais l'agréable peinture ;

Lieux qui donnez aux cœurs tant d'aimables desirs,
Bois, fontaines, canaux, si parmi vos plaisirs   10
Mon humeur est chagrine, et mon visage triste,

Ce n'est point qu'en effet vous n'ayez des appas ;
Mais quoi que vous ayez, vous n'avez point Caliste,
Et moi je ne vois rien quand je ne la vois pas.

12. Var. (K) : Ce n'est pas....

XXXV

SONNET.

Cette pièce fait pour ainsi dire suite à la précédente et a été imprimée en 1609 dans le même recueil.

Caliste, en cet exil j'ai l'âme si génée
Qu'au tourment que je souffre il n'est rien de pareil;
Et ne saurois ouïr ni raison ni conseil,
Tant je suis dépité contre ma destinée.

J'ai beau voir commencer et finir la journée, 5
En quelque part des cieux que luise le soleil,
Si le plaisir me fuit, aussi fait le sommeil,
Et la douleur que j'ai n'est jamais terminée.

Toute la cour fait cas du séjour où je suis,
Et pour y prendre goût, je fais ce que je puis; 10
Mais j'y deviens plus sec, plus j'y vois de verdure.

En ce piteux état si j'ai du réconfort,
C'est, ô rare beauté, que vous êtes si dure,
Qu'autant près comme loin je n'attends que la mort.

9. Var. (K) : Tout le monde fait cas....

XXXVI

SONNET.

Imprimé dans le recueil de 1609.

C'est fait, belle Caliste, il n'y faut plus penser;
Il se faut affranchir des lois de votre empire;
Leur rigueur me dégoûte, et fait que je soupire
Que ce qui s'est passé n'est à recommencer.

Plus en vous adorant je me pense avancer,
Plus votre cruauté, qui toujours devient pire,
Me défend d'arriver au bonheur où j'aspire,
Comme si vous servir étoit vous offenser.

Adieu donc, ô beauté, des beautés la merveille;
Il faut qu'à l'avenir ma raison me conseille,
Et dispose mon âme à se laisser guérir.

Vous m'étiez un trésor aussi cher que la vie ;
Mais puisque votre amour ne se peut acquérir,
Comme j'en perds l'espoir, j'en veux perdre l'envie.

2, 3. VAR. (K) :
> La fâcheuse rigueur des lois de votre empire
> Étonne mon courage et fait que je soupire.

Dans N et P ce dernier vers commence ainsi :
> M'étonne le courage....

XXXVII

STANCES.

« J'ai appris de M. de Racan, dit Ménage, que Malherbe fit ces stances pour la vicomtesse d'Auchi, mais qu'elles servirent à M. de Bellegarde pour la princesse de Conti. » Elles furent imprimées dans les deux recueils H et K, de 1609, avec le titre de *chanson*.

    Dure contrainte de partir,
    A quoi je ne puis consentir,
    Et dont je ne m'ose défendre,
    Que ta rigueur a de pouvoir !
    Et que tu me fais bien apprendre
    Quel tyran c'est que le devoir !

    J'aurai donc nommé ces beaux yeux
    Tant de fois mes rois et mes dieux,
    Pour aujourd'hui n'en tenir compte ?
    Et permettre qu'à l'avenir
    On leur impute cette honte
    De ne m'avoir su retenir ?

    Ils auront donc ce déplaisir,
    Que je meure après un desir,
    Où la vanité me convie ?
    Et qu'ayant juré si souvent
    D'être auprès d'eux toute ma vie,
    Mes serments s'en aillent au vent ?

12. Var. (N) : De n'avoir su me retenir.

Vraiment je puis bien avouer
Que j'avois tort de me louer 20
Par-dessus le reste des hommes;
Je n'ai point d'autre qualité
Que celle du siècle où nous sommes,
La fraude, et l'infidélité.

Mais à quoi tendent ces discours, 25
O beauté qui de mes amours
Êtes le port et le naufrage?
Ce que je dis contre ma foi,
N'est-ce pas un vrai témoignage
Que je suis déjà hors de moi? 30

Votre esprit, de qui la beauté
Dans la plus sombre obscurité
Se fait une insensible voie,
Ne vous laisse pas ignorer
Que c'est le comble de ma joie 35
Que l'honneur de vous adorer.

Mais pourrois-je n'obéir pas
Au Destin, de qui le compas
Marque à chacun son aventure,
Puisqu'en leur propre adversité 40
Les Dieux tout-puissants de nature
Cèdent à la nécessité?

Pour le moins j'ai ce réconfort,
Que les derniers traits de la mort
Sont peints en mon visage blême, 45
Et font voir assez clair à tous,

46. Var. (N) : Qui font voir....

Que c'est m'arracher à moi-même
Que de me séparer de vous.

Un lâche espoir de revenir
Tâche en vain de m'entretenir ;
Ce qu'il me propose m'irrite ;
Et mes vœux n'auront point de lieu,
Si par le trépas je n'évite
La douleur de vous dire adieu.

XXXVIII

POUR METTRE DEVANT LES HEURES DE CALISTE.

Bien que j'ignore au juste la date de cette épigramme et de la suivante, imprimées en 1615 dans les *Délices de la poésie françoise*, j'ai cru pouvoir les placer immédiatement à la suite des pièces précédentes, car il me semble qu'elles ont dû être composées vers la même époque.

> Tant que vous serez sans amour,
> Caliste, priez nuit et jour,
> Vous n'aurez point miséricorde;
> Ce n'est pas que Dieu ne soit doux;
> Mais pensez-vous qu'il vous accorde 5
> Ce qu'on ne peut avoir de vous?

XXXIX

AUTRE SUR LE MÊME SUJET.

> Prier Dieu qu'il vous soit propice,
> Tant que vous me tourmenterez,
> C'est le prier d'une injustice;
> Faites-moi grâce, et vous l'aurez.

XL

SONNET.

Saint-Marc, qui le premier a joint ces vers aux œuvres de Malherbe, conjecture qu'ils furent écrits au sujet d'un violent accès de goutte dont le Roi fut atteint le 16 janvier 1609, et qui le retint plus de quinze jours au lit. Ils pourraient néanmoins avoir été composés en 1607, car au mois de juin de cette année « le Roi, dit l'Estoile, fut tellement travaillé de ses gouttes et si péniblement qu'il en changea de visage et de naturel. » — Ils furent imprimés dans les différentes éditions des *Délices de la poésie françoise* (1615, 1620, 1621).

Quoi donc! c'est un arrêt qui n'épargne personne,
Que rien n'est ici-bas heureux parfaitement,
Et qu'on ne peut au monde avoir contentement
Qu'un funeste malheur aussitôt n'empoisonne!

La santé de mon prince en la guerre étoit bonne;   5
Il vivoit aux combats comme en son élément.
Depuis que dans la paix il règne absolument,
Tous les jours la douleur quelque atteinte lui donne.

Dieux, à qui nous devons ce miracle des rois,
Qui du bruit de sa gloire, et de ses justes lois   10
Invite à l'adorer tous les yeux de la terre;

Puisque seul après vous il est notre soutien,
Quelques malheureux fruits que produise la guerre,
N'ayons jamais la paix, et qu'il se porte bien.

XLI

BALLET DE LA REINE.

Suivant Bassompierre, le ballet de la Reine se dansa le premier dimanche de carême 1609, « et fut le plus beau et le dernier aussi de tous ceux qu'elle a dansés. » Il est possible que le ballet ait été exécuté à la date que donne Bassompierre, dont les souvenirs d'ailleurs ont bien pu le tromper; mais il est certain que ce ne fut pas pour la première fois; car voici ce qu'on lit dans le *Journal de l'Estoile*, à la date du 31 janvier de la même année : « Le samedi 31 et dernier de ce mois, la Reine fit à Paris son ballet magnifique, dès longtemps pourpensé par elle, mais différé jusques à ce jour, et ne fut qu'en deux lieux, à l'Arsenal et chez la reine Marguerite. » Les vers de Malherbe ont paru d'abord, et sans nom d'auteur, non pas en 1620, comme le dit Saint-Marc, mais en 1609, dans un petit volume resté inconnu jusqu'ici et intitulé : *Recueil des vers du balet de la Reyne*, Paris, in-12, p. 8.

La Renommée au Roi.

Pleine de langues et de voix,
O Roi le miracle des rois,
Je viens de voir toute la terre,
Et publier en ses deux bouts
Que pour la paix ni pour la guerre   5
Il n'est rien de pareil à vous.

Par ce bruit je vous ai donné
Un renom qui n'est terminé
Ni de fleuve, ni de montagne;
Et par lui j'ai fait desirer   10
A la troupe que j'accompagne
De vous voir, et vous adorer.

Ce sont douze rares beautés,
Qui de si dignes qualités
Tirent un cœur à leur service,
Que leur souhaiter plus d'appas,
C'est vouloir avec injustice
Ce que les cieux ne peuvent pas.

L'Orient qui de leurs aïeux
Sait les titres ambitieux,
Donne à leur sang un avantage,
Qu'on ne leur peut faire quitter,
Sans être issu du parentage,
Ou de vous, ou de Jupiter.

Tout ce qu'à façonner un corps
Nature assemble de trésors,
Est en elles sans artifice;
Et la force de leurs esprits,
D'où jamais n'approche le vice,
Fait encore accroître leur prix.

Elles souffrent bien que l'Amour
Par elles fasse chaque jour
Nouvelle preuve de ses charmes;
Mais sitôt qu'il les veut toucher,
Il reconnoît qu'il n'a point d'armes
Qu'elles ne fassent reboucher.

Loin des vaines impressions
De toutes folles passions,
La vertu leur apprend à vivre;
Et dans la cour leur fait des lois,

---

36. *Reboucher*, rebrousser, émousser, s'émousser.

Que Diane auroit peine à suivre
Au plus grand silence des bois.

Une reine qui les conduit,
De tant de merveilles reluit,
Que le soleil qui tout surmonte, 45
Quand même il est plus flamboyant,
S'il étoit sensible à la honte,
Se cacheroit en la voyant.

Aussi le temps a beau courir,
Je la ferai toujours fleurir 50
Au rang des choses éternelles;
Et non moins que les immortels,
Tant que mon dos aura des ailes,
Son image aura des autels.

Grand roi, faites-leur bon accueil; 55
Louez leur magnanime orgueil,
Que vous seul avez fait ployable;
Et vous acquerrez sagement,
Afin de me rendre croyable,
La faveur de leur jugement. 60

Jusqu'ici vos faits glorieux
Peuvent avoir des envieux;
Mais quelles âmes si farouches
Oseront douter de ma foi,
Quand on verra leurs belles bouches 65
Les raconter avecque moi?

XLII

BALLET DE MADAME.

Saint-Marc a placé à tort en 1610 ces vers, composés un an auparavant. La date exacte nous en est donnée par une lettre de Malherbe, qui, le 21 mars 1609, écrit à Peiresc : « Marc-Antoine vous fera voir des vers que j'ai faits pour le ballet de Madame. Il se doit danser à Saint-Germain de jeudi prochain en huit jours. » — Tallemant, dans son *Historiette de Madame la Princesse*, a raconté comment, aux répétitions de ce ballet, Henri IV devint amoureux de la jeune Charlotte de Montmorency, qui quelques mois après épousa le prince de Condé. Il y eut encore un autre ballet avec Nymphes fait aussi pour Madame, et dont Malherbe parle dans une lettre du 21 janvier 1613. — Madame était Élisabeth, l'aînée des filles du Roi, née en 1602. Elle devint plus tard reine d'Espagne.

« J'ai appris de M. de Racan, dit Ménage, que Malherbe fit ces vers en un jour. » Le fait était assez rare pour qu'il le notât. Ils furent imprimés en 1620 dans les tomes I et II des *Délices de la poésie françoise*.

De petites Nymphes qui mènent l'Amour prisonnier.

AU ROI.

A la fin tant d'amants dont les âmes blessées
    Languissent nuit et jour,
Verront sur leur auteur leurs peines renversées,
Et seront consolés aux dépens de l'Amour.

Ce public ennemi, cette peste du monde,   5
    Que l'erreur des humains
Fait le maître absolu de la terre et de l'onde,
Se trouve à la merci de nos petites mains.

Nous le vous amenons dépouillé de ses armes,

O Roi, l'astre des rois ; 10
Quittez votre bonté, moquez-vous de ses larmes,
Et lui faites sentir la rigueur de vos lois.

Commandez que sans grâce on lui fasse justice ;
    Il sera malaisé
Que sa vaine éloquence ait assez d'artifice 15
Pour démentir les faits dont il est accusé.

Jamais ses passions, par qui chacun soupire,
    Ne nous ont fait d'ennui ;
Mais c'est un bruit commun que dans tout votre empire
Il n'est point de malheur qui ne vienne de lui. 20

Mars, qui met sa louange à déserter la terre
    Par des meurtres épais,
N'a rien de si tragique aux fureurs de la guerre,
Comme ce déloyal aux douceurs de la paix.

Mais sans qu'il soit besoin d'en parler davantage, 25
    Votre seule valeur,
Qui de son impudence a ressenti l'outrage,
Vous fournit-elle pas une juste douleur ?

Ne mêlez rien de lâche à vos hautes pensées ;
    Et par quelques appas 30
Qu'il demande merci de ses fautes passées,
Imitez son exemple à ne pardonner pas.

L'ombre de vos lauriers admirés de l'envie
    Fait l'Europe trembler ;
Attachez bien ce monstre, ou le privez de vie, 35
Vous n'aurez jamais rien qui vous puisse troubler.

21. *Déserter*, rendre déserte

XLIII

POUR ALCANDRE.

STANCES.

Je ne pense pas que ces stances aient paru avant l'édition de 1630. On sait que, malgré ses cinquante-six ans, Henri IV (voyez la notice de la pièce précédente) s'était épris de la passion la plus violente pour Charlotte-Marguerite de Montmorency, dont il rompit l'union projetée avec Bassompierre, et qu'il maria en mai 1609 à Henri de Bourbon, prince de Condé. Il espérait le trouver de facile composition; mais le prince, ennuyé des poursuites du Roi, quitta Fontainebleau au mois de juillet, fut obligé d'y revenir en septembre, et enfin, le 29 novembre, s'enfuit avec sa femme à Landrecies, d'où il gagna Bruxelles. — Sur les circonstances de cette fuite et les extravagances que la passion fit faire au Roi, voyez les *Mémoires*, pas toujours très-exacts pour les dates, de Bassompierre, le *Journal de l'Estoile*, années 1609, 1610, et les *Historiettes* de Tallemant (*Madame la Princesse, Henri IV*, etc.).

Suivant un usage qui eut cours pendant tout le dix-septième siècle, et qui nous paraît bien singulier aujourd'hui, Henri IV, pour chanter son amour et ses peines, eut recours à autrui. « Le Roi, écrit Malherbe à Peiresc (Chandeleur 1609), m'a entretenu de quelque autre galanterie dépendante du ballet qui étoit la vraie occasion pourquoi il m'a envoyé quérir exprès par un garçon de chambre, et le ballet n'a servi que de prétexte. » A sa demande ou, pour mieux dire, sur sa commande, le poëte composa les pièces suivantes :

I. *Quelque ennui donc qu'en cette absence.*
II. *Revenez, mes plaisirs, ma dame est revenue.*
III. *Que d'épines, Amour, accompagnent tes roses!*
IV. *Que n'êtes-vous lassées.*
V. *Donc cette merveille des cieux.*

Je crois pouvoir les classer ainsi, d'après les renseignements que je trouve dans les lettres de Malherbe à Peiresc :

Le 19 octobre 1609, il parle de vers composés pour le Roi, qui les a « exactement loués. » Le 28, il annonce qu'il a, ce soir même, donné de nouveaux vers au Roi. Ces deux passages ne peuvent s'appliquer qu'aux pièces I et II, écrites évidemment avant la fuite du prince de Condé, laquelle eut lieu, comme je viens de le dire, le 29 novembre.

Le 5 janvier 1610, il envoie à son ami les vers *Que d'épines, Amour,* qui « ont été extrêmement agréables. » Le 18 février, Henri IV reçoit de lui une chanson (*Que n'êtes-vous lassées*), et lui commande une élégie que le poëte (comme il l'écrivait le 24 mars) espérait avoir finie avant Pâques, c'est-à-dire avant le 11 avril. Voilà donc les cinq pièces mentionnées plus haut. L'élégie dont il est question est celle que je place au cinquième rang, et que Saint-Marc a mise la première.

Les noms d'Alcandre et d'Oranthe, qui désignent dans ces poëmes le Roi et Charlotte de Montmorency, signifient, le premier (il se trouve dans Homère) « homme fort, courageux, » le second « celle qui a la fleur de jeunesse, de beauté. » On connaît les *Amours du grand Alcandre*, espèce de roman historique publié en 1652 et souvent réimprimé.

> Quelque ennui donc qu'en cette absence
> Avec une injuste licence
> Le destin me fasse endurer,
> Ma peine lui semble petite,
> Si chaque jour il ne l'irrite 5
> D'un nouveau sujet de pleurer.
>
> Paroles que permet la rage
> A l'innocence qu'on outrage,
> C'est aujourd'hui votre saison ;
> Faites-vous ouïr en ma plainte ; 10
> Jamais l'âme n'est bien atteinte,
> Quand on parle avecque raison.
>
> O fureurs, dont même les Scythes
> N'useroient pas vers des mérites
> Qui n'ont rien de pareil à soi, 15
> Ma dame est captive, et son crime
> C'est que je l'aime, et qu'on estime
> Qu'elle en fait de même de moi.

Rochers, où mes inquiétudes
Viennent chercher les solitudes,
Pour blasphémer contre le sort,
Quittez la demeure où vous êtes,
Je suis plus rocher que vous n'êtes,
De le voir, et n'être pas mort.

Assez de preuves à la guerre,
D'un bout à l'autre de la terre,
Ont fait paroître ma valeur ;
Ici je renonce à la gloire,
Et ne veux point d'autre victoire
Que de céder à ma douleur.

Quelquefois les Dieux pitoyables
Terminent des maux incroyables ;
Mais en un lieu que tant d'appas
Exposent à la jalousie,
Ne seroit-ce pas frénésie
De ne les en soupçonner pas ?

Qui ne sait combien de mortelles
Les ont fait soupirer pour elles,
Et d'un conseil audacieux,
En bergers, bêtes, et Satyres,

---

22. Ce vers, qui rime trop bien avec le suivant, manque dans les éditions de 1630, 1631 et 1635, où, à l'exception des deux premières lettres, il est resté en blanc. Je le trouve pour la première fois dans l'édition de Troyes, 1647, in-8°, qui porte le titre de *troisième*, comme celle de 1635. — Ménage, qui n'avait peut-être pas consulté l'édition de 1647, a comblé la lacune par le vers suivant :

    Quoique insensibles aux tempêtes,

reproduit sans observation par Saint-Marc et tous ses successeurs. J'ignore si le vers est de Ménage.

Afin d'apaiser leurs martyres,
Les ont fait descendre des cieux?

Non, non, si je veux un remède,
C'est de moi qu'il faut qu'il procède ;
Sans les importuner de rien,   45
J'ai su faire la délivrance
Du malheur de toute la France,
Je la saurai faire du mien.

Hâtons donc ce fatal ouvrage;
Trouvons le salut au naufrage;   50
Et multiplions dans les bois
Les herbes dont les feuilles peintes
Gardent les sanglantes empreintes
De la fin tragique des rois.

Pour le moins la haine et l'envie   55
Ayant leur rigueur assouvie
Quand j'aurai clos mon dernier jour,
Oranthe sera sans alarmes,
Et mon trépas aura des larmes
De quiconque aura de l'amour.   60

A ces mots tombant sur la place,
Transi d'une mortelle glace,
Alcandre cessa de parler;
La nuit assiégea ses prunelles;

52-54. Allusion à l'hyacinthe des poëtes, née du sang du jeune Hyacinthe et de celui d'Ajax. On y croyait lire les exclamations de douleur AI, AI, qui rappelaient, dit Ovide (*Metam.*, XIII, 397), le nom d'Ajax et les plaintes d'Hyacinthe. Le nom de *rois* appliqué à ces deux héros grecs est un souvenir de Virgile (*Ecl.*, III, 106) : *Inscripti nomina regum flores.*

Et son âme étendant les ailes 65
Fut toute prête à s'envoler.

« Que fais-tu, monarque adorable,
Lui dit un Démon favorable,
En quels termes te réduis-tu?
Veux-tu succomber à l'orage, 70
Et laisser perdre à ton courage
Le nom qu'il a pour sa vertu?

« N'en doute point, quoi qu'il advienne,
La belle Oranthe sera tienne;
C'est chose qui ne peut faillir; 75
Le temps adoucira les choses,
Et tous deux vous aurez des roses,
Plus que vous n'en saurez cueillir. »

XLIV

POUR ALCANDRE AU RETOUR D'ORANTHE
A FONTAINEBLEAU.

STANCES.

Imprimées pour la première fois en 1620 dans les tomes I et II des *Délices de la poésie françoise*.

Le prince de Condé, qui s'était absenté de la cour en juillet, après son mariage, comme nous l'avons dit plus haut, y revint avec sa femme, mais il n'y séjourna guère. « En ce mois de septembre (1609), dit l'Estoile, M. le prince de Condé ayant été malmené du Roi.... se retira fort piqué et mal content en sa maison, n'ayant été possible à Sa Majesté de retarder son partement seulement d'un jour. » — Les vers 30 et 31 de la pièce ci-dessous indiquent suffisamment qu'elle fut composée après le second départ du prince. On sait que Malherbe ne travaillait pas vite, et, pour qu'il pût être un poëte de circonstance, il fallait que les circonstances marchassent bien lentement.

Revenez, mes plaisirs, ma dame est revenue ;
Et les vœux que j'ai faits pour revoir ses beaux yeux,
Rendant par mes soupirs ma douleur reconnue,
    Ont eu grâce des cieux.

Les voici de retour ces astres adorables,
Où prend mon Océan son flux et son reflux ;
Soucis, retirez-vous, cherchez les misérables ;
    Je ne vous connois plus.

Peut-on voir ce miracle, où le soin de nature
A semé comme fleurs tant d'aimables appas,

Et ne confesser point qu'il n'est pire aventure
　　Que de ne la voir pas?

Certes l'autre soleil d'une erreur vagabonde
Court inutilement par ses douze maisons;
C'est elle, et non pas lui, qui fait sentir au monde
　　Le change des saisons.

Avecque sa beauté toutes beautés arrivent;
Ces déserts sont jardins de l'un à l'autre bout;
Tant l'extrême pouvoir des grâces qui la suivent
　　Les pénètre partout.

Ces bois en ont repris leur verdure nouvelle;
L'orage en est cessé, l'air en est éclairci;
Et même ces canaux ont leur course plus belle
　　Depuis qu'elle est ici.

De moi, que les respects obligent au silence,
J'ai beau me contrefaire, et beau dissimuler;
Les douceurs où je nage ont une violence
　　Qui ne se peut celer.

Mais, ô rigueur du sort! tandis que je m'arrête
A chatouiller mon âme en ce contentement,
Je ne m'aperçois pas que le Destin m'apprête
　　Un autre partement.

Arrière ces pensers que la crainte m'envoie;
Je ne sais que trop bien l'inconstance du sort;
Mais de m'ôter le goût d'une si chère joie,
　　C'est me donner la mort.

XLV

ALCANDRE PLAINT LA CAPTIVITÉ DE SA MAÎTRESSE.

STANCES.

Imprimées pour la première fois en 1615, dans les *Délices de la poésie françoise*, et en 1617, avec un air de Boesset, dans deux recueils imprimés par P. Ballard : les *Airs de cour* (liv. II, p. 19) et les *Airs de différents auteurs mis en tablature de luth* (liv. VII, p. 18). — Nous avons dit plus haut (XLIII, notice) que Malherbe transcrivit cette pièce dans une lettre adressée à Peiresc, le 5 janvier 1610, et conservée à la Bibliothèque impériale (*Suppl. fr.*, n° 998, p. 61). Elle y est intitulée *Pour Alcandre*, et présente plusieurs variantes que nous allons relever avec celles que nous fournissent les Recueils de Ballard.

Que d'épines, Amour, accompagnent tes roses!
Que d'une aveugle erreur tu laisses toutes choses
    A la merci du sort!
Qu'en tes prospérités à bon droit on soupire!
Et qu'il est malaisé de vivre en ton empire,   5
    Sans desirer la mort!

Je sers, je le confesse, une jeune merveille,
En rares qualités à nulle autre pareille,
    Seule semblable à soi;
Et, sans faire le vain, mon aventure est telle,   10

---

2. VAR. (*ms.*) : Tu conduis toutes choses.
7. VAR. (*ms.*) : Il est vrai que je sers une jeune merveille.
Et dans les *Airs de cour*.
    Je sers, je le confesse, une rare merveille.

Que de la même ardeur que je brûle pour elle,
  Elle brûle pour moi.

Mais parmi tout cet heur, ô dure Destinée!
Que de tragiques soins, comme oiseaux de Phinée,
  Sens-je me dévorer! 15
Et ce que je supporte avecque patience,
Ai-je quelque ennemi, s'il n'est sans conscience,
  Qui le vît sans pleurer?

La mer a moins de vents qui ses vagues irritent,
Que je n'ai de pensers qui tous me sollicitent 20
  D'un funeste dessein;
Je ne trouve la paix qu'à me faire la guerre;
Et si l'enfer est fable au centre de la terre,
  Il est vrai dans mon sein.

Depuis que le soleil est dessus l'hémisphère, 25
Qu'il monte, ou qu'il descende, il ne me voit rien faire
  Que plaindre et soupirer;
Des autres actions j'ai perdu la coutume,
Et ce qui s'offre à moi, s'il n'a de l'amertume,
  Je ne puis l'endurer. 30

14. Les Harpies, que les dieux envoyèrent tourmenter Phinée, roi de Salmidessos, en Thrace.
15. Var. (*ms.*) : Me sens-je dévorer.
16-18. C'est le mot d'Énée dans Virgile (*Énéide*, II, 6-8) :
  Quis talia fando
  Myrmidonum Dolopumve aut duri miles Ulyssei
  Temperet a lacrymis?
19, 20. Var. (*ms.* et *Airs de cour*) :
  Les vents en l'Océan tant de vagues n'irritent,
  Comme j'ai de pensers....
26. Var. (*Airs de différents auteurs*) :
  Qu'il monte, et qu'il descend....

Comme la nuit arrive, et que par le silence,
Qui fait des bruits du jour cesser la violence,
    L'esprit est relâché,
Je vois de tous côtés sur la terre et sur l'onde,
Les pavots qu'elle sème assoupir tout le monde,   35
    Et n'en suis point touché.

S'il m'advient quelquefois de clore les paupières,
Aussitôt ma douleur en nouvelles matières
    Fait de nouveaux efforts;
Et de quelque souci qu'en veillant je me ronge,   40
Il ne me trouble point comme le meilleur songe
    Que je fais quand je dors.

Tantôt cette beauté, dont ma flamme est le crime,
M'apparoît à l'autel, où comme une victime
    On la veut égorger;   45
Tantôt je me la vois d'un pirate ravie;
Et tantôt la fortune abandonne sa vie
    A quelque autre danger.

En ces extrémités la pauvrette s'écrie :
« Alcandre, mon Alcandre, ôte-moi, je te prie,   50
    Du malheur où je suis. »
La fureur me saisit, je mets la main aux armes;
Mais son destin m'arrête, et lui donner des larmes,
    C'est tout ce que je puis.

Voilà comme je vis, voilà ce que j'endure,   55

    32. Var. (*Airs de cour*) : Les tempêtes du jour cessant leur violence.
    34. Var. (*ms.*) : En la terre et dans l'onde.
    38. Var. (*ms. et Airs de différents auteurs*) : En nouvelles manières.
    55. Var. (*Airs de cour et Airs de différents auteurs*) :
        Voilà comme je vis, voilà comme j'endure.

Pour une affection que je veux qui me dure
    Au delà du trépas;
Tout ce qui me la blâme offense mon oreille,
Et qui veut m'affliger, il faut qu'il me conseille
    De ne m'affliger pas.   60

On me dit qu'à la fin toute chose se change,
Et qu'avecque le temps les beaux yeux de mon Ange
    Reviendront m'éclairer;
Mais voyant tous les jours ses chaînes se rétraindre,
Désolé que je suis! que ne dois-je point craindre,   65
    Ou que puis-je espérer?

Non, non, je veux mourir; la raison m'y convie;
Aussi bien le sujet qui m'en donne l'envie
    Ne peut être plus beau;
Et le sort qui détruit tout ce que je consulte,   70
Me fait voir assez clair que jamais ce tumulte
    N'aura paix qu'au tombeau.

Ainsi le grand Alcandre aux campagnes de Seine
Faisoit, loin de témoins, le récit de sa peine,
    Et se fondoit en pleurs;   75
Le fleuve en fut ému; ses Nymphes se cachèrent;
Et l'herbe du rivage, où ses larmes touchèrent,
    Perdit toutes ses fleurs.

58. Var. : Tout ce qui m'en dit mal....
76, 77. Var. (ms. et *Airs de cour*) :

    . . . Les astres se cachèrent,
Et la rive du fleuve où ses pieds la touchèrent.

Malherbe a bien fait de changer ce dernier vers, qui aurait pu prêter à de mauvaises plaisanteries. Voyez-en la raison dans Tallemant (*Historiette de Henri IV*, édit. Paulin Paris, tome I, p. 9).

XLVI

SUR LE MÊME SUJET.

STANCES.

Ces stances, achevées en février 1610, furent imprimées en 1615, dans les *Délices de la poésie françoise* et dans les *Airs de cour* (publiés par P. Ballard, liv. I, p. 55), avec un air de Guesdron. Voici ce qu'on trouve à ce sujet dans la correspondance de Malherbe. Le 12 février 1610, il écrit à Peiresc : « Vous m'avez vu, ce me semble, quelques couplets d'une méchante chanson que j'avois commencé à faire sur un air que m'avoit baillé le marquis d'Oraison. A cette heure que je l'ai achevée, je vous prie, Monsieur, de me faire ce bien, de prier M. le marquis, de votre part et de la mienne, de vous en donner l'air et de me l'envoyer par le premier, et tout aussitôt je vous enverrai les paroles; j'y ferai mettre ici un autre air, et nous retiendrons le meilleur. La chanson se commençoit :

> Infidèle mémoire,
> Pourquoi fais-tu gloire
> De me ramentevoir
> Une saison prospère
> Que je désespère
> De jamais plus revoir?... »

Six jours après Malherbe écrit encore : « J'ai baillé ce soir au Roi la chanson pour laquelle je vous avois prié de m'envoyer un certain air sur lequel j'ai pris ma mesure. Je vous fais encore la même prière : ce sera pour le comparer avec celui que Guesdron y fera; car le Roi l'a envoyé querir à l'heure même qu'il eut lu mes vers, et lui a dit qu'il vouloit qu'il y travaillât dès ce soir. » Enfin, le 24 mars, il annonce qu'il a recouvré l'air « qu'a fait M. Guesdron sur la chanson dont il est question. Je ne m'y connois pas; mais tout le monde le trouve fort beau, et surtout le Roi. » — Quant à la pièce *Infidèle mémoire*, il n'en reste que le couplet cité plus haut et jusqu'ici non réuni aux œuvres de Malherbe. Il serait toutefois possible que, le rhythme étant le même, Malherbe en eût utilisé un certain nombre de vers pour sa seconde chanson.

POÉSIES, XLVI.

Que n'êtes-vous lassées,
  Mes tristes pensées,
De troubler ma raison?
Et faire avecque blâme
  Rebeller mon âme   5
Contre ma guérison?

Que ne cessent mes larmes,
  Inutiles armes?
Et que n'ôte des cieux
La fatale ordonnance   10
  A ma souvenance
Ce qu'elle ôte à mes yeux?

O beauté nonpareille,
  Ma chère merveille,
Que le rigoureux sort   15
Dont vous m'êtes ravie
  Aimeroit ma vie
S'il m'envoyoit la mort!

Quelles pointes de rage
  Ne sent mon courage,   20
De voir que le danger
En vos ans les plus tendres
  Menace vos cendres
D'un cercueil étranger?

Je m'impose silence   25
  En la violence

---

6. Var. (N, R et *Airs de cour*) : Contre sa guérison.
24. Var. (*Airs de cour*) : D'un sépulcre étranger.
Ce vers confirme ce que j'ai dit plus haut sur la date de la pièce, car il s'applique au séjour de la princesse de Condé en Flandre.

Que me fait le malheur ;
Mais j'accrois mon martyre ;
  Et n'oser rien dire
M'est douleur sur douleur.   30

Aussi suis-je un squelette ;
  Et la violette,
Qu'un froid hors de saison,
Ou le soc a touchée,
  De ma peau séchée   35
Est la comparaison.

Dieux, qui les destinées
  Les plus obstinées
Tournez de mal en bien,
Après tant de tempêtes   40
  Mes justes requêtes
N'obtiendront-elles rien ?

Avez-vous eu les titres
  D'absolus arbitres
De l'état des mortels,   45
Pour être inexorables
  Quand les misérables
Implorent vos autels ?

---

27. Var. (*Airs de cour*) : Que me fait ce malheur.
34-36. Var. (*ibid.*) :

　　　Et le sec a flétrie,
　　　　A ma peau meurtrie
　　　Est la comparaison.

37-39. Var. (*ibid.*) :

　　　Dieux ! que les destinées
　　　　Les plus obstinées
　　　Tournent de mal en bien !

Que n'êtes-vous lassées,
  Mes tristes pensées,
De troubler ma raison?
Et faire avecque blâme
  Rebeller mon âme   5
Contre ma guérison?

Que ne cessent mes larmes,
  Inutiles armes?
Et que n'ôte des cieux
La fatale ordonnance   10
  A ma souvenance
Ce qu'elle ôte à mes yeux?

O beauté nonpareille,
  Ma chère merveille,
Que le rigoureux sort   15
Dont vous m'êtes ravie
  Aimeroit ma vie
S'il m'envoyoit la mort!

Quelles pointes de rage
  Ne sent mon courage,   20
De voir que le danger
En vos ans les plus tendres
  Menace vos cendres
D'un cercueil étranger?

Je m'impose silence   25
  En la violence

---

6. Var. (N, R et *Airs de cour*) : Contre sa guérison.
24. Var. (*Airs de cour*) : D'un sépulcre étranger.
Ce vers confirme ce que j'ai dit plus haut sur la date de la pièce, car il s'applique au séjour de la princesse de Condé en Flandre.

Que me fait le malheur;
Mais j'accrois mon martyre;
  Et n'oser rien dire
M'est douleur sur douleur.   30

Aussi suis-je un squelette;
  Et la violette,
Qu'un froid hors de saison,
Ou le soc a touchée,
  De ma peau séchée   35
Est la comparaison.

Dieux, qui les destinées
  Les plus obstinées
Tournez de mal en bien,
Après tant de tempêtes   40
  Mes justes requêtes
N'obtiendront-elles rien?

Avez-vous eu les titres
  D'absolus arbitres
De l'état des mortels,   45
Pour être inexorables
  Quand les misérables
Implorent vos autels?

27. Var. (*Airs de cour*) : Que me fait ce malheur.
34-36. Var. (*ibid.*) :

    Et le sec a flétrie,
      A ma peau meurtrie
    Est la comparaison.

37-39. Var. (*ibid.*) :

    Dieux! que les destinées
      Les plus obstinées
    Tournent de mal en bien!

Mon soin n'est point de faire
  En l'autre hémisphère   50
Voir mes actes guerriers;
Et jusqu'aux bords de l'onde
  Où finit le monde,
Acquérir des lauriers.

Deux beaux yeux sont l'empire   55
  Pour qui je soupire;
Sans eux rien ne m'est doux;
Donnez-moi cette joie
  Que je les revoie,
Je suis Dieu comme vous.   60

XLVII

STANCES.

Publiée pour la première fois en 1611, dans *le Temple d'Apollon*, cette pièce a été placée par Saint-Marc en tête de celles que Malherbe composa pour les amours de Henri IV. J'ai cru, d'après les raisons rapportées plus haut (XLIII, notice), pouvoir la mettre la dernière. Elle me semble, en outre, respirer un certain air guerrier s'accordant très-bien avec les préparatifs militaires du Roi, qui avait déclaré vouloir prêter cinquante mille hommes à son compère (le maréchal de Montmorency), pour aller chercher sa fille en Flandre.

Donc cette merveille des cieux,
Pour ce qu'elle est chère à mes yeux,
En sera toujours éloignée;
Et mon impatiente amour,
Par tant de larmes témoignée,   5
N'obtiendra jamais son retour?

Mes vœux donc ne servent de rien;
Les Dieux, ennemis de mon bien,
Ne veulent plus que je la voie;
Et semble que les rechercher   10
De me permettre cette joie,
Les invite à me l'empêcher.

O beauté, reine des beautés,

---

2. Var. (P) : Parce qu'elle.
10, 11. Var (N et P) :
    Et semble que de rechercher
    Qu'ils me permettent cette joie.

Seule de qui les volontés
Président à ma destinée,   15
Pourquoi n'est comme la toison
Votre conquête abandonnée
A l'effort de quelque Jason?

Quels feux, quels dragons, quels taureaux,
Quelle horreur de monstres nouveaux,   20
Et quelle puissance de charmes,
Garderoit que jusqu'aux enfers
Je n'allasse avecque les armes
Rompre vos chaînes et vos fers?

N'ai-je pas le cœur aussi haut,   25
Et pour oser tout ce qu'il faut
Un aussi grand desir de gloire,
Que j'avois lorsque je couvri
D'exploits d'éternelle mémoire
Les plaines d'Arques et d'Ivri?   30

Mais quoi? ces lois dont la rigueur
Tiennent mes souhaits en langueur
Règnent avec un tel empire,
Que si le ciel ne les dissout,
Pour pouvoir ce que je desire   35

---

18. Var. (L, N, R) : A l'effort d'un autre Jason.

22. Var. (*ibid.*) : Pourroit empêcher qu'aux enfers.

32. Ce vers est ainsi, avec son solécisme, dans toutes les éditions antérieures à celles de Ménage, qui a proposé de remplacer *tiennent* par *retient*.

34. Pendant un moment, le prince de Condé fut tellement las des mauvais traitements auxquels il était en butte de la part du Roi, qu'au dire de l'Estoile, « il consentoit à demi la dissolution du mariage, qu'il savoit le Roi tenter par tous les moyens. »

Ce n'est rien que de pouvoir tout.

Je ne veux point en me flattant
Croire que le sort inconstant
De ces tempêtes me délivre ;
Quelque espoir qui se puisse offrir, 40
Il faut que je cesse de vivre
Si je veux cesser de souffrir.

Arrière donc ces vains discours,
Qu'après les nuits viennent les jours,
Et le repos après l'orage ; 45
Autre sorte de réconfort
Ne me satisfait le courage,
Que de me résoudre à la mort.

C'est là que de tout mon tourment
Se bornera le sentiment ; 50
Ma foi seule, aussi pure et belle
Comme le sujet en est beau,
Sera ma compagne éternelle,
Et me suivra dans le tombeau.

Ainsi d'une mourante voix 55
Alcandre au silence des bois
Témoignoit ses vives atteintes ;
Et son visage sans couleur
Faisoit connoître que ses plaintes
Étoient moindres que sa douleur. 60

36. Var. (N) : C'est bien peu que de pouvoir tout.
37-42. Cette stance manque, ainsi que la suivante, dans les Recueils N, L et P.
59. Var. (P) : Faisoit paroître....

Oranthe qui par les zéphyrs
Reçut les funestes soupirs
D'une passion si fidèle,
Le cœur outré de même ennui,
Jura que s'il mouroit pour elle, 65
Elle mouroit avecque lui.

66. Var. (P) : Elle mourroit aussi pour lui.

XLVIII

POUR MADEMOISELLE DE CONTI,
MARIE DE BOURBON.

Louise de Lorraine, princesse de Conti, accoucha au Louvre, le 8 mars 1610, d'une fille qui fut baptisée le 19; « et, dit l'Estoile, pour ce qu'on voyoit qu'elle alloit bientôt mourir, par ordre de mondit prince (de Conti) ont été choisis et élus deux pauvres de la paroisse, savoir Jacques de Essart pour parrain et Martines Demares pour marraine, lesquels lui ont donné le nom de Marie. » Elle mourut en effet le lendemain, « laissant, écrit Malherbe à Peiresc, Monsieur le prince son père fort affligé; car ce pauvre père ne bougeoit d'auprès du berceau : c'étoit, à ce que l'on dit, la plus belle et la plus grande enfant qui se pouvoit voir. » Une copie autographe des vers de Malherbe, conservée à la bibliothèque de Carpentras, est intitulée : *Sur la fille de Madame la princesse de Conti lorsqu'on en eut fait le portrait.* Cette pièce et la suivante parurent, en 1627, dans le *Recueil des plus beaux vers de ce temps.*

Outre l'épitaphe en vers donnée ci-après (XLIX), Malherbe en a aussi écrit une en prose qui se trouve à la Bibliothèque impériale dans les Papiers de Baluze (ms. n° 133, p. 35).

> N'égalons point cette petite
> Aux Déesses que nous récite
>   L'histoire du temps passé,
> Tout cela n'est qu'une chimère;
> Il faut dire, pour dire assez :
> Elle est belle comme sa mère.

1. Var. (copie autog.) : N'égalez point.

XLIX

ÉPITAPHE DE LA MÊME.

SONNET.

Tu vois, passant, la sépulture
D'un chef-d'œuvre si précieux,
Qu'avoir mille rois pour aïeux
Fut le moins de son aventure.

O quel affront à la nature, 5
Et quelle injustice des cieux
Qu'un moment ait fermé les yeux
D'une si belle créature !

On doute pour quelle raison
Les Destins si hors de saison 10
De ce monde l'ont appelée.

Mais leur prétexte le plus beau,
C'est que la terre étoit brûlée
S'ils n'eussent tué ce flambeau.

11. Voici comment cette strophe et la précédente sont imprimées dans les différentes éditions du Recueil de 1627 :

    L'experte main de la Nature
    Et le soin propice des cieux
    Jamais ne s'accordèrent mieux
    A former une créature.

      On doute pourquoi les Destins
      Au bout de quatorze matins
      De ce monde l'ont appelée.

L

A MONSEIGNEUR LE DAUPHIN.

SONNET.

La date de ce sonnet (imprimé pour la première fois en 1615, dans les *Délices de la poésie françoise*) ne peut être fixée que d'une manière approximative. — Henri IV eut trois filles : Élisabeth, Chrestienne (ou Christine) et Henriette. Puisque Malherbe parle dans ses vers des *sœurs* du Dauphin, il est évident qu'ils ne peuvent avoir été écrits avant le 10 février 1606, date de la naissance de la seconde. En outre, il y fait mention de propositions de mariage, et, dans une lettre écrite à Peiresc le 21 septembre 1609, il raconte que le président Richardot, ambassadeur de Philippe III, « étoit venu parler de quelque mariage des enfants de France et d'Espagne. » Il serait donc fort possible que le sonnet fût de la fin de 1609 ou du commencement de 1610.

Que l'honneur de mon prince est cher aux destinées !
Que le Démon est grand qui lui sert de support !
Et que visiblement un favorable sort
Tient ses prospérités l'une à l'autre enchaînées !

Ses filles sont encore en leurs tendres années, 5
Et déjà leurs appas ont un charme si fort,
Que les rois les plus grands du Ponant et du Nord,
Brûlent d'impatience après leurs hyménées.

Pensez à vous, Dauphin, j'ai prédit en mes vers

---

9. Voyez les deux Sonnets au Roi de l'année 1607 et l'Ode sur la prise de Sedan (Pièces XXI, XXIV et XXV).

Que le plus grand orgueil de tout cet univers, 10
Quelque jour à vos pieds doit abaisser la tête;

Mais ne vous flattez point de ces vaines douceurs,
Si vous ne vous hâtez d'en faire la conquête,
Vous en serez frustré par les yeux de vos sœurs.

LI

PLAINTE SUR UNE ABSENCE.

STANCES.

Suivant Ménage, Malherbe fit cette pièce en Bourgogne et pour lui-même. Elle fut imprimée, en 1615, dans les *Délices de la poésie françoise;* mais, comme on le voit d'après la huitième stance, elle avait été composée avant la mort de Henri IV.

Complices de ma servitude,
Pensers où mon inquiétude
Trouve son repos desiré,
Mes fidèles amis, et mes vrais secrétaires,
Ne m'abandonnez point en ces lieux solitaires; 5
C'est pour l'amour de vous que j'y suis retiré.

Partout ailleurs je suis en crainte;
Ma langue demeure contrainte;
Si je parle c'est à regret;
Je pèse mes discours, je me trouble et m'étonne; 10
Tant j'ai peu d'assurance en la foi de personne;
Mais à vous je suis libre, et n'ai rien de secret.

Vous lisez bien en mon visage
Ce que je souffre en ce voyage,
Dont le ciel m'a voulu punir; 15
Et savez bien aussi que je ne vous demande,

---

12. *A vous,* avec vous.

Étant loin de ma dame, une grâce plus grande
Que d'aimer sa mémoire, et m'en entretenir.

    Dites-moi donc sans artifice,
    Quand je lui vouai mon service, 20
    Faillis-je en mon élection ?
N'est-ce pas un objet digne d'avoir un temple ?
Et dont les qualités n'ont jamais eu d'exemple,
Comme il n'en fut jamais de mon affection ?

    Au retour des saisons nouvelles 25
    Choisissez les fleurs les plus belles,
    De qui la campagne se peint ;
En trouverez-vous une, où le soin de nature
Ait avecque tant d'art employé sa peinture,
Qu'elle soit comparable aux roses de son teint ? 30

    Peut-on assez vanter l'ivoire
    De son front, où sont en leur gloire
    La douceur et la majesté ?
Ses yeux, moins à des yeux qu'à des soleils semblables,
Et de ses beaux cheveux les nœuds inviolables, 35
D'où n'échappe jamais rien qu'elle ait arrêté ?

    Ajoutez à tous ces miracles
    Sa bouche, de qui les oracles
    Ont toujours de nouveaux trésors ;
Prenez garde à ses mœurs, considérez-la toute ; 40
Ne m'avoûrez-vous pas que vous êtes en doute
Ce qu'elle a plus parfait, ou l'esprit, ou le corps ?

---

22. VAR. (N et R) : N'est-ce pas un sujet....
36. VAR. (P et édit. de 1631) : D'où n'échappa jamais....

Mon roi par son rare mérite
A fait que la terre est petite
Pour un nom si grand que le sien ; 45
Mais si mes longs travaux faisoient cette conquête,
Quelques fameux lauriers qui lui couvrent la tête,
Il n'en auroit pas un qui fût égal au mien.

Aussi quoique l'on me propose
Que l'espérance m'en est close, 50
Et qu'on n'en peut rien obtenir,
Puisqu'à si beau dessein mon desir me convie,
Son extrême rigueur me coûtera la vie,
Ou mon extrême foi m'y fera parvenir.

Si les tigres les plus sauvages 55
Enfin apprivoisent leurs rages,
Flattés par un doux traitement,
Par la même raison pourquoi n'est-il croyable
Qu'à la fin mes ennuis la rendront pitoyable,
Pourvu que je la serve à son contentement ? 60

Toute ma peur est que l'absence
Ne lui donne quelque licence
De tourner ailleurs ses appas ;
Et qu'étant, comme elle est, d'un sexe variable,
Ma foi, qu'en me voyant elle avoit agréable, 65
Ne lui soit contemptible en ne me voyant pas.

Amour a cela de Neptune,
Que toujours à quelque infortune
Il se faut tenir préparé ;
Ses infidèles flots ne sont point sans orages ; 70
Aux jours les plus sereins on y fait des naufrages ;
Et même dans le port on est mal assuré.

Peut-être qu'à cette même heure
Que je languis, soupire, et pleure,
De tristesse me consumant, 75
Elle qui n'a souci de moi, ni de mes larmes,
Étale ses beautés, fait montre de ses charmes,
Et met en ses filets quelque nouvel amant.

Tout beau, pensers mélancoliques,
Auteurs d'aventures tragiques, 80
De quoi m'osez-vous discourir?
Impudents boute-feux de noise et de querelle,
Ne savez-vous pas bien que je brûle pour elle,
Et que me la blâmer c'est me faire mourir?

Dites-moi qu'elle est sans reproche, 85
Que sa constance est une roche,
Que rien n'est égal à sa foi;
Prêchez-moi ses vertus, contez-m'en des merveilles;
C'est le seul entretien qui plaît à mes oreilles;
Mais pour en dire mal n'approchez point de moi. 90

LII

VERS FUNÈBRES

SUR LA MORT DE HENRI LE GRAND.

STANCES.

Henri IV avait été assassiné le 14 mai 1610. Trois mois plus tard, le 9 août, Malherbe écrivait à Peiresc : « Pour les vers (sur la mort du Roi), vous aurez reçu par M. de Valavez tout ce qui s'en est vu par deçà; j'en dirai ma râtelée après les autres, mais ce sera assez tôt si assez bien. » Cette râtelée fut si longue à arriver que le poëte, à ce que rapportait Racan, ne put mettre la dernière main à ces vers. Voilà pourquoi, comme le pense Saint-Marc, ils ne furent imprimés que dans l'édition de 1630. Le même Racan avait encore appris à Ménage que l'*Alcippe*, dont parle la dernière stance, était M. de Bellegarde.

Enfin l'ire du ciel, et sa fatale envie,
Dont j'avois repoussé tant d'injustes efforts,
Ont détruit ma fortune, et sans m'ôter la vie
    M'ont mis entre les morts.

Henri, ce grand Henri, que les soins de nature
Avoient fait un miracle aux yeux de l'univers,
Comme un homme vulgaire est dans la sépulture
    A la merci des vers.

Belle âme, beau patron des célestes ouvrages,
Qui fus de mon espoir l'infaillible recours,
Quelle nuit fut pareille aux funestes ombrages

Où tu laisses mes jours?

C'est bien à tout le monde une commune plaie,
Et le malheur que j'ai chacun l'estime sien;
Mais en quel autre cœur est la douleur si vraie,
      Comme elle est dans le mien?

Ta fidèle compagne, aspirant à la gloire
Que son affliction ne se puisse imiter,
Seule de cet ennui me débat la victoire,
      Et me la fait quitter.

L'image de ses pleurs, dont la source féconde
Jamais depuis ta mort ses vaisseaux n'a taris,
C'est la Seine en fureur qui déborde son onde
      Sur les quais de Paris.

Nulle heure de beau temps ses orages n'essuie,
Et sa grâce divine endure en ce tourment
Ce qu'endure une fleur que la bise ou la pluie
      Bat excessivement.

Quiconque approche d'elle a part à son martyre,
Et par contagion prend sa triste couleur;
Car pour la consoler que lui sauroit-on dire
      En si juste douleur?

Reviens la voir, grande âme, ôte-lui cette nue,
Dont la sombre épaisseur aveugle sa raison,
Et fais du même lieu d'où sa peine est venue,
      Venir sa guérison.

Bien que tout réconfort lui soit une amertume,
Avec quelque douceur qu'il lui soit présenté,

Elle prendra le tien, et selon sa coutume
    Suivra ta volonté. 40

Quelque soir en sa chambre apparois devant elle,
Non le sang en la bouche, et le visage blanc,
Comme tu demeuras sous l'atteinte mortelle
    Qui te perça le flanc.

Viens-y tel que tu fus, quand aux monts de Savoie 45
Hymen en robe d'or te la vint amener ;
Ou tel qu'à Saint-Denis entre nos cris de joie
    Tu la fis couronner.

Après cet essai fait, s'il demeure inutile,
Je ne connois plus rien qui la puisse toucher ; 50
Et sans doute la France aura, comme Sipyle,
    Quelque fameux rocher.

Pour moi, dont la foiblesse à l'orage succombe,
Quand mon heur abattu pourroit se redresser,
J'ai mis avecque toi mes desseins en la tombe, 55
    Je les y veux laisser.

Quoi que pour m'obliger fasse la destinée,
Et quelque heureux succès qui me puisse arriver,
Je n'attends mon repos qu'en l'heureuse journée
    Où je t'irai trouver. 60

---

51. « Il est constant parmi les géographes, dit Ménage, que Sipyle est une montagne, mais il n'est pas bien constant parmi eux en quel pays est cette montagne. » On s'accorde aujourd'hui à placer le mont Sipyle en Lydie, sur la côte ouest de l'Anatolie. C'est à son sommet que Niobé, « dont le visage, dit Sophocle dans *Antigone* (v. 829), est inondé de larmes qui ne tarissent jamais, » fut changée en rocher.

Ainsi de cette cour l'honneur et la merveille
Alcippe soupiroit, prêt à s'évanouir.
On l'auroit consolé; mais il ferme l'oreille,
　　De peur de rien ouïr.

LIII

A LA REINE, MÈRE DU ROI, SUR LES HEUREUX
SUCCÈS DE SA RÉGENCE.

ODE.

Cette ode, imprimée pour la première fois en 1611 d'abord séparément, puis dans le *Temple d'Apollon*, fut composée au plus tôt en septembre 1610 (il y est question de la prise de Juliers qui eut lieu le 2 de ce mois), et ne fut probablement terminée qu'un peu plus tard; car le 23 décembre Malherbe écrit à Peiresc : « Je vous envoie des vers que j'ai donnés à la Reine; ils sont au goût de toute cette cour. Je désire qu'ils soient au vôtre. S'ils produisent quelque chose de bon pour moi, ils seront au mien; jusque-là je tiendrai mon jugement suspendu. » Voilà une phrase qui peint Malherbe tout entier. Ses vers durent lui paraître excellents, car ils lui valurent une pension de 1500 livres.

> Nymphe qui jamais ne sommeilles,
> Et dont les messagers divers
> En un moment sont aux oreilles
> Des peuples de tout l'univers;
> Vole vite, et de la contrée   5
> Par où le jour fait son entrée
> Jusqu'au rivage de Calis,
> Conte sur la terre et sur l'onde,
> Que l'honneur unique du monde,

7. Pendant une partie du dix-septième siècle, on disait indifféremment en France (et, à ce qu'il paraît, en Espagne) Cadiz ou Calis. J'ai retrouvé dans l'Estoile et dans Palma Cayet ce nom orthographié comme l'écrit Malherbe.

C'est la Reine des fleurs de lis. 10

Quand son Henri, de qui la gloire
Fut une merveille à nos yeux,
Loin des hommes s'en alla boire
Le nectar avecque les Dieux,
En cette aventure effroyable 15
A qui ne sembloit-il croyable
Qu'on alloit voir une saison,
Où nos brutales perfidies
Feroient naître des maladies
Qui n'auroient jamais guérison? 20

Qui ne pensoit que les Furies
Viendroient des abîmes d'enfer,
En de nouvelles barbaries
Employer la flamme et le fer?
Qu'un débordement de licence 25
Feroit souffrir à l'innocence
Toute sorte de cruautés?
Et que nos malheurs seroient pires
Que naguères sous les Busires
Que cet Hercule avoit domptés? 30

Toutefois depuis l'infortune
De cet abominable jour,
A peine la quatrième lune
Achève de faire son tour;

13, 14. Quos inter Augustus recumbens
           Purpureo bibit ore nectar.
                      (Horace, *Odes*, III, 3, 11.)

29. *Busires*, Busiris.

31-34. Henri IV, comme nous l'avons dit plus haut, avait été assassiné le 14 mai 1610.

Et la France a les destinées
Pour elle tellement tournées
Contre les vents séditieux,
Qu'au lieu de craindre la tempête,
Il semble que jamais sa tête
Ne fut plus voisine des cieux.

Au delà des bords de la Meuse
L'Allemagne a vu nos guerriers,
Par une conquête fameuse
Se couvrir le front de lauriers.
Tout a fléchi sous leur menace;
L'Aigle même leur a fait place;
Et les regardant approcher
Comme lions à qui tout cède,
N'a point eu de meilleur remède,
Que de fuir, et se cacher.

O Reine, qui pleine de charmes
Pour toute sorte d'accidents,
As borné le flux de nos larmes
En ces miracles évidents;
Que peut la fortune publique
Te vouer d'assez magnifique,
Si mise au rang des immortels,
Dont la vertu suit les exemples,
Tu n'as avec eux dans nos temples,

41. Le 2 septembre 1610, après un siége assez meurtrier, qui avait duré cinq semaines, la ville et le château de Juliers se rendirent à l'armée française, commandée par le maréchal de la Châtre, que soutenaient un corps de reîtres du prince d'Anhalt et des troupes hollandaises sous les ordres du comte Maurice de Nassau.

46. *L'Aigle*, armes de l'empire d'Allemagne et de l'Autriche.

58. Var. (L et R) : Dont ta vertu....

Des images et des autels ?

Que sauroit enseigner aux princes
Le grand Démon qui les instruit,
Dont ta sagesse en nos provinces
Chaque jour n'épande le fruit ?
Et qui justement ne peut dire,
A te voir régir cet empire,
Que si ton heur étoit pareil
A tes admirables mérites,
Tu ferois dedans ses limites
Lever et coucher le soleil ?

Le soin qui reste à nos pensées,
O bel astre, c'est que toujours
Nos félicités commencées
Puissent continuer leur cours.
Tout nous rit, et notre navire
A la bonace qu'il desire ;
Mais si quelque injure du sort
Provoquoit l'ire de Neptune,
Quel excès d'heureuse fortune
Nous garantiroit de la mort ?

Assez de funestes batailles
Et de carnages inhumains
Ont fait en nos propres entrailles
Rougir nos déloyales mains ;
Donne ordre que sous ton génie
Se termine cette manie ;
Et que las de perpétuer
Une si longue malveillance,
Nous employions notre vaillance
Ailleurs qu'à nous entre-tuer.

La discorde aux crins de couleuvres,
Peste fatale aux potentats,
Ne finit ses tragiques œuvres
Qu'en la fin même des États ;
D'elle naquit la frénésie
De la Grèce contre l'Asie,
Et d'elle prirent le flambeau
Dont ils désolèrent leur terre,
Les deux frères de qui la guerre
Ne cessa point dans le tombeau.

C'est en la paix que toutes choses
Succèdent selon nos desirs ;
Comme au printemps naissent les roses,
En la paix naissent les plaisirs ;
Elle met les pompes aux villes,
Donne aux champs les moissons fertiles,
Et de la majesté des lois
Appuyant les pouvoirs suprêmes,
Fait demeurer les diadèmes
Fermes sur la tête des rois.

Ce sera dessous cette égide,
Qu'invincible de tous côtés,
Tu verras ces peuples sans bride
Obéir à tes volontés ;
Et surmontant leur espérance,
Remettras en telle assurance
Leur salut qui fut déploré,

91.   Discordia demens,
Vipereum crinem vittis innexa cruentis.
     (Virgile, *Énéide*, VI, 280.)
99. Étéocle et Polynice.

Que vivre au siècle de Marie,
Sans mensonge et sans flatterie,
Sera vivre au siècle doré.   120

Les Muses, les neuf belles fées,
Dont les bois suivent les chansons,
Rempliront de nouveaux Orphées
La troupe de leurs nourrissons;
Tous leurs vœux seront de te plaire;   125
Et si ta faveur tutélaire
Fait signe de les avouer,
Jamais ne partit de leurs veilles
Rien qui se compare aux merveilles
Qu'elles feront pour te louer.   130

En cette hautaine entreprise,
Commune à tous les beaux esprits,
Plus ardent qu'un athlète à Pise,
Je me ferai quitter le prix;
Et quand j'aurai peint ton image,   135
Quiconque verra mon ouvrage,
Avoûra que Fontainebleau,

---

133. Pise, ville d'Élide, située à peu de distance d'Olympie, où les jeux olympiques se célébraient tous les quatre ans. C'est de cette ville que parle Malherbe dans la vingt-huitième strophe de la variante de la pièce XXVII.

135-140. Dans l'édition de 1630, où ils sont publiés pour la première fois, et dans les suivantes, on a placé séparément et comme fragment les vers suivants, qui ne sont qu'une variante de cette strophe:

> Et quand j'aurai peint ton image
> Comme j'en prépare l'ouvrage,
> Sans doute on dira quelque jour:
> Quoi que d'Apelle on nous raconte,
> Malherbe pouvoit à sa honte
> Achever la mère d'Amour.

Le Louvre, ni les Tuileries,
En leurs superbes galeries
N'ont point un si riche tableau. 140

Apollon à portes ouvertes
Laisse indifféremment cueillir
Les belles feuilles toujours vertes
Qui gardent les noms de vieillir;
Mais l'art d'en faire les couronnes 145
N'est pas su de toutes personnes;
Et trois ou quatre seulement,
Au nombre desquels on me range,
Peuvent donner une louange
Qui demeure éternellement. 150

145. Var. (L et R) : D'en faire des couronnes.

LIV

ÉPITAPHE DE FEU MONSEIGNEUR LE DUC D'ORLÉANS.

SONNET.

N. de France, duc d'Orléans, second fils de Henri IV, né à Fontainebleau le 16 avril 1607, mort le 17 novembre 1611, sans avoir été nommé.

L'épitaphe parut, en 1620, dans les tomes I et II des *Délices de la poésie françoise*.

« M. de Segrais m'a dit, rapporte Ménage, qu'il avoit ouï dire autrefois à feu M. le duc d'Orléans, Gaston de France, que les religieux de Saint-Denis en France avoient refusé de mettre dans leur église où ce petit duc d'Orléans est enterré, ce sonnet de Malherbe, quoique parfaitement beau, à cause du vers où il est parlé de Mars, et de celui où il est parlé de la Parque, qui sont des divinités païennes. »

    Plus Mars que Mars de la Thrace,
    Mon père victorieux
    Aux rois les plus glorieux
    Ota la première place.

    Ma mère vient d'une race   5
    Si fertile en demi-dieux,
    Que son éclat radieux
    Toutes lumières efface.

    Je suis poudre toutefois ;
    Tant la Parque a fait ses lois   10
    Égales et nécessaires ;

    Rien ne m'en a su parer ;

Apprenez, âmes vulgaires,
A mourir sans murmurer.

12-14. Imitation des vers suivants de Jean Second dans son épitaphe de Marguerite d'Autriche, fille de l'empereur Maximilien Ier :

At vos plebeio geniti de sanguine, quando
Ferrea nec nobis didicerunt fata nec ullis
Parcere nominibus, patientius ite sub umbras.

LV

A LA REINE, MÈRE DU ROI, SUR LA MORT
DE MONSEIGNEUR LE DUC D'ORLÉANS.

SONNET.

Imprimé pour la première fois dans l'édition de 1630. Le tome I des *Délices de la poésie françoise*, édition de 1620, contient de Colomby, l'un des disciples de Malherbe, une pièce sur le même sujet et qui commence ainsi :

    Consolez-vous, Madame ; essuyez votre face.

Consolez-vous, Madame, apaisez votre plainte ;
La France, à qui vos yeux tiennent lieu de soleil,
Ne dormira jamais d'un paisible sommeil
Tant que sur votre front la douleur sera peinte.

Rendez-vous à vous-même, assurez votre crainte,   5
Et de votre vertu recevez ce conseil,
Que souffrir sans murmure est le seul appareil
Qui peut guérir l'ennui dont vous êtes atteinte.

Le ciel, en qui votre âme a borné ses amours,
Étoit bien obligé de vous donner des jours   10
Qui fussent sans orage, et qui n'eussent point d'ombre.

Mais ayant de vos fils les grands cœurs découverts,
N'a-t-il pas moins failli d'en ôter un du nombre,
Que d'en partager trois en un seul univers ?

LVI

A MONSIEUR DU MAINE, SUR SES ŒUVRES SPIRITUELLES.

SONNET.

Le présent sonnet figure, avec quelques variantes, en tête du *Recueil des vers lugubres et spirituels* de Louis de Chabans, sʳ du Maine, gentilhomme ordinaire de la chambre du Roi, Paris, 1611, in-8. L'auteur fut tué en duel ou, pour mieux dire, assassiné par l'Enclos, le père de Ninon, le 26 décembre 1632, à Paris.

Suivant Ménage, le baron de Chabans, d'abord aide de camp, puis ingénieur dans les armées de France, avait passé ensuite au service des Vénitiens. Tallemant, qui lui a consacré quelques lignes, dit qu'il portait l'épée, mais qu'on l'accusait d'avoir été violon ou joueur de luth. Il est aussi question de lui dans les *Histoires tragiques* de Claude Malingre.

Tu me ravis, du Maine, il faut que je l'avoue,
Et tes sacrés discours me charment tellement,
Que le monde aujourd'hui ne m'étant plus que boue,
Je me tiens profané d'en parler seulement.

Je renonce à l'amour, je quitte son empire, 5
Et ne veux point d'excuse à mon impiété,
Si la beauté des cieux n'est l'unique beauté
Dont on m'orra jamais les merveilles écrire.

Caliste se plaindra de voir si peu durer

2. Var. : Me touchent tellement.
9. Var. : Charicle se plaindra....
Nous avons vu plus haut (xxviii et suiv.) que le nom de *Caliste* désignait la vicomtesse d'Auchy.

La forte passion qui me faisoit jurer 10
Qu'elle auroit en mes vers une gloire éternelle ;

Mais si mon jugement n'est point hors de son lieu,
Dois-je estimer l'ennui de me séparer d'elle,
Autant que le plaisir de me donner à Dieu?

LVII

A LA REINE, MÈRE DU ROI, PENDANT SA RÉGENCE.

STANCES.

Imprimées en 1620 dans le tome I des *Délices de la poésie françoise*, et composées probablement en 1611, au moment où l'on commençait à parler du double mariage d'Espagne.

« Il est à remarquer, dit Ménage, que tous les vers de ces stances sont masculins. Malherbe les fit sur l'air de cette chanson qui couroit de son temps :

> Belle qui m'avez blessé d'un trait si doux,
> Hélas! pourquoi me laissez-vous?
> Moi qui languis d'un cruel désespoir,
> Quand je suis sans vous voir.

Mais elles ne purent être chantées, le premier vers étant trop court d'une syllabe. J'ai appris cette particularité de M. de Racan, de qui j'ai appris aussi que Malherbe n'avoit point d'oreille pour la musique, et qu'il n'a jamais pu faire de vers sur les airs que les musiciens lui donnoient. » Jamais, est trop dire, car Malherbe y réussit au moins une fois en sa vie. Il nous l'apprend lui-même, dans une lettre écrite à Peiresc le 11 février 1613 : « Il y a quelques jours que la Reine m'avoit commandé des vers sur l'air d'une chanson italienne; ce n'a pas été sans peine; tant y a que je les ai achevés à son contentement, et que la Bailli, qui les a chantés devant elle, a dit qu'ils étoient entièrement semblables aux italiens; aussi la Reine l'avoit envoyée les concerter avec moi. »

> Objet divin des âmes et des yeux,
> Reine le chef-d'œuvre des cieux,
> Quels doctes vers me feront avouer
> Digne de te louer?

1. Var. (P) : Objet divers.... (ce qui est évidemment une faute d'impression).

Les monts fameux des vierges que je sers
    Ont-ils des fleurs en leurs déserts
Qui s'efforçant d'embellir ta couleur,
    Ne ternissent la leur?

Le Thermodon a vu seoir autrefois
    Des reines au trône des rois;
Mais que vit-il par qui soit débattu
    Le prix à ta vertu?

Certes nos lis, quoique bien cultivés,
    Ne s'étoient jamais élevés
Au point heureux où les destins amis
    Sous ta main les ont mis.

A leur odeur l'Anglois se relâchant,
    Notre amitié va recherchant;
Et l'Espagnol, prodige merveilleux!
    Cesse d'être orgueilleux.

De tous côtés nous regorgeons de biens;
    Et qui voit l'aise où tu nous tiens,
De ce vieux siècle aux fables récité
    Voit la félicité.

Quelque discord murmurant bassement,
    Nous fit peur au commencement;
Mais sans effet presque il s'évanouit,
    Plus tôt qu'on ne l'ouït.

Tu menaças l'orage paroissant,

---

9. Rivière du Pont, sur les bords de laquelle habitaient les Amazones. C'est aujourd'hui le Termeh.

16. L'édition de 1630 et celle de 1631 portent par erreur : *les a mis.*

  Et tout soudain obéissant,   30
Il disparut comme flots courroucés
  Que Neptune a tancés.

Que puisses-tu, grand soleil de nos jours,
  Faire sans fin le même cours,
Le soin du ciel te gardant aussi bien,   35
  Que nous garde le tien !

Puisses-tu voir sous le bras de ton fils
  Trébucher les murs de Memphis ;
Et de Marseille au rivage de Tyr
  Son empire aboutir !   40

Les vœux sont grands ; mais avecque raison
  Que ne peut l'ardente oraison ?
Et sans flatter ne sers-tu pas les Dieux
  Assez pour avoir mieux ?

32. Voyez l'*Énéide*, liv. I, v. 135 et suivants.

LVIII

LES SIBYLLES.

SUR LA FÊTE DES ALLIANCES DE FRANCE ET D'ESPAGNE.

La relation de ces fêtes parut en 1612, in-4°, sous ce titre : *Le Camp de la Place Royalle ou Relation de ce qui s'y est passé les cinquième, sixième et septième jours d'avril mil six cens douze, pour la publication des mariages du Roy* (Louis XIII) *et de Madame* (Élisabeth de France) *avec l'Infante* (Anne d'Autriche) *et le Prince d'Espagne* (Philippe IV). *Le tout recueilli par le commandement de Sa Majesté.* Paris, de l'imprimerie de Jean Laquehay. On y trouve sans nom d'auteur les stances de Malherbe, qui avaient été mises en musique par Boesset.

Le premier des intitulés que nous leur donnons est tiré de l'édition de 1630 et le second de la *Relation*.

La sibylle Persique.

POUR LA REINE.

Que Bellone et Mars se détachent,
Et de leurs cavernes arrachent
Tous les vents des séditions ;
La France est hors de leur furie,
Tant qu'elle aura pour alcyons   5
L'heur et la vertu de Marie.

---

5. « *Alcyon*, oiseau duquel on dit qu'il fait son nid au bord de la mer, et qu'alors la mer demeure calme. » (*Dictionnaire de l'Académie*, de 1694.)

La Libyque.

POUR LA REINE.

Cesse, Pò, d'abuser le monde,
Il est temps d'ôter à ton onde
Sa fabuleuse royauté.
L'Arne, sans en faire autres preuves,
Ayant produit cette beauté,
S'est acquis l'empire des fleuves.

La Delphique.

POUR LES MARIAGES.

La France à l'Espagne s'allie;
Leur discorde est ensevelie,
Et tous leurs orages finis.
Armes du reste de la terre,
Contre ces deux peuples unis
Qu'êtes-vous que paille et que verre?

La Cumée.

POUR LE MÊME SUJET.

Arrière ces plaintes communes,
Que les plus durables fortunes
Passent du jour au lendemain;
Les nœuds de ces grands hyménées
Sont-ils pas de la propre main
De ceux qui font les destinées?

---

10. L'Arno. Voyez XXVII, 114.

19. *Titre de la strophe* IV. L'adjectif *Cumée* pourrait s'appliquer tout aussi bien à la sibylle de *Cumes* (*Cumæ*) en Campanie, qu'à la sibylle (très-contestable) de *Cume* (*Cuma, Cyme*), en Éolie, qu'il désigne

L'Érythrée.

POUR LE MÊME SUJET.

Taisez-vous, funestes langages, 25
Qui jamais ne faites présages
Où quelque malheur ne soit joint;
La discorde ici n'est mêlée,
Et Thétis n'y soupire point
Pour avoir épousé Pélée. 30

La Samienne.

POUR LE ROI.

Roi que tout bonheur accompagne,
Vois partir du côté d'Espagne
Un soleil qui te vient chercher;
O vraiment divine aventure,
Que ton respect fasse marcher 35
Les astres contre leur nature!

La Cumane.

POUR LE ROI.

O que l'heur de tes destinées
Poussera tes jeunes années
A de magnanimes soucis;
Et combien te verront épandre 40
De sang des peuples circoncis
Les flots qui noyèrent Léandre!

---

réellement ici. Mais l'adjectif à désinence latine *Cumane* (voyez la strophe VII) ne peut s'appliquer qu'à la première.

42. L'Hellespont, que Léandre traversait toutes les nuits à la nage, et où il se noya dans une tempête.

L'Hellespontique.

POUR LE ROI.

Soit que le Danube t'arrête,
Soit que l'Euphrate à sa conquête
Te fasse tourner ton desir,
Trouveras-tu quelque puissance,
A qui tu ne fasses choisir
Ou la mort, ou l'obéissance ?

La Phrygienne.

POUR LA REINE.

Courage, Reine sans pareille :
L'esprit sacré qui te conseille
Est ferme en ce qu'il a promis.
Achève, et que rien ne t'arrête;
Le ciel tient pour ses ennemis
Les ennemis de cette fête.

La Tiburtine.

POUR LA REINE.

Sous ta bonté s'en va renaître
Le siècle où Saturne fut maître;
Thémis les vices détruira;
L'honneur ouvrira son école;
Et dans Seine et Marne luira
Même sablon que dans Pactole.

50. Allusion probable au maréchal d'Ancre.

LIX

SUR LE MÊME SUJET.

« Une des sibylles, dit la *Relation*, chanta ces autres stances au nom de tous les François. »

Donc après un si long séjour,
Fleurs de lis, voici le retour
De vos aventures prospères ;
Et vous allez être à nos yeux
Fraîches comme aux yeux de nos pères   5
Lorsque vous tombâtes des cieux.

A ce coup s'en vont les Destins
Entre les jeux et les festins
Nous faire couler nos années ;
Et commencer une saison,   10
Où nulles funestes journées
Ne verront jamais l'horizon.

Ce n'est plus comme auparavant,
Que si l'Aurore en se levant
D'aventure nous voyoit rire,   15
On se pouvoit bien assurer,

---

1. « *Séjour*, c'est tardation, *mora*, comme : vous faites trop long séjour, *moram ducis.* » (Nicot.)

6. Allusion à une légende assez moderne, à un « petit conte sans fondement, inconnu des anciens auteurs, » comme dit le *Dictionnaire de Trévoux*.

Tant la fortune avoit d'empire !
Que le soir nous verroit pleurer.

De toutes parts sont éclaircis
Les nuages de nos soucis ;
La sûreté chasse les craintes ;
Et la discorde sans flambeau
Laisse mettre avecque nos plaintes
Tous nos soupçons dans le tombeau.

O qu'il nous eût coûté de morts,
O que la France eût fait d'efforts,
Avant que d'avoir par les armes
Tant de provinces qu'en un jour,
Belle Reine, avecque vos charmes
Vous nous acquérez par amour !

Qui pouvoit, sinon vos bontés,
Faire à des peuples indomptés
Laisser leurs haines obstinées,
Pour jurer solennellement,
En la main de deux hyménées,
D'être amis éternellement ?

Fleur des beautés et des vertus,
Après nos malheurs abattus
D'une si parfaite victoire,
Quel marbre à la postérité
Fera paroître votre gloire
Au lustre qu'elle a mérité ?

Non, non, malgré les envieux
La raison veut qu'entre les Dieux
Votre image soit adorée ;

Et qu'aidant comme eux aux mortels,
Lorsque vous serez implorée,
Comme eux vous ayez des autels.

Nos fastes sont pleins de lauriers
De toute sorte de guerriers ; 50
Mais, hors de toute flatterie,
Furent-ils jamais embellis
Des miracles que fait Marie
Pour le salut des fleurs de lis?

REPRISE PAR TOUTES LES SIBYLLES.

A ce coup la France est guérie ; 55
Peuples fatalement sauvés,
Payez les vœux que vous devez
A la sagesse de Marie.

---

53. Var. : Du miracle qu'a fait Marie.
55-58. Ce dernier couplet a été pour la première fois réuni par Saint-Marc aux œuvres de Malherbe.

LX

POUR MONSIEUR DE LA CEPPÈDE, SUR SON LIVRE DE LA PASSION DE NOTRE SEIGNEUR.

SONNET.

Imprimé en tête des *Théorèmes sur le sacré mystère de notre Rédemption*, Toulouse, 1613, in-4°, par J. de la Ceppède, seigneur d'Aigalades, premier président de la Cour des comptes de Provence, mort en 1623.

J'estime la Ceppède, et l'honore, et l'admire,
Comme un des ornements des premiers de nos jours;
Mais qu'à sa plume seule on doive ce discours,
Certes, sans le flatter, je ne l'oserois dire.

L'Esprit du Tout-Puissant, qui ses grâces inspire   5
A celui qui sans feinte en attend le secours,
Pour élever notre âme aux célestes amours,
Sur un si beau sujet l'a fait si bien écrire.

Reine, l'heur de la France, et de tout l'univers,
Qui voyez chaque jour tant d'hommages divers,   10
Que présente la Muse aux pieds de votre image;

Bien que votre bonté leur soit propice à tous,
Ou je n'y connois rien, ou devant cet ouvrage
Vous n'en vîtes jamais qui fût digne de vous.

2. VAR. (*Théorèmes*) : Les premiers de nos jours.
5. VAR. (*ibid.*) : L'Esprit de ce grand Dieu.

LXI

POUR LA PUCELLE D'ORLÉANS.

ÉPIGRAMME.

Cette épigramme et la suivante sont tirées d'un ouvrage intitulé : *Recueil de diverses Inscriptions proposées pour remplir les Tables d'attente étans sous les Statues du Roi Charles VII et de la Pucelle d'Orléans, qui sont élevées également armées, et à genoux, aux deux côtés d'une Croix, et de l'Image de la Vierge Marie étant au pied d'icelle, sur le Pont de la Ville d'Orléans, dès l'an 1458. Et de diverses Poésies faites à la louange de la mesme Pucelle, de ses Frères et leur postérité, etc.* Paris, Edme Martin, 1613, in-4°. Ibid., 1628, avec des additions. On trouve dans ce recueil des pièces de vers grecques, latines, françaises, italiennes, espagnoles, etc

    L'ennemi tous droits violant,
    Belle Amazone, en vous brûlant,
    Témoigne son âme perfide ;
    Mais le Destin n'eut point de tort ;
    Celle qui vivoit comme Alcide,   5
    Devoit mourir comme il est mort.

LXII

SUR LE MÊME SUJET.

Cette pièce a été pour la première fois réunie par Saint-Marc aux œuvres de Malherbe. — Voyez la notice précédente.

Passants, vous trouvez à redire
Qu'on ne voit ici rien gravé
De l'acte le plus relevé
Que jamais l'histoire ait fait lire;
La raison qui vous doit suffire,
C'est qu'en un miracle si haut,
Il est meilleur de ne rien dire
Que ne dire pas ce qu'il faut.

LXIII

PARAPHRASE DU PSAUME CXXVIII.

Imprimée en 1615 dans les *Délices de la poésie françoise*. Malherbe la composa durant la première guerre civile des princes, que termina le 15 mai 1614 le traité de Sainte-Menehould. Le 3 de ce même mois, il avait écrit à Peiresc : « Il y a dix ou douze jours que je donnai au Roi et à la Reine une traduction que j'ai faite du psaume cxxviii. La Reine, après l'avoir lue, commanda à Mme la princesse de Conty de la lire tout haut. Cela fait, la Reine dit : « Malherbe, approchez-vous, » et me dit tout bas à l'oreille : « Prenez un casque. » Je lui répondis que je me promettois qu'elle me feroit mettre en la capitulation; là-dessus elle se mit à rire et me dit qu'elle le feroit.... On fait un air au psaume dont il est question. »

Le psaume cxxviii commence par ces mots : *Sæpe expugnaverunt me a juventute mea.*

Les funestes complots des âmes forcenées,
Qui pensoient triompher de mes jeunes années,
Ont d'un commun assaut mon repos offensé.
Leur rage a mis au jour ce qu'elle avoit de pire,
   Certes je le puis dire ;   5
Mais je puis dire aussi qu'ils n'ont rien avancé.

J'étois dans leurs filets; c'étoit fait de ma vie;
Leur funeste rigueur qui l'avoit poursuivie,
Méprisoit le conseil de revenir à soi ;
Et le coutre aiguisé s'imprime sur la terre   10
   Moins avant, que leur guerre
N'espéroit imprimer ses outrages sur moi.

Dieu, qui de ceux qu'il aime est la garde éternelle,

Me témoignant contre eux sa bonté paternelle,
A selon mes souhaits terminé mes douleurs.
Il a rompu leur piége, et de quelque artifice
   Qu'ait usé leur malice,
Ses mains qui peuvent tout m'ont dégagé des leurs.

La gloire des méchants est pareille à cette herbe
Qui, sans porter jamais ni javelle ni gerbe,
Croît sur le toit pourri d'une vieille maison;
On la voit sèche et morte aussitôt qu'elle est née,
   Et vivre une journée
Est réputé pour elle une longue saison.

Bien est-il malaisé que l'injuste licence
Qu'ils prennent chaque jour d'affliger l'innocence
En quelqu'un de leurs vœux ne puisse prospérer;
Mais tout incontinent leur bonheur se retire,
   Et leur honte fait rire
Ceux que leur insolence avoit fait soupirer.

LXIV

POUR LA REINE, MÈRE DU ROI, PENDANT SA RÉGENCE.

ODE.

Ménage déclare avoir appris de Racan que cette ode (imprimée seulement, et avec quelques incorrections, dans l'édition de 1630) « n'avoit ni commencement ni fin, et que ce n'étoit qu'un fragment. » — Elle fut composée, comme la précédente et comme les trois fragments LXV, LXVI et LXVII, à l'occasion de la guerre des princes.

. . . .
. . . .
Si quelque avorton de l'envie
Ose encore lever les yeux,
Je veux bander contre sa vie
L'ire de la terre et des cieux ;
Et dans les savantes oreilles   5
Verser de si douces merveilles,
Que ce misérable corbeau,
Comme oiseau d'augure sinistre,
Banni des rives de Caïstre,
S'aille cacher dans le tombeau.   10

Venez donc, non pas habillées
Comme on vous trouve quelquefois,
En jupe dessous les feuillées

9. Le Caïstre, fleuve de Lydie, où l'on disait que les cygnes abondaient.
11. Le poëte ici s'adresse aux Muses.

Dansant au silence des bois.
Venez en robes, où l'on voie
Dessus les ouvrages de soie
Les rayons d'or étinceler;
Et chargez de perles vos têtes,
Comme quand vous allez aux fêtes
Où les Dieux vous font appeler.

Quand le sang bouillant en mes veines
Me donnoit de jeunes desirs,
Tantôt vous soupiriez mes peines,
Tantôt vous chantiez mes plaisirs;
Mais aujourd'hui que mes années
Vers leur fin s'en vont terminées,
Siéroit-il bien à mes écrits
D'ennuyer les races futures
Des ridicules aventures
D'un amoureux en cheveux gris?

Non, vierges, non; je me retire
De tous ces frivoles discours;
Ma Reine est un but à ma lyre,
Plus juste que nulles amours;
Et quand j'aurai, comme j'espère,
Fait ouïr du Gange à l'Ibère
Sa louange à tout l'univers,
Permesse me soit un Cocyte,
Si jamais je vous sollicite
De m'aider à faire des vers.

Aussi bien chanter d'autre chose,
Ayant chanté de sa grandeur,
Seroit-ce pas après la rose
Aux pavots chercher de l'odeur?

Et des louanges de la lune 45
Descendre à la clarté commune
D'un de ces feux du firmament,
Qui sans profiter et sans nuire,
N'ont reçu l'usage de luire
Que par le nombre seulement ? 50

Entre les rois à qui cet âge
Doit son principal ornement,
Ceux de la Tamise et du Tage
Font louer leur gouvernement ;
Mais en de si calmes provinces, 55
Où le peuple adore les princes,
Et met au degré le plus haut
L'honneur du sceptre légitime,
Sauroit-on excuser le crime
De ne régner pas comme il faut ? 60

Ce n'est point aux rives d'un fleuve,
Où dorment les vents et les eaux,
Que fait sa véritable preuve
L'art de conduire les vaisseaux ;
Il faut en la plaine salée 65
Avoir lutté contre Malée,
Et près du naufrage dernier

47. Il manque une syllabe à ce vers dans l'édition de 1630 et dans celle de 1631 ; on lit dans l'une et dans l'autre *des feux* pour *de ces feux*.

53. Jacques Ier et Philippe III.

62. Ici encore il y a une faute évidente dans les éditions de 1630 et de 1631 : *donnent* pour *dorment*.

66. *Malée*, promontoire de Laconie, qui passait pour très-dangereux ; autrefois *Malea*, aujourd'hui cap Saint-Ange.

67. *Le naufrage dernier*, dans le sens latin, pour « l'extrémité, les extrêmes dangers du naufrage. »

S'être vu dessous les Pléiades
Éloigné de ports et de rades,
Pour être cru bon marinier. 70

Ainsi quand la Grèce partie
D'où le mol Anaure couloit,
Traversa les mers de Scythie
En la navire qui parloit,
Pour avoir su des Cyanées 75
Tromper les vagues forcenées,
Les pilotes du fils d'Éson,
Dont le nom jamais ne s'efface,
Ont gagné la première place
En la fable de la toison. 80

Ainsi conservant cet empire
Où l'infidélité du sort,
Jointe à la nôtre encore pire,
Alloit faire un dernier effort,
Ma Reine acquiert à ses mérites 85

68. *Les Pléiades.* Leur nom chez les Latins était quelquefois synonyme de *tempête.*

71. *La Grèce,* les héros grecs qui allèrent conquérir en Colchide la toison d'or.

72. *L'Anaure,* fleuve de Thessalie qui passait près d'Iolcos, patrie de Jason, fils d'Éson.

73. *Les mers de Scythie,* le Pont-Euxin, qu'Ovide, exilé sur ses bords, désigne plusieurs fois dans ses *Tristes* par le nom de *Pontus scythicus.*

74. *Argo,* navire des Argonautes, dans la charpente duquel était une pièce du chêne fatidique de Dodone.

75, 76. *Les Cyanées* ou *Symplégades* étaient deux rochers situés à l'entrée du Pont-Euxin, entre lesquels les Argonautes réussirent à passer par la protection de Junon, et qui, à partir de ce moment, demeurèrent immobiles. Auparavant, disent les poëtes, ils s'écartaient à l'approche d'un navire, puis se rapprochaient pour le briser.

Un nom qui n'a point de limites;
Et ternissant le souvenir
Des reines qui l'ont précédée,
Devient une éternelle idée
De celles qui sont à venir. 90

Aussitôt que le coup tragique
Dont nous fûmes presque abattus,
Eut fait la fortune publique
L'exercice de ses vertus,
En quelle nouveauté d'orage 95
Ne fut éprouvé son courage?
Et quelles malices de flots,
Par des murmures effroyables,
A des vœux à peine payables
N'obligèrent les matelots? 100

Qui n'ouït la voix de Bellonne,
Lassée d'un repos de douze ans,
Telle que d'un foudre qui tonne,
Appeler tous ses partisans;
Et déjà les rages extrêmes, 105
Par qui tombent les diadèmes,
Faire appréhender le retour
De ces combats, dont la manie
Est l'éternelle ignominie
De Jarnac et de Moncontour? 110

Qui ne voit encore à cette heure
Tous les infidèles cerveaux

---

89. *Idée*, idéal, modèle.
91. L'assassinat de Henri IV.
110. Les deux victoires bien connues remportées sur les huguenots par Henri III, alors duc d'Anjou.

Dont la fortune est la meilleure,
Ne chercher que troubles nouveaux;
Et ressembler à ces fontaines 115
Dont les conduites souterraines
Passent par un plomb si gâté,
Que toujours ayant quelque tare,
Au même temps qu'on les répare
L'eau s'enfuit d'un autre côté? 120

La paix ne voit rien qui menace
De faire renaître nos pleurs;
Tout s'accorde à notre bonace;
Les hivers nous donnent des fleurs;
Et si les pâles Euménides, 125
Pour réveiller nos parricides,
Toutes trois ne sortent d'enfer,
Le repos du siècle où nous sommes
Va faire à la moitié des hommes
Ignorer que c'est que le fer. 130

Thémis, capitale ennemie
Des ennemis de leur devoir,
Comme un rocher est affermie
En son redoutable pouvoir;
Elle va d'un pas et d'un ordre 135
Où la censure n'a que mordre;
Et les lois qui n'exceptent rien
De leur glaive et de leur balance,
Font tout perdre à la violence
Qui veut avoir plus que le sien. 140

Nos champs même ont leur abondance,
Hors de l'outrage des voleurs;
Les festins, les jeux, et la danse

En bannissent toutes douleurs.
Rien n'y gémit, rien n'y soupire ; 145
Chaque Amarille a son Tityre,
Et sous l'épaisseur des rameaux,
Il n'est place où l'ombre soit bonne,
Qui soir et matin ne résonne
Ou de voix, ou de chalumeaux. 150

Puis quand ces deux grands hyménées,
Dont le fatal embrassement
Doit aplanir les Pyrénées,
Auront leur accomplissement,
Devons-nous douter qu'on ne voie, 155
Pour accompagner cette joie,
L'encens germer en nos buissons,
La myrrhe couler en nos rues,
Et sans l'usage des charrues,
Nos plaines jaunir de moissons ? 160

Quelle moins hautaine espérance
Pouvons-nous concevoir alors,
Que de conquêter à la France
La Propontide en ses deux bords ?
Et vengeant de succès prospères 165
Les infortunes de nos pères,

---

146. La fin de cette strophe rappelle et développe ces vers si connus de la première *Églogue* de Virgile :

.... Tu Tityre, lentus in umbra,
Formosam resonare doces Amaryllida silvas.

151-153. Voyez la notice de la pièce LVIII.

153. On voit que Malherbe a été le premier à dire le fameux mot : *Il n'y a plus de Pyrénées*, si gratuitement prêté à Louis XIV. (Voyez le *Journal de Dangeau*, édit. Didot, tome VII, p. 418, 419.)

158. Les éditions de 1630 et 1631 ont *la myrthe* pour *la myrrhe*.

Que tient l'Égypte ensevelis,
Aller si près du bout du monde,
Que le soleil sorte de l'onde
Sur la terre des fleurs de lis ? 170

Certes ces miracles visibles
Excédant le penser humain,
Ne sont point ouvrages possibles
A moins qu'une immortelle main.
Et la raison ne se peut dire, 175
De nous voir en notre navire
A si bon port acheminés,
Ou sans fard et sans flatterie,
C'est Pallas que cette Marie,
Par qui nous sommes gouvernés. 180

Quoi qu'elle soit, Nymphe ou Déesse,
De sang immortel ou mortel,
Il faut que le monde confesse
Qu'il ne vit jamais rien de tel ;
Et quiconque fera l'histoire 185
De ce grand chef-d'œuvre de gloire,
L'incrédule postérité
Rejettera son témoignage,
S'il ne la dépeint belle, et sage
Au deçà de la vérité. 190

Grand Henri, grand foudre de guerre,
Que cependant que parmi nous
Ta valeur étonnoit la terre,
Les Destins firent son époux ;
Roi dont la mémoire est sans blâme, 195

166, 167. Allusion à la première croisade de saint Louis.

Que dis-tu de cette belle âme,
Quand tu la vois si dignement
Adoucir toutes nos absinthes,
Et se tirer des labyrinthes
Où la met ton éloignement? 200

Que dis-tu lors que tu remarques
Après ses pas ton héritier,
De la sagesse des monarques
Monter le pénible sentier?
Et pour étendre sa couronne, 205
Croître comme un faon de lionne?
Que s'il peut un jour égaler
Sa force avecque sa furie,
Les Nomades n'ont bergerie
Qu'il ne suffise à désoler. 210

Qui doute que si de ses armes
Ilion avoit eu l'appui,
Le jeune Atride avecque larmes
Ne s'en fût retourné chez lui;
Et qu'aux beaux champs de la Phrygie, 215
De tant de batailles rougie,
Ne fussent encore honorés
Ces ouvrages des mains célestes,
Que jusques à leurs derniers restes
La flamme grecque a dévorés? 220

218. Les murs de Troie avaient été bâtis par Apollon et Neptune.

LXV

FRAGMENT SUR LE MÊME SUJET.

Ce fragment et les deux suivants ont paru pour la première fois dans l'édition de 1630. Ils ont été publiés d'après une copie qui se trouve à la Bibliothèque impériale (Papiers de Baluze, n° 133).

O toi, qui d'un clin d'œil sur la terre et sur l'onde
      Fais trembler tout le monde,
Dieu, qui toujours es bon, et toujours l'as été,
Verras-tu concerter à ces âmes tragiques
      Leurs funestes pratiques,
Et ne tonneras point sur leur impiété?

Voyez en quel état est aujourd'hui la France,
      Hors d'humaine espérance.
Les peuples les plus fiers du couchant et du nord
Ou sont alliés d'elle, ou recherchent de l'être ;
      Et ceux qu'elle a fait naître
Tournent tout leur conseil pour lui donner la mort.

LXVI

PRÉDICTION DE LA MEUSE AUX PRINCES RÉVOLTÉS.

Le titre que nous donnons à cette pièce est celui qu'elle porte dans le manuscrit que nous venons de citer. Les princes étaient alors réunis à Mézières, qui, comme on sait, est située sur la Meuse.

Allez à la malheure, allez, âmes tragiques,
Qui fondez votre gloire aux misères publiques,
 Et dont l'orgueil ne connoît point de lois.
Allez, fleaux de la France, et les pestes du monde;
Jamais pas un de vous ne reverra mon onde;   5
 Regardez-la pour la dernière fois.

4. *Fleaux*, pour *fléaux*, en une seule syllabe.

LXVII

AUTRE FRAGMENT.

Ames pleines de vent, que la rage a blessées,
Connoissez votre faute, et bornez vos pensées
    En un juste compas ;
Attachez votre espoir à de moindres conquêtes ;
Briare avoit cent mains, Typhon avoit cent têtes,   5
Et ce que vous tentez leur coûta le trépas.

Soucis, retirez-vous, faites place à la joie,
Misérable douleur, dont nous sommes la proie ;
    Nos vœux sont exaucés ;
Les vertus de la Reine, et les bontés célestes,   10
Ont fait évanouir ces orages funestes,
Et dissipé les vents qui nous ont menacés.

LXVIII

CHANSON.

Suivant Racan, ce serait pendant le veuvage de Mme de Termes, dont le mari mourut en 1621, que Malherbe aurait composé cette chanson pour Mme de Rambouillet. Celle-ci ne se rappelait pas cette circonstance, au dire de Ménage, qui prétend que la pièce a été faite pour Caliste, c'est-à-dire pour la vicomtesse d'Auchy. En tout cas, ces vers sont antérieurs à l'époque indiquée par Racan, car ils ont été insérés dès 1615 dans les *Airs de cour*, imprimés par P. Ballard (liv. I, p. 18), avec la musique de Boesset. Je ne crois pas qu'ils aient été réimprimés avant l'édition de 1630. — Dans une des éditions du *Parnasse* se trouve un sonnet qui commence ainsi :

Ils s'en vont ces beaux yeux, ces soleils de ma vie.

Il est du cardinal Duperron et a précédé certainement la chanson de Malherbe.

    Ils s'en vont, ces rois de ma vie,
        Ces yeux, ces beaux yeux,
    Dont l'éclat fait pâlir d'envie
        Ceux même des cieux.
    Dieux amis de l'innocence,   5
        Qu'ai-je fait pour mériter
    Les ennuis où cette absence
        Me va précipiter ?

    Elle s'en va cette merveille,
        Pour qui nuit et jour,   10
    Quoi que la raison me conseille,
        Je brûle d'amour.
    Dieux amis, etc.

En quel effroi de solitude
    Assez écarté,
Mettrai-je mon inquiétude
    En sa liberté?
Dieux amis, etc.

Les affligés ont en leurs peines
    Recours à pleurer;
Mais quand mes yeux seroient fontaines,
    Que puis-je espérer?
Dieux amis, etc.

LXIX

SONNET.

Il s'agit ici non point, comme quelques-uns l'ont cru, de la femme de Malherbe, car elle survécut à son mari, mais de la femme d'Étienne Puget. C'est celui-ci que le poëte fait parler. — Étienne Puget, qui, après son veuvage, embrassa l'état ecclésiastique, et fut évêque de Marseille de 1643 à 1668, était fils de Pommeuse Puget, trésorier de l'Épargne, sur lequel on peut consulter Tallemant des Réaux, et sa femme était fille de Hallé, doyen de la chambre des comptes de Paris.

Le sonnet fut imprimé en 1615 dans les *Délices de la poésie françoise*.

Celle qu'avoit Hymen à mon cœur attachée,
Et qui fut ici-bas ce que j'aimai le mieux,
Allant changer la terre à de plus dignes lieux,
Au marbre que tu vois sa dépouille a cachée.

Comme tombe une fleur que la bise a séchée,   5
Ainsi fut abattu ce chef-d'œuvre des cieux;
Et depuis le trépas qui lui ferma les yeux,
L'eau que versent les miens n'est jamais étanchée.

Ni prières, ni vœux ne m'y purent servir;
La rigueur de la mort se voulut assouvir,   10
Et mon affection n'en put avoir dispense.

Toi dont la piété vient sa tombe honorer,

2. VAR. (N): Ce que j'aimois le mieux.

Pleure mon infortune, et pour ta récompense
Jamais autre douleur ne te fasse pleurer.

*
* *

   Belle âme qui fus mon flambeau,   15
   Reçois l'honneur qu'en ce tombeau
   Je suis obligé de te rendre ;
   Ce que je fais te sert de peu ;
   Mais au moins tu vois en la cendre
   Comme j'en conserve le feu.   20

17. Var. (R) : Le devoir m'oblige à te rendre.
20. Var, (*ibid.*) : Que j'en aime encore le feu.

LXX

POUR UNE FONTAINE.

« J'ai ouï dire à M. du Casse, lieutenant général de Laitoure (Lectoure), rapporte Ménage, qu'il y a auprès de Laitoure une maison de campagne où ces vers sont gravés au pied d'une fontaine, d'un caractère qui paroît ancien, et que la commune créance du pays est qu'ils sont de du Bartas, et que du Bartas les fit en faveur de sa sœur, à qui cette maison appartenoit. Mais j'ai ouï dire aussi à Mme la marquise de Rambouillet, que Malherbe les avoit faits à sa prière pour la fontaine de l'hôtel de Rambouillet, où ils furent gravés lorsque cette fontaine fut revêtue de pierres la première fois. Malherbe étoit l'homme du monde le moins plagiaire : et d'un autre côté ces vers sont plus élégants que ni le siècle ni le style de du Bartas ne le comportent. Il ne faut donc point douter que ces vers ne soient de Malherbe. Et puisqu'ils se trouvent gravés au pied de la fontaine de cette maison de campagne dont nous venons de parler, il faut croire que quelqu'un les y a fait graver depuis que Malherbe les fit, il y a plus de soixante ans (c. à d. vers 1606), pour la fontaine de l'hôtel de Rambouillet, comme on les a fait graver depuis peu au pied d'une fontaine du couvent des capucins de la ville d'Angers. »

Cette inscription parut pour la première fois, non pas en 1627, comme le dit Saint-Marc, mais en 1615, dans les *Délices de la poésie françoise*.

> Vois-tu, passant, couler cette onde,
> Et s'écouler incontinent ?
> Ainsi fuit la gloire du monde ;
> Et rien que Dieu n'est permanent.

LXXI

CHANSON.

Cette chanson, imprimée en 1615 dans le tome II des *Délices de la poésie françoise*, et en 1630 dans le *Recueil des plus beaux vers*, a été pour la première fois jointe par Saint-Marc aux œuvres de Malherbe.

Sus debout la merveille des belles,
Allons voir sur les herbes nouvelles
Luire un émail, dont la vive peinture
Défend à l'art d'imiter la nature.

L'air est plein d'une haleine de roses, 5
Tous les vents tiennent leurs bouches closes,
Et le soleil semble sortir de l'onde
Pour quelque amour, plus que pour luire au monde.

On diroit, à lui voir sur la tête
Ses rayons comme un chapeau de fête, 10
Qu'il s'en va suivre en si belle journée
Encore un coup la fille de Pénée.

Toute chose aux délices conspire,
Mettez-vous en votre humeur de rire;
Les soins profonds d'où les rides nous viennent, 15
A d'autres ans qu'aux vôtres appartiennent.

Il fait chaud, mais un feuillage sombre

12. Daphné, fille du Pénée, fleuve de la Thessalie.

Loin du bruit nous fournira quelque ombre,
Où nous ferons parmi les violettes
Mépris de l'ambre et de ses cassolettes.

Près de nous sur les branches voisines
Des genêts, des houx et des épines,
Le rossignol déployant ses merveilles,
Jusqu'aux rochers donnera des oreilles.

Et peut-être à travers des fougères
Verrons-nous de bergers à bergères
Sein contre sein, et bouche contre bouche,
Naître et finir quelque douce escarmouche.

C'est chez eux qu'Amour est à son aise,
Il y saute, il y danse, il y baise,
Et foule aux pieds les contraintes serviles
De tant de lois qui le gênent aux villes.

O qu'un jour mon âme auroit de gloire
D'obtenir cette heureuse victoire,
Si la pitié de mes peines passées
Vous disposoit à semblables pensées !

Votre honneur, le plus vain des idoles,
Vous remplit de mensonges frivoles.
Mais quel esprit que la raison conseille,
S'il est aimé, ne rend point de pareille ?

LXXII

RÉCIT D'UN BERGER AU BALLET DE MADAME, PRINCESSE D'ESPAGNE.

On dansa ce ballet le 19 mars 1615, dans la grande salle de Bourbon, lorsque Louis XIII se disposait à partir pour Bordeaux, avec sa sœur Élisabeth et sa mère, à l'occasion des mariages dont il a été déjà parlé (voyez la notice de la pièce LVIII). Les vers de Malherbe parurent d'abord en feuille volante. J'en ai trouvé à la Bibliothèque impériale un exemplaire formé de 4 pages in-4º et intitulé : *Récit d'un Berger sur les alliances de France et d'Espagne.* Cet exemplaire diffère notablement de celui que Saint-Marc a eu entre les mains et où il n'a signalé qu'une seule variante (vers 7-9).

De plus, le ballet fut imprimé deux fois en 1615. Je n'ai pu me procurer que la seconde édition intitulée : *Description du ballet de Madame, sœur aînée du Roi.* A Lyon, pour François Yvrad, pris sur la copie imprimée à Paris, avec Privilége du Roy. MDCXV, 32 p. in-8º. On y raconte que le Roi et sa mère choisirent, entre tous les projets de ballet qui leur furent présentés, celui du sieur Durand, contrôleur provincial des guerres, « comme .... se rapportant le plus à la condition et qualité de Madame, qu'il faisoit être une Minerve, et tout le ballet un triomphe qu'elle faisoit d'avoir captivé le Prince d'Espagne à qui elle étoit promise.... Puis Sa Majesté envoya querir le s^r Malherbe, comme celui à qui les plus beaux esprits de la France défèrent, pour le faire communiquer avec ledit Durand, prendre l'ordre du ballet de lui et travailler ensemble aux vers qu'il y faudroit réciter. » — Des huit pièces de vers intercalées dans le ballet cinq sont de Durand, deux de Bordier. Une seule (celle que nous donnons ici) est de Malherbe. Elle fut récitée dans les circonstances suivantes : A la suite d'un ballet dansé par deux jeunes filles parut sur la scène « un berger qui étoit le sieur Marais, homme d'armes de la compagnie de Monsieur le Grand, lequel comme remenant ses troupeaux en l'étable au couchant du soleil, sortit des bois en chantant et alla jusque devant Leurs Majestés, toujours récitant les vers faits par le sieur Malherbe. »

Racan a raconté à Ménage que le poëte, sur la fin de ses jours, « préféroit cette pièce à toutes ses autres. »

Houlette de Louis, houlette de Marie,
Dont le fatal appui met notre bergerie
    Hors du pouvoir des loups,
Vous placer dans les cieux en la même contrée
    Des balances d'Astrée, 5
Est-ce un prix de vertu qui soit digne de vous ?

Vos pénibles travaux, sans qui nos pâturages,
Battus depuis cinq ans de grêles et d'orages,
    S'en alloient désolés,
Sont-ce pas des effets que même en Arcadie, 10
    Quoi que la Grèce die,
Les plus fameux pasteurs n'ont jamais égalés ?

Voyez des bords de Loire, et des bords de Garonne,
Jusques à ce rivage où Téthys se couronne
    De bouquets d'orangers, 15
A qui ne donnez-vous une heureuse bonace,
    Loin de toute menace
Et de maux intestins, et de maux étrangers ?

5. *Astrée*, la Vierge du zodiaque, représentée ordinairement avec des épis dans une main, et une palme ou une balance dans l'autre.

7-9. VAR. (exemplaire de Saint-Marc) :

    .... par qui nos pâturages
Sont encore en leur gloire, en dépit des orages
    Qui les ont désolés.

Cette strophe manque dans la feuille volante.

13-15. VAR. (*Description du ballet*) :

    Voyons du bord de Loire et du bord de Garonne
    Jusqu'à ce beau rivage....

Et dans la feuille volante :

    Voyons depuis où Loire entre au sein de Nérée
    Jusqu'où les flots du Var ont leur rive parée
        De forêts d'orangers.

18. VAR. (feuille volante) : Et de feux intestins....

Où ne voit-on la paix comme un roc affermie,
Faire à nos Géryons détester l'infamie
    De leurs actes sanglants ?
Et la belle Cérès en javelles féconde
    Oter à tout le monde
La peur de retourner à l'usage des glands ?

Aussi dans nos maisons, en nos places publiques,
Ce ne sont que festins, ce ne sont que musiques
    De peuples réjouis ;
Et que l'astre du jour ou se lève ou se couche,
    Nous n'avons en la bouche
Que le nom de Marie, et le nom de Louis.

Certes une douleur quelques âmes afflige,
Qu'un fleuron de nos lis séparé de sa tige
    Soit prêt à nous quitter ;
Mais quoi qu'on nous augure et qu'on nous fasse craindre,
    Élize est-elle à plaindre
D'un bien que tous nos vœux lui doivent souhaiter ?

Le jeune demi-dieu qui pour elle soupire,

31-36. Cette strophe est ainsi dans la feuille volante :

    Certes un déplaisir quelques âmes étonne
    De voir qu'à nos voisins notre Élize se donne
        Et nous veuille quitter ;
    Mais quoi qu'on se figure et qu'on nous fasse craindre,
        Quelqu'un la peut-il plaindre
    De ce que tous nos vœux lui doivent souhaiter ?

33, 34. VAR. (*Description du ballet*) :

        S'apprête à nous quitter ;
    Mais quoi qu'on nous figure....

35. *Élize*, la princesse Élisabeth.

De la fin du couchant termine son empire
        En la source du jour.
Elle va dans ses bras prendre part à sa gloire ;   40
        Quelle malice noire
Peut sans aveuglement condamner leur amour ?

Il est vrai qu'elle est sage, il est vrai qu'elle est belle,
Et notre affection pour autre que pour elle
        Ne peut mieux s'employer.   45
Aussi la nommons-nous la Pallas de cet âge ;
        Mais que ne dit le Tage
De celle qu'en sa place il nous doit envoyer ?

Esprits malavisés, qui blâmez un échange,
Où se prend et se baille un ange pour un ange,   50
        Jugez plus sainement ;
Notre grande bergère a Pan qui la conseille ;
        Seroit-ce pas merveille
Qu'un dessein qu'elle eût fait n'eût bon événement ?

C'est en l'assemblement de ces couples célestes,   55

38, 39. Var. (feuille volante) :
    Des mondes opposés unit à son empire
        L'un et l'autre séjour.
43. Var. (feuille volante) :
    Élize est du tout sage, Élize est du tout belle.
46. Var. (feuille volante) : Aussi l'appelons-nous....
48. Anne d'Autriche.
49. Var. (*Description du ballet*) :
    Dessillez-vous les yeux, vous qui de cet échange....
Cette strophe manque dans la feuille volante.
51. Var. (*ibid.*) : Parlez profanement.
52. *Pan*, le maréchal d'Ancre : voyez plus haut, p. 200.

Que si nos maux passés ont laissé quelques restes,
  Ils vont du tout finir;
Mopse qui nous l'assure a le don de prédire,
  Et les chênes d'Épire
Savent moins qu'il ne sait des choses à venir. 60

Un siècle renaîtra comblé d'heur et de joie,
Où le nombre des ans sera la seule voie
  D'arriver au trépas;
Tous venins y mourront comme au temps de nos pères;
  Et même les vipères 65
Y piqueront sans nuire, ou n'y piqueront pas.

La terre en tous endroits produira toutes choses,
Tous métaux seront or, toutes fleurs seront roses,
  Tous arbres oliviers;
L'an n'aura plus d'hiver, le jour n'aura plus d'ombre, 70

---

58. On trouve dans les écrivains de l'antiquité la mention de deux devins portant le nom de Mopse. L'un faisait partie de la troupe des Argonautes; l'autre était fils d'Apollon et de Manto, fille de Tirésias. En outre, Mopsus est le nom d'un berger qui reparait plusieurs fois dans les *Églogues* de Virgile.

59. Les chênes de la forêt de Dodone. Voyez plus haut n° LXIV, note du v. 74.

60. VAR. (*Description du ballet*) : Les choses à venir.

61. VAR. (feuille volante) : Tissu d'or et de soie.

64. VAR. (*Description du ballet*) :

 Tout y sera sans fiel comme au temps de nos pères.

Virgile a dit, *Ecl.* IV, 24 et 25 :

 Occidet et serpens et fallax herba veneni
 Occidet.

65, 66. VAR. (feuille volante) :

 Même ceux des vipères,
 Et l'aconite bu n'empoisonnera pas.

Et les perles sans nombre
Germeront dans la Seine au milieu des graviers.

Dieux, qui de vos arrêts formez nos destinées,
Donnez un dernier terme à ces grands hyménées,
  C'est trop les différer.   75
L'Europe les demande, accordez sa requête;
  Qui verra cette fête,
Pour mourir satisfait n'aura que desirer.

70-72. Var. (feuille volante) :
 Et ces perles de prix sous l'Aurore pêchées
  Aux mers les plus cachées
 Seront aux bords de Seine au milieu des graviers.

73, 74. Var. (feuille volante) :
 Cieux, qui de vos arrêts formez nos destinées,
 Avancez-nous le jour de ces grands hyménées.

LXXIII

POUR UN BALLET DE MADAME.

C'est le ballet où furent chantées les stances précédentes.
« J'ai ouï dire à M. de Racan, rapporte Ménage, que Malherbe fit ces vers à la prière de Marais, porte-manteau du feu Roi, sur un air qui couroit, et qu'il les fit en moins d'un quart d'heure. Ils ne furent point estimés; et Théophile (Bautru, suivant Tallemant), pour s'en moquer, parodia le premier couplet de la sorte :

> Ce brave Malherbe
> Qu'on tient si parfait,
> Donnez-lui de l'herbe;
> Car il a bien fait.

Malherbe lui-même ne les estimoit pas. » Et il n'avait point tort.
On les trouve avec la musique de Guesdron dans les *Airs de cour*, 1615, liv. I, f° 6.
En 1725, on a parodié ces vers pour les appliquer à la future épouse encore inconnue de Louis XV :

> La Reine est si belle,
> On l'aime si fort;
> Pourquoi ne vient-elle?
> Vraiment elle a tort.
>
> Aimable anonyme,
> Viens donc promptement.
> La France t'estime,
> Sans savoir comment.

(Collection Maurepas, tome XVI, p. 265.)

> Cette Anne si belle,
> Qu'on vante si fort,
> Pourquoi ne vient-elle? ·
> Vraiment elle a tort.

1. Anne d'Autriche.

Son Louis soupire
Après ses appas;
Que veut-elle dire
De ne venir pas?

S'il ne la possède
Il s'en va mourir;
Donnons-y remède,
Allons la querir.

Assemblons, Marie,
Ses yeux à vos yeux;
Notre bergerie
N'en vaudra que mieux.

Hâtons le voyage;
Le siècle doré
En ce mariage
Nous est assuré.

LXXIV

SUR LE MARIAGE DU ROI ET DE LA REINE.

STANCES.

Le mariage de Louis XIII et d'Anne d'Autriche eut lieu le 25 octobre 1615. — Les vers de Malherbe furent imprimés en 1620, dans les tomes I et II des *Délices de la poésie françoise*, avec le titre d'*Épithalame*.

Mopse entre les devins l'Apollon de cet âge
    Avoit toujours fait espérer
Qu'un soleil qui naîtroit sur les rives du Tage
En la terre du lis nous viendroit éclairer.

Cette prédiction sembloit une aventure   5
    Contre le sens et le discours,
N'étant pas convenable aux règles de nature,
Qu'un soleil se levât où se couchent les jours.

Anne, qui de Madrid fut l'unique miracle,
    Maintenant l'aise de nos yeux,   10
Au sein de notre Mars satisfait à l'oracle,
Et dégage envers nous la promesse des cieux.

Bien est-elle un soleil; et ses yeux adorables,
    Déjà vus de tout l'horizon,
Font croire que nos maux seront maux incurables,   15

---

1. *Mopse*, voyez la note du vers 58 de la pièce LXXII.
    VAR. (P et R) : L'Apollon de notre âge.

Si d'un si beau remède ils n'ont leur guérison.

Quoi que l'esprit y cherche, il n'y voit que des chaînes
    Qui le captivent à ses lois;
Certes c'est à l'Espagne à produire des reines,
Comme c'est à la France à produire des rois.

Heureux couple d'amants, notre grande Marie
    A pour vous combattu le sort;
Elle a forcé les vents, et dompté leur furie;
C'est à vous à goûter les délices du port.

Goûtez-les, beaux esprits, et donnez connoissance,
    En l'excès de votre plaisir,
Qu'à des cœurs bien touchés tarder la jouissance,
C'est infailliblement leur croître le desir.

Les fleurs de votre amour dignes de leur racine,
    Montrent un grand commencement;
Mais il faut passer outre, et des fruits de Lucine
Faire avoir à nos vœux leur accomplissement.

Réservez le repos à ces vieilles années
    Par qui le sang est refroidi;
Tout le plaisir des jours est en leurs matinées;
La nuit est déjà proche à qui passe midi.

  25. Var. (P): Faites-le, beaux esprits....
  27, 28. Corneille (*Polyeucte*, I, 1) a dit après Malherbe:
    Et le desir s'accroît quand l'effet se recule.

LXXV

POUR METTRE AU DEVANT DU LIVRE
DU SIEUR DE LORTIGUES.

Ce livre est intitulé : *Les Poëmes divers du sieur de Lortigues, Provençal.* Au Roi. Paris, J. Gesselin, 1617. La biographie de l'auteur se trouve dans les *Vies des poëtes françois,* par Colletet, dont le manuscrit est à la bibliothèque du Louvre.

Vous dont les censures s'étendent
Dessus les ouvrages de tous,
Ce livre se moque de vous :
Mars et les Muses le défendent.

LXXVI

PROPHÉTIE DU DIEU DE SEINE.

STANCES.

Une copie de ces vers, imprimés pour la première fois dans l'édition de 1630, est conservée à la Bibliothèque impériale (Papiers de Baluze, n° 133). Elle est intitulée : *La Seine au maréchal d'Ancre, le jour qu'il fut tué* (24 avril 1617). Malherbe, qui, dans la première strophe, reproduit en partie la pièce LXVI, s'est arrangé cette fois pour prophétiser à coup sûr et sans danger. L'épitaphe du duc de Luynes (voyez plus loin, n° LXXXIV) prouvera encore mieux sa prudente habitude de n'attaquer qu'après leur mort les puissants qu'il avait flattés durant leur vie.

Va-t'en à la malheure, excrément de la terre,
Monstre qui dans la paix fais les maux de la guerre,
    Et dont l'orgueil ne connoît point de lois;
En quelque haut dessein que ton esprit s'égare,
Tes jours sont à leur fin, ta chute se prépare,   5
    Regarde-moi pour la dernière fois.

C'est assez que cinq ans ton audace effrontée,
Sur des ailes de cire aux étoiles montée,
    Princes et rois ait osé défier :
La Fortune t'appelle au rang de ses victimes,   10
Et le ciel, accusé de supporter tes crimes,
    Est résolu de se justifier.

LXXVII

STANCES.

Ces stances furent composées pour Charles Chabot, comte de Charny, amoureux de Mlle de Castille, petite-fille par sa mère du président Jeannin. Il l'épousa en 1620 et mourut, l'année suivante, au siége de Montpellier. Sa veuve se remaria, en 1623, avec le comte de Chalais, qui fut décapité à Nantes en 1626. (Voyez Tallemant des Réaux, édition P. Paris, tome III, p. 190 et suiv.)

Les vers de Malherbe parurent en 1620, dans le tome I des *Délices de la poésie françoise;* ils furent probablement composés en 1619.

Enfin ma patience, et les soins que j'ai pris
Ont selon mes souhaits adouci les esprits
Dont l'injuste rigueur si longtemps m'a fait plaindre;
    Cessons de soupirer;
Grâces à mon destin, je n'ai plus rien à craindre,   5
    Et puis tout espérer.

Soit qu'étant le soleil, dont je suis enflammé,
Le plus aimable objet qui jamais fut aimé,
On ne m'ait pu nier qu'il ne fût adorable;
    Soit que d'un oppressé   10
Le droit bien reconnu soit toujours favorable,
    Les Dieux m'ont exaucé.

Naguère que j'oyois la tempête souffler,
Que je voyois la vague en montagne s'enfler,
Et Neptune à mes cris faire la sourde oreille;   15
    A peu près englouti,
Eussé-je osé prétendre à l'heureuse merveille

D'en être garanti?

Contre mon jugement les orages cessés
Ont des calmes si doux en leur place laissés, 20
Qu'aujourd'hui ma fortune a l'empire de l'onde ;
 Et je vois sur le bord
Un ange dont la grâce est la gloire du monde,
 Qui m'assure du port.

Certes c'est lâchement qu'un tas de médisans, 25
Imputant à l'amour qu'il abuse nos ans,
De frivoles soupçons nos courages étonnent ;
 Tous ceux à qui déplaît
L'agréable tourment que ses flammes nous donnent,
 Ne savent ce qu'il est. 30

S'il a de l'amertume à son commencement,
Pourvu qu'à mon exemple on souffre doucement,
Et qu'aux appâts du change une âme ne s'envole,
 On se peut assurer
Qu'il est maître équitable, et qu'enfin il console 35
 Ceux qu'il a fait pleurer.

LXXVIII

SUR UNE IMAGE DE SAINTE CATHERINE.

ÉPIGRAMME.

Publiée en 1620 dans les tomes I et II des *Délices de la poésie françoise*. Il s'agit de sainte Catherine d'Alexandrie, martyrisée vers l'an 307.

> L'art aussi bien que la nature
> Eût fait plaindre cette peinture;
> Mais il a voulu figurer
> Qu'aux tourments dont la cause est belle,
> La gloire d'une âme fidèle 5
> Est de souffrir sans murmurer.

LXXIX

ÉPIGRAMME.

Imprimée en 1620 dans le tome II des *Délices de la poésie françoise*. C'est une imitation de l'épigramme (VI, 40) de Martial :

> Femina præferri potuit tibi nulla, Lycori :
> Præferri Glyceræ femina nulla potest.
> Hæc erit hoc quod tu : tu non potes esse quod hæc est.
> Tempora quid faciunt? hanc volo, te volui.

    Jeanne, tandis que tu fus belle,
    Tu le fus sans comparaison ;
    Anne à cette heure est de saison,
    Et ne voit rien si beau comme elle ;
    Comme à toi les ans lui mettront   5
    Quelque jour les rides au front,
    Et feront à sa tresse blonde
    Même outrage qu'à tes cheveux ;
    Mais voilà comme va le monde,
    Je t'ai voulue, et je la veux.   10

5, 6. Var. (Q).:
> Je sais que les ans lui mettront
> Comme à toi les rides au front.

10. Var. (*ibid.*) : Je te voulus....

LXXX

A MADAME LA PRINCESSE DE CONTI.

SONNET.

Publié en 1620 dans les tomes I et II des *Délices de la poésie françoise*. — Voyez la notice de la pièce XLVIII.

Race de mille rois, adorable princesse,
Dont le puissant appui de faveurs m'a comblé,
Si faut-il qu'à la fin j'acquitte ma promesse,
Et m'allége du faix dont je suis accablé.

Telle que notre siècle aujourd'hui vous regarde,
Merveille incomparable en toute qualité,
Telle je me résous de vous bailler en garde
Aux fastes éternels de la postérité.

Je sais bien quel effort cet ouvrage demande;
Mais si la pesanteur d'une charge si grande
Résiste à mon audace, et me la refroidit;

Vois-je pas vos bontés à mon aide paroître,
Et parler dans vos yeux un signe qui me dit
Que c'est assez payer que de bien reconnoître?

LXXXI

STANCES SPIRITUELLES.

Publiées en 1620 dans les tomes I et II des *Délices de la poésie françoise*. Costar en a fait la critique dans une de ses lettres (tome I, n° 161) à la marquise de Lavardin.

    Louez Dieu par toute la terre,
    Non pour la crainte du tonnerre
    Dont il menace les humains;
Mais pour ce que sa gloire en merveilles abonde,
Et que tant de beautés qui reluisent au monde   5
    Sont des ouvrages de ses mains.

    Sa providence libérale
    Est une source générale,
    Toujours prête à nous arroser.
L'Aurore et l'Occident s'abreuvent en sa course,   10
On y puise en Afrique, on y puise sous l'Ourse,
    Et rien ne la peut épuiser.

    N'est-ce pas lui qui fait aux ondes
    Germer les semences fécondes
    D'un nombre infini de poissons;   15
Qui peuple de troupeaux les bois et les montagnes,
Donne aux prés la verdure, et couvre les campagnes
    De vendanges et de moissons?

---

6. Var. (P): Sont les ouvrages....

Il est bien dur à sa justice
De voir l'impudente malice
Dont nous l'offensons chaque jour; 20
Mais comme notre père il excuse nos crimes,
Et même ses courroux, tant soient-ils légitimes,
Sont des marques de son amour.

Nos affections passagères,
Tenant de nos humeurs légères, 25
Se font vieilles en un moment,
Quelque nouveau desir comme un vent les emporte;
La sienne toujours ferme, et toujours d'une sorte,
Se conserve éternellement. 30

29. Les éditions de 1630 et 1631 portent *la tienne*.

LXXXII

CHANSON.

Composée pour Mme de Rambouillet, cette chanson parut en 1620 dans le *Recueil des plus beaux vers* et dans le tome I des *Délices de la poésie françoise*. Elle avait été faite, suivant Ménage, sur un air donné à Malherbe, ce qui explique l'irrégularité du rhythme.

   Chère beauté que mon âme ravie
     Comme son pôle va regardant,
       Quel astre d'ire et d'envie
   Quand vous naissiez marquoit votre ascendant,
     Que votre courage endurci,   5
  Plus je le supplie moins ait de merci?

   En tous climats, voire au fond de la Thrace,
     Après les neiges et les glaçons,
       Le beau temps reprend sa place,
   Et les étés mûrissent les moissons;   10
     Chaque saison y fait son cours;
  En vous seule on trouve qu'il gèle toujours.

   J'ai beau me plaindre, et vous conter mes peines,
     Avec prières d'y compatir;
       J'ai beau m'épuiser les veines,   15
   Et tout mon sang en larmes convertir:
     Un mal au deçà du trépas,

---

4. *Ascendant* se disait, en astrologie, du point qui se lève, considéré par rapport à la nativité des personnes.
6. Var. (P.): ....Moins j'ai de merci.

Tant soit-il extrême, ne vous émeut pas.

Je sais que c'est : vous êtes offensée,
 Comme d'un crime hors de raison,
  Que mon ardeur insensée
En trop haut lieu borne sa guérison,
  Et voudriez bien, pour la finir,
M'ôter l'espérance de rien obtenir.

 Vous vous trompez; c'est aux foibles courages,
  Qui toujours portent la peur au sein,
   De succomber aux orages,
 Et se lasser d'un pénible dessein.
  De moi, plus je suis combattu,
Plus ma résistance montre sa vertu.

 Loin de mon front soient ces palmes communes
  Où tout le monde peut aspirer;
   Loin les vulgaires fortunes,
 Où ce n'est qu'un jouir et desirer;
  Mon goût cherche l'empêchement,
Quand j'aime sans peine j'aime lâchement.

 Je connois bien que dans ce labyrinthe
  Le ciel injuste m'a réservé
   Tout le fiel, et tout l'absinthe
Dont un amant fut jamais abreuvé;
  Mais je ne m'étonne de rien;
Je suis à Rodanthe, je veux mourir sien.

 24. Le recueil de 1620 et les éditions de 1630 et 1631 portent *de ne rien obtenir;* ce qui est évidemment une faute d'impression, car le vers aurait une syllabe de trop.
 42. *Rodanthe.* Sur ce nom, voyez dans ce volume la vie de Malherbe par Racan.

LXXXIII

A MONSIEUR DE PRÉ, SUR SON PORTRAIT
DE L'ÉLOQUENCE FRANÇOISE.

Le Portrait de l'Éloquence françoise avec dix actions oratoires, par J. du Pré, écuyer, seigneur de la Porte, conseiller du Roi et général en sa Cour des Aides de Normandie, bien que daté de 1621, fut « achevé d'imprimer » le 25 novembre 1620, à Paris, chez Jean l'Évesque, in-8°. Le privilége est du 6 octobre de la même année. A la page 32 se trouvent les vers de Malherbe.

Tu faux, de Pré, de nous pourtraire
Ce que l'éloquence a d'appas;
Quel besoin as-tu de le faire?
Qui te voit, ne la voit-il pas?

1. *Tu faux*, tu te trompes, tu as tort.

LXXXIV

ÉPIGRAMME.

Il s'agit ici du connétable de Luynes, mort le 25 décembre 1621. Malherbe lui avait dédié, cette même année, sa traduction du XXXIIIe livre de Tite Live, où il lui disait ceci : « J'ai eu l'honneur que toutes les fois que je me suis trouvé devant vous, j'en ai été recueilli avec un visage et des caresses qui eussent convié un plus ambitieux que je ne suis à vous importuner plus souvent que je ne fais. » — Le mot *aluyne*, qui autrefois signifiait absinthe, a permis un affreux jeu de mot au poëte. Quant au nez de barbet, c'est une particularité fort exacte, comme le prouvent les portraits du temps et entre autres celui qui est conservé au château de Dampierre. — L'épigramme n'a paru que dans l'édition de 1630.

> Cet absinthe au nez de barbet,
> En ce tombeau fait sa demeure;
> Chacun en rit, et moi j'en pleure,
> Je le voulois voir au gibet.

LXXXV

SUR LE PORTRAIT DE CASSANDRE,
MAÎTRESSE DE RONSARD.

On lit cette inscription au verso du 7e feuillet du tome I des OEuvres de Ronsard, édition de 1623. Elle est placée au bas du portrait de Cassandre gravé par Cl. Mellan. Ménage l'a réunie le premier aux poésies de Malherbe ; mais de ces quatre vers lui et ses successeurs en ont estropié deux.

L'art, la nature exprimant,
En ce portrait me fait belle;
Mais si ne suis-je point telle
Qu'aux écrits de mon amant.

LXXXVI

VERS COMPOSÉS POUR L'ENTRÉE DE LOUIS XIII A AIX.

Cette pièce et la suivante, omises jusqu'ici par tous les éditeurs de Malherbe, sont imprimées pages 7 et 27 dans les *Discours sur les arcs triomphaux dressés en la ville d'Aix à l'heureuse arrivée de Louis XIII en* 1622, Aix, Tholosan, 1624, in-fol. — L'auteur des *Discours*, Jean de Chastueil Gallaup, procureur général de la chambre des comptes de Provence, nous raconte qu'après avoir composé un arc de triomphe au milieu duquel s'élevait une statue de la ville d'Aix montrant un bouclier où se trouvait le portrait du Roi, il s'éprit de son propre ouvrage comme Pygmalion de sa statue. « Moi, dit-il, je crus de trouver en Malherbe ce feu inspirant la vie que Prométhée ravit aux cieux. Ma croyance ne fut point vaine. Il donna une âme à cette statue et lui fit ainsi la voix : »

LA VILLE D'AIX AU ROI.

Grand fils du grand Henri, grand chef-d'œuvre des cieux,
Grand aise et grand amour des âmes et des yeux,
Louis, dont ce beau jour la présence m'octroie,
Délices des sujets à ta garde commis,
Le portrait de Pallas fut la force de Troie,   5
Le tien sera la peur de tous nos ennemis.

5. *Le portrait de Pallas*, le Palladium.

LXXXVII

AUTRE SUR LE MÊME SUJET.

AMPHION AU ROI.

Or sus, la porte est close aux tempêtes civiles :
La Justice et la Paix ont les clefs de tes villes ;
Espère tout, Louis, et ne doute de rien.
Si le Dieu que je sers entend l'art de prédire,
Jamais siècle passé n'a vu monter empire, 5
Où le siècle présent verra monter le tien.

Les faits de plus de marque et de plus de mérite,
Que la vanité grecque en ses fables récite,
Dans la gloire des tiens seront ensevelis,
Ton camp boira le Gange avant qu'il se repose, 10
Et dessous divers noms ce sera même chose
Être maître du monde et roi des fleurs de lis.

LXXXVIII

POUR MONSEIGNEUR LE COMTE DE SOISSONS.

STANCES.

Malherbe écrivit ces stances pour Louis de Bourbon, comte de Soissons (tué en 1641 au combat de la Marfée), qui recherchait en mariage Henriette de France, devenue, en 1625, reine d'Angleterre. — Elles furent imprimées pour la première fois, non pas en 1627 (*Recueil des plus beaux vers*), comme le dit Saint-Marc, mais en 1624 dans le VIe livre (p. 59) des *Airs de cour*, publié par P. Ballard. La musique est sans nom d'auteur; c'est peut-être celle de Boesset, que Ménage appelle un chef-d'œuvre. En ce cas, il aurait eu tort de dire qu'elle ne fut composée qu'après la mort de Malherbe, et que celui-ci « a eu cette mortification de ne point voir de beaux airs sur ses belles chansons. »

Une copie autographe de cette pièce, qui avait figuré à Paris dans une vente (8 avril 1844), se trouve actuellement au *British Museum* et nous a fourni deux variantes, dont l'une est aussi dans les *Airs de cour*.

Ne délibérons plus, allons droit à la mort;
La tristesse m'appelle à ce dernier effort,
  Et l'honneur m'y convie;
  Je n'ai que trop gémi;
Si parmi tant d'ennuis j'aime encore ma vie,
  Je suis mon ennemi.

O beaux yeux, beaux objets de gloire et de grandeur,
Vives sources de flamme, où j'ai pris une ardeur
  Qui toute autre surmonte,
  Puis-je souffrir assez,
Pour expier le crime, et réparer la honte

De vous avoir laissés?

Quelqu'un dira pour moi que je fais mon devoir;
Et que les volontés d'un absolu pouvoir
  Sont de justes contraintes;   15
  Mais à quelle autre loi
Doit un parfait amant des respects et des craintes
  Qu'à celle de sa foi?

Quand le ciel offriroit à mes jeunes desirs
Les plus rares trésors, et les plus grands plaisirs   20
  Dont sa richesse abonde;
  Que saurois-je espérer
A quoi votre présence, ô merveille du monde,
  Ne soit à préférer?

On parle de l'enfer, et des maux éternels,   25
Baillés pour châtiment à ces grands criminels
  Dont les fables sont pleines;
  Mais ce qu'ils souffrent tous,

10-12. VAR. (cop. autogr. et *Airs de cour*) :

  A moins que du trépas
Puis-je expier le crime et réparer la honte
  D'être où vous n'êtes pas?

19. *Mes jeunes desirs*. Le comte de Soissons était né le 11 mai 1604; il avait donc au plus vingt ans quand Malherbe composa ces stances.

19-21. VAR. (*Airs de cour*) :

  Quand les dieux s'offriroient à combler mes desirs
  Des honneurs les plus chers et des plus doux plaisirs
    Dont leur richesse abonde.

(Cop. autog.) : Les plus rares trésors et les plus doux plaisirs.

23. VAR. (R) : A quoi votre espérance....

26. VAR. (*Airs de cour*) :

  Qu'ordonne sa rigueur à ces grands criminels.

Le souffré-je pas seul en la moindre des peines
    D'être éloigné de vous ?   30

J'ai beau par la raison exhorter mon amour
De vouloir réserver à l'aise du retour
    Quelque reste de larmes ;
    Misérable qu'il est,
Contenter sa douleur, et lui donner des armes,   35
    C'est tout ce qui lui plaît.

Non, non, laissons-nous vaincre après tant de combats ;
Allons épouvanter les ombres de là-bas
    De mon visage blême ;
    Et sans nous consoler,   40
Mettons fin à des jours que la Parque elle-même
    A pitié de filer.

Je connois Charigène, et n'ose desirer
Qu'elle ait un sentiment qui la fasse pleurer
    Dessus ma sépulture ;   45
    Mais cela m'arrivant,
Quelle seroit ma gloire ? et pour quelle aventure
    Voudrois-je être vivant ?

    33. Var. (*Airs de cour*) : Quelque reste d'alarmes.
    48. La dernière stance manque dans les *Airs de cour*.

LXXXIX

A RABEL, PEINTRE, SUR UN LIVRE DE FLEURS.

SONNET.

Saint-Marc avait placé ce sonnet à l'année 1603, parce qu'il avait rencontré à cette date dans le *Journal* de l'Estoile la mention de la mort d'un peintre nommé Jean Rabel. Il a eu tort, comme je vais le démontrer.

J'ai été assez heureux pour retrouver au cabinet des estampes de la Bibliothèque impériale le livre de fleurs manuscrit qui a été le sujet de la pièce de Malherbe. C'est un magnifique volume in-folio relié en maroquin rouge aux armes de France, coté *J. A./*74 et intitulé : *Fleurs peintes par Rabel en* 1624. Il contient cent planches de fleurs et d'insectes peints sur vélin, en miniature, avec une rare perfection; chaque planche est entourée d'un filet d'or. Sur un des feuillets de garde du commencement se trouve cette signature, incontestablement autographe : *Daniel Rabel, f.* 1624. En tête on a placé, outre les vers de Malherbe, une notice imprimée, de six pages, qui nous apprend que le manuscrit, après avoir appartenu au duc de Mazarin, puis au président de Rieux, à la vente duquel (1747) il avait été payé 396 livres 5 sols, fut acquis, moyennant 1020 livres, à la vente Gaignat. Il figure sur les catalogues de ces deux collectionneurs et est cité dans la *Bibliographie instructive* de Debure (t. II, p. 354). Ainsi, plus de doute, c'est bien pour Daniel Rabel et son livre que fut écrit le sonnet qui parut pour la première fois dans l'édition de 1630. Mariette, qui a consacré au peintre deux pages dans son *Abecedario*, conjecture qu'il était le fils de Jean Rabel, et ignore la date de sa mort. Son portrait, fait par lui-même et inachevé, se trouve dans son œuvre au cabinet des estampes. (Voyez la *Correspondance littéraire*, n° du 10 septembre 1860, p. 489.)

    Quelques louanges nonpareilles
    Qu'ait Apelle encore aujourd'hui,
    Cet ouvrage plein de merveilles
    Met Rabel au-dessus de lui.

L'art y surmonte la nature,
Et si mon jugement n'est vain,
Flore lui conduisoit la main
Quand il faisoit cette peinture.

Certes il a privé mes yeux
De l'objet qu'ils aiment le mieux,
N'y mettant point de marguerite;

Mais pouvoit-il être ignorant
Qu'une fleur de tant de mérite
Auroit terni le demeurant?

XC

A MONSEIGNEUR FRÈRE DU ROI.

SONNET.

Au dire de Ménage, Malherbe aurait fait ce sonnet en 1628. C'est une erreur; la pièce, imprimée d'abord en feuille volante, a paru dès 1627 dans le *Recueil des plus beaux vers*, et est probablement fort antérieure à cette date; car Gaston, duc d'Orléans, né en 1608, n'aurait eu qu'en 1628 les vingt ans dont parle le poëte.

Muses, quand finira cette longue remise
De contenter Gaston, et d'écrire de lui?
Le soin que vous avez de la gloire d'autrui
Peut-il mieux s'employer qu'à si belle entreprise?

En ce malheureux siècle où chacun vous méprise, 5
Et quiconque vous sert n'en a que de l'ennui,
Misérable neuvaine, où sera votre appui,
S'il ne vous tend les mains, et ne vous favorise?

Je crois bien que la peur d'oser plus qu'il ne faut,
Et les difficultés d'un ouvrage si haut, 10
Vous ôtent le desir que sa vertu vous donne;

Mais tant de beaux objets tous les jours s'augmentants,
Puisqu'en âge si bas leur nombre vous étonne,
Comme y fournirez-vous quand il aura vingt ans?

7. VAR. (feuille volante):
   Quel espoir avez-vous de trouver de l'appui.

XCI

AU ROI.

SONNET.

Inséré en 1627 dans le *Recueil des plus beaux vers*, ce sonnet avoit d'abord été imprimé en feuille volante. J'en ai trouvé à la Bibliothèque impériale un exemplaire au bas duquel se lit cette note manuscrite, d'une écriture du temps : « Le Roi lui fit donner 500 écus le jour qu'il lui présenta ce sonnet. » Cette particularité permet de dater la pièce, car dans une lettre de Malherbe à son cousin de Bouillon, en date du 28 février 1624, on rencontre ce passage : « Je vous envoie demi-douzaine de copies d'un sonnet que je donnai au Roi il y a cinq ou six jours.... L'effet qu'il a eu, ç'a été cinq cents écus que le Roi m'a donnés par acquit patent. »

Muses, je suis confus; mon devoir me convie
A louer de mon Roi les rares qualités;
Mais le mauvais destin qu'ont les témérités
Fait peur à ma foiblesse, et m'en ôte l'envie.

A quel front orgueilleux n'a l'audace ravie   5
Le nombre des lauriers qu'il a déjà plantés?
Et ce que sa valeur a fait en deux étés,
Alcide l'eût-il fait en deux siècles de vie?

Il arrivoit à peine à l'âge de vingt ans,
Quand sa juste colère assaillant nos Titans,   10
Nous donna de nos maux l'heureuse délivrance.

Certes, ou ce miracle a mes sens éblouis,
Ou Mars s'est mis lui-même au trône de la France,
Et s'est fait notre roi sous le nom de Louis.

XCII

A MONSEIGNEUR LE CARDINAL DE RICHELIEU.

SONNET.

Malherbe écrivit probablement cette pièce en 1624, lorsque le cardinal de Richelieu entra (26 avril) au conseil du Roi. Elle parut d'abord en feuille volante, puis en 1627 dans le *Recueil des plus beaux vers*.

A ce coup nos frayeurs n'auront plus de raison,
Grande âme aux grands travaux sans repos adonnée ;
Puisque par vos conseils la France est gouvernée,
Tout ce qui la travaille aura sa guérison.

Tel que fut rajeuni le vieil âge d'Éson,   5
Telle cette Princesse en vos mains résinée
Vaincra de ses destins la rigueur obstinée,
Et reprendra le teint de sa verte saison.

Le bon sens de mon roi m'a toujours fait prédire
Que les fruits de la paix combleroient son empire,   10
Et comme un demi-dieu le feroient adorer ;

Mais voyant que le vôtre aujourd'hui le seconde,
Je ne lui promets pas ce qu'il doit espérer,
Si je ne lui promets la conquête du monde.

2. Ce vers est reproduit presque textuellement dans la pièce CXVI.
4. VAR. (feuille volante) : Tout ce qu'elle a de mal....
6. *Résinée*, résignée.

XCIII

AU ROI.

SONNET.

Ménage tenait de Racan que ce sonnet, imprimé en 1627 dans le *Recueil des plus beaux vers*, avait été composé en 1624.

Qu'avec une valeur à nulle autre seconde,
Et qui seule est fatale à notre guérison,
Votre courage mûr en sa verte saison
Nous ait acquis la paix sur la terre et sur l'onde;

Que l'hydre de la France en révoltes féconde, 5
Par vous soit du tout morte, ou n'ait plus de poison,
Certes c'est un bonheur dont la juste raison
Promet à votre front la couronne du monde.

Mais qu'en de si beaux faits vous m'ayez pour témoin,
Connoissez-le, mon Roi, c'est le comble du soin 10
Que de vous obliger ont eu les destinées.

Tous vous savent louer, mais non également;
Les ouvrages communs vivent quelques années;
Ce que Malherbe écrit dure éternellement.

XCIV

POUR LE MARQUIS DE LA VIEUVILLE, SUPERINTENDANT DES FINANCES.

SONNET.

Imprimé d'abord en feuille volante, puis en 1627 dans le *Recueil des plus beaux vers*, mais composé en 1624 au plus tard; car le marquis de la Vieuville, nommé en 1623 surintendant des finances, ne garda qu'un an cette charge.

Il est vrai, la Vieuville, et quiconque le nie
Condamne impudemment le bon goût de mon roi;
Nous devons des autels à la sincère foi
Dont ta dextérité nos affaires manie.

Tes soins laborieux, et ton libre génie, 5
Qui hors de la raison ne connoît point de loi,
Ont mis fin aux malheurs qu'attiroit après soi
De nos profusions l'effroyable manie.

Tout ce qu'à tes vertus il reste à desirer,
C'est que les beaux esprits les veuillent honorer, 10
Et qu'en l'éternité la Muse les imprime.

J'en ai bien le dessein dans mon âme formé;
Mais je suis généreux, et tiens cette maxime,
Qu'il ne faut point aimer quand on n'est point aimé.

7. VAR. (feuille volante) : Ont fini le malheur....

XCV

FRAGMENT.

On trouve ces vers, les seuls en rimes plates que l'on connaisse de Malherbe, dans une lettre sans date adressée à Racan par le poëte, qui, après les avoir rapportés, ajoute : « Vous savez trop bien que c'est que de vers, pour ne connoître pas que ceux-là sont de ma façon. Si vous en goûtez la rime, goûtez-en encore mieux la raison. » Publiés pour la première fois en 1627 dans le *Recueil de lettres nouvelles* donné par Faret (Paris, Toussaint du Bray, in-8º), ils ont été faits pour Mme de Rambouillet, et au plus tard en 1625 ; car, dans une autre lettre à Racan, datée du 18 octobre de cette même année, Malherbe en a reproduit trois vers, avec une variante que nous donnons plus bas.

Et maintenant encore en cet âge penchant,
Où mon peu de lumière est si près du couchant,
Quand je verrois Hélène au monde revenue,
En l'état glorieux où Pâris l'a connue,
Faire à toute la terre adorer ses appas,   5
N'en étant point aimé, je ne l'aimerois pas.
Cette belle bergère, à qui les destinées
Sembloient avoir gardé mes dernières années,
Eut en perfection tous les rares trésors
Qui parent un esprit, et font aimer un corps.   10
Ce ne furent qu'attraits, ce ne furent que charmes;

   3-6. Var. (lettre à Racan du 18 octobre 1625) :
      Quand je verrois Hélène au monde revenue....
      Pleine autant que jamais de charmes et d'appas,
      N'en étant point aimé, je ne l'aimerois pas.

Sitôt que je la vis, je lui rendis les armes,
Un objet si puissant ébranla ma raison,
Je voulus être sien, j'entrai dans sa prison,
Et de tout mon pouvoir essayai de lui plaire,
Tant que ma servitude espéra du salaire.
Mais comme j'aperçus l'infaillible danger
Où, si je poursuivois, je m'allois engager,
Le soin de mon salut m'ôta cette pensée,
J'eus honte de brûler pour une âme glacée ;
Et sans me travailler à lui faire pitié,
Restreignis mon amour aux termes d'amitié.

XCVI

ÉPIGRAMME POUR METTRE AU DEVANT DE LA SOMME THÉOLOGIQUE DU P. GARASSE.

La *Somme théologique* du P. Garasse parut en 1625. Cette épigramme et la suivante, placées en tête de l'ouvrage, n'ont point encore été réunies aux œuvres de Malherbe. Le livre du jésuite ayant été condamné par la Sorbonne, elles furent complétement oubliées, et ce n'est qu'en 1859 que M. Ch. Alleaume les a remises en lumière. (Voyez la *Correspondance littéraire* du 20 mai 1859.)

Esprits qui cherchez à médire,
Adressez-vous en autre lieu;
Cette œuvre est une œuvre de Dieu :
Garasse n'a fait que l'écrire.

XCVII

AUTRE A L'AUTEUR DE CE LIVRE.

En vain, mon Garasse, la rage
De quelques profanes esprits
Pense diminuer le prix
De ton incomparable ouvrage.
Mes vers mourront avecque moi,   5
Ou ton nom au nom de mon roi
Donnera de la jalousie;
Et dira la postérité
Que son bras défit l'hérésie,
Et ton savoir l'impiété.   10

XCVIII

CONSOLATION A MONSIEUR LE PREMIER PRÉSIDENT,
SUR LA MORT DE MADAME SA FEMME.

« Malherbe, dit Ménage, fut près de trois ans à faire ces stances sur la mort de la femme du premier président de Verdun; et, quand il les publia, le premier président étoit marié en secondes noces avec Charlotte de Fondebon, veuve de M. de Barbeziers de Chémeraut; ce qui leur fit perdre beaucoup de leur grâce. Je tiens toutes ces particularités de M. de Racan, de qui j'ai appris aussi que cette première femme du président de Verdun s'appelloit Charlotte du Gué. »

J'en suis fâché pour Racan, mais sa mémoire l'a ici fort mal servi, et il a induit en erreur Ménage, Saint-Marc et les autres commentateurs, qui d'après lui ont daté les vers de 1621 ou 1622. La première femme de Nicolas de Verdun mourut en 1626, et son époux alla la rejoindre dans la tombe le 17 mars 1627, l'année même où les stances de Malherbe parurent dans le *Recueil des plus beaux vers*, après avoir été imprimées en feuille volante. Nous sommes donc loin des trois ans dont parle Racan. Maintenant le président s'étant remarié très-peu de temps après la mort de sa première femme, il est évident que les vers peuvent fort bien n'avoir pas été terminés au moment de ses secondes noces, ni même avant sa mort. Mais vraiment on ne sauroit en faire un reproche au poëte, qui ne pouvait pas se douter que son ami, « déjà très-avancé en âge, » se consolerait si vite et mourrait sitôt.

Sacré ministre de Thémis,
Verdun, en qui le ciel a mis
Une sagesse non commune;
Sera-ce pour jamais que ton cœur abattu
Laissera sous une infortune   5
Au mépris de ta gloire accabler ta vertu?

Toi de qui les avis prudents
En toute sorte d'accidents

Sont loués même de l'envie,
Perdras-tu la raison, jusqu'à te figurer
    Que les morts reviennent en vie,
Et qu'on leur rende l'âme à force de pleurer ?

    Tel qu'au soir on voit le soleil
    Se jeter aux bras du sommeil,
    Tel au matin il sort de l'onde.
Les affaires de l'homme ont un autre destin ;
    Après qu'il est parti du monde,
La nuit qui lui survient n'a jamais de matin.

    Jupiter, ami des mortels,
    Ne rejette de ses autels
    Ni requêtes ni sacrifices ;
Il reçoit en ses bras ceux qu'il a menacés ;
    Et qui s'est nettoyé de vices,
Ne lui fait point de vœux qui ne soient exaucés.

    Neptune, en la fureur des flots
    Invoqué par les matelots,
    Remet l'espoir en leurs courages ;
Et ce pouvoir si grand dont il est renommé,
    N'est connu que par les naufrages
Dont il a garanti ceux qui l'ont réclamé.

    Pluton est seul entre les Dieux
    Dénué d'oreilles et d'yeux,
    A quiconque le sollicite ;
Il dévore sa proie aussitôt qu'il la prend ;

13, 14. Var. (feuille volante) :
    Tel que se couche le soleil
    Au soir, accablé de sommeil.

Et quoi qu'on lise d'Hippolyte, 35
Ce qu'une fois il tient, jamais il ne le rend.

    S'il étoit vrai que la pitié
    De voir un excès d'amitié
    Lui fît faire ce qu'on desire,
Qui devoit le fléchir avec plus de couleur, 40
    Que ce fameux joueur de lyre,
Qui fut jusqu'aux enfers lui montrer sa douleur?

    Cependant il eut beau chanter,
    Beau prier, presser, et flatter,
    Il s'en revint sans Eurydice; 45
Et la vaine faveur dont il fut obligé
    Fut une si noire malice,
Qu'un absolu refus l'auroit moins affligé.

    Mais quand tu pourrois obtenir
    Que la mort laissât revenir 50
    Celle dont tu pleures l'absence,
La voudrois-tu remettre en un siècle effronté,
    Qui plein d'une extrême licence
Ne feroit que troubler son extrême bonté?

    Que voyons-nous que des Titans, 55
    De bras et de jambes luttans
    Contre les pouvoirs légitimes?
Infâmes rejetons de ces audacieux,
    Qui dédaignant les petits crimes,
Pour en faire un illustre attaquèrent les cieux? 60

    Quelle horreur de flamme et de fer

---

40. *Couleur*, apparence.

   N'est éparse comme en enfer
   Aux plus beaux lieux de cet empire ?
Et les moins travaillés des injures du sort,
   Peuvent-ils pas justement dire   65
Qu'un homme dans la tombe est un navire au port ?

   Crois-moi, ton deuil a trop duré ;
   Tes plaintes ont trop murmuré ;
   Chasse l'ennui qui te possède ;
Sans t'irriter en vain contre une adversité,   70
   Que tu sais bien qui n'a remède
Autre que d'obéir à la nécessité.

   Rends à ton âme le repos
   Qu'elle s'ôte mal à propos,
   Jusqu'à te dégoûter de vivre ;   75
Et si tu n'as l'amour que chacun a pour soi,
   Aime ton prince, et le délivre
Du regret qu'il aura s'il est privé de toi.

   Quelque jour ce jeune lion
   Choquera la rébellion,   80
   En sorte qu'il en sera maître ;
Mais quiconque voit clair, ne connoît-il pas bien
   Que pour l'empêcher de renaître
Il faut que ton labeur accompagne le sien ?

   La Justice le glaive en main   85
   Est un pouvoir autre qu'humain
   Contre les révoltes civiles ;
Elle seule fait l'ordre, et les sceptres des rois
   N'ont que des pompes inutiles,
S'ils ne sont appuyés de la force des lois.   90

XCIX

POUR MONSEIGNEUR LE CARDINAL DE RICHELIEU.

SONNET.

Saint-Marc a joint le premier aux œuvres de Malherbe cette pièce imprimée en 1635 dans le *Sacrifice des Muses* (Paris, in-4°), et dont la date est donnée par le passage suivant d'une lettre écrite par le poëte à Peiresc, le 19 décembre 1626 : « Monseigneur le Cardinal m'a promis toute sorte de faveurs.... Je lui donnai il y a environ un mois ou six semaines un sonnet que je vous envoie. »

Peuples, çà de l'encens ; Peuples, çà des victimes,
A ce grand Cardinal, grand chef-d'œuvre des cieux,
Qui n'a but que la gloire, et n'est ambitieux
Que de faire mourir l'insolence des crimes.

A quoi sont employés tant de soins magnanimes   5
Où son esprit travaille, et fait veiller ses yeux,
Qu'à tromper les complots de nos séditieux,
Et soumettre leur rage aux pouvoirs légitimes ?

Le mérite d'un homme, ou savant, ou guerrier,
Trouve sa récompense aux chapeaux de laurier,   10
Dont la vanité grecque a donné les exemples ;

Le sien, je l'ose dire, est si grand et si haut,
Que si comme nos Dieux il n'a place en nos temples,
Tout ce qu'on lui peut faire est moins qu'il ne lui faut.

C

PARAPHRASE DU PSAUME CXLV.

En 1859, parut dans le *Bulletin du bibliophile* un article où l'auteur, trompé par une indication erronée d'un manuscrit de la Bibliothèque impériale, voulait enlever ces vers à Malherbe et les donner à Mathurin Regnier. Il n'avait point fait attention que cette ode, qui depuis deux cent trente ans figurait sans contestation dans toutes les éditions de Malherbe, avait été publiée du vivant même du poëte et avec son nom, en 1627, dans le *Recueil des plus beaux vers*; et que, de plus, comme on le verra dans les notes, on connaissait par Racan différentes particularités relatives à sa composition. Ainsi, il ne peut y avoir de doute : la pièce est bien de Malherbe, et le style seul suffirait, au besoin, pour démontrer qu'elle n'a jamais pu sortir de la plume du satirique.

Le psaume CXLV commence ainsi : *Lauda, anima mea, Dominum.* Malherbe n'en a paraphrasé, et très-librement, que les trois premiers versets.

N'espérons plus, mon âme, aux promesses du monde;
Sa lumière est un verre, et sa faveur une onde
Que toujours quelque vent empêche de calmer.
Quittons ces vanités, lassons-nous de les suivre;
  C'est Dieu qui nous fait vivre,   5
  C'est Dieu qu'il faut aimer.

3. Racan ayant objecté à Malherbe, dit Ménage, que dans ce vers rien ne se rapportait au premier hémistiche du vers précédent, le poëte se rangea à son avis, « et sur l'heure même et en sa présence, » il changea ainsi ce passage :

  Son état le plus ferme est l'image de l'onde
  Que toujours quelque vent empêche de calmer.

Mais, comme on le voit d'après le *Recueil* de 1627 et l'édition de 1630, il en revint à sa première rédaction.

En vain pour satisfaire à nos lâches envies,
Nous passons près des rois tout le temps de nos vies
A souffrir des mépris et ployer les genoux.
Ce qu'ils peuvent n'est rien ; ils sont comme nous sommes,
   Véritablement hommes,
   Et meurent comme nous.

Ont-ils rendu l'esprit, ce n'est plus que poussière
Que cette majesté si pompeuse et si fière
Dont l'éclat orgueilleux étonne l'univers ;   15
Et dans ces grands tombeaux, où leurs âmes hautaines
   Font encore les vaines,
   Ils sont mangés des vers.

Là se perdent ces noms de maîtres de la terre,
D'arbitres de la paix, de foudres de la guerre ;   20
Comme ils n'ont plus de sceptre, ils n'ont plus de flatteurs ;
Et tombent avec eux d'une chute commune
   Tous ceux que leur fortune
   Faisoit leurs serviteurs.

 9. Malherbe, à ce que dit Ménage, avant de s'arrêter à cette dernière forme, avait écrit ce vers des deux manières suivantes :
  A souffrir leurs mépris et baiser leurs genoux.
  — Et comme des autels adorons leurs genoux.
 15. Van. (éd. de 1631) : Étonnoit l'univers.

CI

POUR UN GENTILHOMME DE SES AMIS, QUI MOURUT AGÉ DE CENT ANS.

Cette épitaphe a été imprimée en 1627 dans le *Recueil des plus beaux vers*. Personne ne sait, pas même Ménage, pour qui ni à quelle époque au juste elle a été composée.

N'attends, passant, que de ma gloire
Je te fasse une longue histoire,
Pleine de langage indiscret.
Qui se loue irrite l'envie ;
Juge de moi par le regret
Qu'eut la mort de m'ôter la vie.

CII

SUR LA MORT DE SON FILS.

SONNET.

Le fils de Malherbe, Marc-Antoine, fut tué en duel ou plutôt dans une querelle, au mois de juin 1627, auprès d'Aix (voyez la notice en tête du volume). Le sonnet ci-dessous, imprimé au commencement de 1628, à la suite des deux pièces qu'il précède ici, ne figure point dans l'édition de 1630. — C'est Ménage qui l'a réuni aux œuvres de Malherbe.

Que mon fils ait perdu sa dépouille mortelle,
Ce fils qui fut si brave, et que j'aimai si fort :
Je ne l'impute point à l'injure du sort,
Puisque finir, à l'homme est chose naturelle.

Mais que de deux marauds la surprise infidèle   5
Ait terminé ses jours d'une tragique mort,
En cela ma douleur n'a point de réconfort,
Et tous mes sentiments sont d'accord avec elle.

O mon Dieu, mon Sauveur, puisque par la raison
Le trouble de mon âme étant sans guérison,   10
Le vœu de la vengeance est un vœu légitime,

Fais que de ton appui je sois fortifié.
Ta justice t'en prie; et les auteurs du crime
Sont fils de ces bourreaux qui t'ont crucifié.

13, 14. L'un des meurtriers s'appelait Fortia de Piles, et un bruit plus ou moins fondé le faisait descendre d'une famille de Juifs.

CIII

POUR LE ROI, ALLANT CHATIER LA RÉBELLION DES ROCHELOIS, ET CHASSER LES ANGLOIS, QUI EN LEUR FAVEUR ÉTOIENT DESCENDUS EN L'ÎLE DE RÉ.

ODE.

Les Anglais s'étaient emparés de l'île de Ré au mois de juillet 1627. Le Roi, parti de Paris le 20 juin, pour aller rejoindre son armée qui assiégeait la Rochelle, tomba malade en route, et n'arriva au camp que le 12 octobre.

Malherbe avait près de soixante-treize ans quand il fit cette ode, qui est l'une des meilleures et des plus correctes qu'il ait écrites. D'après une de ses lettres à son cousin de Bouillon, il y travaillait encore le 22 décembre 1627, lorsque depuis six semaines les Anglais avaient été chassés de l'île. Le 3 avril suivant, il racontait à Peiresc les compliments qu'elle lui avait attirés de la part du Roi. — Elle parut en 1628, jointe à la lettre écrite à Louis XIII par le poëte au sujet de la mort de son fils, et que nous donnerons dans ce volume. Le tout forme 18 pages in-4°.

Donc un nouveau labeur à tes armes s'apprête ;
Prends ta foudre, Louis, et va comme un lion
Donner le dernier coup à la dernière tête
    De la rébellion.

Fais choir en sacrifice au Démon de la France   5
Les fronts trop élevés de ces âmes d'enfer ;
Et n'épargne contre eux pour notre délivrance
    Ni le feu ni le fer.

Assez de leurs complots l'infidèle malice
A nourri le désordre et la sédition.   10

Quitte le nom de Juste, ou fais voir ta justice
  En leur punition.

Le centième décembre a les plaines ternies,
Et le centième avril les a peintes de fleurs,
Depuis que parmi nous leurs brutales manies   15
  Ne causent que des pleurs.

Dans toutes les fureurs des siècles de tes pères,
Les monstres les plus noirs firent-ils jamais rien,
Que l'inhumanité de ces cœurs de vipères
  Ne renouvelle au tien ?   20

Par qui sont aujourd'hui tant de villes désertes ?
Tant de grands bâtiments en masures changés ?
Et de tant de chardons les campagnes couvertes,
  Que par ces enragés ?

Les sceptres devant eux n'ont point de priviléges ;   25
Les Immortels eux-même en sont persécutés ;
Et c'est aux plus saints lieux que leurs mains sacriléges
  Font plus d'impiétés.

Marche, va les détruire ; éteins-en la semence ;
Et suis jusqu'à leur fin ton courroux généreux,   30
Sans jamais écouter ni pitié ni clémence
  Qui te parle pour eux.

Ils ont beau vers le ciel leurs murailles accroître,
Beau d'un soin assidu travailler à leurs forts,
Et creuser leurs fossés jusqu'à faire paroître   35
  Le jour entre les morts.

Laisse-les espérer, laisse-les entreprendre ;

Il suffit que ta cause est la cause de Dieu ;
Et qu'avecque ton bras elle a pour la défendre
  Les soins de Richelieu.   40

Richelieu, ce prélat de qui toute l'envie
Est de voir ta grandeur aux Indes se borner,
Et qui visiblement ne fait cas de sa vie
  Que pour te la donner.

Rien que ton intérêt n'occupe sa pensée ;   45
Nuls divertissements ne l'appellent ailleurs,
Et de quelques bons yeux qu'on ait vanté Lyncée,
  Il en a de meilleurs.

Son âme toute grande est une âme hardie,
Qui pratique si bien l'art de nous secourir,   50
Que pourvu qu'il soit cru, nous n'avons maladie
  Qu'il ne sache guérir.

Le ciel, qui doit le bien selon qu'on le mérite,
Si de ce grand oracle il ne t'eût assisté,
Par un autre présent n'eût jamais été quitte   55
  Envers ta piété.

Va, ne diffère plus tes bonnes destinées ;
Mon Apollon t'assure, et t'engage sa foi,
Qu'employant ce Tiphys, Syrtes et Cyanées
  Seront havres pour toi.   60

Certes, ou je me trompe, ou déjà la victoire,
Qui son plus grand honneur de tes palmes attend,
Est aux bords de Charente en son habit de gloire,

---

59. *Tiphys*, le pilote du navire des Argonautes.

> Pour te rendre content.

Je la vois qui t'appelle, et qui semble te dire : 65
« Roi, le plus grand des rois, et qui m'es le plus cher,
Si tu veux que je t'aide à sauver ton empire,
> Il est temps de marcher. »

Que sa façon est brave, et sa mine assurée !
Qu'elle a fait richement son armure étoffer ! 70
Et qu'il se connoît bien, à la voir si parée,
> Que tu vas triompher !

Telle en ce grand assaut, où des fils de la terre
La rage ambitieuse à leur honte parut,
Elle sauva le ciel, et rua le tonnerre, 75
> Dont Briare mourut.

Déjà de tous côtés s'avançoient les approches ;
Ici couroit Minas ; là Typhon se battoit ;
Et là suoit Euryte à détacher les roches
> Qu'Encelade jetoit. 80

A peine cette Vierge eut l'affaire embrassée,
Qu'aussitôt Jupiter en son trône remis,
Vit selon son desir la tempête cessée,
> Et n'eut plus d'ennemis.

Ces colosses d'orgueil furent tous mis en poudre, 85
Et tous couverts des monts qu'ils avoient arrachés ;

---

78. *Minas*, lisez *Mimas*.
81. C'est un souvenir de la *Théogonie* d'Hésiode (v. 388 et suivants). La Victoire, avec ses sœurs la Force, la Puissance, etc., vint aider Jupiter à triompher des Titans.

Phlégre qui les reçut, pût encore la foudre
    Dont ils furent touchés.

L'exemple de leur race à jamais abolie,
Devoit sous ta merci tes rebelles ployer ;   90
Mais seroit-ce raison qu'une même folie
    N'eût pas même loyer ?

Déjà l'étonnement leur fait la couleur blême ;
Et ce lâche voisin qu'ils sont allés querir,
Misérable qu'il est, se condamne lui-même   95
    A fuir ou mourir.

Sa faute le remord ; Mégère le regarde,
Et lui porte l'esprit à ce vrai sentiment,
Que d'une injuste offense il aura, quoiqu'il tarde,
    Le juste châtiment.   100

Bien semble être la mer une barre assez forte,
Pour nous ôter l'espoir qu'il puisse être battu ;
Mais est-il rien de clos dont ne t'ouvre la porte
    Ton heur et ta vertu ?

Neptune importuné de ses voiles infâmes,   105
Comme tu paroîtras au passage des flots,
Voudra que ses Tritons mettent la main aux rames,
    Et soient tes matelots.

Là rendront tes guerriers tant de sortes de preuves,
Et d'une telle ardeur pousseront leurs efforts,   110

---

87. *Pût*, pue. C'est l'ancienne forme de la troisième personne de *puer*, primitivement *puir*.
94. Les Anglais.

Que le sang étranger fera monter nos fleuves
Au-dessus de leurs bords.

Par cet exploit fatal en tous lieux va renaître
La bonne opinion des courages françois;
Et le monde croira, s'il doit avoir un maître,
Qu'il faut que tu le sois.

O que pour avoir part en si belle aventure
Je me souhaiterois la fortune d'Éson,
Qui, vieil comme je suis, revint contre nature
En sa jeune saison !

De quel péril extrême est la guerre suivie,
Où je ne fisse voir que tout l'or du Levant
N'a rien que je compare aux honneurs d'une vie
Perdue en te servant?

Toutes les autres morts n'ont mérite ni marque;
Celle-ci porte seule un éclat radieux,
Qui fait revivre l'homme, et le met de la barque
A la table des Dieux.

Mais quoi? tous les pensers dont les âmes bien nées
Excitent leur valeur, et flattent leur devoir,
Que sont-ce que regrets quand le nombre d'années
Leur ôte le pouvoir?

Ceux à qui la chaleur ne bout plus dans les veines
En vain dans les combats ont des soins diligents;
Mars est comme l'Amour : ses travaux et ses peines
Veulent de jeunes gens.

135, 136. Ovide a dit (*Am.*, I, ix, 3) :
Quæ bello est habilis, Veneri quoque convenit ætas.

Je suis vaincu du temps; je cède à ses outrages;
Mon esprit seulement exempt de sa rigueur
A de quoi témoigner en ses derniers ouvrages
    Sa première vigueur. 140

Les puissantes faveurs dont Parnasse m'honore,
Non loin de mon berceau commencèrent leur cours;
Je les possédai jeune, et les possède encore
    A la fin de mes jours.

Ce que j'en ai reçu, je veux te le produire; 145
Tu verras mon adresse; et ton front cette fois
Sera ceint de rayons qu'on ne vit jamais luire
    Sur la tête des rois.

Soit que de tes lauriers ma lyre s'entretienne,
Soit que de tes bontés je la fasse parler, 150
Quel rival assez vain prétendra que la sienne
    Ait de quoi m'égaler?

Le fameux Amphion, dont la voix nonpareille
Bâtissant une ville étonna l'univers,
Quelque bruit qu'il ait eu, n'a point fait de merveille 155
    Que ne fassent mes vers.

Par eux de tes beaux faits la terre sera pleine;
Et les peuples du Nil qui les auront ouïs,
Donneront de l'encens, comme ceux de la Seine,
    Aux autels de Louis. 160

CIV

FRAGMENT.

Saint-Marc a le premier réuni ce fragment aux œuvres de Malherbe. Il l'a tiré de la lettre à Louis XIII, dont il a été question dans la notice de la pièce précédente. — Le poëte mourut, comme on sait, treize jours avant la prise de la Rochelle, qui eut lieu le 29 octobre 1628.

   Enfin mon roi les a mis bas
   Ces murs qui de tant de combats
   Furent les tragiques matières ;
La Rochelle est en poudre et ses champs désertés
    N'ont face que de cimetières,
Où gisent les Titans qui les ont habités.

CV

A MONSIEUR DE LA GARDE, AU SUJET DE SON
HISTOIRE SAINTE.

ODE.

Cette pièce est l'une des dernières qu'ait faites Malherbe (il y parle, à la quatrième stance, de la mort de son fils), et pourtant on pourrait la croire de la jeunesse du poëte, tant il y a de négligences et de mauvaises rimes ; évidemment il n'a pas eu le temps d'y mettre la dernière main. — Elle fut publiée pour la première fois, et avec une foule d'incorrections, dans le tome I de la *Continuation des mémoires de littérature de M. de Salengre* (Paris, 1726), par le P. Bougerel, d'après une copie tirée des manuscrits de Peiresc (n° XLI), conservés actuellement à la bibliothèque de Carpentras. Le savant bibliothécaire de cette ville, M. Lambert, a bien voulu prendre la peine de collationner l'imprimé sur la copie, et grâce à lui nous avons pu donner un texte aussi exact que possible. Nous le prions de recevoir ici tous nos remercîments.

A l'ode était jointe une lettre que l'on trouvera plus loin. — On ignore si l'*Histoire sainte* a jamais été imprimée. Son auteur était un gentilhomme de Provence de la maison de Villeneuve.

<pre>
   La Garde, tes doctes écrits
   Montrent le soin que tu as pris
   A savoir toutes belles choses ;
   Et ta prestance et tes discours
   Étalent un heureux concours   5
   De toutes les grâces écloses.

   Davantage tes actions
</pre>

2. Ce n'est pas le seul hiatus de l'ode. Voy. v. 63.

Captivent les affections
Des cœurs, des yeux et des oreilles ;
Forçant les personnes d'honneur
De te souhaiter tout bonheur
Pour tes qualités nonpareilles.

Tu sais bien que je suis de ceux
Qui ne sont jamais paresseux
A louer les vertus des hommes ;
Et dans Paris en mes vieux ans
Je passe en ce devoir mon temps,
Au malheureux siècle où nous sommes.

Mais, las ! la perte de mon fils,
Ses assassins d'orgueil bouffis,
Ont toute ma vigueur ravie ;
L'ingratitude et peu de soin
Que montrent les grands au besoin,
De douleur accablent ma vie.

Je ne désiste pas pourtant
D'être dans moi-même content
D'avoir bien vécu dans le monde,
Prisé (quoique vieil abattu)
Des gens de bien et de vertu :
Et voilà le bien qui m'abonde.

Nos jours passent comme le vent ;
Les plaisirs nous vont décevant ;
Et toutes les faveurs humaines
Sont hémérocalles d'un jour ;

---

34. Il y a ici pléonasme, car *hémérocalles* signifie « beautés d'un jour. »

Grandeurs, richesses et l'amour
Sont fleurs périssables et vaines.

Nous avons tant perdu d'amis,
Et de biens, par le sort transmis
Au pouvoir de nos adversaires ;
Néanmoins nous voyons du port
D'autrui le débris et la mort,
En nous éloignant des corsaires.

Ainsi puissions-nous voir longtemps
Nos esprits libres et contents,
Sous l'influence d'un bon astre.
Que vive et meure qui voudra !
La constance nous résoudra
Contre l'effort de tout désastre.

Le soldat remis par son chef,
Pour se garantir de méchef,
En état de faire sa garde,
N'oseroit pas en déloger
Sans congé, pour se soulager,
Nonobstant que trop il lui tarde ;

Car s'il procédoit autrement,
Il seroit puni promptement,
Aux dépens de sa propre vie.
Le parfait chrétien tout ainsi,
Créé pour obéir ici,
Y tient sa fortune asservie.

Il ne doit pas quitter le lieu
Ordonné par la loi de Dieu ;
Car l'âme qui lui est commise,

Félonne ne doit pas fuir
Pour sa damnation n'encourir, 65
Et n'être en l'Érèbe remise.

Désolé je tiens ce propos,
Voyant approcher Atropos
Pour couper le nœud de ma trame ;
Et ne puis ni veux l'éviter, 70
Moins aussi la précipiter ;
Car Dieu seul commande en mon âme.

Non, Malherbe n'est pas de ceux
Que l'esprit d'enfer a déceus
Pour acquérir la renommée 75
De s'être affranchis de prison
Par une lame, ou par poison,
Ou par une rage animée.

Au seul point que Dieu prescrira,
Mon âme du corps partira 80
Sans contrainte ni violence ;
De l'enfer les tentations,
Ni toutes mes afflictions
Ne forceront point ma constance.

Mais, la Garde, voyez comment 85
On se divague doucement,
Et comme notre esprit agrée
De s'entretenir près et loin,
Encor qu'il n'en soit pas besoin,
Avec l'objet qui le récrée. 90

65. *Damnation* devrait avoir ici quatre syllabes, comme *tentation* et *affliction*, qui se trouvent un peu plus loin (v. 82 et 83).
74. *Déceus*, déçus.

J'avois mis ma plume à la main,
Avec l'honorable dessein
De louer votre sainte Histoire;
Mais l'amitié que je vous dois,
Par delà ce que je voulois 95
A fait débaucher ma mémoire.

Vous m'étiez présent en l'esprit,
En voulant tracer cet écrit;
Et me sembloit vous voir paroître
Brave et galant en cette cour, 100
Où les plus huppés à leur tour
Tâchoient de vous voir et connoître.

Mais ores à moi revenu,
Comme d'un doux songe advenu
Qui tous nos sentiments cajole; 105
Je veux vous dire franchement,
Et de ma façon librement,
Que votre Histoire est une école.

Pour moi, en ce que j'en ai veu
J'assure qu'elle aura l'aveu 110
De tout excellent personnage;
Et puisque Malherbe le dit,
Cela sera sans contredit,
Car c'est un très-juste présage.

Toute la France sait fort bien 115
Que je n'estime ou reprends rien
Que par raison et par bon titre,
Et que les doctes de mon temps
Ont toujours été très-contents
De m'élire pour leur arbitre. 120

La Garde, vous m'en croirez donc,
Que si Gentilhomme fut onc
Digne d'éternelle mémoire,
Par vos vertus vous le serez,
Et votre los rehausserez
Par votre docte et sainte Histoire.

CVI

A MONSIEUR DE LA MORELLE, SUR LA PASTORALE
DE L'AMOUR CONTRAIRE.

SONNET.

Je dois à l'obligeance de M. Marty Laveaux d'avoir pu retrouver ce sonnet, oublié jusqu'ici, et qui est placé en tête de *Philine* ou *l'Amour contraire, Pastoralle*, par le sieur de la Morelle, Paris, 1630, in-8°. Le libraire, dans l'*Avis au lecteur*, dit que cette pièce a été représentée bien des fois sur le théâtre de l'hôtel de Bourgogne et dans les meilleures maisons de la France, et que ce sont des amis de l'auteur et entre autres Malherbe qui l'ont invité à la publier. — La Morelle est encore l'auteur d'*Endymion*, tragi-comédie, Paris, 1627.

Si l'on peut acquérir par la plume la gloire
D'un des plus beaux esprits qui soit en l'univers,
Je veux laisser juger aux filles de mémoire
La grâce et le parler de tes amoureux vers :

Il semble en les voyant que l'on lise une histoire
Traversée en amour d'accidents tous divers,
Dont le discours parfait à tout chacun fait croire
Que la prose n'est rien au prix de tes beaux vers.

Quand elles auront vu ce sujet qui ravi
Si doctement dépeint, si dignement suivi,
Sans doute elles diront, ainsi que je le pense,

Que pour favoriser les hommes et les Dieux
Et purger d'ignorants tout ce qu'on voit des cieux,
Il te faut marier avecque l'éloquence.

PIÈCES

DONT LA DATE EST INCERTAINE.

CVII

CHANSON.

« Malherbe, dit Ménage, fit cette chanson et la suivante pour M. de Bellegarde, qui étoit amoureux d'une dame de la plus haute condition qui fût en France, et même dans l'Europe, » c'est-à-dire d'Anne d'Autriche. « Ce fut son dernier amour, raconte Tallemant (*Historiette de M. de Bellegarde*). Il disoit quasi toujours : « Ah! je suis mort! » On dit qu'un jour, comme il lui demandoit ce qu'elle feroit à un homme qui lui parleroit d'amour : « Je le tuerois, dit-elle. — Ah! je « suis mort! » s'écria-t-il. » — C'est le refrain de la chanson de Malherbe.

Les deux pièces ont été sans aucun doute composées à la même époque. On pourrait donc les dater de 1623, si la seconde était la chanson de 42 vers dont parle assez mystérieusement Malherbe dans une lettre à Racan du 4 novembre de cette année. Elles ont été imprimées pour la première fois en 1630.

Mes yeux, vous m'êtes superflus;
Cette beauté qui m'est ravie
Fut seule ma vue et ma vie,
Je ne vois plus, ni ne vis plus.
    Qui me croit absent, il a tort,
    Je ne le suis point, je suis mort.   5

O qu'en ce triste éloignement,
Où la nécessité me traîne,

Les Dieux me témoignent de haine,
Et m'affligent indignement! 10
 Qui me croit absent, il a tort,
 Je ne le suis point, je suis mort.

Quelles flèches a la douleur
Dont mon âme ne soit percée?
Et quelle tragique pensée 15
N'est point en ma pâle couleur?
 Qui me croit absent, il a tort,
 Je ne le suis point, je suis mort.

Certes, où l'on peut m'écouter,
J'ai des respects qui me font taire; 20
Mais en un réduit solitaire
Quels regrets ne fais-je éclater?
 Qui me croit absent, il a tort,
 Je ne le suis point, je suis mort.

Quelle funeste liberté 25
Ne prennent mes pleurs et mes plaintes,
Quand je puis trouver à mes craintes
Un séjour assez écarté?
 Qui me croit absent, il a tort,
 Je ne le suis point, je suis mort. 30

Si mes amis ont quelque soin
De ma pitoyable aventure,
Qu'ils pensent à ma sépulture:
C'est tout ce de quoi j'ai besoin.
 Qui me croit absent, il a tort, 35
 Je ne le suis point, je suis mort.

CVIII

CHANSON.

Voyez la notice de la pièce précédente.

C'est assez, mes desirs, qu'un aveugle penser
Trop peu discrètement vous ait fait adresser
    Au plus haut objet de la terre;
Quittez cette poursuite, et vous ressouvenez
    Qu'on ne voit jamais le tonnerre   5
Pardonner au dessein que vous entreprenez.

Quelque flatteur espoir qui vous tienne enchantés,
Ne connoissez-vous pas qu'en ce que vous tentez,
    Toute raison vous désavoue?
Et que vous allez faire un second Ixion,   10
    Cloué là-bas sur une roue,
Pour avoir trop permis à son affection?

Bornez-vous, croyez-moi, dans un juste compas,
Et fuyez une mer, qui ne s'irrite pas
    Que le succès n'en soit funeste;   15
Le calme jusqu'ici vous a trop assurés;
    Si quelque sagesse vous reste,
Connoissez le péril, et vous en retirez.

Mais, ô conseil infâme, ô profanes discours,

---

11. L'édition de 1630 et toutes celles qui sont antérieures à Ménage portent *le bas*, ce qui est évidemment une faute d'impression.

Tenus indignement des plus dignes amours   20
    Dont jamais âme fut blessée;
Quel excès de frayeur m'a su faire goûter
    Cette abominable pensée,
Que ce que je poursuis me peut assez coûter?

D'où s'est coulée en moi cette lâche poison,   25
D'oser impudemment faire comparaison
    De mes épines à mes roses?
Moi de qui la fortune est si proche des cieux,
    Que je vois sous moi toutes choses,
Et tout ce que je vois n'est qu'un point à mes yeux.   30

Non, non, servons Chrysanthe, et sans penser à moi,
Pensons à l'adorer d'une aussi ferme foi
    Que son empire est légitime;
Exposons-nous pour elle aux injures du sort;
    Et s'il faut être sa victime   35
En un si beau danger, moquons-nous de la mort.

Ceux que l'opinion fait plaire aux vanités,
Font dessus leurs tombeaux graver des qualités,
    D'où à peine un Dieu seroit digne;
Moi, pour un monument et plus grand et plus beau,   40
    Je ne veux rien que cette ligne :
« L'exemple des amants est clos dans ce tombeau. »

36. Suivant Ménage, Malherbe avait mis d'abord : *En si noble danger*, et ce fut M. de Bellegarde qui lui fit faire le changement.

39. Encore un hiatus. Il se trouve dans les éditions antérieures à Ménage, qui a corrigé et mis *dont*.

CIX

POUR LA GUÉRISON DE CHRYSANTHE.

STANCES.

Chrysanthe, c'est-à-dire Anne d'Autriche, est le nom de l'héroïne des deux pièces précédentes. Le même nom désigne-t-il ici la même personne? cela est possible, mais c'est tout ce que j'en puis dire. — Ces stances ont été imprimées pour la première fois dans l'édition de 1630.

Les destins sont vaincus, et le flux de mes larmes
De leur main insolente a fait tomber les armes;
Amour en ce combat a reconnu ma foi;
      Lauriers, couronnez-moi.

Quel penser agréable a soulagé mes plaintes,   5
Quelle heure de repos a diverti mes craintes,
Tant que du cher objet en mon âme adoré
      Le péril a duré?

J'ai toujours vu ma dame avoir toutes les marques
De n'être point sujette à l'outrage des Parques;   10
Mais quel espoir de bien en l'excès de ma peur
      N'estimois-je trompeur?

Aujourd'hui c'en est fait, elle est toute guérie,
Et les soleils d'avril peignant une prairie,

---

4. Ite triumphales circum mea tempora, lauri, a dit Ovide (*Am.*, II, xii, 1).

En leurs tapis de fleurs n'ont jamais égalé
    Son teint renouvelé.

Je ne la vis jamais si fraîche, ni si belle;
Jamais de si bon cœur je ne brûlai pour elle;
Et ne pense jamais avoir tant de raison
    De bénir ma prison.

Dieux, dont la providence et les mains souveraines,
Terminant sa langueur, ont mis fin à mes peines,
Vous saurois-je payer avec assez d'encens
    L'aise que je ressens?

Après une faveur si visible et si grande,
Je n'ai plus à vous faire aucune autre demande;
Vous m'avez tout donné, redonnant à mes yeux
    Ce chef-d'œuvre des cieux.

Certes vous êtes bons, et combien que nos crimes
Vous donnent quelquefois des courroux légitimes,
Quand des cœurs bien touchés vous demandent secours,
    Ils l'obtiennent toujours.

Continuez, grands Dieux, et ne faites pas dire,
Ou que rien ici-bas ne connoît votre empire,
Ou qu'aux occasions les plus dignes de soins,
    Vous en avez le moins.

Donnez-nous tous les ans des moissons redoublées,
Soient toujours de nectar nos rivières comblées;
Si Chrysanthe ne vit, et ne se porte bien,
    Nous ne vous devons rien.

CX

A MONSIEUR COLLETET, SUR LA MORT DE SA SOEUR.

ÉPIGRAMME.

Publiée, pour la première fois, par Ménage. — Guillaume Colletet, membre de l'Académie française, né en 1598, mourut en 1659. — On trouve, dans le second volume des *Délices de la poésie françoise* (1620), des vers adressés à Malherbe par Colletet, qui en a mis aussi quelques-uns en tête de la traduction des *Épîtres de Sénèque*.

En vain, mon Colletet, tu conjures la Parque
De repasser ta sœur dans la fatale barque :
Elle ne rend jamais un trésor qu'elle a pris.
Ce que l'on dit d'Orphée est bien peu véritable.
Son chant n'a point forcé l'empire des Esprits,   5
Puisqu'on sait que l'arrêt en est irrévocable.
Certes, si les beaux vers faisoient ce bel effet,
Tu ferois mieux que lui ce qu'on dit qu'il a fait.

3. Malherbe a dit ailleurs (voyez pièce xcvIII, vers 36), en parlant de Pluton :

    Ce qu'une fois il tient, jamais il ne le rend.

CXI

POUR UNE MASCARADE.

STANCES.

Publiées pour la première fois dans l'édition de 1630.

Ceux-ci de qui vos yeux admirent la venue,
Pour un fameux honneur qu'ils brûlent d'acquérir,
Partis des bords lointains d'une terre inconnue,
S'en vont au gré d'amour tout le monde courir.
   Ce grand Démon qui se déplaît   5
   D'être profane comme il est,
   Par eux veut repurger son temple;
   Et croit qu'ils auront ce pouvoir,
   Que ce qu'on ne fait par devoir,
   On le fera par leur exemple.   10

Ce ne sont point esprits qu'une vague licence
Porte inconsidérés à leurs contentements;
L'or de cet âge vieil où régnoit l'innocence,
N'est pas moins en leurs mœurs qu'en leurs accoutrements;
   La foi, l'honneur, et la raison   15
   Gardent la clef de leur prison;
   Penser au change leur est crime;

17. Ce vers est ainsi dans une copie conservée à la Bibliothèque impériale (Papiers de Baluze, n° 133), tandis qu'on lit dans les éditions de 1630 et de 1631 :
   Penser au change leur est *un* crime,
ce qui donne une syllabe de trop au vers.

Leurs paroles n'ont point de fard ;
Et faire les choses sans art,
Est l'art dont ils font plus d'estime. 20

Composez-vous sur eux, âmes belles et hautes ;
Retirez votre humeur de l'infidélité ;
Lassez-vous d'abuser les jeunesses peu cautes,
Et de vous prévaloir de leur crédulité ;
    N'ayez jamais impression 25
    Que d'une seule passion,
    A quoi que l'espoir vous convie ;
    Bien aimer soit votre vrai bien ;
    Et, bien aimés, n'estimez rien
    Si doux qu'une si douce vie. 30

On tient que ce plaisir est fertile de peines,
Et qu'un mauvais succès l'accompagne souvent ;
Mais n'est-ce pas la loi des fortunes humaines,
Qu'elles n'ont point de havre à l'abri de tout vent ?
    Puis cela n'advient qu'aux amours, 35
    Où les desirs, comme vautours,
    Se paissent de sales rapines ;
    Ce qui les forme les détruit ;
    Celles que la vertu produit
    Sont roses qui n'ont point d'épines. 40

CXII

CHANSON.

Imprimée pour la première fois dans l'édition de 1630.

Est-ce à jamais, folle espérance,
Que tes infidèles appas
M'empêcheront la délivrance
Que me propose le trépas?

La raison veut, et la nature,
Qu'après le mal vienne le bien ;
Mais en ma funeste aventure,
Leurs règles ne servent de rien.

C'est fait de moi, quoi que je fasse ;
J'ai beau plaindre et beau soupirer,
Le seul remède en ma disgrâce,
C'est qu'il n'en faut point espérer.

Une résistance mortelle
Ne m'empêche point son retour ;
Quelque Dieu qui brûle pour elle
Fait cette injure à mon amour.

Ainsi trompé de mon attente,
Je me consume vainement,
Et les remèdes que je tente,
Demeurent sans événement.

Toute nuit enfin se termine;
La mienne seule a ce destin,
Que d'autant plus qu'elle chemine,
Moins elle approche du matin.

Adieu donc, importune peste, 25
A qui j'ai trop donné de foi;
Le meilleur avis qui me reste,
C'est de me séparer de toi.

Sors de mon âme, et t'en va suivre
Ceux qui desirent de guérir; 30
Plus tu me conseilles de vivre,
Plus je me résous de mourir.

CXIII

STANCES.

Imprimées pour la première fois dans l'édition de 1630.

Quoi donc, ma lâcheté sera si criminelle ?
Et les vœux que j'ai faits pourront si peu sur moi,
Que je quitte ma dame, et démente la foi
Dont je lui promettois une amour éternelle ?

Que ferons-nous, mon cœur, avec quelle science 5
Vaincrons-nous les malheurs qui nous sont préparés ?
Courrons-nous le hasard comme désespérés ?
Ou nous résoudrons-nous à prendre patience ?

Non, non, quelques assauts que me donne l'envie,
Et quelques vains respects qu'allègue mon devoir, 10
Je ne céderai point, que de même pouvoir
Dont on m'ôte ma dame, on ne m'ôte la vie.

Mais où va ma fureur ? quelle erreur me transporte,
De vouloir en géant aux astres commander ?
Ai-je perdu l'esprit, de me persuader 15
Que la nécessité ne soit pas la plus forte ?

Achille, à qui la Grèce a donné cette marque,
D'avoir eu le courage aussi haut que les cieux,
Fut en la même peine, et ne put faire mieux

Que soupirer neuf ans dans le fond d'une barque. 20

Je veux du même esprit que ce miracle d'armes,
Chercher en quelque part un séjour écarté
Où ma douleur et moi soyons en liberté,
Sans que rien qui m'approche interrompe mes larmes.

Bien sera-ce à jamais renoncer à la joie, 25
D'être sans la beauté dont l'objet m'est si doux;
Mais qui m'empêchera qu'en dépit des jaloux,
Avecque le penser mon âme ne la voie?

Le temps qui toujours vole, et sous qui tout succombe,
Fléchira cependant l'injustice du sort; 30
Ou d'un pas insensible avancera la mort,
Qui bornera ma peine au repos de la tombe.

La fortune en tous lieux à l'homme est dangereuse;
Quelque chemin qu'il tienne il trouve des combats;
Mais des conditions où l'on vit ici-bas, 35
Certes celle d'aimer est la plus malheureuse.

20. *Neuf ans!* Lisez *neuf mois*, et c'est encore beaucoup plus que ne permet l'Iliade.

Sarrasin s'était sans doute inspiré de Malherbe dans ces vers adressés au duc d'Enghien :

> Achille beau comme le jour,
> Et vaillant comme son épée,
> Pleura neuf ans pour son amour,
> Comme un enfant pour sa poupée.

Ménage, en publiant les poésies de Sarrasin, remplaça *neuf ans* par *neuf mois*.

35. Je ne sais où Saint-Marc a pris pour ce vers le texte suivant qu'il a adopté :

> Mais des conditions que l'on voit ici-bas.

CXIV

CHANSON.

Publiée pour la première fois dans l'édition de 1630.

C'est faussement qu'on estime
Qu'il ne soit point de beautés
Où ne se trouve le crime
De se plaire aux nouveautés.

Si ma dame avoit envie
D'aimer des objets divers,
Seroit-elle pas suivie
Des eux de tout l'univers ?

Est-il courage si brave,
Qui pût avecque raison
Fuir d'être son esclave,
Et de vivre en sa prison ?

Toutefois cette belle âme,
A qui l'honneur sert de loi,
Ne hait rien tant que le blâme
D'aimer un autre que moi.

Tous ces charmes de langage
Dont on s'offre à la servir,
Me l'assurent davantage,
Au lieu de me la ravir.

Aussi ma gloire est si grande
D'un trésor si précieux,
Que je ne sais quelle offrande
M'en peut acquitter aux cieux.

Tout le soin qui me demeure,
N'est que d'obtenir du sort,
Que ce qu'elle est à cette heure,
Elle soit jusqu'à la mort.

De moi, c'est chose sans doute,
Que l'astre qui fait les jours
Luira dans une autre voûte,
Quand j'aurai d'autres amours.

CXV

ÉPIGRAMME.

« Il n'y a rien au monde de plus bête que cette épigramme, » a dit André Chénier, et je suis complétement de son avis.

Tu dis, Colin, de tous côtés,
Que mes vers, à les ouïr lire,
Te font venir des crudités,
Et penses qu'on en doive rire ;
Cocu de long et de travers,
Sot au delà de toutes bornes,
Comme te plains-tu de mes vers,
Toi qui souffres si bien les cornes ?

7. *Comme*, comment.

CXVI

SUR LA MORT D'UN GENTILHOMME
QUI FUT ASSASSINÉ.

SONNET.

Une copie autographe de ce sonnet, publié pour la première fois dans l'édition de 1630, est conservée à la Bibliothèque impériale dans les papiers de Baluze (Ms. n° 133).

Belle âme aux beaux travaux sans repos adonnée,
Si parmi tant de gloire et de contentement
Rien te fâche là-bas, c'est l'ennui seulement
Qu'un indigne trépas ait clos ta destinée.

Tu penses que d'Ivri la fatale journée, 5
Où ta belle vertu parut si clairement,
Avecque plus d'honneur et plus heureusement
Auroit de tes beaux jours la carrière bornée.

Toutefois, bel esprit, console ta douleur;
Il faut par la raison adoucir le malheur, 10
Et telle qu'elle vient prendre son aventure.

Il ne se fit jamais un acte si cruel :
Mais c'est un témoignage à la race future,
Qu'on ne t'auroit su vaincre en un juste duel.

10. Dans l'édition de 1630, on lit, au lieu de *malheur*, une seconde fois *douleur*.

FRAGMENTS

SANS DATE.

CXVII

FRAGMENT.

Ces deux strophes, dirigées contre les mignons de Henri III, ont paru pour la première fois dans l'édition de 1630.

    Les peuples pipés de leur mine,
    Les voyant ainsi renfermer,
    Jugeoient qu'ils parloient de s'armer
    Pour conquérir la Palestine,
    Et borner de Tyr à Calis 5
    L'empire de la fleur de lis;
    Et toutefois leur entreprise
    Étoit le parfum d'un collet,
    Le point coupé d'une chemise
    Et la figure d'un ballet. 10

    De leur mollesse léthargique,
    Le discord sortant des enfers,
    Des maux que nous avons soufferts
    Nous ourdit la toile tragique;
    La justice n'eut plus de poids; 15
    L'impunité chassa les lois;

Et le taon des guerres civiles
Piqua les âmes des méchants,
Qui firent avoir à nos villes
La face déserte des champs

CXVIII

FRAGMENTS.

A MONSEIGNEUR LE CARDINAL DE RICHELIEU.

Imprimés pour la première fois dans l'édition de 1630.

« J'ai su de M. de Racan, dit Ménage, que Malherbe avoit fait ces deux stances plus de trente ans avant que le cardinal de Richelieu, auquel il les adresse, fût cardinal, et qu'il en changea seulement les quatre premiers vers de la première stance pour les accommoder à son sujet. J'ai su aussi de M. de Racan que le cardinal de Richelieu, qui avoit connoissance que ces vers n'avoient pas été faits pour lui, ne les reçut pas agréablement quand Malherbe les lui fit présenter : ce qui fit que Malherbe ne les continua pas. »

Richelieu ayant été créé cardinal en 1622, ces vers remonteraient donc à l'année 1592 tout au moins, suivant Racan et Ménage.

Grand et grand prince de l'Eglise,
Richelieu, jusques à la mort,
Quelque chemin que l'homme élise,
Il est à la merci du sort ;
Nos jours filés de toutes soies 5
Ont des ennuis comme des joies ;
Et de ce mélange divers
Se composent nos destinées,
Comme on voit le cours des années
Composé d'étés et d'hivers. 10

Tantôt une molle bonace
Nous laisse jouer sur les flots ;
Tantôt un péril nous menace,
Plus grand que l'art des matelots ;

Et cette sagesse profonde 15
Qui donne aux fortunes du monde
Leur fatale nécessité,
N'a fait loi qui moins se révoque,
Que celle du flux réciproque
De l'heur et de l'adversité. 20

CXIX

FRAGMENT.

Ce fragment, publié pour la première fois dans l'édition de 1630, se rapporte bien probablement à l'ode sur la prise de Marseille. (Voyez la pièce VI.)

    Tantôt nos navires, braves
    De la dépouille d'Alger,
    Viendront les Mores esclaves
    A Marseille décharger ;
    Tantôt, riches de la perte   5
    De Tunis et de Biserte,
    Sur nos bords étaleront
    Le coton pris en leurs rives,
    Que leurs pucelles captives
    En nos maisons fileront.   10

1. « *Brave*, dit Nicot, aucunefois signifie superbe et hautain. »
6. *Biserte*, au nord-ouest de Tunis ; son port, presque comblé aujourd'hui, fut jadis un des meilleurs de l'Afrique.

CXX

FRAGMENT.

Publié pour la première fois, je crois, dans l'édition de Ménage.

Elle étoit jusqu'au nombril
Sur les ondes paroissante,
Telle que l'aube naissante
Peint les roses en avril.

CXXI

FIN D'UNE ODE POUR LE ROI.

Publiée pour la première fois dans l'édition de 1630. Ces vers se rapportent très-vraisemblablement à la pièce XXI.

    Je veux croire que la Seine
    Aura des cygnes alors,
    Qui pour toi seront en peine
    De faire quelques efforts.
    Mais vu le nom que me donne
    Tout ce que ma lyre sonne,
    Quelle sera la hauteur
    De l'hymne de ta victoire,
    Quand elle aura cette gloire,
    Que Malherbe en soit l'auteur !

CXXII

FRAGMENT D'UNE ODE D'HORACE.

Ce fragment est inédit, je l'ai trouvé dans le manuscrit déjà cité des papiers de Baluze, n° 133. — Je crois que l'ode d'Horace que Malherbe aurait voulu imiter, mais de très-loin, est la 13e du IVe livre.

>   Audivere, Lyce, Di mea vota, Di
>   Audivere, Lyce : fis anus....

Voici venir le temps que je vous avois dit.
Vos yeux, pauvre Caliste, ont perdu leur crédit,
Et leur piteux état aujourd'hui me fait honte
        D'en avoir tenu compte.

CXIII

AUTRE FRAGMENT.

Inédit et tiré du même manuscrit que le précédent.

Vous avez beau, mon berger,
Me déguiser le danger;
Je sais bien que par mes larmes
Le jeu se terminera;
Mais vos prières sont charmes;   5
Faites ce qu'il vous plaira.

FIN DES POÉSIES.

APPENDICE.

I

LE LAGRIME DI SAN PIETRO, DEL SIG. LUIGI TANSILLO,
ET LES LARMES DE SAINT PIERRE, DE MALHERBE [1].

Le poëme *Le Lagrime di San Pietro*, de Luigi Tansillo, est divisé en treize chants ou *Plaintes* (*Pianto primo*, *Pianto secondo*, etc.). Il se compose de neuf cent onze octaves, formant en tout sept mille deux cent quatre-vingt-huit vers. L'imitation de Malherbe porte sur dix-neuf strophes prises çà et là dans le premier chant, sur les cinq premières du second, et sur les quatre premières du cinquième. Elle est excessivement libre. On en jugera par les extraits suivants du poëme italien [2],

---

1. Nous devons cette comparaison du poëme de Tansillo et de l'imitation de Malherbe à un homme de beaucoup de goût et de savoir, et particulièrement très-versé dans la littérature italienne, M. Paul Tiby, qui a bien voulu nous permettre d'en enrichir notre édition. Nous le prions de recevoir ici nos plus sincères remercîments.

2. Nous avons conservé l'orthographe et la ponctuation de l'édition de 1587, qui forme un volume in-18, intitulé : *Le Lagrime di S. Pietro del Sig. Luigi Tansillo, di nuovo ristampate con nuova gionta delle lagrime della Maddalena del Signor Erasmo Valvassone, et altre rime spirituali del molto R. D. Angelo Grillo, non piu vedute, et ora novamente date in luce. In Genova, appresso Girolamo Bartoli*, MDLXXXVII. — Dans le *Pianto settimo*, strophe viiie (page 70), on lit ces deux vers :

Il mille cinque cento, e settant' uno
Anno chiude hoggi il ciel girando intorno,

qui montrent qu'à la fin de 1571 Tansillo n'avait point encore achevé son poëme.

dans lesquels est contenu tout ce qui, de près ou de loin, a pu servir d'inspiration au poëte français. Ces passages, qui donnent matière à de curieux rapprochements, sont en outre intéressants par eux-mêmes, et souvent remarquables pour la pensée et surtout pour le style.

PIANTO PRIMO.

I

Le lagrime, e le voci accoglio in rima,
Che da gli occhi, e dal petto uscir di PIERO;
Che vinto dal timor di croce prima,
Fra la lingua, ed il cor smarrì 'l sentiero;
E di vita mortal facendo stima;
Negò di vita, e morte il Signor vero.
. . . .

II

Ma chi darammi di la sù favore,
Altri, che Musa, ò che 'l Signor di Delo?
O tu, c'havesti il novo, eterno honore
D'aprir', e di serrar gli usci del Cielo;
Impetra al petto il lume de l'ardore,
Che venne al tuo, quando si ruppe il gelo
De la paura, e col suo canto il gallo,
A pianger ti destò l'horribil fallo[1].

XXXVIII

Il MAGNANIMO PIETRO, che giurato
Havea tra mille lance, e mille spade,
Al suo caro Signor morire à lato;
Quando s'accorse, vinto da viltade,

---

[1]. Comparez ces deux stances avec les douze premiers vers de la pièce de Malherbe, p. 4.

Nel gran bisogno haver di Fè mancato;
La vergogna, e'l dolore, e la pietade
Del proprio fallo, e de l'altrui martiro;
Di mille punte il petto gli feriro[1].

XXXIX

Ma gli archi, che nel core gli aventaro
Le saette piu acute, e piu mortali;
Fur gli occhi del Signor, quando il miraro:
Gli occhi fur gli archi, e 'i guardi fur gli strali,
Che del cor non contenti, sen' passaro,
Fin dentro à l'alma; e vi fer piaghe tali,
Che bisognò mentre che visse poi,
Ungerle col licor degli occhi suoi.

XLIII

. . . .
Più fieri (parea dir) son gli occhi tuoi
De l'empie man, che mi porranno in croce;
Nè sento colpo alcun, che sì m'annoi
Di tanti, ch'altrui forza in me ne scocca;
Quanto il colpo, ch' uscio de la tua bocca[2].

XLIV

« Nessun fedel trovai, nessun cortese
Di tanti, c' ho degnati ad esser miei :
Ma tu, dove 'l mio amor via più t'accese,
Perfido, e ingrato sovr' ogn' altro sei.
Ciascun di quei sol col fuggir m'offese,
Tu mi negasti, ed hor con gli altri rei,
Par, che ti paschi del mio danno gli occhi;
E che la parte del piacer ti tocchi[3]. »

---

1. Comparez Malherbe, vers 43 à 48, p. 6.
2. Comparez Malherbe, vers 49-54, 61-66, p. 6.
3. Comparez Malherbe, vers 79-90, p. 7.

XLV

Chi 'l men de le parole dir potesse
Di sdegno, di pietade, e d'amor piene;
Che parve à Pietro di veder impresse
Nel sacro giro de le due serene
Luci; scoppiar faria chi l'intendesse:
Ma se d'occhio mortal sovente viene
Virtù, che 'n noi può sì: chi 'l prova, pensi,
Che potè occhio divin ne gli human sensi[1].

LI

Bramoso d'incontrar chi giusta pena
Desse al suo grave error, poiche paura
Di maggior mal l'ardita man raffrena;
Per le folt' ombre de la notte oscura,
Sen' và gridando, ove'l dolor lo mena:
E la vita, che dianzi hebbe sì à cura,
Hor più ch' altro odia, e sol di lei si duole;
E perche 'l fece errar, più non la vuole[2].

LII

« Vattene vita, va (dicea piangendo)
Ove non sia chi t'odii, e chi ti sdegni.
Lasciami sol, che non è ben, ch' essendo
Compagnia così rea, meco ne vegni.
Vattene vita, va: ch' io non intendo,
Ch' un' altra volta ad esser vil m'insegni.
Non vò, per allungar tue frali tempre,
Uccider l'Alma nata à viver sempre[3]. »

---

1. Comparez Malherbe, vers 91-96, p. 7 et 8.
2. Comparez Malherbe, vers 109-114, 121-126, p. 8 et 9.
3. Comparez Malherbe, vers 127-138, p. 9.

LV

« A quanti, gia felici in giovanezza,
Recò l'indugio tuo lunghi tormenti?
Che s'innanzi al venir de la vecchiezza
Sciolti fosser del Mondo, assai contenti
Morti sarian poiche non hà fermezza
Stato alcun, che diletti, ò che tormenti[1].

. . . .

LVI

« Non trovava mia Fè sì duro intoppo,
Se tu[2] non stavi insin ad hoggi meco;
Se non m' havesse il desiarti troppo
Il senno tolto e la memoria seco,
Pensar dovea ch' io vidi dar' al zoppo
Il piè, la lingua al muto, e gli occhi al cieco;
E quel che giù maravigliar fè l'ombre
Render l'anime à i corpi ond' eran sgombre.

LVII

« Quest' opre, e più, che'l Mondo, ed io sapea;
Ramentar mi dovean, che'l lor fattore
Fontana di salute esser dovea;
E sgombrar del mio petto ogni timore.
Di quà si può veder, mentr' io temea
S'era di senno, e di me stesso fuore;
Ch' al gran periglio ricercando aita,
Per tema di morir, negai la vita[3]. »

---

1. Comparez Malherbe, vers 157-162, p. 10.
2. *La Vita.*
3. Comparez Malherbe, vers 169-186, p. 10 et 11.

LIX

« O quanto denno à l'alta gratia lode
Quei fanciulletti, che moriron santi,
Quando la crudeltà del fiero Herode
Per ucciderne un sol, n'uccise tanti?
Ch' inabili al mal fare, ed à le frode;
Morir poteron, che peccare inanti;
E quasi fior, pria fian translati in cielo;
Che vento in terra mai gli oltraggi, ò gelo.

LX

« Quant' utile fù lor l'età novella,
Tanto à me lasso la matura noce.
Essi non negar Dio con la favella,
Come fec' io per tema de la croce;
Anzi perche non erano atti in quella,
A trar de petti intelligibil voce;
Lasciando aprir le pargolette gole,
Li dieder sangue in vece di parole.

LXI

« Non con la lingua, nò; ma con la morte
Si fer preconi eterni del suo nome;
E le madri vedran ne l'alta corte
Corona à molti, a cui non vider chiome.
O troppo rara sorte (se pur sorte
A noi dir lice) senza saper come
Si pugna, eterne palme havran di guerra;
E andran nel ciel, senza calcar la terra.

LXII

« Madri felici, che da vostri petti
Sveller vedeste i dolci, e cari figli;
. . . .

Deh non piangete voi lor morte pia.
. . . .

LXIII

« Se voi sapeste il frutto, ch' uscir debbe
De la pioggia di quel sangue innocente;
Quel sangue, che l'altr' hier la terra bebbe,
E'n ciel fia riservato eternamente;
Non pur la morte lor non vi dorrebbe,
Ma di quante n' hà il Mondo più contente
Con ragion vi terreste, e più felici;
Di sì bei fiori essendo voi radici.

LXIV

« Con quanto plauso imaginar si pote,
Che accolti fian quegli angioletti belli;
Le sedie empiendo, che tanti anni vote
Lasciate havean gli spiriti rubelli?
Fra qual suon, fra quai canti, e fra quai note,
A schiera à schiera, quei guerrier novelli,
Vestiti à bianco, se n'andranno ovanti
Al trionfo di Cristo intorno, e innanti[1]. »

LXVI

« Ma io, che debbo altro, che pianger sempre,
Fin che piangendo il vecchio corpo atterri
Poiche bisogna, che'l furor si tempre,
Nè dal carcer mortal me stesso sferri?
Ma senza oprar più dolorose tempre,
Senza cercer veleni, lacci, o ferri;
Ahi lasso, e non dovria se fosse forte,
Bastar la doglia sola à darmi morte[2]? »

---

1. Comparez les six stances précédentes avec les vers 187 à 258, p. 11, 12 et 13.
2. Comparez vers 259-270, p. 14.

PIANTO SECONDO.

I

Cosi piangendo, Pietro; ed accusando
Se stesso nel pensiero; à capo chino
Sen gia, nè sapea dove; al pie lasciando,
Non à l'occhio, l'arbitrio del camino,
Senza avedersen' unqua, caminando,
O fosse caso, ò pur voler divino;
Ne l'horto capitò, donde la sera,
Seguendo il suo Signor, partito s'era.

II

Come padre dolente, che sotterra
Lasciando il morto figlio, esce del Tempio;
E mentre incerto sospirando egli erra,
Giunge à la piazza, ove'l dì stesso l'empio
Ferro l'uccise, e rossegiar la terra
Vede del fresco sangue; al crudo scempio,
Rinova il grido, e più, che prima piange
Tal, che la doglia par, che'n rabbia cange.

III

Cosi 'l buon vecchio, che più amava ei solo,
Che quanti padri ha il Mondo accolti insieme;
Giungendo à l'horto, ove'l nemico stuolo
Li tolse il suo Signor, più forte geme:
Ma visto de' suoi piè stampato il suolo,
Troppo grave dolor l'Alma li preme:
Hor le voci, hor le lagrime radoppia;
E d'ira quasi, e di cordoglio scoppia.

IV

« Se de la gratia tua, che' miei demerti
M' hanno tolta (dicea) mi resta tanto,
Padre del ciel; che di toccar' io merti
Il terren tocco dal tuo piede santo;
Poiche' ndegno son fatto di vederti:
(E tutta via crescea ne gli occhi il pianto)
Se l'amor mio giamai caro ti fue;
Fammi morir sopra quest' orme tue.

V

« Orme felici, e da quel piè stampate,
Di cui sentiron lieve, e dolce incarco,
L'acque, che furo à tanto honor degnate;
Com' hor vi vedo in terra, così carco
Di meraviglia, io v'ho spesse fiate
Viste nel mare: e voi seguendo, il varco
Hebbi; e la Fe mi fè, dov' altri affonda,
Indurar sotto i piè la liquid' onda[1]. »

PIANTO QUINTO.

I

La cara à malfattori ombra notturna,
Da se sgombrava il Mondo; dal cui destro
Lato l'aurora uscia, di lagrime urna
Versando innanzi al giorno, e non canestro
Di vaghi fior, con la sua mano eburna,
Macchiata il volto di vapor terrestro;
E'l biondo crine, ond' ella indora il cielo
Avolta d'atro, e nubiloso velo.

---

1. Comparez ces cinq stances avec les vers 271-324, p. 14, 15 et 1 .

II

Il Sol venia appò lei, come persona,
Che và dove altri à forza la sospinge :
E quanto sferza l'altre volte, e sprona
I suoi destrier, tant' hor gli affrena, e stringe;
Torbido gli occhi, e senza la corona
Di chiari rai, che l'auree chiome cinge;
Sdegnando haver di raggi il capo avinto,
Quando di spine, il suo fattor l'ha cinto.

III

L'aer di nebbia grave à gli occhi infesto,
Sembrava d'ogni intorno infetto, ed egro :
Ogni augelletto, ch' à quel tempo desto,
Salutar suole il giorno in rami allegro;
Tacito apparve in ramo, o in siepe mesto,
Odiando così il Chiaro, come il Nero,
E 'n vece sua per gli antri, e per le rupi
S'udian pianger buboni, ed urlar lupi.

IV

Crebbe il dolore, e crebbe la vergogna
Nel cor di Pietro, à l'apparir del giorno;
E benche non vegga altri, si vergogna
Di se medesmo, e di ciò c'ha d'intorno;
Ch' al magnanimo spirto non bisogna
La vista altrui, per arrossir di scorno·
Ma di se si vergogna talhor, ch' erra;
Se ben no'l vede altro, che cielo, e terra[1].

1. Comparez ces quatre stances avec les vers 361 à 398, p. 17 et 18.

II

INSTRUCTION DE F. DE MALHERBE A SON FILS.

M. Roux-Alpheran, dans ses *Recherches biographiques sur Malherbe* (1840), a le premier fait connaître cet écrit, qui, sans avoir aucune valeur littéraire, donne de curieux renseignements sur quelques points de la vie du poëte. Quelques années plus tard (1846), M. Ph. de Chennevières en a publié le texte complet, d'après le manuscrit de la Bibliothèque d'Aix signalé par M. Roux-Alpheran, et qui n'était malheureusement qu'une copie pleine de fautes de tout genre. Le texte que nous reproduisons ici a été collationné par nous sur le manuscrit autographe de Malherbe conservé à la Bibliothèque de Carpentras, et dont les éditeurs précédents avaient ignoré l'existence. C'est un petit in-8°, doré sur tranche, relié en parchemin et coté n° 201. Sur la garde on lit : *Généalogie de Malherbe Saint-Aignan*. MM. Roux-Alpheran et de Chennevières ont donné à cet opuscule le seul titre qui lui convînt, et nous le lui conservons.

Il y a d'autres que nous qui portent le nom de Malherbe en Normandie, mais à la distinction de ceux-là nous nous appelons Malherbe de Saint-Agnan.

La terre de Saint-Agnan, à cinq lieues de Caen, du côté du Bocage, n'est plus aujourd'hui à notre maison, quoique toujours elle s'appelle Saint-Agnan-le-Malherbe. Elle fut vendue par l'un de nos prédécesseurs pour le voyage de la terre sainte.

Plusieurs autres terres portent encore le nom de notre maison, comme Neuilly-le-Malherbe[1] et autres, et toutefois ne sont plus à nous; les unes ayant été aumônées[2] aux églises, comme Bléville, par Fouques Malherbe, à l'abbaye de Caen, comme il se voit par la fondation; les autres vendues, et les

---

1. Neuilly-le-Malherbe, dans l'arrondissement de Caen.
2. Données en aumône.

autres, par mariages, passées en maisons étrangères, comme celle de Jouy, en Picardie, fut par une fille de notre maison, avec plusieurs autres, emportée en la maison de Pellevé, où elle est encore aujourd'hui.

En la chronique de Normandie, il y a un chapitre exprès des seigneurs, princes, chevaliers et barons qui accompagnèrent le duc Guillaume à la conquête d'Angleterre, entre lesquels est la Haye Malherbe, d'où nous sommes sortis, lequel étoit baron de la Haye en Cotentin; et parce que l'on pourroit dire que ce pouvoit être de l'autre race des Malherbes que l'on appelle Malherbe de la Meausse, cela se résout pour nous, parce que le duc Guillaume ayant fait peindre toutes les armoiries des maisons illustres qui l'avoient suivi au voyage d'Angleterre, les nôtres se trouvent en ce nombre tant en une salle de l'abbaye de Saint-Étienne de Caen, qui est de sa fondation, qu'en une de l'abbaye de Saint-Michel au rivage de la mer, en la basse Normandie. Nos armoiries sont d'argent à six roses de gueules et des hermines de sable sans nombre.

Il se trouve force documents de notre maison en la chambre des comptes de Paris, et en celle de Rouen, en plusieurs fondations d'églises, et ailleurs en beaucoup de maisons nobles avec lesquelles nous avons eu alliance par le passé, comme de Nocy, Pellevé, Tesson et autres.

Mon père peut aujourd'hui posséder six ou sept cents écus de rente, selon l'estimation que plusieurs fois j'en ai ouï faire, et même dernièrement quand je partis de Normandie au mois de décembre 1599.

Mon grand-père étoit cadet de sa maison. Son aîné étoit seigneur de Mondreville, Merville et plusieurs autres terres.

Ma grand'mère paternelle étoit de la maison d'Elbeuf, où il y avoit alors cinq ou six terres nobles, desquelles, par mauvais ménage, il en est bien à peine demeuré une aux mains de l'héritier.

Ma mère s'appelle Louise le Vallois, fille de Henri le Vallois, seigneur d'Ifs, à demi-lieue de Caen, et de demoiselle Catherine le Joly, héritière de plusieurs biens roturiers tant à Bréteuille la Pavée qu'à Louvigny.

De ce Henri le Vallois, sieur d'Ifs, et de ladite Catherine le Joly sortirent plusieurs enfants, desquels ceux que j'ai vus sont : Louise le Vallois, ma mère, Jean le Vallois, Charlotte et Marie le Vallois.

Charlotte et Marie sont toutes deux décédées, Charlotte sans enfants. Marie, mariée au sieur de Maizet, a laissé un seul fils, marié aujourd'hui à une des filles de Fontaines-Estoupefour.

Jean le Vallois, sieur d'Ifs, leur frère et mon oncle, fut en premières noces marié avec une sœur du sieur de Lamberville, maître des requêtes, et depuis l'un de ses héritiers.

De ce mariage étoit sortie Marie le Vallois, fille unique, qui mourut un quart d'heure après sa mère, l'an 1587, ce me semble.

Mon oncle se remaria avec demoiselle Jeanne de Mainbeville, sœur et l'une des héritières du sieur de Comiers.

De ce mariage sortit une fille qui est aujourd'hui mariée avec François de Malherbe, sieur de Bouillon et d'Escorchebeuf, qui est l'aîné de notre maison. Elle peut avoir aujourd'hui seize ans. Son père mourut peu de temps après qu'elle fut née, si bien qu'elle est demeurée seule héritière de ladite terre d'Ifs et des biens assis à Bréteuille la Pavée, qui avoient appartenu à ladite Catherine le Joly, sa grand'mère et la mienne. Dieu la fasse vivre et lui donne des enfants. Si elle n'en avoit point, mon cousin de Maizet, sorti de ladite Marie le Vallois, dont j'ai fait mention, et nous, en serions héritiers. S'il n'y avoit autre bien que le noble, nous l'emporterions par-dessus mondit cousin de Maizet, parce que nous sommes de Louise le Vallois, fille aînée dudit Henri le Vallois, sieur d'Ifs, et encore l'emporterois-je au préjudice de mon frère, parce que je suis son aîné, et le premier de tous les enfants sortis du mariage de mesdits père et mère.

Nous avons été neuf enfants : François, Jeanne, Eléazar, Pierre, Josias, Marie, Jeanne, Étienne et Louise.

Jeanne la première, Josias et Étienne, sont morts en enfance. Pierre mourut à Lisieux, au retour du siège de la Fère[1]. Je crois que lors il n'avoit que dix-sept ou dix-huit ans.

La seconde Jeanne décéda il y a environ huit ou neuf ans, et a laissé plusieurs enfants mâles, ayant été mariée avec le sieur Fauconnier, trésorier de France.

1. En 1580.

Marie est mariée au sieur de Réveillon Putecoste, dont elle a des enfants.

Louise est veuve du sieur de Coulombiers-Guerville, et en a un fils et une fille. Elle fut mariée cependant que j'étois en ce pays ici, au second voyage que j'y ai fait, et ledit sieur de Coulombiers son mari décéda de peste en l'année 1588, au mois d'août, le même jour que j'arrivai à Caen, si bien que je ne l'ai point vu.

Mon frère est marié avec demoiselle Marie Lambert, dame en partie de la terre d'Ouville près Falaise. En faisant son mariage, mon père lui a donné un état de conseiller au siége présidial de Caen, qu'il lui avoit baillé dès l'année 83 ou 84; mais il faut que mon frère m'en tienne compte de la moitié, parce que, par la coutume de Normandie réformée devant ledit mariage, un père ne peut directement ni indirectement avancer un fils plus que l'autre.

Cet état valoit douze cents écus pour le moins, quand mon père le lui bailla, de sorte que je lui en veux demander six cents avec les intérêts depuis ce temps-là, qui sont vingt ou vingt-deux ans.

Je fais compte que ceci m'acquitte trois cents écus que je dois au sieur Fauconnier et dont je lui fais la rente au denier dix, et vingt écus de rente que je fais à Harcourt pour deux cents écus qu'il me prêta pour le voyage de ma femme, quand elle s'en revint en ce pays ici.

Le contrat fait avec ledit Fauconnier contient quatre cents et quelques écus de principal, mais la vérité est que je n'en reçus que trois cents livres. Le surplus étoit déjà dû audit Fauconnier, pour pareille somme par lui prêtée à mon père pour l'achat de la petite maison qui est près de la nôtre, ainsi que mon père me le dit.

Mon cousin de la Pigacière, Pierre Malherbe, m'a plégé [1] envers ledit Fauconnier de ladite somme de trois cents livres, dont mon père lui a fait une promesse de l'indemniser, dans laquelle promesse il déclare que je n'ai touché que lesdites 300 livres, et qu'il devoit le reste auparavant.

Pour le regard de ce que je suis signé au mariage de mon

---

1. Cautionné.

frère, cela ne me peut préjudicier pour ma part dudit office, parce que mon père m'y mena et que pour son respect seul je me signai audit mariage.

De toutes ces affaires et autres que je puis ou pourrai avoir en Normandie, j'espère avec l'aide de Notre-Seigneur en envoyer des mémoires plus amples à ma femme, aussitôt que je serai arrivé par delà, et lui envoyer aussi le rôle bien particulier des biens que mon père possède, et des papiers que j'ai par delà concernant les affaires de deçà, comme sont les quittances de Mme d'Oise, héritière du sieur du Villars, et du capitaine Benoît de Languedoc et autres.

S'il falloit plaider contre mon frère, il lui faudra, outre ce que dessus, objecter que toujours il a été nourri et entretenu aux dépens de la maison, de laquelle il n'a jamais bougé, même depuis qu'il a ledit office, ni depuis qu'il est marié, sinon peut-être un an qu'il demeura en la maison du sieur de l'Escarde tout vis-à-vis de la nôtre, où il recevoit ordinairement plusieurs provisions nécessaires. Hormis ladite année, il a continuellement demeuré chez mon père, et lui et sa famille ont été nourris aux dépens de la maison, lui, sa femme et ses enfants, vivant à la table de mon père ; et quand pour le ménage mon père et ma mère, aux mois de juillet, août et septembre, se retiroient aux champs, mondit frère, sa femme, enfants et serviteurs s'y retiroient aussi, vivant aux dépens de mon père, ce qui est notoire à tout le monde.

Pour moi, en l'année 1576, je partis de chez nous au mois d'août, et n'y revins qu'en avril 1586, dix ans après. Durant cette absence, je n'ai pas eu un liard de la maison.

Comme j'y fus arrivé audit an 86, au mois d'avril, ma femme m'y suivit au mois de juillet ensuivant, et dès le mois de septembre nous nous retirâmes au logis de ma cousine de Mondreville, vivant du nôtre, sans aucun secours de ma maison, que peut-être un tonneau de cidre. De là vint que je fus contraint d'emprunter six cents écus de M. du Villars, trois cents du capitaine Benoît et trois cents du sieur Fauconnier dont il a été fait mention par ci-devant : de toutes lesquelles sommes il m'a fallu entretenir moi et ma famille depuis ledit an 86, en septembre, jusques en l'an 93 que ma femme s'en revint en Provence. Après qu'elle fut partie, je me tins toujours séparé, et n'allois que fort rarement manger chez mon père.

En l'an 95, au mois de mars, je m'en revins en Provence, d'où je ne fus de retour que jusques en 98, au mois d'août.

Durant l'absence de ma femme, ma fille Jourdaine fut nourrie chez mon père, avec Madeleine, fille de ma sœur de Réveillon, jusques au mois de juin 1599, qu'elles décédèrent de la peste en même semaine.

Ledit an 1599, au mois de décembre, je partis de Normandie et m'en revins en ce pays, où je suis encore aujourd'hui 1605, ce dixième de juillet.

De toutes lesquelles choses il se voit le peu de dépense que j'ai faite à mon père ; et pour l'entretien des écoles, je n'ai jamais été que six mois en pension chez les Philippes à Caen, à Paris un an avec mon cousin de Mondreville le jeune, puis derechef à Caen chez Varin, un an sous l'Amy mon précepteur, et après sous Dinot[1] environ six ou sept mois à Caen, et enfin sous lui-même deux ans en Allemagne.

Mon frère a été aussi longtemps à Paris et en plusieurs pensions à Caen. Quand il n'a point été en pension, il a eu un précepteur en la maison.

J'ai discouru tout ceci afin que si mon frère de bonne foi ne vouloit faire raison à mon fils, il ait de quoi se la faire faire. Dieu me fera, s'il lui plaît, la grâce de vivre pour le délivrer de cette peine, et lui conserver ce que nature lui a donné.

J'ai ici une déclaration que mon frère m'a envoyée, par laquelle il me reconnoît, et après moi mon fils Marc-Antoine, son héritier en la moitié de tous ses biens présents et à venir. Ladite déclaration est du 24ᵉ septembre 1602, passée à Caen devant Horace le Forestier, et Nicolas Roque, tabellions dudit Caen.

Ma femme est Madeleine de Carriolis, fille de messire Louis de Carriolis, président au parlement de Provence, et de demoiselle Honorée Descalis. Son bien consiste en trois mille écus mis sur la communauté de Brignole, et huit cents écus constitués en rente sur la ville de Tarascon au denier douze.

Les trois mille écus de dot de ma femme furent premièrement

---

1. Richard Dinoth, pasteur protestant, mort vers 1586.

mis sur la communauté de Soliers, par acte du dernier de janvier 1585, et depuis, en avril 1589, ils furent par M. Sébastien Loup, M⁶ procureur, étant nous en Normandie, prêtés à la communauté de Brignole. Au bout de l'an, ils furent sommés par ledit Loup de rendre ladite somme, dont il appert par exploit de Massonneau, du cinquième de mai 1590, au pied d'une requête présentée par celui Loup à M. le lieutenant d'Aix, et par ledit lieutenant décrétée le 4ᵉ dudit mai 1590. Durant mon absence ledit Loup exigea les intérêts de ceux de Brignole, comme il avoit fait de ceux de Soliers, sans nous en faire tenir un sol.

Étant revenus en ce pays, à savoir ma femme en l'année 1593 et moi en l'année 1595, nous comptâmes avec ledit Loup. L'acte dudit compte est reçu par Mᵉ Bruys, notaire d'Aix, dudit an 1595, au mois de.... La procuration faite par ma femme et moi audit Mᵉ Loup est passée à Caen devant Aubert et Caillet, tabellions, le 22ᵉ de juin 1586.

Ma femme étant de retour en ce pays eut pour le payement des arrérages qui lui étoient dus par la communauté de Brignole quelques assignations qui plusieurs fois lui furent diverties[1], furent payées en deniers débordés[2] et en marchandises qui lui furent fournies à plus grand prix qu'elles ne valoient, et fut plus de trois ans à l'exaction desdits arrérages.

Enfin elle mit en cause lesdits de Brignole pour retirer les trois mille écus; ils usèrent en ce fait de beaucoup de fuites, alléguèrent avoir surpayé les intérêts et avoir baillé trois cents livres par avance audit Loup. Enfin il y eut arrêt du cinquième de juin 1598, auquel ils sont condamnés avec dépens; lesdits dépens par arrêt du 10ᵉ de juillet 1598 sont liquidés à trois cents cinquante écus. Ma femme priée par ceux de Brignole ne se hâta point de faire exécuter son arrêt, et se contenta de la promesse qu'ils lui firent de lui payer les intérêts. Cependant survint un arrêt général de la Cour sur la révision et la réduction des dettes des communautés de ce pays.

Le sieur Guiran, conseiller aux comptes, fut commissaire

---

1. C'est-à-dire, au lieu de la payer avec les fonds sur lesquels on l'avait assignée, on les employa à d'autres usages.
2. *Débordé* signifie sans doute ici « rogné, dont on a coupé le bord. »

pour la réduction des dettes de Brignole, devant lequel nous fûmes par son ordonnance ajournés, le 14e de juin 1600, à comparoître le 3e de juillet ensuivant.

M. d'Esparre avoit eu du commencement cette commission, et nous avoit fait ajourner par-devant lui pour voir faire la réduction, avec inhibition d'exécuter. L'ajournement est du 15e de juillet 1599 et l'exploit d'inhibition du 10e de juillet de la même année 1599, par Fossenque, notaire dudit Brignole.

Toutefois, ayant été ladite commission ôtée audit sieur d'Esparre, lieutenant dudit Brignole, et baillée audit sieur Guiran, conseiller aux comptes, nous comparûmes devant lui le 18e de juillet 1600, où lesdits de Brignole alléguèrent les intérêts payés à plus haut prix que l'ordonnance, que Loup, Me procureur qui leur avoit fait bailler ladite somme, avoit pris trois cents livres par avance, comprenant aux payements faits des intérêts plusieurs sommes payées au sieur de Malherbe ou sa femme pour autres occasions, comme quatre cents livres pour la vente à eux faite de cent charges de blé, deux cents écus prêtés par ledit sieur de Malherbe à la communauté pour payer un commissaire de Mgr de Guise, gouverneur, et autres affaires de la communauté, et cent dix écus aussi prêtés à ladite communauté par ledit sr de Malherbe pour payer les Badier. Ils comprenoient aussi auxdits intérêts la somme de trois cents cinquante écus de dépens par eux payés suivant l'arrêt de liquidation ci-dessus mentionné, et y comprenoient aussi tous dépens exécutoriaux, et tout plein d'autres sommes, pour nous rendre odieux devant ledit commissaire.

Enfin après une longue contestation et raisons alléguées de part et d'autre, dont il appert par le procès-verbal dudit commissaire du 18e de juillet 1600, s'ensuivit du consentement des parties une ordonnance dudit commissaire, du 3e août 1600, que la communauté me payeroit cinquante écus dans trois jours pour tous dépens, dommages et intérêts par moi demandés, et que ladite obligation de trois mille écus demeureroit sans aucun retranchement à notre profit, sauf à moi de me pourvoir contre Me Loup, notre procureur, pour les dommages et intérêts par nous prétendus.

Ladite ordonnance est du troisième d'août 1600.

L'an 1602, Mrs de Brignole nous font derechef ajourner par-devant le sieur d'Esparre, lieutenant dudit Brignole, lequel, depuis la mort du conseiller Guiran, avoit eu commission pour procéder à la réduction des dettes de ladite communauté. L'ajournement est du neuvième jour de janvier 1602, à comparoître le dix-septième dudit mois de janvier, qui est huit jours après l'exploit.

Suivant cet ajournement nous comparûmes derechef à Brignole où, après plusieurs comptes et contestations verbalement faites, nous fîmes un compte final du 30ᵉ de janvier 1603. Depuis ils nous ont payé les intérêts chacune année à raison du denier seize suivant l'ordonnance du Roi. Mais aux quittances que je leur fais, j'y fais toujours mettre que c'est sans approbation de leurs départements, et de pouvoir exécuter mes arrêts pour retirer mon principal quand bon me semblera. Ce qu'il faut toujours continuer jusques à ce que nous leur fassions [payer] ledit principal.

Ma femme, outre ce que dessus, a huit cents écus sur la commune de Tarascon, faisant, à raison du denier douze, deux cents livres de rente par chacun an.

M. le président Carriolis, son frère, et nous ayant eu après la mort du feu sieur président Carriolis, son père, quelque différend pour le recouvrement de la dot de leur mère, demoiselle Honorade d'Escalis, et supplément de la légitime qui leur appartenoit sur les biens de leur dit père, nous transigeâmes le 2ᵉ du mois d'avril 1602, devant maître Antoine Maurel, notaire d'Aix.

Depuis cette transaction mondit frère, président Carriolis, ayant quelque différend avec ma sœur de Châteauneuf, et craignant qu'elle ne luy fît saisir sa récolte de ses bastides du plan[1] Péricard et du Puy, me pria de passer avec lui un acte par lequel je lui remettois la pension que par ladite transaction il m'avoit baillée à prendre sur la communauté de Tarascon, et il me bailloit au lieu d'icelle ses blés provenant desdites bastides; ce que je fis par le moyen d'une déclaration qu'il me fit que ledit acte avoit été fait pour quelque considération et à sa prière, sans que je lui remisse ladite pension de Tarascon, laquelle demeureroit toujours à ma femme en vertu de la-

---

1. De la plaine.

dite transaction du 2ᵉ avril 1602, et demeurant icelle transaction en la même force et vertu qu'auparavant ledit acte.

Suivant cela nous avons toujours tiré ladite pension durant les trois années qui sont depuis échues, comme il se voit par les quittances que nous en avons faites en faveur de ladite communauté de Tarascon, dont ne nous sommes jamais mêlés de retirer aucune chose de ladite bastide. Ladite déclaration que mon frère m'a fait est volante, de peur qu'elle ne fût trouvée au registre. M. Gilles d'Aix l'a écrite et signée devant Loup et d'autres témoins, et signée dudit sieur Président, le 6ᵉ juillet 1602. Ledit sieur président Carriolis, mon beau-frère, au mois d'octobre dernier 1604 présenta requête au lieutenant d'Aix pour avoir payement de trente écus qu'il disoit m'avoir prêtés.

Sur quoi lui étant ma femme allé parler et lui ayant remontré que depuis ladite transaction nous n'avions eu que faire ensemble, et que pour le regard de ce qui s'étoit passé entre nous avant icelle transaction, tout y étoit compris et que nous n'avions plus rien à nous demander, il quitta ladite poursuite, laquelle, vu sa probité, je crois qu'il ne voudroit recommencer. Toutefois en cas qu'il le fît, voici ce qu'il lui faudroit répondre :

Par ladite transaction faite entre ledit sieur Président et ses sœurs, il leur déduit toutes les sommes qu'elles avoient reçues, ou par prêt ou par intérêt ; particulièrement il déduit à sa sœur de Margaillet, entre autres sommes, cent quarante et un écus qu'il avoit prêtés au sieur de Margaillet, fils d'icelle, à plusieurs fois et sans aucune promesse ; pourquoi, s'il eût prêté quelque chose à sa sœur de Malherbe, n'en eût-il fait mention ?

Quand ils transigèrent ledit 2ᵉ avril 1602, ledit sieur Président céda huit cents écus à sa sœur de Malherbe sur la communauté de Tarascon, dont les intérêts échoient au second de février ensuivant, de sorte qu'il y avoit deux mois du terme passé au profit dudit sieur Président : de quoi ayant lui fait instance et voulant que la rétention des intérêts desdits deux mois expirés fût apposée dans la transaction, le sieur de Malherbe le pria que, vu la parvité[1] de la somme, il ne s'en

1. L'exiguïté.

parlât point en ladite transaction, et que le terme échu il les lui payeroit; ce qu'il fit franchement, encore qu'il n'y en eût rien par écrit.

Plus, il faut considérer que dans ladite transaction, discourant par le menu d'où procédoit ladite somme de huit cents écus, il y employa seulement deux cents écus de droits maternels et cent écus d'intérêts de ladite somme de deux cents écus : sur quoi il faut noter que ledit principal, qui n'est employé que pour deux cents écus, se monte deux cents treize écus un tiers. Et les intérêts qui n'y sont employés que pour cent écus se montent pareille somme de deux cents treize écus vingt sous, qui sont en tout quatre cents vingt-six écus et quarante sous pour principal et intérêt, et par la transaction il n'est fait mention que de trois cents écus; si bien qu'il y auroit mécompte et erreur de cent vingt-six écus deux tiers, lesquels ledit Président devroit de bonne foi à ma femme, étant bien aisé à voir par là que ladite transaction ne contient point un compte exact, mais une composition amiable telle qu'elle doit être entre frères et sœurs.

Plus, il y a les deux cents livres léguées par le feu sieur président Carriolis, père des transigeants, à chacune de ses filles, en cas que leur frère eût l'état de président.

La condition est échue, et par conséquent lesdites deux cents livres pour fille sont dues.

Il ne sert rien de dire qu'il y a fait des frais; car le testateur savoit bien que les états par résignation ne s'obtiennent pas sans frais, de quoi toutefois, en considération des services du feu sieur Président, leur père, il a eu bon marché, lequel bon marché doit être considéré pour les sœurs comme pour lui, parce qu'elles sont héritières comme lui des services de leur dit père.

Ledit feu sieur Président, par le mariage de ma femme, sa fille, avec le lieutenant de Marseille, M. Balth. Catin, fait en avril 1577 par-devant Catrebars, notaire d'Aix, promet de payer lesdits deux cents treize écus un tiers dans dix ans. Lesquels dix ans expirèrent en même mois de l'année 1587. Or de l'année 1587 à l'année mil six cents et deux, que ladite transaction fut faite au même mois d'avril, il y a justement quinze ans; si bien qu'au denier quinze lesdits deux cents treize écus vingt sous se trouvent doublés, et se monte le tout quatre cents vingt et six écus et quarante sous, combien que dans la transaction ledit sieur Président ne fait compte à ma femme sa sœur que de trois cents écus en tout.

Honorade d'Escalis fut la première femme dudit feu sieur président Carriolis.

De ce mariage sont issues demoiselles Anne, Madeleine et Marie Carriolis.

Le mariage dudit sieur Président et de ladite demoiselle Honorade d'Escalis est du 1er jour de novembre année 1548, par-devant Me François Bourrilly, lors notaire de la ville d'Aix.

Par ce mariage sa mère et ses frères lui promettent six cents cinquante écus d'or sol de poids, du coin de France, et ce pour ses droits paternels, et sadite mère de son côté lui donne cinquante écus. Moyennant cela, ils la font renoncer à tous droits tant paternels que maternels, combien qu'elle ne l'ait pu faire, et par ainsi y a lieu de demander à M. le président de Bras Marc-Ant. d'Escalis, héritier des biens de ladite maison d'Escalis et des droits d'Andrieu Mathieu du Revest, mère du sieur de Bras, son père, le supplément de légitime appartenant à ladite Honorade d'Escalis.

Desdits sept cents écus promis en mariage à ladite demoiselle Honorée d'Escalis, il s'en trouve six cents de payés comme il se voit par quatre reconnoissances.

La première est de la somme de deux cents écus, acte pris par Me Bourrilly, notaire d'Aix, audit an 1548 et le 4e de décembre.

La seconde est de cent trente-quatre écus, acte pris par Me Antoine Chabaud, notaire audit Aix, le 9e de mars 1549.

La troisième est de cent soixante-six écus, acte pris par Me Antoine Chabaud, audit an 1549, le 29e de septembre.

La quatrième est de cent écus, acte pris par ledit Me Chabaud, notaire dudit Aix, en l'année 1550 et le 15e de mars.

Toutes lesquelles reconnoissances se montent six cents écus, et par ainsi il reste dû par ledit sieur président de Bras la somme de cent écus.

Étant en Normandie, ma femme emprunta six cents écus à M. du Villars, lors gouverneur du Havre.

Ledit sieur du Villars les donna à sa mère, Mme d'Oise, à laquelle nous les avons payés partie argent comptant, partie en une cession, sur la communauté de Tarascon, de certains deniers que M⁰ Bastien Loup nous avoit cédés sur icelle commune de Tarascon, pour nous payer des intérêts de trois mille écus qu'il avoit reçus des communes de Soliers et de Brignole durant notre séjour en Normandie.

L'acquit que nous lui avons fait et ladite cession sur Tarascon sont compris en un acte passé devant M⁰ Bruys, notaire d'Aix, demeurant à la place des Trois-Ormes, audit Aix, en l'année 1585, et le....

J'ai tous les papiers concernant l'acquit de ladite partie de six cents écus en Normandie : il s'en pourroit voir quelque chose chez M⁰ Catrebard, notaire dudit Aix, de l'année mil cinq cents 97 ou 98.

Étant plus en Normandie, nous empruntâmes trois cents écus du capitaine Benoît Degan, étant lors auprès du sieur de la Vérune, gouverneur du château de Caen.

Plus, ma femme venant en ce pays emprunta, ce me semble, cent autres écus de lui au Pont-Saint-Esprit.

De toutes lesquelles sommes j'ai les acquits en Normandie : il y en a quelques-unes passés à Brignole et les autres en cette ville; en vertu desquels, en l'année 1598, m'en allant en Normandie, je passai audit Pont-Saint-Esprit, et fis canceller l'acte d'obligation que ma femme lui avoit passé.

Étant à Paris en l'année 1587, le capitaine Boissony me prêta trois cents écus, lesquels je lui fis rendre en ce pays par M⁰ Loup qui faisoit mes affaires. La quittance en est passée devant M⁰ Granier, notaire dudit Aix, l'an 1587, et le 18⁰ de décembre. Au registre dudit M⁰ Granier ladite quittance se trouvera pour la somme entière; car ne lui ayant de commencement été payé que deux cents quatre-vingt-dix écus, j'ai depuis payé les dix écus qui restoient à sa veuve, et ai retiré ma promesse comme quitte.

Je devois au viguier Aymar de Pertuys six écus qu'il m'avoit prêtés, je crois, en 1580, de laquelle somme il a ma promesse et ne me l'a point rendue, encore que j'en aye quittance de lui du 17ᵉ de septembre 1602.

Sauvecanne, de la Tour d'Aygues, son neveu, avoit été fermier de la bastide de Bourdon, appartenant lors à moitié à Jean-Honorat Bourdon, sieur de Bouq, fils de ma femme; et en cette qualité ledit Sauvecanne nous devoit pour les aliments dudit Jean-Honorat Bourdon cinquante et quelques écus, et y avoit été condamné par sentence du lieutenant d'Aix dès l'année....

Étant allés en Normandie en l'année 1586, la poursuite dudit Sauvecanne cessa jusques à ce qu'en l'an 1602 je le fis prendre prisonnier en vertu de ladite sentence. Et lors ledit Aymar, son oncle, pour lui aider à me fournir vingt et cinq écus moyennant lesquels je promettois relâcher ledit Sauvecanne, me pria de prendre en payement lesdits six écus que je lui devois, ce que je fis comme il se voit par la quittance que je fis audit Sauvecanne à la Tour d'Aygues, année 1602 au mois de septembre, ce me semble.

Ledit viguier Aymar m'envoya un acquit desdits six écus et m'écrivit que ma promesse étoit entre les mains de son fils Jean-Antoine, garde-sceau à Aix, auquel il écrivit de me la rendre.

J'ai la lettre que ledit viguier en écrit à sondit fils, mais pour la parvité de la somme, j'ai jusques à cette heure négligé de la lui rendre. Quoi qu'il en soit, j'ai la quittance dudit viguier Aymar.

Nous avons eu plusieurs affaires avec ma sœur de Margaillet, desquelles ayant fait compte ensemble, ma femme et elle se trouvent quittes l'une envers l'autre de toutes choses, par acte passé devant M⁰ Gazel, notaire d'Aix, en l'année 1603 et le seizième d'octobre.

Le même jour mon neveu de Margaillet nous fit quittance de tout le temps que nous avions tenu sa maison et de la moitié de l'année lors courante par-devant ledit M⁰ Gazel, notaire dudit Aix. Depuis, nous avons de terme en terme payé ledit louage de maison à mondit neveu, et ne lui devrons rien qu'à la Saint-Michel prochaine. Les quittances sont chez ledit M⁰ Gazel, notaire.

Le jeudi 14ᵉ de décembre mil six cents, environ onze heures du soir, naquit Marc-Antoine mon fils et de demoiselle Madeleine de Carriolis, fille de feu sieur président Carriolis.

Et le vendredi 15ᵉ du même mois, il fut tenu sur les fonts

par M. Laurens de Carriolis, aussi président au parlement de Provence, frère de ma femme, qui lui donna le nom de Laurens-Marc-Antoine.

Mme de Margaillet, Anne de Carriolis, sœur de ma femme, fut sa marraine. Le nom seul de Marc-Antoine lui est demeuré.

Mme de la Vérune, Jourdaine de Montmorency, qui avoit été en Normandie marraine de feu ma fille Jourdaine, se trouvant ici au mois de novembre 1600 pour la réception de la reine Marie de Médicis, vint voir ma femme, qui lors étoit grosse, et n'avoit plus qu'un mois à s'accoucher. La demoiselle de Boisroger, sa cousine, étoit avec elle.

Lorsque ma femme en accoucha, j'avois avec moi un serviteur que j'avois amené de Normandie, nommé François Maxienne, du lieu de Plissy[1]. L'on m'a dit que depuis il a été tué en Normandie d'un cheval en l'abreuvant.

Un nommé Maheut, messager, qui a fait plusieurs voyages en ce pays, y a vu mondit fils Marc-Antoine toutes les fois qu'il y est venu.

Il y a un an ou environ que l'un des fils du sieur de Naut Londel, de Caen, et un nommé la Racinière, marchand de Caen, étant en cette ville, me vinrent voir et virent mondit fils.

Un peintre nommé Jean de Cayé, fils d'une que l'on appeloit Françoise de Cayé, tapissière, et qui a montré à mes sœurs à coudre en tapisserie, a fait le portrait de mondit fils Marc-Antoine; lequel portrait je porterai à mon père, Dieu aidant, au voyage que j'y vais faire. Ledit de Cayé fit ledit portrait en l'année 1605, au mois de juin, durant lequel temps il étoit en cette ville et y a séjourné quelque temps, y étant encore de présent 25e juillet 1605.

Un nommé Jean le Bas, jeune garçon de vingt ans, fils, à ce qu'il disoit, de Gilles le Bas, voiturier de Caen à Paris, a aussi vu mondit fils, étant en cette ville au service de Mme de Castellane, l'an 1605 et au mois de juillet.

---

1. Sans doute *du Plessy* ou *du Plessis*, nom de plusieurs localités en Normandie, où il n'en existe aucune de celui de *Plissy*. (*Note de M. de Chennevières.*)

Un autre jeune homme qui se disoit être de Caen, nommé Jacques Lucas, frère d'un nommé Sallière, précepteur d'enfants en l'université de Caen, m'est venu servir au commencement du présent mois de juillet même année 1605.

Un autre menuisier de Caen, nommé............ qui depuis ....[1] travaille en cette ville, a vu mondit fils Marc-Antoine, comme ont aussi fait une infinité d'autres. Ce que j'ai voulu écrire ici, pource qu'il arrive quelquefois que ceux qui sont nés loin de la maison de leur père sont méconnus de leurs parents, qui se veulent attribuer la part qui leur peut appartenir. Je ne crois pas que mon frère le voulût faire; mais il n'y a point de mal de laisser les choses avec le plus de lumière que l'on peut, vu que le temps n'y met toujours que trop de ténèbres.

Fr. de Malerbe.

Monsieur de Guespean, président au grand conseil, étant en ce pays pour un procès qu'il avoit évoqué en ce parlement, le sieur de Bremond, conseiller audit grand conseil, qui étoit ici pour le même fait, ont aussi vu mondit fils Marc-Antoine.

Monsieur le Sage, avocat au grand conseil, qui étoit ici pour l'intérêt qu'avoit monsieur Parent audit procès, a séjourné longtemps en cette ville, où il a vu mondit fils assez de fois; et à ce qu'il m'a dit depuis qu'il est de retour par delà, il a vu mon père, auquel il a donné de nos nouvelles, et particulièrement de mondit fils.

Fr. de Malerbe.

Ledit sieur le Sage, à ce qu'il m'a dit, est de Falaize en Normandie.

Le 26ᵉ juillet 1605, étant sur le point de m'en aller en France, je m'en allai trouver Monsʳ le président Carriolis pour le prier de faire canceller l'acte qu'à sa mère j'avois fait et simulé de rétrocession de cinq cents écus faisant partie de huit cents écus qu'il m'avoit cédés sur Tarascon, ce qu'il m'avoit prié de faire,

---

[1]. Il y a ici deux blancs dans le manuscrit.

pource que, lorsqu'étoit en juillet 1602, il disoit avoir peur que ma sœur de Châteauneuf ne lui fît saisir les fruits de la bastide, lesquels par ledit acte simulé de rétrocession il me bailloit pour ladite somme de cinq cents écus, de la nullité de laquelle rétrocession il [m'avoit] le jour et à l'instant même fait déclaration écrite de la main du notaire, signée dudit sieur Président, de deux témoins et dudit notaire qui étoit Me Gilles ; et là-dessus, m'ayant ledit sieur Président mon beau-frère déclaré qu'il étoit prêt de faire faire ladite cancellation de ladite rétrocession, ledit Me Gilles, notaire, qui l'avoit faite fut envoyé quérir, et au pied dudit acte de rétrocession écrivit que nous étions demeurés d'accord qu'elle fût nulle et comme non faite, et que la transaction auparavant faite entre nous, par laquelle il nous cédoit les huit cents écus, demeurât en son entier. Ladite déclaration ainsi écrite par ledit Me Gilles au pied dudit acte simulé fut signée par ledit sieur président Carriolis ; mais parce qu'il signa Coriolis, ce qu'il me semble qu'il n'avoit accoutumé de faire, j'ai gardé la première déclaration volante qu'il m'en avoit faite, laquelle est signée Carriolis et aussi attestée de deux témoins et du même notaire Me Gilles, afin que si ledit sieur Président vouloit y contredire en quelque chose, ce que je ne crois pas vu sa probité, on ait de quoi lui répondre. Je fis quand et quand extraire la copie de ce qui fut écrit pour la cancellation dudit acte simulé, et en ai emporté l'extrait collationné par ledit Me Gilles, notaire, et ai aussi emporté ladite première déclaration que me fit mondit frère à l'instant que ledit acte simulé fut fait, afin que la vérité se connoisse en cas que quelqu'un voulût impugner.

On verra davantage que, tant ladite année que toujours depuis, mondit beau-frère a toujours joui de sa bastide ; ce qui se prouvera par les quittances passées au rentier de ladite année 1602, et autres depuis, et que je ne [me] suis jamais mêlé de ladite bastide et seulement n'y suis jamais allé ni aucun des miens.

Au commencement de ladite année 1602, et toujours depuis ladite transaction, j'ai joui des intérêts de la somme de huit cents écus cédée par ledit sieur président Carriolis à sa sœur, ma femme.

J'écrivois tout ce que dessus, en l'année 1605, pour l'instruction de mon fils au cas que je vinsse à décéder avant qu'il fût en âge, pour le rendre capable des affaires que j'ai eues en cette province, et proteste devant Dieu que ce que j'ai ci-dessus écrit est la pure vérité. Fait audit Aix, le 29° de juillet mil six cents et cinq.

F. DE MALERBE.

III

LETTRE DE MALHERBE AU ROI LOUIS XIII[1].

SIRE,

Les vers que Votre Majesté vient de lire passeront, s'il lui plaît, pour un très-humble remerciement de la promesse qu'elle m'a faite, de ne donner jamais d'abolition à ceux qui ont assassiné mon fils. Une bonté médiocre se fût contentée de me l'avoir dit une fois; la Vôtre, qui, en l'amour de la justice et en la haine des crimes, n'est semblable qu'à soi-même, après me l'avoir réitéré, y voulut encore ajouter ce favorable commandement, que je travaillasse à faire prendre les meurtriers, et que je ne me souciasse point du demeurant. Il semble bien, SIRE, que des paroles prononcées de la bouche d'un Roi, le plus grand et le meilleur qui soit au monde, me doivent être en telle révérence, que sans être criminel moi-même, je ne puisse faire doute de leur vérité; mais, SIRE, sur quelle sûreté se peut reposer un esprit de qui le trouble est si grand et si déplorable comme le mien? Cauvet, conseiller d'Aix, beau-père de Piles, et père de Bormes (qui sont les deux abominables assassins de mon pauvre fils)[2], prêche partout la vertu de ses pistoles, et parle de la poursuite que j'en fais, non avec l'humilité d'un qui a besoin de miséricorde, mais avec la présomption d'un qui se tient assuré de triompher. C'est cela, SIRE, qui m'amène une seconde fois à vos pieds pour vous faire souvenir de votre promesse, et vous en demander la confirmation. Pour ce qui est des faveurs dont Cauvet se promet d'être appuyé, je ne m'en mets point en peine. Il en sera ce qu'il pourra; mais je sais bien qu'un homme d'honneur y pensera deux fois devant que de se ranger de son parti. Protéger

1. Cette lettre accompagnait la pièce CIII; voyez p. 277.
2. Voyez la *Notice biographique*.

une méchanceté, et la commettre, sont actions qui partent presque d'une même source : et qui fait l'un, Sire, feroit l'autre, s'il en espéroit la même impunité. Puis quand il se trouveroit des âmes assez perdues pour l'assister, sur quelles apparences, s'ils ont quelque lumière de bon sens, sauroient-ils fonder leur intercession? Si par les qualités mes parties se pensent rendre considérables à mon préjudice, qui est-ce qui ne sait point qu'un nombre infini de personnes vivent encore à Marseille, qui ont vu arriver le père et l'oncle de Cauvet, et là, petits marchandots, avec des balles de cannelle, poivre, gingembre, raisins et autres telles denrées, commencer leur trafic, qui, de deux ou trois mille livres qu'ils pouvoient avoir alors, est abouti à près de deux millions, que tout le monde croit qu'ils aient cejourd'hui? Je n'ai parlé que du père et de l'oncle; mais Cauvet, tout hardi qu'il est, oseroit-il nier qu'il n'ait fait le métier lui-même, et qu'assez de fois son nom n'ait été écrit au livre de l'écrivain du vaisseau? Quant à Piles, si un secrétaire d'État, appuyé d'une personne qui pouvoit tout auprès du feu Roi votre père, ne lui eût fait donner la chétive capitainerie du château d'If, vacante par la mort d'un valet de chambre d'Henri troisième, ensuite de laquelle il a fait depuis quelques autres petites grivelées[1], ne seroit-il pas à cette heure ou à Carpentras ou en Avignon, caché parmi ses parents dans les ordures de la honteuse condition où il est né? Pour ce qui est de moi, Sire, il est bien vrai que la maison des Malherbes de Saint-Agnan, dont je suis, et dont je porte le nom, est depuis deux cents ans en si mauvais termes qu'elle ne sauroit être pis, si elle n'étoit ruinée entièrement. Et quand je dis cela, je ne pense laisser rien à dire à mes ennemis. Mais il est vrai aussi que non-seulement dans l'histoire de Normandie, mais en la voix commune de tout le pays, elle est tenue pour l'une de celles qui suivirent il y a six cents ans le duc Guillaume à la conquête d'Angleterre, et que pour le justifier, l'écusson de leurs armes est encore aujourd'hui parmi trente ou quarante des principales du temps, en l'abbaye de Saint-Étienne de Caen, dans une salle que la fortune, plutôt qu'autre chose, exempta du ravage que fit la fureur des premiers troubles

---

1. Profits illicites, dans un emploi, dans une charge.

en tout le reste de cette maison. Si mes parties s'en veulent éclaircir, qu'ils aillent sur le lieu : leur propre vue leur apprendra ce qui en est. Mais peut-être s'imaginent-ils qu'ils donneront à ce crime une couleur qui en diminuera l'abomination. C'est chose qu'ils ont déjà tentée inutilement. S'ils y retournent, je ne crois pas que ce soit avec plus de succès. Cette maudite affaire ne fut pas sitôt arrivée que Cauvet, qui voudroit avoir des juges à sa fantaisie, ou plutôt qui n'en voudroit point du tout, dépêcha par deçà un des siens pour avoir une interdiction du parlement de Provence ; et en chemin faisant le chargea de conter la nouvelle de la façon qu'il lui étoit expédient qu'elle fût crue. Son homme s'acquitta de sa commission le mieux qu'il put ; mais ce furent des ténèbres qui ne durèrent guère. Il arriva dans cinq ou six jours une infinité de lettres de Provence qui, par des narrations véritables et non suspectes, démentirent ce que ridiculement ce messager avoit publié. Mons. de Guise même, qui avoit été prévenu de cette imposture, me fit l'honneur de me venir voir, et m'avoua que du premier abord il avoit cru ce que l'homme de Cauvet avoit dit, mais que depuis ceux qui font ses affaires en Provence lui avoient écrit au vrai comme la chose s'étoit passée ; que l'action étoit très-vilaine, et que de bon cœur il m'assisteroit en ce qui dépendroit de lui. Voilà comme réussit à Cauvet le premier essai qu'en cette occasion il fit d'abuser le monde. A cette heure que la chose est décriée comme elle est, et que sur les informations faites par trois juges différents et les dépositions de plus de quarante témoins, les assassins ont été condamnés à mort, je ne vois pas avec quelle apparence il pourroit reprendre le même chemin. Aussi crois-je bien que ce n'est pas là que lui et les siens jettent le plus assuré fondement de leur espérance. Ils me voient en un âge où il est malaisé que ma vie soit plus guère longue, ils font ce qu'ils peuvent pour en attendre la fin. Il ne se passe guère semaine que sur des vétilles ils ne m'assignent au Conseil. Contre tous leurs artifices, Mons. le Garde des Sceaux[1] est mon refuge. Les bonnes causes sous lui ne doivent rien craindre, ni les mauvaises rien espérer. Son intégrité est une muraille d'airain :

1. Michel de Marillac.

il n'y a moyen d'y faire brèche. Tout le monde bénit l'élection que Votre Majesté en a faite : je crois qu'il ne sera pas marri que j'en fasse de même, et qu'avec les autres je publie sa vertu, pource que véritablement elle est une des plus fortes et plus nécessaires pièces dont V. M. puisse composer la félicité de l'État. L'ordonnance veut que toute audience soit déniée aux criminels, que premièrement ils ne se soient remis en prison. Je sais bien que c'est ce que mes parties ne feront pas ; et par conséquent je me dois rire d'eux, si, quoi qu'ils fassent dire en leur absence, ils s'imaginent d'être écoutés dans le Conseil. Je suis trop long, SIRE, j'abuse de votre loisir. Mais si les plus foibles passions sont rebelles à la raison, il ne faut pas penser que les fortes demeurent dans l'obéissance. Je m'en vais finir, après que j'aurai dit à V. M. une chose que peut-être elle n'entendra pas sans étonnement. Mon pauvre fils ayant été tué à quatre lieues d'Aix, y fut apporté, pour, selon son desir, être inhumé en l'église des Minimes, qui est au bout de l'un des faubourgs. Le peuple ne sut pas sitôt que le corps étoit arrivé qu'il y courut en telle abondance, qu'il ne demeura au logis que les malades. Comme il fut question de le mettre en terre, ils dirent tous que résolûment ils le vouloient voir encore une fois. Les religieux en firent quelque difficulté, mais il fallut qu'ils cédassent. La bière fut ouverte, le drap décousu, et le peuple satisfait de ce qu'il avoit desiré. Quelles bénédictions furent alors données au pauvre défunt, et quelles imprécations faites contre les meurtriers, c'est chose vue et attestée de trop de gens pour m'y arrêter. Il suffit, SIRE, que je supplie très-humblement Votre Majesté de considérer quelles étoient les mœurs d'un homme que toute une ville a regretté de cette façon. Ce n'est rien de nouveau de plaire à cinq ou six personnes ; mais de plaire à tout un peuple, et lui plaire jusqu'à si haut point, il est malaisé que ce soit que par le moyen d'une vertu bien reconnue, et dont les témoignages ayent une bien claire et bien générale approbation. Aussi ne doutai-je point, SIRE, que Votre Majesté, qui a une aversion de toute sorte de crimes, ne trouve en cette circonstance extraordinaire de quoi faire sentir à mes parties un extraordinaire courroux. Tuer qui que ce soit est toujours un mauvais acte ;

mais tuer un homme de bien, et le tuer poltronnement et traîtrement, c'est mettre le crime si haut qu'il ne puisse aller plus avant. J'ai certes de la peine à croire qu'il y ait un homme qui ose parler pour ceux qui ont commis cettui-ci. Toutefois pource qu'il y a des esprits bossus et boiteux aussi bien que des corps, s'il avenoit à quelque effronté d'en prendre la hardiesse, *souvenez-vous*, Sire, *que ceux qui vous prient d'une injustice, vous tiennent capable de la faire; et là-dessus jugez quelle opinion vous devez avoir de personnes qui l'ont si mauvaise de V. M.* Pour moi, qui ai accoutumé de nommer les choses par leur nom, je ne saurois dire sinon que je les tiens pour gens sans conscience, et à qui le succès de vos affaires bon ou mauvais est indifférent. Qu'on examine vos prospérités comme on voudra, il ne s'en trouvera point d'autre cause que la sainteté de votre vie. Je n'ôte rien à la gloire de votre épée. Vos mains avoient bien à peine la force de la mettre hors du fourreau, que V. M. en fit des choses qui furent admirées de toute l'Europe. Je n'ôte rien non plus aux soins incomparables qu'apporte Mons. le Card. de Richelieu à la direction de vos affaires, aux profusions excessives qu'il fait de son bien pour votre service, ni aux assiduités infatigables qu'il y rend avec un péril extrême de sa santé. Au contraire, j'estime ce très-grand Prélat jusque-là que je ne le vois point tant soit peu indisposé que je ne soupçonne quelque grande indignation de Dieu contre l'État. Mais, Sire, qu'en cette occasion de l'île de Ré, la mer se soit humiliée devant vous, que, de si revêche qu'elle est, elle soit devenue si complaisante, c'est, pour en parler comme il faut, une affaire où il y a quelque chose plus que de l'homme. Je sais bien les dévotions qu'a faites pour vous la Reine votre mère, Reine aussi grande qu'elle est bonne mère, mère aussi bonne qu'elle est grande Reine, et telle en toutes ses qualités, que c'est ne savoir que c'est de perfection, que de croire qu'il y ait rien à desirer. Je n'ignore pas aussi celles que la Reine y a contribuées, Reine si belle et si vertueuse que, hors l'honneur qu'elle a eu d'épouser V. M., le monde ne lui pouvoit donner de mari qui la méritât. Mais quelque ardeur de prière qu'elles y eussent apportée l'une et l'autre, eussent-elles obtenu pour un Prince de piété commune ce qu'elles ont obtenu pour vous? Non, non,

Sire, il n'y a personne qui raisonnablement se puisse plaindre, quand je dirai que V. M. n'a mis ses affaires au bon état où elles sont que par le soin de plaire à Dieu et la crainte de l'offenser. Continuez, Sire, de marcher dans un chemin si assuré. Haïssez toujours le mal, Dieu vous fera toujours du bien. Je ne crois pas qu'il y ait chose au monde que vous desiriez, et qui vous soit si desirable comme d'être père. Vous le serez, Sire, par beaucoup de raisons, mais ce n'en sera pas une des moindres que la compassion que vous aurez eue d'un père affligé comme je suis, et dans peu de jours V. M. mettra tellement ses rebelles dans leur devoir que ce que j'ai dit sera véritable :

> Enfin mon Roi les a mis bas
> Ces murs qui de tant de combats
> Furent les tragiques matières ;
> La Rochelle est en poudre et ses champs désertés
> N'ont face que de cimetières
> Où gisent les Titans qui les ont habités [1].

C'est là, Sire, que tendent les vœux de tous les gens de bien, et, autant que de nul autre, ceux de
Votre très-humble, très-obéissant et très-affectionné sujet et serviteur,

MALHERBE.

1. Voyez p. 284.

IV

LETTRE DE MALHERBE A M. DE LA GARDE[1].

Monsieur,

J'avois pressenti les contentements que m'ont donnés vos bonnes nouvelles deux jours avant les avoir reçues, car j'avois l'honneur d'entretenir Madame la princesse de Conti fort accompagnée en son hôtel, où il fut bien parlé de vous, qu'elle témoigna desirer de connoître en présence, comme en votre bonne réputation. Vous pouvez croire que je n'y oubliai rien à dire de ce que je suis obligé depuis quarante années de votre heureuse connoissance. Il est très-vrai que je ne parle pas d'un si long temps partout, car, par discrétion, il faut vous en retrancher, étant vous encore garçon et à marier par bonheur.

En cette belle compagnie on mit sur les rangs votre belle conversation et votre *Histoire sainte*, de laquelle Monsieur votre gouverneur a conté des merveilles, même aussi les marquis de Gordes et d'Esplans[2], lui pour l'avoir vue chez vous avec votre bonne chère, comme il me dit peu avant son trépas, digne d'être regretté véritablement même de vous qui avez perdu en lui un très-assuré ami.

Votre longue et agréable lettre me fut rendue au point qu'un petit frisson de fièvre me faisoit retirer en mon logis, et dimi-

---

1. Cette pièce a été publiée pour la première fois dans le tome I de la continuation des *Mémoires de littérature de M. de Salengre*. Nous en avons revu le texte sur la copie qui avait servi à cette publication et qui avait été faite sur l'original. Elle se trouve dans le registre xli du tome II (f° 197) des manuscrits de Peiresc à la Bibliothèque de Carpentras. — Voyez p. 285, piece cv, les vers qui accompagnaient cette lettre.

2. Guillaume de Simiane, marquis de Gordes, mort en 1642. — D'Esplans est probablement Esprit Alard, sieur d'Esplans, marquis de Grimaud.

nua beaucoup mon incommodité par la douceur de son style et d'autant plus par l'assurance que vous m'y donnez de revenir bientôt à Paris faire le présent de votre livre à cette auguste Reine, la mère du Roi, de laquelle vous serez très-bien reçu, je vous en assure, pour l'avoir ainsi appris de sa propre bouche. Ne tardez donc que le moins que votre délicieuse Garde du Freynet et votre la Motte (que j'ai nommé un petit Saint-Germain) le vous permettront, afin que l'inconstante fortune qui règne ne vous ravisse ou diminue le bien que vous méritez et que chacun vous desire.

Vous ne me trouverez plus tel que vous m'avez vu, car ma dernière saison oragée de tant d'afflictions qui ont désolé ma Calliope ressent aussi mes enthousiasmes grandement refroidis. Ce nonobstant j'envoie à votre livre des vers qu'elle m'a dictés parmi les inquiétudes de ma tristesse. Je vous y exprime une partie de mes bonnes intentions et de mes sentiments sans adulation, en attendant avec impatience le bien de votre vue ici, pour vous faire ressentir mes bons offices et mes services.

On parle bien en cette cour de vous et de votre petit *Carnaval des honnêtes gens* que je n'ai point vu et dont vous me parlez par votre lettre. Étant de ce nombre-là, je vous en dirai mon avis dans même logis que je vous ai préparé très-commodément selon notre résolution et votre desir. Nous y en conterons à loisir et vous ferai voir que durant votre absence ma plume n'a pas été inutile.

Recevez cependant ma contribution de si bon cœur que je la vous donne, beaucoup plus stérile que de mon ordinaire, à mon grand regret; mais l'apathie des Stoïciens n'étant point en moi, mon affliction la rend de moindre estime pour la perte que j'ai faite de la personne que j'avois la plus chère au monde.

Voilà l'ennui qui tyrannise mes esprits et mon âme pour le peu de justice qui m'en est faite. J'emporterai l'intérêt et le déplaisir au tombeau, et elle, la peine au delà.

Je ne vous dis rien des divers changements qu'on voit ordinairement en cette cour, car ce seroit autant à vous en conter si je venois de l'île de Chypre où l'on rencontre des caméléons partout. Il est bien vrai que notre expérience est capable de connoître par les causes les événements et d'y profiter par prudence.

Si vous venez, vous reculerez mon soleil pour dix ans, aussi je ne vous serai pas inutile par mes adresses et les grandes connoissances que j'ai faites ici. Cependant je finis ma lettre par un violent trouble d'esprit qui me remet en mémoire le funeste catalogue de tant de bons amis que la mort nous a ravis, et parmi eux le bon marquis des Arcs, votre cher frère, le généreux comte de Sault, le brave Crillon, mestre de camp des gardes du Roi, le judicieux du Vair, notre commun ami, arraché de notre Provence pour sa perte, tant l'envie a de pouvoir sur la vertu même ; le président de la Ceppède, premier [président] aux Comptes à Aix ; ce jeune héros, le chevalier de Guise, de qui on a vu précipiter le bel orient dans l'occident d'un déplorable désastre, auquel, par excès de vanité, il s'étoit lui-même fatalement destiné, ainsi qu'on m'a dit ; car, faisant son entrée de lieutenant du Roi en la petite ville de Manosque, une bande de femmes équipées et armées en amazones lui firent, de braverie, un *salve* de mousquetades, et comme les plus apparents de ceux qui l'accompagnoient voulurent les faire cesser pour la crainte de quelque fâcheux accident [ordinaire] en telles occasions, il ne les avoua pas pourtant, mais en riant il leur dit qu'il ne redoutoit point les mousquetades, s'assurant qu'il ne pouvoit mourir que d'un coup de canon, ainsi qu'il lui advint peu de temps après[1] au château des Baux, proche de la ville d'Arles, par l'éclat d'un auquel il voulut lui-même opiniâtrément mettre le feu, quoiqu'il en fût instamment dissuadé : ce qui servira de leçon aux courages peu considérés et trop faciles à vouloir choquer les périls et à tenter la fortune.

Mais continuant mon funeste catalogue en rétrogradant, je mettrai en compte de nos pertes plus signalées cet incomparable prince Henri d'Angoulême, grand prieur de France, gouverneur de notre Provence, mon bon maître, qui vous estimoit et aimoit uniquement ; le roi Henri troisième, de qui vous eûtes l'honneur d'être connu et favorisé par un bonheur de peu de durée par la rigueur de la Parque ; le grand Henri, la merveille des rois, et plusieurs autres seigneurs de grande considération.

1. Le 1er juin 1614.

Et jugeant de tous ceux-là ce que je dois, je fais le même que ceux qui nous survivront feront de nous après avoir payé le nole[1] à Caron. Qu'il plaise donc à Dieu de ne nous dénier point l'ordinaire vie des hommes qui la passent doucement comme nous et de n'interrompre point aussi la continuation de l'inviolable amitié qui nous a liés depuis notre printemps, étant assuré que la vôtre me sera telle, comme la mienne ne sera point aussi terminée non pas même par la mort naturelle de

    Votre très-humble et très-assuré serviteur,

                    MALHERBE.

1. *Nole*, nolage, ou naulage, comme l'écrit Nicot; en italien *nolo*, du latin *naulum*, prix du passage. — En Provence on dit encore *nolis* (d'où *noliser*) pour le fret d'un bâtiment.

V

ÉPITAPHES DIVERSES COMPOSÉES PAR MALHERBE.

I. — ÉPITAPHE DE HENRI, PREMIER FILS DE MALHERBE.[1]

D. M.

Passant, je suis mort, tu es mortel. Je suis à ma fin, tu t'en vas à la tienne, et déjà tu n'as lu mot de cette écriture que tu ne t'en soies approché d'un pas. Ce que je t'en dis n'est pas pour te renvoyer triste en ta maison; car à quel propos voudrois-tu vivre avec autre condition que tout ce qui jamais a vécu par le passé, qui vit à cette heure et qui vivra jamais à l'avenir? Et puis seroit-il possible que devant moi tu n'eusses jamais vu d'autres exemples de mortalité? Tourne tes yeux deçà, tourne-les de delà; tu ne verras céans autre chose. Chacune de ces pierres couvre un corps et les vides sont autant de niches qui ne font qu'attendre les statues qui les doivent remplir au premier jour. Ce que je veux de toi, tu le demanderas aux autres, quand tu seras en l'état où je suis : c'est que tu me donnes autant de temps qu'il en faut pour lire en ce tableau ce que je te veux dire de ma vie. Elle fut courte : l'histoire n'en sera guère longue. Je naquis en la ville d'Aix, en Provence, le dimanche XXI de juillet, en l'année MDXXCV, entre cinq et six heures du soir. Monseigneur Henri d'Angoulême, frère naturel du Roi, gouverneur et lieutenant général

---

1. Henri naquit à Aix en 1585, et mourut le 20 octobre 1587. Son père fit placer cette épitaphe sur sa tombe dans une église de Caen; elle a été publiée pour la première fois en 1840 par M. Roux-Alpheran dans un Appendice à ses *Recherches* (4 p. in-8°). Il l'avait tirée d'un manuscrit de la bibliothèque du château de Tournefort. Elle existe en double à la Bibliothèque impériale, *Papiers de Baluze*, ms. 133 (f°s 41, 43).

pour Sa Majesté dans ce pays, assisté de Mme Marthe Faure de Vercors, femme de M. Louis de Carriolis, président au parlement, mon grand-père maternel, me fit cet honneur de me tenir sur les fonts et de me donner son nom. Mon surnom fut Malherbe, de ceux de Saint-Agnan, desquels l'ancienne extraction ne veut autre témoignage que les hermines mouchetées qu'ils portent sans nombre en leurs armes. Ma mère, en l'âge de onze mois, me fit apporter en ce pays et me conduisit elle-même, non sans beaucoup de sollicitudes et d'incommodités. Enfin, comme si la nature ne m'eût donné les pieds que pour m'en aller au sépulcre, et la bouche pour dire à mes parents l'adieu pitoyable d'une si longue séparation, à grand'-peine avois-je commencé de m'en servir que l'usage m'en fut ôté par une mort précipitée, et mes yeux qui n'avoient vu la lumière que deux ans trois mois et sept jours, le mercredi xxviii d'octobre mdxxcvii, environ dix heures du soir, demeurèrent enveloppés d'une obscurité qui seroit éternelle sans l'espérance du jour du jugement. Dieu sait de quelle affection et diligence les moyens de ma guérison furent recherchés! combien de remèdes furent essayés en terre et combien de vœux adressés au ciel! Mais enfin toutes peines demeurant inutiles, il fallut obéir à la nécessité. En cet accident si funeste et si déplorable, François mon père, et Madeleine ma mère se procurant une triste consolation par le moyen d'un objet qui leur représente la souvenance perpétuelle de ce qu'ils ont aimé si chèrement, et faisant le dernier office à celui duquel, si la mort eût considéré les âges, ils le devoient recevoir, m'ont avec des larmes qui ne sécheront jamais, posé ce lamentable monument. Passant, ne cherche rien de certain en l'incertitude du monde. Dis les bonnes paroles à mon ombre; asperge mes cendres et t'en va.

F. M. P. P.

II. — ÉPITAPHE DE JOURDAINE, FILLE DE MALHERBE[1].

Passant, si tu n'as quelque soupir à me donner, fais ton chemin; je ne t'appelle point. Mais tu t'arrêtes, et semble qu'en la multitude de ces funestes objets ton imagination se dispose à quelque pitié : à la bonne heure. Je te vais dire qui parle à toi : c'est Jourdaine de Malherbe, fille unique de François de Malherbe et de Madeleine de Carriolis, ...[2] de cette province. Tu sais la noblesse et l'antiquité des Malherbes de Saint-Agnan : mon père est au rang de ceux qui sont connus en son siècle et peut-être les futurs n'ignoreront point qu'il a vécu. Ma mère est fille de M. Louis de Carriolis, cons. du Roi en son conseil d'État et président depuis.... ans au parlement de Provence. C'est assez de mon parentage. La vanité n'habite point aux lieux ou je suis. Il est raisonnable que je te die quelque chose de mes autres qualités. Nature aux traits de visage, en la proportion de la taille et en la disposition de toutes les parties du corps m'avoit donné de quoi la remercier. Mon esprit et mon jugement sembloit excéder la portée de mon âge; mon humilité m'avoit acquis la bonne grâce de ceux à qui je devois du respect, et ma douce conversation, la bienveillance générale de tout le monde. Que me restoit-il à desirer? Rien. Je pouvois vivre heureusement, si j'eusse pu vivre. Mais il étoit autrement écrit de moi dans le livre du ciel : je n'avois été donnée que pour être ôtée et n'étois venue au monde que pour en sortir le neuvième mois de ma huitième année. Je fus blessée de deux pestes et de six charbons, qui dans trois jours m'eurent envoyée où tu me vois. Mon mal commença le dimanche, à sept heures du matin, il finit et me finit le mercredi ensuivant, environ deux heures après minuit. Veux-tu savoir que fit mon père au conflit de cette maladie? tout jusqu'à la témérité. Sa piété fut inexpugnable

---

1. Tirée du ms. *Papiers de Baluze*, n° 133, f° 38, et publiée pour la première fois en 1852 par M. G. Mancel dans les *Lettres inédites de Malherbe*. — Nous donnerons ailleurs la lettre touchante où Malherbe apprend à sa femme la mort de sa fille.

2. Le mot est surchargé; on ne peut lire que *située*.

aux conseils que ses amis lui donnèrent de me quitter. Il me vit abandonnée de tout le monde et demeura seul auprès de moi. Je ne pris ni viande ni remède d'autre main que de la sienne. Je fus portée entre ses bras partout où le chagrin me fit desirer d'aller. Que veux-tu que je te die? La prudence ne lui montra point de périls qu'il ne méprisât, ni l'amour d'offices qu'il ne me rendît. Enfin il essaya tout, et tout lui fut inutile. Si la mort eût voulu céder ou pardonner, elle ne fût pas venue avec tant d'appareil. Ce qu'il fit alors, ce qu'il dit, ce qu'il devint, il faut que tu l'imagines : les paroles ne vont point si avant. Mais que diras-tu de ce que tu n'oyes rien dire de ma mère? La comprendras-tu du nombre de ceux que l'appréhension du danger fit retirer d'auprès de moi? O, si tu le fais, que tu t'abuses! Combien estimes-tu qu'elle ait fait de plaintes de la fortune, pour lui avoir envié la gloire de me témoigner son affection en ce dernier besoin? De combien penses-tu qu'elle eût racheté la certitude de se perdre pour l'incertitude de me sauver? Mais elle étoit en Provence, où la condition de ses affaires l'avoit appelée assez de temps auparavant. Cette occasion la fit douloir plus tard, mais non plus modérément. Elle eût bien voulu regagner sur mon père l'avantage qu'il avoit d'avoir été le premier à me pleurer; mais comme elle s'étoit opiniâtrée à vaincre, il s'étoit opiniâtré à n'être point vaincu. Passant, tu serois bien aise que je t'entretinsse plus longtemps; mais que te saurois-je dire de grand d'une si petite vie? Je naquis le 22 de septembre 1591, et décédai le 23 de juin 1599. Va-t'en donc et compte chez toi que tu as vu la tombe de la fille la plus passionnément aimée et la plus inconsolablement regrettée qui fut jamais. Mon très-cher père et ma très-chère mère m'ont fait ce pitoyable présent. S'ils vivent, prie pour le soulagement de leur ennui; s'ils ont vécu, pour la rétribution de leur piété.

III. — ÉPITAPHE DE MADAME DE BOUILLON MALHERBE [1].

Eh bien, passant! qu'est-ce qui te semble de la misérable condition de la vie humaine? J'étois entre les exemples de la félicité de ce monde et me voici entre ceux de sa vanité. Mon nom fut Judith le Vallois, fille et héritière unique de Jean le Vallois, sieur d'Ifs, et de Jeanne de Mainbeville de la maison de Cornières; je fus femme du sieur de Bouillon de l'ancienne race des Malherbes de Saint-Agnan : ainsi en ma naissance et en mon mariage, comme en toute autre chose, j'avois de quoi ne porter envie à personne. Ma stérilité seule me tenoit en peine; et de tous mes souhaits celui que j'avois le plus ordinairement en la bouche, et le plus véritablement au cœur, étoit de pouvoir donner à mon mari un héritier pour gage de mon amour, et ne vivre pas une heure après. Je l'obtins au bout de 14 années, et l'obtins à la condition que je l'avois demandé. J'accouchai d'un fils le sam. 23 mars 1618 et décédai le mercr. ensuivant. Si tu sais que c'est que d'aimer, juge ce qu'il sentit, quand ayant bien à peine acquis le nom de père, il lui fallut perdre celui de mari. C'est assez, passant : je ne tourne pas volontiers mon imagination vers un objet si pitoyable; va-t'en en paix et Dieu te donne les joies que tu desires, mais à meilleur marché que la nôtre. Je vécus 28 ans, 5 mois, 8 jours; mon entrée au monde fut le 25 d'octobre; ma sortie je te l'ai dite.

Qui fles, talia ne fleas, viator.

1. Cousine germaine de Malherbe. Voyez plus haut, p. 19, la notice de la pièce IV, et l'*Instruction de Malherbe*, p. 333. L'épitaphe, qui se trouvait jadis dans l'église Saint-Sauveur de Caen, a été publiée pour la première fois d'après un manuscrit de la Bibliothèque de Caen par M. Mancel (*Lettres inédites*, p. 42), qui la croit de Malherbe. M. Eugène Châtel, archiviste du département du Calvados, a bien voulu en collationner le texte sur le manuscrit.

IV. — ÉPITAPHE DE MADEMOISELLE DE CONTI [1].

Tu t'approches, passant, et me fais croire que tu veux savoir de qui est ce monument. Il est de Marie de Bourbon, fille de Monseigneur François de Bourbon et de Madame Louise de Lorraine, prince et princesse de Conti. Tout ce qu'il y a aujourd'hui de rois en Europe sont branches d'une de ces deux tiges. Félicités humaines, que votre durée est petite! Cette merveille qui avoit été desirée avec une infinité de vœux et reçue avec un excès de joie ne fut possédée que 14 jours. Quiconque tu sois, donne des fleurs à sa sépulture; ses mérites en eussent rempli le monde si l'âge les eût conduits à la perfection. Elle naquit le 10 mars 1610 et décéda le 29 du même mois en la même année.

1. Inédite et tirée des *Papiers de Baluze*, ms. 133, f° 35. — Voyez plus haut, p. 170, la notice de la pièce XLVIII.

VI

DISCOURS SUR LES OEUVRES DE M. DE MALHERBE
(PAR GODEAU, ÉVÊQUE DE VENCE).

Ce *Discours*, placé en tête de l'édition de 1630, et que l'on retrouve dans presque toutes les éditions du dix-septième siècle, est le premier ouvrage d'un homme qui plus tard acquit une grande réputation. Antoine Godeau, l'un des habitués de l'hôtel de Rambouillet, membre de l'Académie française, évêque de Grasse et de Vence, avait à peine vingt-quatre ans quand il l'écrivit. Il n'y mit point son nom, qui parut, je crois, pour la première fois, dans l'édition de Ménage. — Suivant Niceron (t. XVIII) et l'abbé d'Olivet (*Histoire de l'Académie*), le *Discours* fut publié d'abord séparément en 1629, in-4°; mais je pense qu'il s'agit seulement d'un tirage à part. Godeau a fait d'assez nombreuses modifications à son texte dans l'édition de 1631, que nous allons suivre ici. Nous indiquerons en note les variantes de l'édition de 1630.

On remarque d'étranges antipathies dans la nature, mais je crois que la plus irréconciliable est celle qui se trouve entre les grands esprits, et ceux qui ne savent ni faire les bonnes choses, ni les connoître ; ou qui n'adorant que les ouvrages de leurs mains, pensent qu'on leur dérobe quelque chose, lorsqu'en leur présence on donne des louanges à ce qu'ils n'ont pas fait. Ce que la fable a inventé d'Hercule se peut dire véritablement de la gloire. A peine est-elle née, qu'il faut qu'elle étouffe des serpents ; et si, quand elle arrive à un certain point, il ne se présente plus d'ennemis découverts à combattre, elle en a toujours de cachés, qui ne trouvent point d'artifice si noir qu'ils n'emploient hardiment pour la ruiner[1]. Mais si l'envie est jamais cruelle, et l'injustice des jugements insup-

---

1. VAR. (édit. de 1630) : Pour l'obscurcir.

portable, c'est sans doute dans les ouvrages, soit de vers, soit de prose, de quelque savante main qu'ils puissent sortir. Les arts les plus mécaniques sont traités avec plus d'honneur; car ceux qui les ignorent ne se mêlent pas d'en juger, ou ils suivent le sentiment des autres qui les entendent. Au contraire, en matière de livres, le plus impertinent est le plus hardi critique; le lecteur ne se fait point prier pour dire son avis; il condamne, il approuve, il se moque, il admire, non pas ce qui est de meilleur, mais ce qui se trouve de plus proportionné à la foiblesse de son jugement, ou à l'extravagance de son goût. C'est pourquoi je ne m'étonne pas si beaucoup d'excellents hommes aiment mieux paroître oisifs, que de s'exposer à une censure si barbare et se mettre au hasard de déplaire à mille stupides, pour contenter un honnête homme. Car comme il n'y a point de lieu si saint où les impies ne commettent point de sacriléges[1], il ne faut pas s'imaginer qu'il se trouve de si excellentes productions d'esprit, qu'elles puissent se sauver des atteintes de la calomnie et de l'ignorance. On trouble tous les jours les cendres de ces illustres anciens, sans qui les sciences se fussent perdues aussi bien que les États[2] dans lesquels ils ont vécu. Et si ces exemples paroissent trop éloignés, Malherbe, tout parfait qu'il puisse être, ne court-il pas la même fortune? Quelqu'un doit-il trouver étrange aujourd'hui d'avoir des envieux, puisque cet homme admirable a des persécuteurs? Toutes les oreilles qui ne sont point barbares, sont charmées par la douceur de ses vers. Ce je ne sais quoi qui se trouve sur le visage des belles femmes, que l'on voit et que l'on ne peut exprimer, se rencontre dans toutes ses périodes, que les Muses ont, ce semble, elles-mêmes mesurées. Néanmoins devant combien de juges n'est-il point condamné? et quel petit rimailleur ne croit en conscience qu'il écrit beaucoup plus noblement que lui? Les plus excellents poëtes de l'antiquité ont eu des rivaux, qui n'ont pu supporter leur lumière; et leur parti, qui étoit le plus juste, n'a pas toujours été le plus fort. Mais la postérité leur a bientôt rendu la justice qu'ils n'avoient pu

---

1. Var. (édit. de 1630) : Où les impies ne commettent des sacriléges.

2. Var. (édit. de 1630) : Les empires....

obtenir de l'ingratitude de leur siècle. Sortant de la vie, ils sont entrés dans le temple de la gloire, où personne n'a plus osé leur disputer la place dont ils étoient dignes, et où leurs ennemis mêmes sont venus quelquefois les adorer. Je veux croire que Malherbe ayant souffert une semblable persécution, recevra une même couronne. Toutefois, quand cela ne seroit pas, quand la cruauté de ses censeurs iroit jusques à violer son sépulcre, il me semble que je ferois tort à son grand courage, et que ses mânes m'accuseroient de l'avoir trahi, si je le voulois justifier devant ceux qu'il n'eût jamais reconnus pour accusateurs dignes de lui, tant s'en faut qu'il les voulût avouer pour ses juges. Le grand Scipion, qui contraignit la fortune d'abandonner Annibal pour se mettre de son parti, se voyant accusé d'avoir volé les trésors du roi Antiochus, comparut à l'assignation que les tribuns lui avoient fait donner. Mais au lieu de se purger d'un crime si dangereux, il fit souvenir le peuple romain que le même jour il avoit gagné une bataille contre les Carthaginois, et pria chacun de le suivre dans le temple où il alloit rendre grâces aux Dieux, estimant que son innocence étoit assez forte toute seule, et le mérite de ses actions assez connu, pour se moquer de la calomnie. Je veux imiter le procédé généreux de ce grand homme, et sans m'amuser à rendre raison de toutes les choses que l'on blâme dans notre auteur, proposer seulement ce que contiennent ses œuvres, découvrir la conduite qu'il a observée, et élever ma voix pour faire ouïr à tout le monde ces légitimes éloges.

Malherbe, l'honneur de son siècle, les délices des rois, l'amour des Muses et l'un de leurs plus accomplis chefs-d'œuvre, est l'auteur de ce volume. Retirez-vous, profanes : chaque ligne est sacrée; vous n'y pouvez porter la main, sans commettre un sacrilège. Orgueilleux esprits, qui ne laissez jamais votre humeur critique, si ce n'est pour lire les ouvrages de votre façon, changez vos injures en louanges; et si vous ne l'honorez pas assez pour consacrer des temples à sa mémoire, au moins respectez ceux que les autres entreprennent de lui bâtir, et ne les empêchez point d'y travailler.

Je ne crois pas que la comparaison de ce grand capitaine, dont je me suis servi, puisse être trouvée mauvaise ; car il me semble qu'il ne faut faire guère de différence entre ceux qui gagnent les victoires, et ceux qui savent l'art d'en rendre la mémoire éternelle. Homère n'est pas moins honoré parmi nous qu'Achille ou qu'Hector, et personne n'a trouvé mauvais jusques ici que la fable ait mis Orphée dans le vaisseau des Argonautes. Les poëtes portent une couronne de laurier aussi bien que les conquérants[1], et ils ont cet avantage par-dessus eux, qu'ils ne sont point obligés de la quitter quand la cérémonie de leur triomphe est passée. J'aurois beaucoup de choses à dire sur cette agréable matière, s'il n'étoit plus à propos de traiter du principal sujet de mon discours, où je garderai l'ordre selon lequel on a disposé les matières de ce volume[2].

Il y a beaucoup de personnes qui croient que la traduction est indigne d'un homme courageux, et que comme cet ancien philosophe ne permettoit d'aller prendre de l'eau chez son voisin, qu'après avoir fouillé sa terre jusques à l'argile, un esprit ne doit s'adonner à expliquer les autres, que lorsqu'il se reconnoît incapable de produire quelque chose de lui-même. Mais je ne saurois être de cet avis. Au contraire, il me semble que pour réussir en la version d'un excellent auteur, il ne faut guère moins de doctrine, de jugement, et d'éloquence, que dans les ouvrages d'invention. Malherbe, au pis aller, a les plus bonnêtes gens de l'antiquité pour compagnons de sa foiblesse, si c'est en témoigner que de s'amuser à traduire; et je m'assure qu'il aime mieux être au rang de ces coupables, que parmi les innocents qui le reprennent. La plupart des comédies de Plaute et de Térence, dans lesquelles on trouve toutes les richesses et les beautés de la langue latine, sont de pures traductions grecques; et Cicéron, ce grand génie de l'éloquence, après lequel il me semble que l'on pourroit faillir impunément, n'a pas cru cette occupation ou inutile, ou indigne de son divin esprit, ayant fait les livres de Platon, de Xénophon, et d'Aratus, romains, qui sont de trop longue haleine pour s'imaginer qu'il n'en attendoit pas de la gloire. Après lui, Mes-

---

1. Godeau s'est souvenu ici des vers de Charles IX à Ronsard.
2. Dans l'édition de 1630, les matières sont ainsi rangées : *Traité des bienfaits;* le *XXXIIIe livre de Tite-Live,* les *Lettres* et les *Poésies.*

sala s'occupa au même travail, et quelque délicate que fût l'oraison d'Hypéride pour cette fameuse courtisane Phryné, il fit avouer par les grâces de sa version que la copie n'étoit pas moins excellente que l'original. De siècle en siècle il s'est trouvé des hommes qui ne pouvant être riches tout seuls, ont fait part des trésors qu'ils avoient découverts dans Athènes, ou dans Rome, à ceux auxquels les affaires, l'âge, ou les maladies ne permettoient pas d'aller puiser les sciences jusque dans leurs sources. Que si l'intention des interprètes, qui n'ont pas heureusement réussi en ce dessein, mérite quelque louange, comme sans doute elle en est digne, quel assez grand honneur pouvons-nous rendre aux autres, lesquels, comme s'ils étoient animés de l'esprit de ceux qu'ils nous expliquent, ne leur dérobent rien de leurs beautés, et les font parler aussi agréablement que s'ils n'avoient jamais respiré un autre air que celui du Louvre? Le médecin qui découvre la vertu de quelque simple inconnu [1] auparavant est quasi adoré, et on ne fera pas de compte de celui qui renonce à ses plaisirs, néglige le soin de sa santé, oublie ses affaires, et met son esprit à la torture, pour enseigner l'obéissance aux sujets, la modestie aux souverains, et à tous l'art de vivre heureusement, par la bouche de ces hommes divins du temps passé, dans lesquels la nature a fait tous les efforts dont il semble qu'elle soit capable? Il n'y a que les ignorants qui se puissent imaginer que ce travail n'est aucunement pénible. Car comme chaque langue a ses délicatesses particulières, et chaque esprit son caractère différent, ou à raison du climat, ou à cause de l'inégale disposition des organes qui lui servent en ses opérations, ou par la diversité de la nourriture et de l'institution, il est besoin d'une haute suffisance, et d'une longue méditation, pour empêcher qu'un auteur ne paroisse ridicule sous des habits qu'il n'a pas accoutumé de porter. Mais s'il y eut jamais quelque notable diversité dans la façon d'écrire, elle se trouve sans doute entre la nôtre et celle des Latins, qui n'ont garde d'être si scrupuleux que nous, soit à éviter la répétition des mots, soit dans le rapport des comparaisons, dans l'observation de la suite, et l'usage des

---

1. Godeau a fait *simple* du féminin : « Quelque simple inconnue.... »

métaphores. Leurs oreilles souffrent un style serré, et quelquefois rompu, ce qui nous seroit insupportable. Ils ont des façons de parler ou naturelles, ou imitées du grec, qu'un traducteur ne peut rendre sans faire un grand tour de paroles, et par conséquent sans affoiblir les pensées, dont la subtilité est souvent[1] renfermée dans les mots, s'il ne se consulte longtemps soi-même, et n'entend leur langue aussi parfaitement que la sienne. C'est pourquoi son principal dessein doit être de rendre le sens avec une exacte fidélité[2], et ce seroit quelquefois une faute de jugement très-signalée que de s'amuser à la forme de l'élocution, chaque nation ayant ses goûts différents pour les grâces du style[3], et ce qui excite l'admiration en un endroit, courant fortune de n'être pas souffert en un autre. Il ne faut point en chercher de preuves plus éloignées que Sénèque. On peut l'appeler le plus illustre martyr que la philosophie ait jamais eu, et il semble que cet esprit qui faisoit souffrir aux premiers chrétiens la cruauté des flammes et des tortures avec moins d'émotion que n'en avoient leurs juges à les regarder, est celui qui prononce par sa bouche ces courageuses exhortations à l'amour de la vertu, et au mépris de la mort. Il n'y a point de passion si véhémente que son entretien ne modère, de tristesse qu'il n'adoucisse, et de doutes dont il ne donne la résolution. Mais il faut avouer après cet éloge, que sa diction se sent beaucoup des vices de son siècle, où négligeant l'ancienne pureté de la langue, on s'étoit jeté sur les pointes; qu'il a fort peu de soin du nombre des périodes dans la plupart de ses livres, et qu'elles sont bien souvent détachées; ce que j'attribue à cette grande fertilité d'esprit qui lui fournissoit incessamment de nouvelles matières, et à la sévérité de cette vertu dont il faisoit profession, qui ne lui permettoit pas, à son avis, de s'arrêter avec tant de scrupule aux règles des orateurs.

---

1. *Souvent* n'est pas dans l'édition de 1630.
2. Godeau a supprimé ici, dans l'édition de 1631, un membre de phrase qui ne se trouve que dans l'édition de 1630 : « C'est pourquoi, *encore qu'il fût à souhaiter pour une plus grande perfection qu'à force de méditer sur son original, il en exprimât jusques aux moindres traits et qu'il prît même son style, néanmoins* son principal dessein.... »
3. Var. (édit. de 1630): Pour l'éloquence....

Mais nos oreilles sont aujourd'hui si délicates, et les plus puissantes vérités font si peu d'impression sur les esprits quand on ne les dit pas de bonne grâce, que jamais ancien n'eût sitôt lassé ses lecteurs que ce divin philosophe[1], si Malherbe n'eût hardiment renversé ses périodes, changé ses liaisons pour faire la suite meilleure, retranché les mots qui paroissoient superflus, ajouté ceux qui étoient nécessaires pour l'éclaircissement du sens, expliqué par circonlocution des choses qui ne sont plus en usage parmi nous, et adouci quelques figures dont la hardiesse eût indubitablement offensé les lecteurs. Un autre que lui ne se fût jamais servi avec tant de jugement et de retenue de ces libertés, absolument nécessaires pour bien traduire. Car s'il les prend dans les passages où sans elles il seroit indubitablement obscur, il s'attache ailleurs avec une fidélité si scrupuleuse à sa pensée et à la forme de son style, que si Sénèque revenoit au monde, je ne doute point qu'il n'ajoutât au nombre des plus illustres bienfaits dont il parle dans ses livres, celui qu'il a reçu de Malherbe[2] en une si excellente et si agréable version. Celle du trente-troisième livre de Tite Live, que l'on a mise après, n'est pas moins excellente; et si lui-même n'en avoit fait la préface, j'en toucherois un mot ensuite de ce que je viens de dire. Mais il a si judicieusement répondu aux objections que les critiques lui pouvoient faire, que ce seroit une témérité d'y vouloir ajouter quelque chose.

Je pense que tous ceux qui jetteront l'œil sur ces deux excellentes pièces seront de mon opinion, pourvu qu'ils soient raisonnables, et qu'ils n'admireront pas moins que moi les grâces qu'elles ont conservées en changeant de langue. Mais leur ravissement s'augmentera sans doute, quand ils liront la plupart de ces belles lettres[3], dont il faut avouer que je suis charmé, et que chacun peut prendre pour de très-parfaits modèles des règles qu'il faut observer en ce genre d'écrire. Ce n'est pas mon dessein de traiter cette matière pleinement; car elle desire un discours à part, et une parfaite

1. Var. (édit. de 1630) : Quand on ne leur donne pas des ornements agréables pour leur plaire, que jamais auteur n'eût sitôt....
2. *De Malherbe* manque dans l'édition de 1630.
3. Var. (édit. de 1630): Quand ils viendront à ces belles lettres....

connoissance des secrets de la rhétorique, dans lesquels je me confesse très-ignorant. Je ne veux rapporter ici [1] que les maximes les plus communes, pour satisfaire les esprits de ceux qui pourroient s'étonner de l'inégalité des pièces dont la seconde partie de ce livre est composée, plutôt que pour justifier Malherbe devant ses envieux, auxquels il me semble que je ne puis faire de réponse, sans reconnoître tacitement qu'ils sont capables de l'accuser.

Le discours, ou l'oraison par laquelle l'esprit fait entendre ce qu'il a conçu, est de deux sortes : l'une libre, étendue, et comme négligée; l'autre contrainte sous de certaines lois, renfermée dans quelques bornes, et parée avec un soin particulier. Sous la première espèce, les entretiens familiers et les lettres sont comprises[2]; sous la seconde, les actions publiques, soit qu'elles louent les grands personnages, soit qu'elles traitent des affaires d'État qui tombent en délibération, ou qu'elles servent pour défendre et pour accuser. Les maîtres de l'art donnent plusieurs règles pour reconnoître quand cette partie, qu'ils appellent composition, est parfaite dans les unes et les autres; mais il me semble que toutes se peuvent rapporter à l'observation de ces trois choses : l'ordre, la liaison ou la suite, et le nombre. L'ordre ne range pas seulement les mots selon les règles de la grammaire; il dispose les matières, donne la place aux raisons, selon qu'elles sont ou plus fortes ou plus foibles, et retranche ce qui est superflu, ou ajoute ce qui peut être nécessaire pour l'éclaircissement du sens. La liaison unit toutes les parties du discours, en forme un corps agréable[3], et fait que celui qui lit ou qui écoute, étant conduit d'un point à l'autre par une méthode facile, imprime si parfaitement les choses dans sa mémoire, qu'elles n'en peuvent plus échapper. Le nombre chatouille les oreilles par la cadence agréable des périodes, lesquelles n'étant ni coupées, ni étendues[4], ni mesurées avec

1. VAR. (édit. de 1630) : Et beaucoup plus de connoissance des secrets de la rhétorique, à laquelle seule il appartient de régler les disputes de cette nature, que je n'en reconnois dans mon esprit. Je ne rapporte ici....
2. Il y a le féminin dans les deux éditions de 1630 et de 1631.
3. Ce membre de phrase manque dans l'édition de 1630.
4. VAR. (édit. de 1630) : Ni trop étendues....

trop de soin, ni tout à fait négligées, forment une certaine harmonie, sans laquelle il n'y a point de pensées qui ne dégoûtent incontinent. Les deux premières perfections doivent se rencontrer également dans toutes sortes de discours. Mais pour ce qui regarde la dernière, elle change selon la nature des sujets qui sont traités; et quiconque n'observe ces différences, ne produira jamais que des monstres. Car comme dans les républiques où la police est exacte, il n'est pas permis aux personnes privées de porter des habits aussi riches que les magistrats, et que chacun a part aux honneurs selon le degré de sa naissance, ou à proportion de sa vertu, de même dans l'État de l'éloquence, où il ne faut s'imaginer aucune confusion, toutes les matières ne doivent pas paroître sous des ornements de pareil éclat. Chacune a son style, des figures, et des beautés qui lui répondent; et il faut exactement considérer en quelle qualité on parle, quel est le sujet que l'on traite, quelles les personnes qui écoutent, qui délibèrent, ou qui jugent, afin que l'oraison ne soit pas grave quand elle doit être un peu libre[1], ou véhémente quand il faut qu'elle imite plutôt le cours paisible d'une rivière que la force d'un torrent qui se déborde. Or il n'y a point de doute que cette diversité ne naisse de ce que j'ai appelé nombre. En effet, selon que les paroles qui commencent ou finissent les périodes sont propres ou métaphoriques, brèves ou longues, composées de plusieurs syllabes ou de peu, elle est plus basse ou plus élevée, plus propre à émouvoir ou à instruire, plus remplie d'artifice ou plus naturelle. Et cette vérité a lieu non-seulement dans les trois genres qui marquent ces différences, mais encore dans les lettres, quoique par la première division que j'ai faite il semble que je les aie voulu priver de toute sorte d'art et de règles. Les unes sont familières, par lesquelles nous avertissons nos amis, ou de notre santé, ou de nos affaires, ou de nouvelles qui les touchent, ou de ce qui se passe dans le monde; et les autres changeant leur nature ordinaire, servent tantôt pour expliquer quelque point de science, tantôt pour persuader quelque vertu[2],

---

1. VAR. (édit. de 1630) : Un peu gaie....
2. A la place de ce membre de phrase, on lit celui-ci dans l'édition de 1630 : « .... de science, tantôt pour ramener à une façon de

tantôt pour demander quelque chose aux princes, leur renouveler ses devoirs, les louer de quelque grande action, les consoler sur leurs pertes, et quelquefois se justifier auprès d'eux d'une accusation importante. Celles de la première espèce ne doivent pas être entièrement négligées, ou dépourvues de nombre, encore que le nom de familières[1] qu'elles portent semble en bannir toute sorte d'étude et de soin. Car les oreilles ne peuvent recevoir les choses[2] avec plaisir, et les rapporter sans confusion à la faculté de l'âme qui les doit examiner après elles, quand on les mène plus loin qu'elles ne peuvent aller, ou que, tombant dans une autre extrémité, on les arrête lorsqu'elles s'attendent de faire encore quelque chemin. Mais il suffit qu'elles n'y soient point offensées, ou si on leur veut plaire, il faut que ce soit avec un artifice extrêmement caché. Car on a trouvé le secret de faire excellemment les lettres dont nous parlons, lorsque la composition n'en paroît aucunement contrainte, que le style en est naïf, que les périodes sont courtes, et non pas divisées en plusieurs membres, ou remplies de mots dont la prononciation leur donne un poids et une gravité qu'elles ne doivent point avoir. C'est dans les autres dont le sujet est plus noble, qu'il est permis d'élever son style, de travailler puissamment à émouvoir les passions, de remplir l'esprit de celui qu'on entretient, de grandes pensées, et qu'il faut non-seulement se faire entendre, mais se faire entendre avec force. Alors le nombre peut être observé, pourvu que ce soit sans une affectation trop scrupuleuse ou trop visible, et tous les mouvements des harangues y trouvent leur place, si on en excepte quelques-uns, qui doivent être nécessairement conjoints avec l'action, et qui naissent de figures plus éclatantes que ne peut souffrir la nature de l'épître, laquelle doit toujours retenir quelque chose de la naïveté.

Il me semble que voilà à peu près l'image de la perfection dont les lettres sont capables. Mais il n'en est pas de même que de l'idée de l'orateur de Cicéron, dont on n'a jamais vu d'exem-

---

vivre plus réglée les personnes qui nous appartiennent, tantôt pour demander.... »

1. Var. (édit. de 1630) : Encore que le nom qu'elles portent....
2. Var. (édit. de 1630) : Les images des choses...

ple, si lui-même ne l'a été ; car il ne faut que lire la seconde partie des œuvres de Malherbe, pour voir toutes les beautés, l'artifice et les grâces dont je viens de parler, plus parfaitement employées que je ne les ai décrites[1]. Il entretient ses amis avec un style si naïf, il les console avec tant de force[2], il parle aux grands d'une façon si relevée, il découvre les sentiments de sa passion à sa maîtresse avec des pensées si délicates, que si je ne craignois de lui susciter de nouveaux envieux, je dirois qu'en ce genre d'écrire il est tout à fait inimitable. La lettre à Mme la princesse de Conti se peut appeler un chef-d'œuvre ; et comme à chaque fois que l'on jette la vue sur un excellent tableau on y remarque des beautés nouvelles, je ne doute point qu'avec quelque soin que les curieux aient examiné cette rare production d'esprit, ils n'y rencontrent encore à cette heure de nouveaux sujets d'admiration. Sans doute le Génie qui préside à la fortune de sa maison, dont elle est un des plus grands ornements, et celui qui conserve parmi nous l'empire de l'éloquence, l'inspiroit pendant ce glorieux travail, et il me semble qu'être consolée de cette façon, c'est presque gagner autant que l'on a perdu[3]. J'avoue que ses autres lettres n'ont pas les grâces et les richesses de celle-là, et qu'il s'en trouve même quelques-unes, où sans être injuste on peut trouver quelque chose à redire. Mais il ne faut pas s'étonner si parmi un grand nombre de diamants, il s'en rencontre qui ont des pailles. Les plus excellents peintres ne réussissent pas toujours, et l'état de l'esprit, la stérilité des sujets, ou la confiance en celui auquel on écrit, sont bien souvent cause que le style se relâche, et que l'on n'examine pas les périodes et les pensées. C'est une grande injustice de vouloir qu'un homme fasse toujours des miracles, parce qu'il en fait quelquefois, et de ne lui permettre pas les vertus communes, à cause qu'il en a d'extraordinaires.

Ce seroit assez de tant d'excellents ouvrages, pour rendre sa

1. Var. (édit. de 1635) : Pour voir toutes les grâces et artifices dont je viens de parler, plus parfaitement employés que je ne les ai décrits.
2. Ce membre de phrase manque dans l'édition de 1630.
3. Ce qui suit, jusqu'à la fin de l'alinéa, manque dans l'édition de 1630.

mémoire précieuse à tous les hommes, et faire taire ceux qui ne peuvent supporter l'éclat de sa gloire. Mais je puis dire sans hyperbole que je n'ai pas encore découvert ce qui se peut particulièrement appeler son trésor. Nous voici arrivés sur la porte, et je vois déjà tant de raretés qui font un agréable mélange de leurs lumières, que mes yeux en demeurent éblouis. Comme il faisoit une particulière profession de la poésie, c'est en cette qualité qu'il a eu de plus sévères censeurs, et reçu des injustices plus signalées. Mais il me semble que je fermerai la bouche à ceux qui le blâment, quand je leur aurai montré que sa façon d'écrire est excellente, quoiqu'elle s'éloigne un peu de celle de nos anciens poëtes[1], qu'ils louent plutôt par un dégoût des choses présentes que par les sentiments d'une véritable estime, et qu'il mérite le nom de poëte.

La poésie arrive à sa fin, qui est d'instruire et de plaire, d'une façon toute particulière. Car elle cache sous l'écorce de la fable ce que les autres sciences proposent à découvert, pour rendre les vérités qu'elle publie plus vénérables par ce voile qui les couvre, et se donner entrée dans l'esprit avec moins de peine, par le contentement qu'il reçoit d'une fiction ingénieuse. Elle emploie encore la mesure des syllabes pour les uns, la douceur des rimes chez les autres, et parmi tous la pompe du style, la majesté des figures, les hardiesses dans les façons de parler, et la naïveté des descriptions, comme ses ornements plus naturels, et qui la distinguent mieux de l'éloquence oratoire. De sorte que celui-là peut être estimé le plus excellent poëte, qui sait mieux l'art de profiter et de plaire tout ensemble, soit aux doctes, qui ont poli leur esprit par l'étude, soit aux autres, qui n'ont que les lumières d'un bon jugement naturel. Or il est certain que pour former parfaitement cette agréable mélange[2] du plaisir et de l'utilité, la structure du vers doit être belle, et plus ou moins noble selon la différence des matières, qui ne veulent pas être traitées avec même soin. Je sais que ce n'est pas en cet arrangement de paroles qu'elle enseigne, que consiste la perfection des poëmes, et que quelques-uns s'en peuvent passer absolument. Mais puisque par une coutume, trop ancienne pour

1. Var. (édit. de 1630) : Des anciens...
2. Var. (édit. de 1635) : Ce mélange....

être changée, on n'appelle poëtes que ceux qui font des vers sous de certaines mesures de syllabes, comme parmi les Latins, ou sous les lois de la rime, comme parmi nous, je conclus hardiment qu'il est nécessaire de prendre garde à les bien tourner, et de faire qu'ils contentent l'oreille, pour le plaisir de laquelle ils semblent avoir été particulièrement inventés. Car sans cela les fables les plus heureusement imaginées, les pensées les plus délicates, les matières les plus hautes dégoûteroient l'esprit des lecteurs, au lieu de les transporter hors d'eux-mêmes ; ce qui est le plus haut effet de la poésie. Les noms de ces grands hommes, Ronsard et du Bellay, ne doivent jamais être proférés sans imprimer dans l'esprit de ceux qui les écoutent une secrète révérence, et il faut avouer que jamais personne n'apporta une plus excellente nature, une force de génie si prodigieuse, et une doctrine si rare à la profession des vers[1] ; mais il est certain aussi qu'ils n'ont pas eu tout le soin que l'on pouvoit desirer de cette partie de la poésie dont nous parlons, soit qu'ils la négligeassent, ou que les oreilles de leurs temps fussent plus rudes que les nôtres, les juges moins sévères, et la langue moins raffinée. La passion qu'ils avoient pour les anciens étoit cause qu'ils pilloient leurs pensées plutôt qu'ils ne les choisissoient, et que mesurant la suffisance des autres par celle qu'ils avoient acquise, ils employoient leurs épithètes sans se donner la peine de les déguiser pour les adoucir, et leurs fables sans les expliquer agréablement, et considérer d'assez près la nature des matières auxquelles ils les faisoient servir. Mais Malherbe, connoissant le goût du siècle auquel il écrivoit, a cru qu'il devoit être plus scrupuleux en cela qu'ils n'ont été, et que des Portes, Bertaut, et le cardinal du Perron, ayant ajouté à la poésie la politesse de laquelle ils étoient capables ou qu'ils jugeoient nécessaire pour la mettre en un état de perfection, il pouvoit bien à leur exemple chercher de nouvelles grâces pour parer nos Muses, qu'il voyoit si cruellement méprisées, et les retirer d'entre les mains de tant de petits monstres qui les déshonoroient. Les licences qu'il a évitées, soit pour l'addition ou le retranchement des syllabes dans les mots, la sévérité qu'il a

---

1. Var. (édit. de 1630) : Jamais hommes n'apportèrent une plus excellente nature, etc. à leur profession....

gardée dans l'emploi des rimes, et tant d'autres règles, desquelles on lui reproche l'invention, sont des chaînes à la vérité, mais on les doit plutôt appeler des ornements convenables à leur sexe, que des marques honteuses de servitude; et quand j'avouerois qu'elles sont captives, il est certain que cette nouvelle prison leur est plus avantageuse que leur ancienne liberté; qu'il n'y a que ceux qui les veulent faire parler comme des filles débauchées, qui condamnent la sévérité dont elles font maintenant profession, et que si on a jamais dû espérer de les revoir assises sur le trône, d'où elles étoient chassées, c'est à cette heure qu'elles ont repris les grâces de leur visage, la majesté de leur port, et les charmes de leur conversation, sous la discipline de notre Malherbe.

Cette rigueur qu'il a observée en sa façon d'écrire fait que ses plus grands ennemis confessent qu'il étoit excellent versificateur; mais c'est toute la louange qu'il peut obtenir de leur courtoisie, car le nom de poëte, à leur avis, ne lui peut appartenir, le prenant dans son ancienne et véritable signification. Cette calomnie est fondée sur d'aussi mauvaises raisons que les autres, et par conséquent il ne me sera pas plus difficile d'y répondre, pourvu qu'ils se contentent de la vérité.

La poésie et la peinture ont été appelées sœurs, à cause que ces deux arts ne sont rien autre chose qu'une imitation de la nature, et que d'autant plus qu'elles en approchent, d'autant sont-elles voisines de la perfection qui leur est propre. La poésie est une peinture parlante, la peinture une poésie muette; et comme les peintres sont distingués par la différence des choses qu'ils représentent, les uns travaillant après le naturel, les autres ne faisant que des dessins[1], ainsi les poëtes sont différents les uns des autres par la variété des sujets qu'ils imitent, et la manière de l'imitation, dans laquelle on peut considérer quatre choses : le sujet, le spectateur, les instruments qui servent, et celui qui les emploie. Le sujet comprend sous lui tout ce qui peut être représenté de la personne qu'on veut

---

1. L'édition de 1630 donne ici ce membre de phrase, retranché dans les éditions suivantes : « Ceux-ci ne réussissant qu'en des postures bouffonnes ou lascives, et ceux-là qu'en l'expression des mouvements furieux d'un homme en colère ou touché de quelque grande tristesse.... »

imiter. Dans le spectateur il ne faut considérer que la fantaisie[1] qui reçoit les images de ce qui se fait; les instruments qui forment ce que les anciens appeloient spectacle, et ce que nous nommons décorations de théâtre, se rapportent ou à la vue, ou à l'ouïe; et l'imitateur[2] arrive à sa fin, ou par le discours seul, ou par la gesticulation (car il faut que je me serve de ce mot), ou par le chant. L'imitation qui ne se sert que du discours, est celle qui se voit dans les poëmes épiques, héroïques, élégiaques, satiriques, ceux qui se chantoient en l'honneur de Bacchus, appelés dithyrambiques, et encore dans nos épigrammes et nos sonnets. Celle qui, outre le discours, emploie encore le chant, est particulière aux lyriques; car les anciens avoient[3] trouvé l'art de représenter les actions de qui que ce fût[4] par l'harmonie des flûtes, ou des autres instruments de musique qui étoient en usage parmi eux. La dernière qui se fait en toutes les trois façons, par le discours, la gesticulation, et le chant, constitue les poëmes tragiques et comiques; ce qui ne sera plus obscur quand on aura considéré la différence qui se trouve entre la scène des Grecs et la nôtre. Parmi eux, aussitôt que les acteurs avoient achevé la pièce, les danseurs venoient sur le théâtre, qui représentoient tout ce qu'elle contenoit par leurs diverses figures, d'où nos ballets ont sans doute pris leur origine; et quand ils étoient sortis, les musiciens exprimoient encore en quelque façon par les différents accords des flûtes ce qui étoit déjà entré dans l'esprit des spectateurs, par les vers du poëte, et par les postures des baladins. Auparavant même que les acteurs vinssent sur le théâtre, le peuple savoit si l'argument de la pièce devoit être sérieux ou risible, par le ton des flûtes qu'il entendoit[5].

Donc pour prouver que Malherbe est poëte, et donner à sa poésie le nom qui lui appartient, il faut considérer s'il imite, quelles sont les choses qu'il imite, et de quelle sorte d'imita-

---

1. VAR. (édit. de 1635): La feintise....
2. VAR. (édit. de 1630): Les instruments se rapportent ou à la vue ou à l'ouïe; et l'imitateur....
3. VAR. (édit. de 1630): Les anciens, à la mode desquels je parle à cette heure, avoient....
4. VAR. (édit. de 1630): De qui que ce soit....
5. Cette phrase manque dans l'édition de 1630.

tion il s'est servi. Pour être éclairci du premier point, il suffit de lire une de ses belles odes, où il représente avec tant de naïveté les plus illustres événements de l'État, les desirs, les doutes, et les autres passions dont les personnes qu'il introduit pouvoient être agitées, ou l'ont véritablement été ; où la bienséance est si religieusement observée, les anciennes fables expliquées de si bonne grâce, et celles de son invention mises avec tant d'artifice ; où le style est si éclatant par les figures qui l'embellissent, lorsque son sujet le demande, et si délicat quand il ne lui permet pas de s'élever beaucoup, qu'il faut avouer que jamais homme ne modéra la chaleur de son esprit avec plus de jugement, et ne mérita mieux la qualité d'excellent poëte lyrique.

Quoiqu'il ait parlé de deux grands princes et d'une reine[1], dont les actions peuvent fournir de matière à cent poëmes héroïques, ne s'étant pas toutefois servi du genre de vers[2] qui leur est propre, et ayant eu plutôt dessein de chanter des hymmes à leur louange, sur quelques actions particulières, que d'écrire une narration continue, et y faire entrer plusieurs épisodes ou digressions, il ne peut légitimement prétendre qu'à ce rang dans lequel nous le mettons ; mais aussi se peut-il vanter d'y occuper une des premières places. Sapho[3], Anacréon et Pindare ont acquis le plus de réputation dans cette espèce de poésie parmi les Grecs, qui se sont montrés idolâtres du dernier, et en ont inventé des choses dignes de leur fidélité accoutumée, pour rendre sa mémoire plus vénérable. Chacun d'eux a suivi ses inclinations dans le choix de son sujet. La première a parlé de ses amours[4] ; le second s'est occupé à louer les femmes et le vin ; le dernier, se proposant un objet plus noble, a célébré le nom de ceux qui avoient gagné quelque couronne aux jeux olympiques. Mais quelque vanité qui les flatte, il est certain qu'Horace vaut mieux tout seul que ces trois ensemble ; car il n'y a point de sujets qu'il n'ait traités avec une délicatesse incomparable ; et quand il confesse Pindare au-dessus de l'imitation, ou il com-

---

1. Henri IV, Louis XIII et Marie de Médicis.
2. Var. (édit. de 1630) : De la sorte de vers....
3. Dans l'édition de 1630 : *Sapphon*.
4. Var. (édit. de 1630) : De ses monstrueuses amours....

mençoit à faire des vers, ou il suivoit l'opinion commune, et tâchoit de gaguer l'esprit de ses lecteurs par un si célèbre témoignage d'humilité. Il a pu l'avoir pour maître, mais il est devenu plus habile que lui; et quiconque fera la comparaison de leurs ouvrages, trouvera sans doute son style beaucoup plus poli, la structure de ses vers plus belle, et ses pensées plus raisonnables. Toutes les richesses de la langue latine éblouissent les yeux dans ses ouvrages; toutes ses délicatesses y chatouillent les oreilles; et j'oserois quasi dire que nous n'avons point de source plus pure et plus abondante[1]. Que peut-on imaginer de plus digne des triomphes du grand Auguste que ces belles odes où il les loue avec tant de grâce et de pompe, que chaque vers se peut appeler un chef-d'œuvre de l'art? Il ne s'en faut guère que celle qu'il adresse à Drusus et à Tibère ne réponde à la grandeur des victoires que ces vaillants princes avoient gagnées; et chacun sait l'estime que faisoit d'une autre le grand Scaliger[2], dont il disoit qu'il eût mieux aimé être auteur, que de commander à un royaume[3]. Celle où il traite si cruellement la fameuse sorcière Canidia n'est pas moins parfaite en son genre; et depuis que les Muses apprennent aux poëtes à découvrir leurs passions avec quelque artifice, ont-elles jamais inspiré à personne des sentiments si délicats que ceux du dialogue où il s'introduit lui-même parlant avec une de ses anciennes maîtresses? Je l'ai vu traduit par une excellente fille[4], que ses écrits rendent assez illustre, sans que j'entreprenne de la louer, et si je m'y connois, cette copie a toutes les grâces qui se peuvent desirer. Mais nous n'avons guère sujet[5] de porter envie au siècle dans lequel ce grand homme a

1. Cette phrase manque dans l'édition de 1630.
2. Var. (édit. de 1630) : « Le plus noble critique de notre temps. » La correction était nécessaire. Le texte de 1630 s'appliquerait plutôt à Joseph-Juste Scaliger, mort en 1609, qu'à son père Jules-César, mort en 1558. C'était ce dernier qui disait qu'il aimerait mieux avoir fait l'ode d'Horace : *Quem tu, Melpomene* (IV, 3), que d'être roi d'Aragon.
3. Var. (édit. de 1630): A un grand royaume.
4. Mlle de Gournay, la *fille d'alliance* de Montaigne. (Voyez Goujet, *Bibliothèque françoise*, tome V, p. 314, et tome VI, p. 406.) Cette ode (III, 9) est la seule qu'elle ait traduite.
5. Var. (édit. de 1630) : Nous n'avons point sujet....

vécu, le nôtre ayant eu un Malherbe ; et il semble qu'outre la
conformité de leur génie, le ciel a encore voulu qu'ils fussent
témoins de la vie des plus grands princes qui ont jamais été.
Nous pouvons appeler ses pièces d'amour odes aussitôt que
stances, puisque tout ce qui peut être chanté peut aussi recevoir ce nom. Et si quelqu'un s'étonne que celles qui le portent ne soient pas divisées par strophes, antistrophes et épodes,
il doit considérer que cette distinction seroit inutile, l'usage
que nous en faisons étant bien différent de celui des anciens,
qui se servoient de ces mots pour signifier les divers tours de
leurs danses aux environs de l'autel, pendant lesquelles ils
avoient accoutumé de les chanter.

Je suis plus amoureux des anciens que ceux qui croiront
que je les offense par le discours que je viens de faire ; et je
ne crains point d'avouer pour mon auteur, qu'il les a toujours
pris pour ses guides. En effet, soit que ces grands chefs-d'œuvre de la nature se donnassent à la profession de l'éloquence, soit qu'ils choisissent l'étude de la philosophie, ou que
se laissant conduire à leur inclination, ils s'appliquassent au
métier des vers, ils y réussissoient si parfaitement, que pour
être capable de produire quelque chose d'excellent, il en faut
prendre les semences de leurs livres[1]. Il me semble qu'auprès
des rayons qui sortent de leurs écrits, les lumières de la plupart de nos modernes ne sont que ténèbres ; et je ne ferois
non plus de difficulté de reconnoître qu'ils ont poli mon style,
enrichi ma mémoire, et formé mon jugement, que de confesser qu'un prince m'auroit fait du bien. Mais toutes les bonnes
choses ont deux extrémités vicieuses, et comme je blâme ceux
qui les méprisent, je ne saurois souffrir ceux qui les adorent
partout, et qui ne consultent en les imitant ni leurs oreilles, ni
le goût des hommes qui les doivent lire. Les peintres qui veulent faire un excellent portrait, doivent s'étudier à exprimer

1. Van. (édit. de 1630) : Dans leurs livres. — Ces mots sont suivis, dans l'édition de 1630, de cette phrase, retranchée des éditions suivantes : « Je ne saurois souffrir ces petits esprits de notre siècle qui ont assez d'effronterie pour comparer les statues de boue qu'ils forment avec tant de peine, à celles que ces honnêtes gens nous ont laissées, qui retiennent encore les premières grâces qu'elles ont reçues de leurs mains. Il me semble.... »

sur la toile tous les traits du visage sur lequel ils travaillent ; et il n'y a si petite observation de taches ou de rides qui ne fasse beaucoup à la ressemblance, en laquelle consiste la perfection de leur art. Il n'en doit pas être ainsi de ceux qui prennent les anciens auteurs pour leurs patrons ; car ils doivent se contenter de prendre[1] leur ordre et leur artifice, sans dépendre servilement de leur esprit, n'osant écrire que lorsqu'ils leur tiennent la main, et imitant leurs vices aussi bien que leurs vertus. Il faut quelquefois enchérir sur leurs pensées, et regarder ce que chaque nation goûte, pour ne heurter pas les oreilles, qui sont les premiers juges de l'éloquence, et ne pécher jamais contre la bienséance, sans laquelle toutes sortes d'ouvrages sont indubitablement ridicules. Malherbe, sachant de quelle importance étoient ces distinctions, les a rigoureusement observées. Il a aimé les Grecs et les Romains, mais il n'en a pas été idolâtre. Il s'est enrichi de leurs dépouilles, il s'est paré de leurs ornements, mais il les a changés auparavant avec tant de dextérité, qu'il faut avoir bonne vue pour les distinguer d'entre ceux qui sont à lui.

Il me semble que c'est douter de la puissance de la nature, que de s'imaginer qu'elle ne puisse plus faire de miracles, et d'une bonne mère que nous la devons croire, en faire une cruelle marâtre, de se persuader qu'elle n'a donné qu'aux anciens les dispositions nécessaires pour arriver à la perfection des sciences[2]. Ce Parnasse si fameux dedans les écrits des poëtes est la demeure des Muses, mais il n'est pas leur prison. Elles en sont autrefois descendues pour venir rêver aux bords du Tibre, et comme notre Seine est aujourd'hui plus renommée qu'il ne fut jamais, ne doutons point qu'elles ne prennent plaisir à se promener sur ses rivages. Si elles y caressent peu de personnes, c'est qu'elles sont modestes[3] plutôt que farouches, que toute sorte d'amants ne leur plaisent pas, et qu'il n'y a que ceux entre les mains desquels leur chasteté se peut tenir assurée à qui elles permettent d'en prendre le nom. Celui que nous louons étoit sans doute un des plus illustres, et je ne

1. Var. (édit. de 1630) : De dérober....
2. Var. (édit. de 1630) : A la perfection de sciences.
3. Var. (édit. de 1630) : Discrètes....

pense pas que personne en puisse douter après avoir lu ses admirables écrits.

J'ai plutôt eu dessein d'en faire l'éloge dans ce discours, que le jugement ou l'apologie[1]; et les mêmes raisons qui me pouvoient empêcher de l'entreprendre, ont été celles qui m'ont persuadé d'y travailler. Car la matière que j'avois à traiter m'a paru si riche, que j'ai jugé qu'elle se pouvoit aisément passer d'une belle forme, et que n'ayant pas une mauvaise cause à défendre[2], je n'avois besoin ni des finesses de la rhétorique, ni de ces grands mouvements avec lesquels il faut éblouir l'esprit des lecteurs quand on ne veut pas qu'ils reconnoissent la vérité. Si c'est faire un sacrilége que de parler des vertus extraordinaires avec des termes et des pensées communes, j'avoue que je suis coupable du plus grand qui se commettra jamais. Mais si les louanges doivent plaire lorsqu'elles sont justes, j'aurai sans doute satisfait toutes les personnes qui liront celles que je lui ai données, son mérite ne pouvant être inconnu que parmi les nations barbares, et dissimulé qu'entre ses envieux ou ses ennemis. Je ne suis pas si vain que de les vouloir faire passer pour un présent magnifique, dont sa renommée puisse recevoir quelque augmentation de gloire. Ce m'est assez qu'il les reçoive comme un tribut; et je ne me fâcherai jamais qu'un autre lui dresse des trophées plus glorieux, pourvu que ce soit avec les mêmes sentiments de respect desquels je suis maintenant touché. Il a eu deux sortes de persécuteurs : les ignorants, qui ne pouvant goûter que ce qui étoit de proportionné à leur foiblesse, ont condamné dans ses écrits comme ridicule ce qu'il y avoit de plus noble; et ses envieux, qui voulant tromper les autres après s'être trompés eux-mêmes, ont tâché de persuader[3] qu'il faisoit les fautes dont ils avoient envie qu'il fût coupable, pour le condamner avec quelque apparence de justice. Les premiers pourront continuer leurs impertinences tout à leur aise, et je n'estime pas qu'il se faille beaucoup soucier du mépris de ceux

---

1. Var. (édit. de 1630) : ….dans ce discours, que l'apologie.
2. Var. (édit. de 1630) : Et que n'ayant ni fautes à déguiser, ni qualités ordinaires à décrire comme excellentes….
3. Var. (édit. de 1630) : De leur persuader….

desquels on doit rejeter l'approbation. Pour les autres, j'espère qu'enfin ils se résoudront à croire leur conscience, et que sa lumière étant un peu éloignée, elle ne leur fera plus si mal aux yeux qu'auparavant[1]. En effet, la gloire ne doit pas être de ces maîtresses qui font naître des querelles entre les amants qui les recherchent[2]. Elle demeure toujours chaste, quoiqu'elle se donne à plusieurs ; chacun rencontre dans son temple la place dont il est digne, et le chemin par lequel on y doit parvenir n'est pas si étroit, que deux personnes n'y puissent marcher à la fois sans se heurter. Mais je parle à des gens[3] qui n'ont pas envie de se laisser persuader, et il vaut mieux que je finisse ce discours, après la vue duquel les lecteurs auront sujet de dire que je les ai conduits dans un superbe palais par un chemin fort désagréable, si ce n'est point offenser le génie du grand Malherbe, que de croire qu'ils puissent conserver le souvenir de mon fâcheux entretien, après avoir goûté celui de ses incomparables ouvrages.

1. On lit ici dans l'édition de 1630 cette phrase, supprimée dans les autres éditions : « Il y a beaucoup de raisons qui font mépriser dans notre siècle ceux qui se mêlent de faire des livres ; mais je crois que l'une des plus fortes et peut-être des plus légitimes est ce ridicule amour que quelques-uns se portent à eux-mêmes, ce mépris insupportable qu'ils font des autres, et ces lâches artifices qu'ils pratiquent pour établir leur réputation. »
2. « Et il n'y a que ceux qui se reconnoissent indignes de gagner ses bonnes grâces par leurs mérites, qui ont recours aux sortiléges. » (Édition de 1630.)
3. Var. (édit. de 1630) : A des personnes....

FIN DE L'APPENDICE.

TRADUCTIONS

TRADUCTION

DU

XXXIIIe LIVRE DE TITE LIVE.

La traduction des seize premiers chapitres et d'une partie du dix-septième de ce livre parut en 1616 dans le second tome de la traduction de Tite Live par Vigenère [1]. Plus tard Malherbe acheva son œuvre et publia, en 1621, la version du livre entier, sous le titre de : *Le XXXIII livre de Tite Live nouvellement trouvé à Bamberg, en Allemagne, traduit par le Sr de Malherbe, gentilhomme ordinaire de la chambre du Roy, et dédié à Monseigneur le duc de Luynes*, Paris, T. du Bray, in-8°. Elle fut depuis réimprimée dans l'édition de 1630 et dans toutes celles qui en furent la reproduction. On la trouve encore dans un recueil des *Lettres*, de 1645. La dernière édition des *OEuvres* où elle ait figuré est celle de 1723. Le texte que nous donnons ici est celui de 1630 : nous indiquons les variantes de l'édition de 1621.

Lorsque du Ryer traduisit les *Décades de Tite Live* (1653, 2 vol. in-fol.), il ne fit pas une version nouvelle du livre XXXIII, mais il adopta celle de Malherbe, qu'il fit précéder de cet avertissement : « Je n'ai point touché au livre suivant, qui est de la traduction de feu Monsieur de Malherbe; et j'ai tant de respect pour la mémoire de ce grand homme, que quand je serois assuré de faire mieux, je ne pourrois me résoudre de lui en disputer la gloire. »

Le XXXIIIe livre de Tite Live, depuis le § 6 du chapitre XVII jusqu'à la fin, et le XL° depuis le § 3 du chapitre XXXVII jusqu'à la fin, furent découverts à Mayence, au commencement du seizième siècle, dans un très-ancien manuscrit, et publiés pour la première fois en 1518 dans l'édition intitulée : *Titus Livius Patavinus historicus, duobus libris auctus, cum L. Flori epitome, indice copioso et annotatis in libros VII, belli Macedonici. Moguntiæ in ædibus Joannis Scheffer, mense novembri*

---

1. Voyez la *Notice bibliographique* en tête du présent volume.

anno MDXVIII. Un siècle plus tard on trouva dans un manuscrit de la cathédrale de Bamberg les dix-sept chapitres du livre XXXIII qui manquaient dans le manuscrit de la ville de Mayence; ils furent publiés, à Rome, en 1616, avec le reste du livre, sous ce titre : *T. Livii Historiarum ab V. C. liber XXXIII. Præcipua parte, quæ desiderabatur, expletus ex codice manuscripto. Romæ apud Bartholomæum Zannettum* MDCXVI. Il parut la même année deux réimpressions, l'une à Venise, et l'autre à Paris. Par une faute singulière, le titre courant, dans l'édition de Rome, et dans celle de Paris, est, à partir de la page 17, *liber XLIII*, au lieu de *liber XXXIII*. Celle de Rome, à la dernière page, invite le lecteur à corriger cette faute, ce que ne fait pas celle de Paris, bien que du reste elle reproduise, page pour page, l'édition de Rome.

A MONSEIGNEUR LE DUC DE LUYNES.

Monseigneur,

Il est très-certain que le mieux que puissent faire ceux qui ont à vivre dans les monarchies, c'est de porter honneur aux rois et se conformer à leurs volontés. Nous sommes grands ou petits, riches ou pauvres, heureux ou malheureux, comme bon leur semble. Ce que la fortune veut que nous ayons, elle nous le baille par leurs mains. Et en un mot, ils sont lieutenants d'un maître qui leur fait telle part de son pouvoir absolu sur les choses de la terre, qu'il faut avoir une stupidité fort approchante de celle des bêtes, pour mépriser d'être en leurs bonnes grâces, et ne craindre pas de tomber en leur indignation. Cette instruction étant si naturelle, que sans étude le sens commun la donne à tout le monde, ce m'est une merveille bien étrange de voir je ne sais quels gens, qui en la seule démonstration que vous fait le Roi de sa bienveillance pensent avoir assez d'occasion de vous prendre à partie; et comme si votre bonheur étoit leur misère, disent et écrivent des mensonges les plus effrontés et des absurdités les plus ridicules qui puissent jamais être dites ni écrites sur un semblable sujet. Ils savent assez que vous avez l'honneur d'avoir été mis auprès du Roi par le feu Roi son père. Ils voient tous les jours les devoirs que vous rendez à Sa Majesté, si grands, si laborieux et si peu divertis, que dans la cour même, où sont les âmes les plus nées à la servitude, il y en a d'assez libres pour refuser une faveur semblable, si elle leur étoit présentée à semblable condition. Pour ce qui est de votre fortune, ils ne peuvent pas nier que toute grande qu'ils la figurent, elle ne soit encore au deçà de beaucoup d'autres, dont nous avons l'histoire dans le siècle et dans le Royaume, ni que telle qu'elle est, vous ne la conduisiez avec une franchise si obligeante et une civilité si officieuse, que ne donnant sujet de se plaindre à homme qui vive, vous en donnez de vous remercier à tous ceux qui s'adressent à vous. Et finalement ils jugent bien que réduire les gratifications des rois à la mesure qu'ils prétendent, c'est condamner tout ce qu'il y a de gentilshommes en France à n'avoir jamais ni plus de bien ni plus de rang que ce que leur naissance leur en a donné. Mais quoi? toutes ces considérations, quelque véritables qu'elles soient, ne les touchent point. Il faut, à quelque prix et de quelque façon que ce soit, qu'ils satisfassent à leur malice, et que pour avoir l'applaudissement de ceux qui leur ressemblent, puisqu'ils n'ont rien à dire contre votre vie, ils treuvent en votre prospérité de quoi vous mettre sur le tapis. Je ne crois pas, Monseigneur, que lorsque ces calomnies viennent à vos oreilles, bien que leur seule impertinence les réfute, vous les entendiez sans en avoir quelque déplaisir. Si vous êtes patient, comme certainement vous l'êtes jusques au point où le peut être un courage parfaitement généreux, il ne s'ensuit pas que vous soyez insensible. Mais outre le repos d'esprit que donne à ceux qui sont innocents le témoignage de la conscience, n'avez-vous pas une consolation telle que vous ne la pouvez desirer plus grande, quand vous voyez les gens de bien s'attacher à cette maxime, que les affections des rois ne sont pas moins sacrées que leurs personnes, et admirant en vous et en Messieurs vos frères[1] une modération qui difficilement se trouveroit en autres[2] qui auroient le même pouvoir, prier Dieu que longuement il vous laisse jouir d'un bien qu'il vous a fait posséder si justement ? Croyez-moi, Monseigneur, quelque bons orateurs que soient tous ces brouillons que nous avons parmi nous, s'ils persuadent quelque chose à votre préjudice, ce ne sera qu'à des gens qui sont déjà persuadés. Tout homme qui sans hypocrisie aime la paix de l'État, se moque des maladies qu'ils y présupposent, et croit que par la même raison que tout semble jaune à ceux qui ont la jaunisse, il est impossible qu'il n'y ait du désordre en la tête de ceux qui s'en imaginent au gouvernement. Pour moi, qui ai toujours gardé cette discrétion de me taire de la

---

1. Honoré d'Albert, seigneur de Cadenet, duc de Chaulnes, pair et maréchal de France. — Léon d'Albert, seigneur de Brantes, duc de Luxembourg et de Piney, pair de France.
2. Var. (édit. de 1631) : En d'autres.

conduite d'un vaisseau où je n'ai autre qualité que de simple passager, le meilleur avis que je puisse donner à ceux qui n'y sont que ce que je suis, c'est de s'en rapporter aux mariniers, et se représenter que la voie ordinaire que tiennent les factieux pour exciter les peuples à mal obéir, c'est de leur faire entendre qu'ils ne sont pas bien commandés. Nous avons dans les charges et dans les affaires de si grands hommes, que s'ils n'y étoient point, il seroit nécessaire de les y appeler. Je ne pense pas que nous soyons trompés quand nous dormirons sur leur vigilance, et que nous nous reposerons sur leur travail. Je dis cela en général. Mais s'il est question de les considérer chacun à part, qui est-ce qui connoît Monsieur le chancelier et Monsieur le garde des sceaux[1], qui ne confesse que l'État n'a jamais eu de ministres dont la sagesse fût mieux préparée à toute sorte d'occurrences, ni la justice de magistrats qui fussent ou plus roides à châtier ceux qui oppriment, ou plus favorables à défendre ceux qui sont opprimés? Les finances, au maniement desquelles, pource que le pécher est si profitable, il est si malaisé de ne pécher point, n'ont-elles pas en Monsieur le comte de Schomberg[2] un chef dont la diligence est si exacte, et l'intégrité si scrupuleuse, qu'il faut croire ou que jamais on ne reverra l'abondance dans les coffres du Roi, ou qu'indubitablement ce sera lui qui par ses règlements salutaires aura l'honneur de l'y avoir fait revenir? Qu'est-ce qu'on peut dire à la louange de Messieurs les secrétaires d'État, qui ne soit au-dessous de leur inestimable suffisance, et de leur incomparable probité? Quelle si grande gloire peut-on donner à Messieurs les trésoriers de l'Épargne, qu'on ne leur en doive davantage, pour les notables secours qu'aux dépens de leurs commodités particulières, ils donnent aux nécessités publiques, toutes les fois que le temps en fait naître quelque besoin? Qui

---

1. L'impression de la traduction de Malherbe fut terminée avant le mois de février 1621. A cette époque, le garde des sceaux était Guillaume du Vair, mort le 3 août de la même année, et le chancelier, Nicolas Brulart, mort en 1624, à qui on avait retiré les sceaux en 1616.

2. Henri de Schomberg, comte de Nanteuil et de Duretal, maréchal de France. Il fut surintendant des finances de 1619 à 1623.

peut ignorer que Monsieur le Cardinal de Rais[1] ne soit un prélat dont la pourpre a moins d'éclat que le mérite? et Monsieur le Président Janin[2] un personnage, à qui ses longs services, toujours très-fidèlement faits et toujours très-heureusement réussis, ont fait avoir une approbation la plus générale que jusqu'ici notre siècle ait donnée à la vertu? Si cela ne suffit, allons jusqu'à Monsieur le Prince[3], et sans rien donner à sa qualité de premier prince du sang, prenons la liberté de faire la même revue de ses actions que nous ferions de celles d'une personne privée. Ne treuverons-nous pas que si la naissance l'eût fait moins que ce qu'il est, elle ne l'eût pas fait ce qu'il méritoit d'être? et qu'ayant en ce dernier tumulte si utilement et si glorieusement contribué son assistance à la conservation de l'autorité royale, il n'y a rien de bon ni de grand qu'en toutes les occasions qui s'offriront on ne se puisse promettre de lui? Mais qu'est-ce que je fais, Monseigneur, et à quoi est-ce que je pense? Je parle à vous, et ne parle point du Roi. Je parle de chasser nos ténèbres, et ne me souviens point de notre soleil. Certes devant que les miracles qu'il vient de faire nous eussent montré à quoi devoit aboutir l'extraordinaire vigueur de ses premières années, il y avoit sujet d'être en quelque peine. Nous remarquions bien en lui une très-grande répugnance à toute sorte de vices, et une parfaite inclination à toute sorte de vertus, qui sont deux qualités que nous treuvions d'autant plus admirables, que n'étant pas fort compatibles avec la jeunesse, il semble qu'elles le soient encore moins avec la royauté. A cela nous ajoutions qu'étant fils du plus sage et du plus victorieux roi du monde, et de la reine la plus accomplie que nous eussions jamais vue seoir au trône des fleurs de lis, il étoit vraisemblable que la vertu de la souche passeroit au rejeton, et que par conséquent il ne pourroit apporter que de bon fruit. Mais si toutes ces raisons étoient assez fortes pour nous donner des espérances,

---

1. Henri de Gondi, cardinal de Retz, dernier évêque de Paris, chef du conseil du Roi, mort à Béziers le 3 août 1622.
2. Pierre Jeannin, premier président au parlement de Bourgogne, mort le 31 octobre 1622. Sauf un court intervalle, il fit depuis 1611 jusqu'à sa mort partie du ministère.
3. Henri II, prince de Condé, père du grand Condé.

elles étoient trop foibles pour mettre nos vœux en sûreté. A
cette heure qu'il s'est rendu maître d'une tempête qui nous
faisoit craindre le naufrage, et a rétabli son autorité entre
des peuples qui depuis cinquante ans ou ne l'avoient du tout
point connue, ou ne l'avoient connue que pour la mépriser,
ne lui serions-nous pas injurieux si nous pensions qu'il y eût
monstre qui pût échapper à son épée, ni labyrinthe d'où sa
prudence ne fût capable de nous développer? Quant à vous,
Monseigneur, que chacun sait avoir la plus secrète communication de ses pensées, à quel degré d'impudence faudroit-il être
monté, pour, après avoir rendu à Sa Majesté ce qui lui appartient comme au premier et plus puissant ressort de notre
salut, ne vouloir pas avouer que la fidélité de vos conseils et
l'assiduité de vos travaux sont les plus fortes aides qu'il ait
eues, et les plus véritables causes du repos où nous sommes
aujourd'hui? C'est, à n'en mentir point, un sujet sur lequel je
serois bien aise de m'étendre; mais le lieu où je suis n'ayant
pas d'espace pour une si longue carrière, il vaut mieux que je
le réserve à une autre fois. Aussi bien n'ayant entrepris ce discours que pour vous témoigner qu'en ce qui est des brouille-
ries du temps, quelque prétexte qui les colore et quelque multitude qui les suive, je n'ai point d'autre sentiment que celui
d'un homme qui ne veut jamais sortir de son devoir, je pense
en avoir assez dit pour le vous faire croire, et pour en cette
considération obtenir de vous la réception favorable d'un petit
ouvrage que ma très-humble affection me donne la hardiesse
de vous apporter. C'est un livre de Tite Live, qui n'a jamais
été vu jusques à cette heure que la bonne fortune des lettres
le vient de tirer d'entre la poudre et les araignées d'une bibliothèque d'Allemagne, où la mauvaise l'avoit tenu douze ou
quinze siècles enseveli[1]. Son exemplaire latin a eu le Cardinal
Bourguese[2] pour protecteur; quand la traduction que j'en ai
faite aura le duc de Luynes pour le sien, je ne penserai pas
être le plus mal partagé. Votre courtoisie, Monseigneur, n'est

---

1. Voyez la notice qui précède cette *Dédicace*.
2. Scipion Caffarelli, cardinal Borghèse, neveu du pape Paul IV.
Il est nommé *Burghesius* dans l'édition de Rome, et *Burgetius* dans
celle de Paris.

pas de ces pesantes machines, qui ne vont qu'avec un nombre infini de contre-poids et de roues. Elle se meut d'elle-même, et si naturellement, que je l'offenserois de la solliciter avec trop de soin. J'ai eu l'honneur que toutes les fois que je me suis treuvé devant vous, j'en ai été recueilli avec un visage et des caresses qui eussent convié un plus ambitieux que je ne suis à vous importuner plus souvent que je ne fais. Si aujourd'hui avec les mêmes démonstrations vous me daignez faire paroître que le desir que j'ai de vous plaire, quelque foible qu'en soit la preuve, ne laisse pas de vous être agréable, vous me ferez une grâce qui mettra mes contentements au point où je les souhaite, et m'obligerez, Monseigneur, à chercher de plus importantes occasions pour vous donner de plus fortes assurances de la volonté que j'ai d'être toute ma vie et de tout mon cœur,

Votre serviteur très-humble et très-affectionné,

MALHERBE.

SOMMAIRE DU XXXIIIe LIVRE DE TITE LIVE[1].

Titus Quintius fait résoudre les Béotiens à s'allier avec les Romains. Philippe et lui cherchent à se rencontrer. Comparaison de la palissade grecque avec la romaine. La bataille se donne aux Cynocéphales. Philippe la perd. Quintius et lui confèrent. Androsthène, l'un des lieutenants de Philippe, est défait près de Corinthe par les Achaïens. Les Acarnaniens sont sollicités de prendre le parti des Romains. Pour en délibérer ils s'assemblent à Leucade. La chose ne réussit pas au gré des Romains. Ils assiègent Leucade, et la prennent. Ceux de Rhodes attaquent la Pérée, et défont Dinocrate, lieutenant de Philippe. Les Dardaniens entrent en la Macédoine. Ils sont défaits, et se retirent. Antiochus s'empare de tout plein de places en la côte de Cilicie et de Caric. Attalus meurt à Pergame. Il se fait un grand mouvement en Espagne. Philippe est battu en Thessalie par Quintius. Il envoie à Rome demander la paix. On députe des commissaires pour l'aller faire. Sempronius Tuditanus est défait et tué en Aragon. Prodiges expiés. Les Béotiens piqués du meurtre de Barcylas, leur capitaine général, assassinent les soldats romains. Ils sont rangés à la raison. Quintius et les commissaires s'assemblent à Corinthe. Les jeux isthmiens se célèbrent. La liberté des villes de la Grèce y est proclamée. Après les jeux, les députés d'Antiochus ont audience, puis ceux des communautés. L'assemblée pylaïque se tient aux Thermopyles. Quelques esclaves prennent les armes en Toscane. Ils sont châtiés. Marcellus est battu par les Boïes, et après il bat les Insubriens. Antiochus passe en la Chersonèse, et fait rebâtir Lysimachie. Cornélius y vient conférer avec lui. Un faux bruit de la mort de Ptolomée les fait séparer sans rien faire. Les prêtres prétendent exemption des frais de la guerre. Ils en sont déboutés, et condamnés aux arrérages. Un printemps sacré, voué vingt et un ans auparavant, est mis en exécution. Annibal est élu préteur à Carthage. Il veut réprimer l'insolence des officiers de justice, et à cette fin fait faire un édit, que leurs charges qui étoient à vie ne se-

---

1. Il n'y a point de sommaire dans les éditions latines de 1616.

roient plus qu'annuelles. Il essaye aussi de réformer le désordre des finances. Cela lui acquiert force ennemis, qui donnent des avis à Rome contre lui. On députe à Carthage pour lui faire faire son procès. Il en a le vent, et s'enfuit vers Antiochus.

I[1]. Voilà comme se passa l'hiver. Aussitôt que le printemps fut venu, Quintius, qui voyoit que les Béotiens ne se déclaroient encore ni d'un côté ni d'autre, ne voulut pas demeurer avec cette épine en l'esprit[2]. Il partit donc d'Élatie, accompagné d'Attalus, que pour cet effet il pria de vouloir être du voyage, et passant par la Phocide se vint camper à cinq quarts de lieue de Thèbes, ville capitale de la Béoce. Le lendemain avec une compagnie de gens de pied, et les députés des villes qui le suivoient alors en assez bon nombre, il s'achemina droit à la ville, et commanda aux piquiers d'une légion, qui étoient deux mille hommes, de venir mille pas après lui. Antiphilus, préteur des Béotiens, vint au-devant de Quintius jusqu'à la moitié du chemin. Le reste du peuple, préparé à cette nouveauté de voir ensemble un général d'armée romain et un roi[3], étoit sur les murailles à les attendre. Il ne paroissoit à leur suite que bien peu d'armes, et encore moins de gens de guerre. Pour les piquiers, on ne les voyoit point, à cause du grand tour qu'on leur avoit fait prendre et des vallons où ils passoient à couvert. Comme Quintius approcha de Thèbes, il se mit à marcher au petit pas. Il sembloit que ce fût pour recevoir ceux qui lui venoient faire des compliments, mais en effet c'étoit pour attendre les piquiers qu'il avoit laissés der-

---

1. Nous avons indiqué les chapitres pour faciliter l'usage de cette traduction et la comparaison avec le texte de Tite Live. Ils ne sont marqués ni dans Malherbe, ni dans les éditions latines de 1616 : tout s'y suit sans un seul alinéa.
2. VAR. (édit. de 1631) : Avec cette peine en l'esprit.
3. VAR. (édit. de 1621) : Un général d'armée et un roi.

rière. Cela fut manié si dextrement, que ceux de la ville, que tout exprès l'on faisoit marcher devant le héraut, ne s'en aperçurent que l'on ne fût au logis du général. A cette vue, se figurant que leur préteur les avoit trahis, ils demeurèrent grandement troublés, et jugèrent bien qu'en leur assemblée, qui étoit assignée au lendemain, la nécessité de complaire leur ôteroit la liberté d'opiner. Toutefois pource que c'étoit une affaire faite, et que d'en témoigner du déplaisir, c'eût été faire avec danger une chose qui n'auroit de rien servi, ils se résolurent de tenir bonne mine.

II. En cette assemblée, Attalus parla le premier. Le commencement de sa harangue fut un récit des bons offices que toute la Grèce, et particulièrement les Béotiens, avoient reçus de ses prédécesseurs et de lui. Làdessus la foiblesse de son âge ne répondant pas à la véhémence de son action, il demeura tout d'un coup sans mouvement et sans voix, et le fallut emporter à son logis. Le trouble de cet accident fit pour quelque temps discontinuer la délibération. Comme il fut passé, Aristène, préteur d'Achaïe, prit la parole; et fut son avis d'autant mieux reçu, que c'étoit le même qu'il avoit baillé aux Achaïens. Quintius, qui parla après lui, ne s'arrêta pas tant à magnifier les armes des Romains, qu'à donner bonne opinion de leur foi envers leurs amis. Cela fait, Dicéarque, député de Platées, proposa qu'il se falloit ranger au parti des Romains. A quoi ne se trouvant personne qui osât contredire, la chose passa selon son avis, et du consentement de toute la compagnie fut arrêté que le décret en seroit fait. L'assemblée finie, Quintius, qui par le moyen de cette alliance nouvelle et de celle qu'auparavant il avoit faite avec les Achaïens, ne laissoit rien derrière lui qui ne fût à sa dévotion, tourna toutes ses pensées à terminer la guerre contre Philippe. Et pour cet effet n'ayant séjourné à Thèbes qu'autant que l'y obligea l'inconvénient arrivé à Attalus, comme il vit que pour ce coup il étoit hors de danger, et que la fin de son mal ne pouvoit être qu'une débilitation de membres, il le laissa là pour achever de se guérir, et s'en revint à Élatie.

III. Philippe, à qui le retour des ambassadeurs qu'il avoit envoyés à Rome avoit fait perdre toute espérance de paix, se mit à faire de nouvelles levées par tous les lieux de son royaume. Et pource que aux guerres que depuis longtemps lui et les siens avoient eues, tant par mer contre Attalus et les Rhodiens, que par terre contre les Romains, toute la fleur de ses hommes s'étoit perdue, il fit comprendre en cet enrôlement jusques à de jeunes garçons de seize ans. Que si parmi ceux à qui la vieillesse avoit fait donner des exemptions il s'en treuvoit qui eussent encore quelque reste de force pour la guerre, il les contraignoit d'y retourner. Sur la fin de mars, ayant ainsi refourni son armée, il la mena à Dion; où faisant journellement exercer ses soldats, il se préparoit pour la venue de l'ennemi. Cependant Quintius partit d'Élatie, et prenant son chemin par Thronion et par Scarphie s'en vint aux Thermopyles, pour être à l'assemblée générale des Étoliens, qui s'alloit tenir à Héraclée. Il étoit question de savoir de quel nombre d'hommes ils assisteroient les Romains. L'affaire ayant été résolue, trois jours après il se rendit aux Xinies sur les confins des Enniens et des Thessaliens, où Phanéas lui amena tout aussitôt deux mille hommes de pied, et quatre cents chevaux, que les Étoliens lui envoyèrent. Comme il les eut reçus, il en partit à l'heure même; ce qui fit connoître qu'il n'y avoit séjourné que pour les attendre. De là il s'en vint sur les terres de Phtie, où cinq cents Gortyniens, commandés par Cyndate, avec trois cents

Apoloniates en même équipage le vinrent joindre; et bientôt après le joignirent aussi douze cents hommes de pied qu'Aminandre lui amena. Philippe, qui vit les Romains sortis d'Élatie, se douta bien qu'ils le venoient chercher. Il pensa donc qu'il étoit temps de parler à ses soldats, et les mettre en humeur de se battre. Pour cet effet leur répétant des langages qu'assez souvent il avoit accoutumé de leur tenir, tant de la vertu de ceux de sa maison, que de la valeur des Macédoniens, il n'oublioit rien de ce qu'il estimoit pouvoir ou accroître leur espérance ou diminuer leur appréhension.

IV. Il leur disoit que si les Romains avoient eu quelque atteinte sur eux au bord de la rivière d'Aoüs, pource que les Macédoniens avoient été attaqués en un lieu où ils n'avoient pas eu moyen de former leur bataillon, ils en avoient eu leur revanche auprès d'Atrace, où sans autre avantage que celui du bras et du courage ils avoient fait tourner le dos aux Romains. Et quant à ce qui étoit du pas d'Épire, qu'ils avoient abandonné, il disoit que la première faute de s'être laissé surprendre étoit venue de leurs sentinelles, et que pour la seconde de n'avoir pas bien combattu, elle se devoit imputer à je ne sais quels mercenaires et mal armés, et non pas aux Macédoniens, qui en cette occasion avoient fait tout ce que des gens de bien pouvoient faire, comme toujours ils feroient quand la partie seroit égale, et que le lieu ne donneroit point d'avantage à leurs ennemis. Son armée étoit composée de seize mille Macédoniens, qui étoit ce qu'il avoit de meilleur, deux mille hommes portant rondaches, deux mille Thraciens, avec autant d'Illyriens, de ceux qu'on appelle Tribales, et environ mille soldats ramassés, que pour de l'argent il avoit fait lever en divers endroits. Sa cavalerie étoit de deux mille hommes. L'armée des Romains pouvoit être de même nombre. S'ils avoient quelque chose plus que Philippe, ce n'étoit que ce que les Étoliens leur avoient envoyé.

V. Quintius s'étant venu camper auprès de Thèbes en Phtie, eut opinion de s'en pouvoir emparer par le moyen d'une intelligence pratiquée avec un Dimon, qui étoit le premier homme de là dedans. Il s'approcha donc des murailles avec quelque cavalerie légère; mais il se trouva si loin de son compte, par une furieuse sortie que firent sur lui ceux de la ville, que sans le secours de quelques gens de pied et de cheval qu'il fit venir du camp et qui arrivèrent à point nommé, il étoit en danger d'être perdu. Comme il vit le mauvais succès d'une espérance qu'il n'avoit pas bien conçue, il ne s'y voulut pas opiniâtrer davantage; et sur l'avis qu'il eut que Philippe étoit déjà entré en la Thessalie, sans toutefois savoir en quelle part, il envoya ses soldats couper du bois, pour avoir de quoi fermer son camp lorsqu'il en seroit besoin. L'invention de la palissade a bien été pratiquée par les Macédoniens et par les Grecs. Mais avec ce qu'ils y employoient des arbres si gros et si branchus, que les soldats déjà chargés de leurs armes étoient accablés de les porter, la clôture qui s'en faisoit n'étoit pas une fortification sur laquelle on se pût bien assurer; d'autant qu'en cette quantité de grosses branches, entre lesquelles il demeuroit de grands espaces vides, étant aisé de les prendre à plein poing, quand deux puissants hommes, ou trois au plus venoient à y mettre la main, il n'y avoit pieu si ferme qu'avec peu de peine ils n'arrachassent; et depuis qu'il y en avoit un arraché, il y demeuroit une ouverture aussi large qu'une porte, laquelle il n'étoit pas possible de boucher qu'avec beaucoup de loisir. Au contraire les pieux des Romains sont légers, et n'ont que deux ou trois fourchons, ou quatre pour le plus; de manière que le soldat avec ses armes pendues derrière le dos en peut encore porter plusieurs tout à la fois. Qui plus est, ils les fichent si près l'un de l'autre, qu'il est malaisé de juger de quelle tige partent les branches; et avec ce qu'ils en font le bout fort pointu, ils les entrelacent d'une façon qu'il n'y a moyen d'y passer la main pour les arracher, ni de les renverser en les poussant. Que si d'aventure l'ennemi en arrache quelqu'un, la brèche ne peut pas être si grande qu'il ne soit bien aisé d'y remédier.

VI. Quintius le lendemain faisant prendre des pieux à ses soldats, afin qu'en quelque lieu qu'il se trouvât il fût toujours prêt à camper, s'avança à une lieue et demie de Phères, et de là envoya découvrir en quelle part de la Thessalie étoient les ennemis. Philippe étoit alors aux environs de Larisse. Comme il sut que de Thèbes Quintius étoit venu à Phères, il jugea bien que c'étoit en intention de se battre. Ayant donc de son côté le même desir, il marcha droit à lui et se campa à une lieue de Phères. Le lendemain étant allé des coureurs de part et d'autre pour se saisir de certaines buttes, qui étoient au-dessus de la ville, également proches des deux armées, comme ils se furent vus, ils en envoyèrent porter des nouvelles à leurs gens, et demander ce qu'ils avoient à faire. L'ordre qu'ils eurent fut de se retirer, comme ils firent. Le lendemain il y eut quelques escarmouches au-dessous de ces mêmes buttes, où principalement par le devoir que rendirent les Étoliens, les gens de Philippe furent maltraités et remenés battant jusque dans leur retranchement. Le lieu où ils se trouvoient étoit plein d'arbres et de jardins, comme cela se voit ordinairement aux environs des villes, et les chemins resserrés entre des murailles de pierre sèche avoient si peu d'espace, et en quelques endroits étoient si embarrassés, qu'il n'étoit pas possible d'y faire un notable combat. Ils se résolurent donc les uns et les autres, comme s'ils eussent concerté ensemble, de s'ôter de là et s'en aller vers Scotuse, Philippe en intention d'y trouver des blés pour faire vivre son armée, et Quintius avec dessein de l'affamer. Les armées, à cause d'une rangée de petites montagnes qui les séparoit, marchèrent un jour sans se voir. La nuit venue, les Romains se logèrent à Érethrie, au terroir de Phtie, et Philippe le long de la rivière d'Oncheste. Le lendemain Philippe s'étant logé à Melambion, sur les terres de Scotuse, et Quintius à Thétidion, sur les terres de Pharsale, ils n'eurent non plus de nouvelles les uns des autres qu'ils en avoient eu le jour précédent. Le troisième jour il tomba une grosse pluie, à laquelle succéda une obscurité si grande qu'il sembloit qu'il fût nuit. Les Romains, craignant que l'ennemi ne se servît de cette occasion pour leur faire quelque surprise, ne bougèrent de leur logement.

VII. Philippe n'eut point cette appréhension, et sans perdre temps fit marcher son armée aussitôt qu'il eut cessé de pleuvoir. Mais étant le brouillas[1] si épais, qu'il n'étoit pas possible ni à ceux qui portoient les enseignes de voir le chemin, ni aux soldats de voir les enseignes, ils ne faisoient que se fourvoyer, et sans savoir où ils alloient, comme gens égarés de nuit, tournoient indifféremment partout où ils étoient appelés. Comme ils furent au delà de certaines petites montagnes qui se nomment les Cynocéphales, ils y assirent de bons corps de garde, tant d'infanterie que de cavalerie, et se logèrent. Les Romains, sans partir de Thétidion, envoyèrent trois cents chevaux et mille hommes de pied apprendre ce que faisoit l'ennemi, et les avertirent de prendre garde à soi, pource que en ces ténèbres il n'y avoit lieu si découvert où il n'y eût moyen de se cacher.

---

1. Brouillard.

Ils ne furent pas sitôt aux buttes dont l'ennemi s'étoit emparé, qu'ils se trouvèrent en vue. Cette rencontre inopinée ayant donné de la peur aux uns et aux autres, les fit demeurer sans rien entreprendre. Seulement envoyèrent-ils chacun en leur camp porter de leurs nouvelles. Comme ce premier étonnement fut passé, il n'y eut plus de moyen qu'ils s'empêchassent de venir aux mains. Le combat fut commencé par quelques-uns qui s'avancèrent à la tête de leurs troupes, et entretenu par ceux qui les vinrent soutenir. Les Romains, qui n'y faisoient pas bien leurs affaires, dépêchèrent vers leur général pour lui faire entendre leur nécessité. Il leur envoya quand et quand deux maîtres de camp, avec cinq cents chevaux et deux mille hommes de pied, Étoliens pour la plupart. Ce renfort ayant fait regagner aux Romains l'avantage qu'ils avoient perdu, il fallut que les Macédoniens à leur tour envoyassent quérir du secours. Philippe, qui à cause du grand brouillas ne s'étoit préparé à rien moins qu'à la bataille, et avoit envoyé la plupart de son armée au fourrage, demeura quelque temps qu'il ne savoit à quoi se résoudre. Enfin, pressé par les messagers[1] qui lui arrivoient l'un sur l'autre, et déjà par l'éclaircissement du brouillas, voyant ses gens sur une butte la plus élevée de toutes, où ils se défendoient plutôt par l'assiette du lieu que par la force de leurs armes, il pensa qu'il valoit mieux tout hasarder, que d'en laisser perdre une partie à faute de la secourir. Il y envoya donc Athénagoras, coronel[2] de ses mercenaires; et outre la cavalerie macédonienne et thessalienne, lui bailla tout ce qu'il avoit de cavalerie étrangère, réservé les Thraces. A leur arrivée les Romains furent

---

1. Var. (édit. de 1621) : Messages.
2. Var. (édit. de 1631) : Colonel.

si rudement poussés, qu'ils ne s'arrêtèrent qu'au fond de la vallée; et sans la cavalerie étolienne, il est vraisemblable qu'ils étoient pour avoir encore pis. Aussi certes est-ce[1] la meilleure cavalerie qui fût alors en toute la Grèce. Pour leur infanterie, elle n'étoit pas si bonne que celle de leurs voisins.

VIII. Cet exploit ayant été figuré à Philippe plus à son avantage qu'il n'étoit, et de moment en moment lui étant rapporté que les Romains avoient l'épouvante, et qu'ils s'enfuyoient, il se résolut de mettre toute son armée en bataille; avec protestation néanmoins qu'il faisoit une faute, et que le temps ni le lieu ne lui plaisoient point. Quintius, par nécessité plutôt que par élection, en fit de même. Il mit ses éléphants à la tête des enseignes, et laissant à la main droite ses troupes de réserve, prit le bataillon de la main gauche, et marcha contre les ennemis, disant à ses gens pour leur donner courage : Que les Macédoniens qu'ils avoient à combattre étoient ceux mêmes à qui malgré tant de montagnes et de rivières qui les couvroient, ils avoient fait quitter le pas d'Épire, et ceux mêmes que sous la conduite de Sulpitius, ils avoient autrefois assiégés et forcés au même passage; que la réputation seule avoit jusques à cette heure-là maintenu le royaume de Macédoine, et qu'encore s'en falloit-il beaucoup qu'elle ne fût telle qu'elle avoit été par le passé. A la venue de Quintius et des troupes qu'il amenoit, les Romains qui étoient dans ce fond de vallée où ils avoient été poussés, retournèrent au combat, et eurent leur revanche de ceux qui les avoient fait fuir. Philippe avec ses porteurs de rondache et sa phalange, qui est ce que les Macédoniens tiennent pour la principale force de leurs

---

1. Var. (édit. de 1621) : Étoit-ce.

armées, s'en va au grand pas vers les ennemis, et commande à Nicanor, l'un des principaux d'auprès de sa personne, de le suivre avec le reste de l'armée. Comme il fut au haut de la butte, il y trouva des armes et des morts, que les Romains y avoient laissés en se retirant. Ce spectacle lui donna une extrême joie, qui fut encore plus grande quand il vit que déjà le combat se faisoit proche du camp des ennemis. Mais en un instant, voyant les affaires changées, et ses gens mis en fuite, il fut sur le point de s'en retourner en son camp. Toutefois comme il eut considéré que ceux des siens qui tenoient ferme étoient infailliblement perdus, s'ils n'avoient du secours, et d'ailleurs que lui-même ne pouvoit plus se retirer qu'avec péril, enfin sans pouvoir attendre le reste de son armée, ce lui fut force de hasarder la bataille. Et pour cet effet ayant mis à la main droite ceux de sa cavalerie et des armés à la légère, qui avoient déjà été au combat, il donna la main gauche aux porteurs de rondache et à la phalange des Macédoniens, auxquels, pource que la longueur de leurs piques étoit empêchante, il fit commandement de les quitter, et mettre du premier abord l'épée à la main. D'ailleurs, il diminua le nombre des rangs, et retira dans les files ce qu'il en ôta, pour faire son bataillon plus long que large, et par conséquent plus malaisé à enfoncer. Il leur fit aussi serrer les rangs, en sorte que les hommes et les armes s'entre-touchoient.

IX. Quintius, après avoir retiré dans les rangs ceux qui étoient venus du combat, fit sonner la charge. Il est peu souvent arrivé que l'on ait crié au commencement d'une bataille, comme il fut crié[1] au commencement de celle-ci. Car il se rencontra que les deux armées firent leur cri tout à la fois; et ne fut pas seulement crié par ceux

---

1. Var. (édit. de 1621) : Comme il y eut crié.

qui étoient aux mains, mais aussi par les troupes de réserve, et encore plus par ceux qui étoient en chemin pour aller au combat. A la main droite Philippe, à cause du lieu élevé d'où ses gens combattoient, avoit de l'avantage ; mais à la gauche ses affaires alloient mal. Et même une partie de la phalange, qui avoit été mise en l'arrière-garde, ayant commandement de s'avancer, ne le faisoit qu'en désordre. Le bataillon du milieu, qui se trouvoit le plus près du côté droit, regardoit faire ceux qui se battoient, comme si c'eût été chose où il n'eût point eu d'intérêt. La phalange, qui étoit venue en foule plutôt qu'en bataille, et plus préparée à marcher qu'à se battre, n'étoit que bien à peine arrivée au haut de la butte, que le consul qui se voulut servir de l'occasion, encore qu'il vît ses gens malmenés au côté droit, s'en va l'attaquer, et fait marcher devant lui ses éléphants, avec cette imagination que ceux qui en seroient renversés feroient vraisemblablement courir la même fortune au demeurant. Et certainement la chose lui réussit comme il se l'étoit proposé. Les premiers rangs s'étant mis en désordre par la frayeur que leur donnèrent ces animaux, en firent faire de même à ceux qui venoient après eux. D'ailleurs, un maître de camp s'étant avisé qu'il y avoit moyen de rompre un bataillon d'ennemis qui étoit à la main droite en le prenant par derrière, laissa cette partie des siens qu'il voyoit avoir de l'avantage, et avec vingt compagnies s'en alla le charger et le défit. Les affaires des Macédoniens étant de tous côtés en ces mauvais termes, il y avoit encore un autre inconvénient pour eux, c'est que leur phalange, et pour avoir des armes sous lesquelles elle ne se pouvoit presque mouvoir, et pour se trouver assaillie de ceux mêmes qui venoient de fuir devant elle, ne pouvoit aller où la nécessité l'appeloit. Avec tout cela le lieu ne leur étoit pas favorable, pource que pendant qu'ils avoient donné la chasse aux Romains, qui leur tournoient le dos, ils avoient abandonné le haut de la butte aux ennemis, qui s'en étoient saisis par derrière. De cette façon ayant à faire en deux lieux, et ne pouvant pas entendre partout, il en demeura une partie sur la place, l'autre jeta ses armes, et s'enfuit.

X. Philippe, qui avec quelques gens de pied et de cheval étoit monté sur la plus haute de ces buttes pour considérer ce qui se faisoit à la main gauche, comme il vit tous ses gens en fuite, et que de quelque part qu'il se tournât il ne paroissoit que les armes et les enseignes des Romains, il se retira lui-même hors du combat. Quintius, qui alloit après les fuyards, ayant vu les Macédoniens hausser les piques, et ne sachant ce que cela vouloit dire, s'arrêta tout court; puis ayant appris que c'étoit un signe que ceux de cette nation avoient accoutumé de faire lorsqu'ils se vouloient rendre, il eut opinion de les sauver. Mais les soldats qui ne savoient, ni que l'intention des Macédoniens fût de demander la vie, ni que la volonté du général fût de la leur donner, se ruèrent sur eux si furieusement, qu'il n'échappa de leurs mains que ceux que la fuite en put garantir. Philippe à bride abattue se retira à Tempé, et séjourna un jour à Gonnes, pour recueillir ceux qui seroient échappés du combat. Les Romains étant allés au camp des ennemis pour le piller, treuvèrent que la diligence des Étoliens les avoit délivrés de cette peine. Il mourut en ce combat huit mille des gens de Philippe, et en fut pris quinze cents. Les Romains y en perdirent environ sept cents. Antias, qui toujours fait les choses démesurément plus grandes qu'elles ne sont, dit que Philippe y perdit quarante mille hommes. Quant aux prisonniers, il y va plus retenu. Il n'en met que cinq mille sept cents, et deux cent soixante et une enseignes perdues. Claudius fait le nombre des morts de trente-deux mille, et quatre mille trois cents prisonniers. De moi, j'ai suivi Polybe, qui en toutes choses, mais particulièrement aux affaires de la Grèce, parle pertinemment de ce que les Romains y ont fait.

XI. Philippe ayant rassemblé ceux qui dissipés par les divers accidents de la bataille l'étoient venus retrouver, et ayant envoyé à Larisse brûler ses mémoires, de peur qu'ils ne fussent vus des ennemis, se retira en Macédoine. Quintius, après qu'il eut vendu une partie des prisonniers et du butin, et donné l'autre aux soldats, s'en alla à Larisse, n'ayant pas encore nouvelles assurées, ni de quel côté Philippe avoit tiré, ni quelle pouvoit être son intention. Là vint un héraut de la part de Philippe lui demander une suspension d'armes pour emporter ses morts, mais en effet c'étoit pour obtenir un sauf-conduit aux ambassadeurs qu'il lui vouloit envoyer. Quintius lui accorda l'un et l'autre, et chargea le héraut de lui dire qu'il eût bon courage. Cette civilité ne fut pas au goût des Étoliens, qui déjà commençoient de murmurer. Ils se plaignoient que depuis la bataille Quintius avoit changé d'humeur; qu'auparavant il n'y avoit affaire, grande ni petite, dont il ne communiquât avec ses alliés, et qu'à cette heure, de quoi qu'il fût question, ils n'étoient jamais appelés au conseil; qu'il faisoit toutes choses de lui-même, et déjà cherchoit de s'obliger Philippe en particulier; que les Étoliens avoient eu la principale part des travaux et des périls de la guerre, et que les Romains en vouloient avoir tout le profit. Et sans mentir, ce qu'ils disoient de son refroidissement en leur endroit étoit bien véritable; mais la cause qu'ils en soupçonnoient ne l'étoit pas. Quintius avoit aussi peu d'inclination à l'avarice qu'homme du monde. Néanmoins ils pensoient que ce qu'il ne les honoroit pas comme de coutume, fût qu'il vouloit obliger Philippe, pour en tirer des présents ; et c'étoit qu'il s'offensoit de les voir insatiables et ne pouvoit souffrir qu'ils s'attribuassent le gain de la bataille, comme ils faisoient avec des paroles si présomptueuses, qu'il n'étoit pas possible de les ouïr sans en être importuné. Il prévoyoit d'ailleurs que si Philippe étoit mort et la puissance des Macédoniens détruite, il falloit que la Grèce tombât en la domination des Étoliens. Voilà pourquoi tout exprès il faisoit plusieurs choses pour diminuer leur crédit, et humilier leur vanité.

XII. On avoit accordé quinze jours de trêve à Philippe, et pris lieu pour traiter avec lui. Devant que le temps expirât, Quintius appela tous les alliés au conseil, pour avoir leur avis sur les conditions de paix qu'il devoit imposer à Philippe. Aminandre dit en un mot qu'il falloit si bien faire la paix que, lorsque l'armée des Romains seroit retirée, la Grèce demeurât assez forte pour conserver d'elle-même la paix et sa liberté. Les Étoliens ne parlèrent pas si honnêtement. Après quelque préface de belles paroles, ils dirent à Quintius qu'il faisoit ce qu'il devoit de communiquer les délibérations de la paix à ceux qui avoient été ses compagnons en la guerre ; mais qu'il se trompoit manifestement s'il croyoit que les Romains se pussent assurer de la paix, ni les Grecs de leur liberté, que Philippe ne fût hors du monde, ou pour le moins hors de son royaume ; qui étoient deux choses très-faisables, si l'on se vouloit servir de l'occasion. A cela Quintius répondit, que véritablement leur opinion étoit conforme à leur humeur et qu'en toutes les conférences il ne s'étoit jamais parlé de paix qu'ils n'eussent toujours été d'avis de faire la guerre à toute extrémité, et de ne désarmer que le parti contraire ne fût ou mort ou ruiné ; mais qu'ils se devoient souvenir que les Romains ont toujours fait profession de pardonner à ceux qu'ils ont vaincus, dont l'exemple étoit mémorable en la paix qu'ils avoient accordée à Annibal et à ceux de Carthage; que pour ne parler que de Philippe, ils avoient plusieurs fois traité avec lui, mais jamais ils n'avoient fait mention de le déposséder de son royaume; que si à cette heure il avoit perdu une bataille, ce n'étoit pas à dire qu'il le fallût exclure de toute réconciliation; que tant que les ennemis avoient l'épée à la main, il leur falloit faire la guerre à bon escient; mais que depuis qu'ils étoient par terre, il n'appartenoit qu'à des âmes lâches de leur mettre le pied sur la gorge; que la Grèce avoit jalousie des rois de Macédoine, mais que si une fois ce royaume et cette nation n'étoient plus au monde, ce que la Grèce craignoit d'eux, elle l'auroit à craindre des Thraces, des Illyriens et des Galates, qui étoient toutes nations très-puissantes, et desquelles il ne faudroit jamais espérer ni pitié ni courtoisie; que les Grecs devoient prendre garde que se voulant garantir des incommodités qu'ils avoient à leur porte, ils ne fissent ouverture à d'autres qui les fâcheroient bien davantage et dont il ne leur seroit pas si aisé de se développer. Phanéas, préteur des Étoliens, l'interrompant et protestant que si Philippe échappoit en cette occasion, il ne falloit pas douter qu'au premier jour il ne reprît les armes et ne donnât plus d'affaires que jamais, Quintius lui répliqua : « Nous ne sommes pas ici pour crier, nous y sommes pour délibérer. Nous donnerons à Philippe des conditions de paix, qui le garderont bien de recommencer la guerre. »

XIII. Le lendemain que leur délibération fut cessée, Philippe s'étant rendu au pas de Tempé, qui étoit le lieu de l'assignation, les Romains au bout de deux jours y arrivèrent et avec eux un grand nombre de leurs alliés. En cette conférence Philippe ayant mieux aimé laisser passer volontairement tout plein de choses, sans lesquelles il savoit bien qu'il ne pouvoit avoir la paix, qu'après les avoir contestées être contraint de les accorder, déclara que de tout ce qu'avoient desiré les Romains, et de tout ce qu'avoient demandé leurs alliés la dernière fois qu'on avoit traité, il s'en remettoit à ce qui en seroit ordonné par le sénat. Il sembloit bien qu'une submission si grande devoit fermer la bouche à ceux même qui lui étoient les plus mal affectionnés. Néanmoins le même Phanéas, n'y ayant pas un des autres qui répondît mot, s'adressa à lui et lui dit : « A quoi tient-il, Philippe, que vous ne nous rendez Pharsale, Larisse, Crémaste, Échin et les Thèbes de Phtie? » Philippe lui ayant répondu qu'il n'empêchoit pas qu'ils ne les prissent, il y eut dispute entre Quintius et les Étoliens pour le fait de Thèbes. Quintius prétendoit que par droit de guerre cette ville appartenoit au peuple romain, d'autant que, lorsque les choses étoient encore en leur entier, les étant allé prier de vouloir être ses amis en un temps où ils le pouvoient faire sans courir fortune, et ayant tout exprès fait éloigner son armée, pour ne leur donner opinion qu'il voulût rien avoir d'eux que ce que leur propre sentiment leur conseilleroit, ils avoient préféré le parti de Philippe à celui des Romains. Phanéas soutenoit que par le traité ce qu'ils avoient eu devant la guerre leur devoit être rendu par la paix, et qu'il avoit été convenu entre eux que des choses gagnées celles qui se pourroient emporter ou emmener appartiendroient aux Romains, les autres, comme les terres et les villes, demeureroient aux Étoliens. La réplique de Quintius fut que les Étoliens avoient les premiers contrevenu au traité, lorsqu'abandonnant les Romains ils s'étoient jetés au parti de Philippe; que quand cela ne seroit pas, en matière de conquêtes les choses ne se pratiquent jamais d'autre façon; et que pour le regard des villes de Thessalie, elles s'étoient volontairement données au peuple romain. Ces raisons furent généralement approuvées de tous les alliés. Les Étoliens furent seuls qui témoignèrent en être mal satisfaits, et par leurs bizarreries bientôt après s'attirèrent sur les bras une guerre qui les accabla de toutes sortes de calamités. L'accord avec Philippe fut, qu'il bailleroit son fils Démétrius et quelques-uns de ses amis en otage, payeroit six vingt mille écus, et pour le surplus députeroit à Rome vers le sénat; qu'à cette fin il y auroit trêve de quatre mois; que si le sénat ne vouloit point de paix, on rendroit à Philippe ses otages et son argent. Ce qui faisoit presser la conclusion de la paix à Quintius, c'étoit qu'il avoit de bons avis qu'Antiochus se préparoit à la guerre, et vouloit passer en Europe.

XIV. Au même temps, et, selon quelques-uns, le même jour que Philippe perdit la bataille des Cynocéphales, Androsthène, l'un de ses lieutenants, fut défait par les Achaïens près de Corinthe. Philippe, qui avoit fait compte que cette ville lui seroit une citadelle pour tenir en bride le reste des villes de la Grèce, ayant fait venir à lui les principaux habitants sous couleur de traiter avec eux du nombre de cavalerie qu'ils lui pourroient fournir en cette guerre, les avoit retenus pour lui servir d'otages; et de plus, outre la garnison ordinaire, qui étoit de treize cents hommes, dont il y en avoit huit cents Macédoniens, il y avoit envoyé de surcroît mille autres Macédoniens, douze cents Illyriens, huit cents Thraces et Candiots, peuples qui servoient indifféremment en l'un et en l'autre parti. Outre tout cela, Androsthène avoit mille Béotiens, Thessaliens et Acarnaniens, tous portant rondaches; desquels et de la jeunesse de Corinthe ayant mis ensemble jusqu'à six mille combattants, il ne cherchoit qu'une occasion de venir aux mains. Nicératus, préteur d'Achaïe, qui en gens de pied et de cheval n'avoit que deux mille hommes, et lesquels encore n'avoient garde d'être si bons soldats que ceux des ennemis, n'osoit montrer le nez hors des murailles de Sicyone. Les troupes d'Androsthène, autant l'infanterie que la cavalerie, alloient ordinairement courir sur les terres de Pellène, Phlionte et Cléonées, et quelquefois même donnoient jusqu'aux portes de Sicyone, reprochant à ceux de la garnison qu'ils leur faisoient garder la chambre. Qui plus est, Androsthène avoit quelque nombre de vaisseaux, avec lesquels il pilloit toute la côte d'Achaïe. Nicératus ayant considéré que pour le mépris que les ennemis faisoient de sa foiblesse ils ne marchoient jamais qu'en désordre, s'imagina qu'il y avoit moyen de leur donner sur les doigts. Il avertit donc secrètement ceux des villes voisines de se trouver à certain jour à Apélaure en Stymphalie, avec le plus d'hommes qu'il leur seroit possible. Sitôt qu'ils y eurent satisfait, il part à l'heure même, et passant par les confins de Phlionte arrive de nuit à Cléonées, sans que personne se doutât de ce qu'il avoit envie de faire. Il avoit cinq mille hommes de pied, d'entre lesquels il prit ceux qui étoient armés légèrement, et avec trois cents chevaux les envoya reconnoître en quelle part les ennemis seroient allés courir.

XV. Androsthène, qui ne savoit rien de cette assemblée, se loge sur la rivière de Némée, entre les terres de Corinthe et de Sicyone. Là il fait trois troupes d'une moitié de ses gens, et en envoie courir l'une à Pellène, l'autre à Sicyone, et la troisième à Phlionte. L'avis en ayant été aussitôt porté à Cléonées, Nicératus à l'heure même fait partir une bonne troupe de ses mercenaires, pour aller gagner un bois où[1] il falloit

---

1. Var. (édit. de 1621) : Un bois par où...

passer pour entrer sur les terres de Corinthe, et faisant marcher sa cavalerie à la tête des enseignes, divise ce qu'il avoit de reste en deux troupes. En l'une il met ce qu'il avoit de reste de mercenaires et ceux qui étoient armés légèrement, en l'autre ceux qui portoient des rondaches, et en cet équipage s'en alla chercher les ennemis. Il n'eut guère fait de chemin qu'il les rencontra, infanterie, cavalerie, et particulièrement les Thraciens, en l'état qu'il desiroit, c'est-à-dire épars et débandés, comme gens qui ne croyoient pas avoir occasion de penser à soi. Il se jette sur les plus avancés. Ceux qui étoient moins éloignés de leur camp eurent loisir de s'y retirer et y donnèrent l'alarme. Ce fut une merveille à Androsthène de voir jusques à Cléonées ceux que jamais il n'avoit vus sortir de Sicyone plus avant que les coteaux qui sont auprès de leur porte; et encore étoit-ce chose qu'ils n'avoient faite que bien peu souvent. Il envoie donc un trompette faire revenir ceux qui étoient à la campagne, commande à tout le monde de prendre les armes, et sortant lui-même à la hâte, assez mal accompagné, se va ranger en bataille au bord de la rivière. Le reste de ses gens n'ayant eu loisir ni de se mettre ensemble, ni de s'équiper, tournèrent le dos à la première charge qui leur fut faite. Les Macédoniens furent ceux qui en plus grand nombre se rendirent auprès des enseignes. Et certes ils firent si dignement que l'on fut longtemps en doute à qui l'avantage demeureroit. Enfin, comme ils se virent abandonnés de leurs gens et assaillis de deux côtés, en flanc de ceux qui étoient légèrement armés, et en tête des porteurs de rondache, les affaires n'allant pas bien pour eux, après avoir reculé quelque temps ils tournèrent le dos tout à fait, et la plupart sans s'arrêter en leur camp, pour le peu d'espérance qu'ils avoient de le pouvoir défendre, s'en allèrent droit à Corinthe. Nicératus les fit suivre par ses mercenaires, et quand et quand envoya sa cavalerie avec le secours des Thraciens charger ceux qui étoient allés ravager sur les terres de Sicyone. Ils firent les uns et les autres si bien, qu'en ces deux endroits il ne mourut pas moins d'hommes qu'au lieu du combat. Ceux qui avoient couru du côté de Pellène et de Phlionte, les uns revenant en désordre, comme gens qui ne savoient rien de ce qui étoit arrivé, s'allèrent jeter ignoramment dans les ennemis, qu'ils prenoient pour être de leurs gens; les autres, qui par les allées et venues qu'ils voyoient faire emmi les champs se doutèrent de ce que c'étoit, ayant pris parti qui deçà, qui delà, tombèrent entre les mains des paysans, qui ne leur firent pas meilleur marché qu'eussent fait les gens de guerre. Il mourut en cette journée quinze cents hommes des gens d'Androsthène, et y en eut trois cents prisonniers.

XVI. Devant la bataille des Cynocéphales, Lucius Quintius, général de l'armée de mer, avoit mandé à Corfou les principaux des Acarnaniens, qui seuls entre tous les Grecs étoient demeurés au parti de Philippe, et pensoit disposer les choses à quelque changement. L'affection de ces peuples à l'endroit de Philippe avoit deux raisons : l'une que naturellement ils ont une forte inclination à garder leur foi; l'autre qu'ils avoient peur des Étoliens, et les haïssoient mortellement. Pour en délibérer, il y eut une assemblée tenue à Leucade. Tous les Acarnaniens ne s'y trouvèrent pas, et ceux qui s'y trouvèrent ne furent pas tous d'une opinion. Néanmoins les magistrats et les principaux s'en étant fait accroire, il fut ordonné que l'on s'allieroit avec les Romains. Comme c'étoit chose contre l'avis de la plus grande partie de ceux qui y avoient été présents, aussi déplut-elle généralement à tous ceux qui ne s'y étoient point treuvés. Cependant que le peuple murmuroit de cette violence, deux des principaux du pays,

Androclès et Échidémus, qui arrivèrent de la part de Philippe, firent non-seulement casser l'ordonnance faite en faveur des Romains, mais aussi condamner comme traîtres Archélaüs et Bianor qui en avoient été auteurs, et déposer le préteur Leuxidas qui en avoit fait la proposition. Là-dessus les condamnés prirent une résolution téméraire, qui toutefois leur réussit. Leurs amis leur conseilloient de s'accommoder au temps, et se retirer à Corfou vers les Romains. Contre cet avis ils s'allèrent présenter au peuple, en intention, ou de faire leur paix, ou de souffrir tout ce qui leur pourroit arriver. Comme ils furent arrivés[1] en l'assemblée, il s'y fit premièrement un bourdonnement de voix, pour la merveille que donnoit leur action à tous les assistants, et bientôt après un profond silence, pour la pitié que faisoit la comparaison de leur dignité passée avec leur misère présente. Leur ayant été donné congé de parler, ils commencèrent leur harangue en termes de suppliants. Mais comme ils furent plus avant en matière et qu'ils vinrent à leur justification, ils parlèrent avec la hardiesse accoutumée aux personnes innocentes, et passant jusqu'à se plaindre eux-mêmes, dirent tout haut qu'on les avoit injurieusement et cruellement traités. Leurs paroles firent un tel effet en l'esprit des auditeurs que sur-le-champ on révoqua leur condamnation, et néanmoins il fut arrêté que l'alliance nouvellement faite avec les Romains n'auroit point de lieu et que l'on reviendroit à celle de Philippe.

XVII. C'est ce qui fut résolu à Leucade, ville capitale d'Acarnanie, en laquelle se tiennent ordinairement les états généraux de la province. Comme Lucius Quintius eut la nouvelle de cette révolte, il partit de Corfou, et avec ce qu'il avoit de vaisseaux s'en vint prendre terre

1. Vau. (edit. de 1621) : Entrés....

auprès de Leucade, en un quartier qui s'appelle Héréou.
De là avec toutes sortes de machines de batterie il s'approcha de la ville, croyant que la seule peur de sa présence rangeroit incontinent les habitants à faire ce qu'il desireroit. Comme il les en vit fort éloignés, il commença avec mantelets et gabions à gagner le pied de la muraille, et se préparer à la force. Toute l'Acarnanie est située entre l'Étolie et l'Épire, vers le soleil couchant et la mer de Sicile. La Leucadie est aujourd'hui une île séparée de la terre ferme par un fossé fait à la main, où la mer est guéable en beaucoup de lieux; mais alors elle tenoit à l'Acarnanie par une langue de terre d'environ cinq cents pas de long et six vingts de large[1]. C'est en ce détroit qu'est assise la ville de Leucade, partie attachée contre le pendant d'une petite montagne qui regarde l'Acarnanie et le soleil levant, partie étendue en une plaine le long du trajet qui fait la séparation de la Leucadie et de l'Acarnanie. De ce côté-là, pource que l'eau y est extrêmement basse et aussi plate que celle d'un étang, et d'ailleurs que la terre y est si facile à remuer, qu'il n'y a sorte d'ouvrage que les assiégeants n'en puissent faire, en quelque façon que l'on attaque Leucade, il n'est pas malaisé de l'emporter. Aussi et par la sape et par la batterie il y avoit déjà beaucoup d'ouvertures à la muraille. Néanmoins aux grandes commodités que ceux de dehors avoient d'entreprendre, ceux de dedans opposoient tant d'assiduité à remparer les brèches, et tant de courage à repousser les assauts, que véritablement ils défendoient plutôt les murailles, que les murailles ne les défendoient. Ce qui en fit avoir meilleur marché aux Romains, fut que par l'intelligence de certains bannis d'Italie qui s'y étoient ha-

1. Ici s'arrête la traduction de Malherbe dans l'édition de 1616.

bitués, ils eurent moyen de faire couler des gens dans la forteresse, et de la forteresse dans la ville. Cela ne s'étant pu faire qu'avec beaucoup de bruit, les habitants coururent aussitôt se mettre en bataille à la place du marché, et y soutinrent quelque temps, non moins courageusement qu'ils étoient furieusement assaillis. Mais enfin Quintius, avec un grand nombre d'hommes qui entrèrent ou par des échelles ou par les ruines de la muraille, les étant venu enclore par derrière, les uns furent tués sur la place, les autres quittèrent les armes et se rendirent aux victorieux. A quelques jours de là vint la nouvelle de la bataille des Cynocéphales, qui en fit faire de même au reste de l'Acarnanie.

XVIII. En ce même temps, comme si la fortune par une concurrence de toutes sortes de malheurs eût cherché d'avancer la ruine de Philippe, ceux de Rhodes se résolurent de lui ôter la Pérée, qui est une contrée en terre ferme, laquelle par le passé leur avoit appartenu. Ils en donnèrent la commission à Pausistrate leur préteur, et pour cet effet lui baillèrent deux mille sept cents hommes de pied, dont il y en avoit huit cents d'Achaïe, et le reste de toutes sortes de nations, comme Galates, Nisuëtes, Pisuëtes, Tamiens, Aræens en Afrique, et Laodicéens en Asie. Avec ces troupes, Pausistrate s'alla camper au terroir de Stratonicée; et devant que les gens de Philippe en eussent le vent, se saisit d'un lieu fort avantageux, qui autrefois avoit été entre leurs mains. Là tout à propos Théoxène amena aux Rhodiens un renfort de cent chevaux et mille hommes de pied, que pour cet effet ils avoient envoyé querir en Achaïe. Dinocrate, lieutenant de l'armée de Philippe, ayant envie de recouvrer cette place, s'en alla du commencement chercher les Rhodiens en leur camp; puis tout aussitôt retourna vers Astragon, qui est un autre fort au même terroir de Stratonicée, pour y ramasser les garnisons qu'il avoit aux lieux d'alentour. Cela fait, et ayant même tiré de Stratonicée le secours qu'il avoit eu des Thessaliens, il prit son chemin vers Alabande, avec son premier dessein de rencontrer les ennemis. Les Rhodiens ne reculèrent point; de sorte que les Macédoniens s'étant approchés, on ne fut guère sans venir aux mains. Dinocrate à son côté droit mit cinq cents Macédoniens, au gauche ce qu'il avoit d'Agriens, et au milieu les hommes qu'il avoit tirés des garnisons, qui étoient Cariens pour la plupart. Sur les ailes il mit les gens de cheval. Les Rhodiens à leur main droite mirent, avec ce qu'ils avoient de gens du pays, le secours que la Candie et la Thrace leur avoient envoyé, à la gauche leurs étrangers entretenus, qui étoit une infanterie merveilleusement bonne, au milieu un gros composé de toutes les nations qui les assistoient, et aux ailes ce qu'ils avoient de cavalerie et de gens armés légèrement. Le premier jour les armées, qui n'étoient séparées que d'un ruisseau, et encore bien petit, furent en présence l'une de l'autre, et après s'être saluées de quelques coups de trait, se retirèrent chacune en son logement. Le lendemain les uns et les autres étant revenus au même lieu et en même ordre, la bataille se donna plus furieuse qu'avec apparence on ne devoit l'attendre de si peu de gens, n'y ayant pas de chaque côté plus de cent chevaux et trois mille hommes de pied. Comme leur nombre et leurs armes étoient semblables, aussi étoient leurs courages et leurs espérances. Les Achaïens furent les premiers qui passèrent le ruisseau et allèrent charger les Agriens. Après eux passa le gros. Le combat dura longtemps sans avantage d'une part ni d'autre. Les mille Achaïens firent reculer quatre cents hommes qu'ils avoient devant eux, et alors tout le côté droit commença de ployer. Quant aux Macédoniens, tant qu'ils ne se bougèrent, il n'y eut moyen de les rompre. Mais comme du côté gauche, n'ayant plus rien qui les couvrît, ils s'ébranlèrent pour tirer sur les ennemis que de côté ils voyoient venir à eux, ils firent ce mouvement avec quelque trouble, du trouble ils vinrent au désordre, et enfin tournèrent tout à fait le dos, et à sauve qui peut s'enfuirent à Bargyles. Dinocrate s'y retira aussi. Tant que le jour dura, les Rhodiens continuèrent la chasse. La nuit les fit revenir au logis. On demeure d'accord que si de ce pas ils fussent allés droit à Stratonicée, on leur eût ouvert les portes. Mais s'étant amusés à reprendre quelques châteaux et petites places de la Pérée, ils perdirent cette occasion. Cependant la garnison ayant eu du temps pour se rassurer, et bientôt après Dinocrate s'y étant jeté avec ce qui lui étoit demeuré de la bataille, la ville se trouva en tel état que depuis, quelque siége et quelque batterie que l'on y fît, il fut impossible de la ravoir jusques à ce que par le traité de paix les Romains la retirèrent de Philippe, et en firent un présent aux Rhodiens. C'est à peu près ce qui d'un même temps se passoit en Thessalie, en Achaïe et en Asie.

XIX. Philippe ayant nouvelles que les Dardaniens étoient entrés sur ses terres et ravageoient la haute Macédoine, encore que de quelque côté que lui et ses lieutenants se tournassent ils eussent toujours la fortune contraire[1], néanmoins, jugeant qu'il lui valoit mieux se perdre que de ne conserver pas la Macédoine, il fit promptement une levée de six mille hommes de pied, et six cents chevaux, et avec cela s'en alla surprendre les ennemis auprès de Stobes en Pélagonie. Il en de-

---

1. VAR. (édit. de 1621) : Ils eussent toujours le vent au visage.

meura une bonne partie au lieu du combat, mais le plus grand meurtre se fit emmi les champs, de ceux qui étoient allés à la picorée. Ceux qui se treuvèrent assez loin pour n'être point obligés à se battre, n'estimèrent pas qu'il fût à propos de venir chercher noise, et sans tirer l'épée s'en retournèrent de bonne heure en leurs maisons. Philippe par cet exploit, où il fut traité de la fortune autrement qu'il n'avoit accoutumé, ayant remis le cœur à ses gens, se retira à Thessalonique. Il s'étoit rencontré fort à propos pour les Romains, que lorsqu'il leur fallut avoir la guerre contre Philippe, celle qu'ils avoient contre Carthage étoit terminée. Mais ce leur fut bien encore meilleure fortune, que lorsqu'Antiochus se mit à brouiller en Syrie, ils avoient mis Philippe à la raison. Car outre qu'ils eurent meilleur marché d'un ennemi seul qu'ils n'eussent eu de deux ensemble, il étoit indubitable que la furieuse révolte qui au même temps s'étoit faite en Espagne leur alloit tailler de la besogne. Antiochus, qui l'été précédent avoit pris toutes les places qu'avoit Ptolomée en la Célosyrie, s'en étoit allé passer l'hiver à Antioche; mais pour cela il n'en étoit pas demeuré plus en repos. Il avoit levé deux puissantes armées, l'une de mer et l'autre de terre. Comme le printemps fut venu, il bailla celle de terre à ses deux fils Ardues et Mithridates, et leur commanda de l'aller attendre à Sardes. Pour lui, il prit celle de mer, qui étoit de trois cents vaisseaux, tant grands que petits, et s'en alla terre à terre le long des côtes de Cilicie et de Carie, en partie pour tâter le pouls aux villes que Ptolomée y avoit, et en partie pour assister Philippe, qui alors n'étoit pas encore entièrement ruiné.

XX. Certes les Rhodiens ont en beaucoup d'occasions généreusement témoigné leur fidélité au parti des Romains et leur affection à la liberté de la Grèce;

mais de toutes leurs actions celle qui a eu le plus d'éclat, c'est qu'en un temps où ils voyoient une guerre si dangereuse prête à leur tomber sur les bras, ils envoyèrent vers Antiochus lui déclarer que si son armée passoit au deçà de la Néphélide, qui est un promontoire de Cilicie renommé pour un ancien traité qui y fut fait avec les Athéniens, ils iroient au-devant de lui, et se mettroient en devoir de le combattre; non qu'ils lui voulussent du mal, mais de peur qu'il ne se joignît à Philippe et qu'ensemble ils n'empêchassent le dessein qu'avoient les Romains de remettre la Grèce en liberté. Antiochus avoit pris Zéphyrion, Soles, Aphrodisiade, Corique et Sélinonte au delà d'Anémurion, qui est un autre promontoire de Cilicie, et généralement toutes les petites places de cette côte ou de gré ou de crainte s'étoient rendues à lui. Coracésion seul, contre ce qu'il s'en étoit promis, avoit eu la hardiesse de lui fermer les portes et l'avoit obligé à l'assiéger. Il étoit devant et le battoit lorsqu'il ouït les ambassadeurs des Rhodiens. Le message qu'ils lui faisoient avoit de l'aigreur assez pour le piquer. Toutefois il n'en fit point de semblant. Sa réponse fut, qu'il enverroit à Rhodes renouveler l'amitié que de tout temps lui et les siens avoient eue avec eux; que pour sa venue, ils n'en prissent point d'alarme; que ni eux ni les leurs n'en recevroient aucun déplaisir; quant aux Romains, qu'ils étoient ses amis, qu'il ne feroit rien contre eux; que ses ambassadeurs ne faisoient que revenir de Rome, d'où ils lui avoient apporté des déclarations du sénat les plus honorables et des réponses les plus gracieuses qu'il eût su desirer. Et certainement ce qu'il disoit pour ce dernier point étoit véritable; d'autant que les Romains, qui alors avoient encore affaire à Philippe, vouloient ménager Antiochus et faire, autant qu'il leur seroit possible, qu'il n'eût aucune occasion de remuer. Pendant que les députés d'Antiochus étoient à Rhodes, la nouvelle de la bataille des Cynocéphales y arriva et ôta aux Rhodiens toute la peur qu'ils pouvoient avoir d'Antiochus. Leur résolution fut d'aller combattre son armée de mer. Mais pour cela ils ne témoignèrent pas moins le soin qu'ils avoient de conserver la liberté des villes de Ptolomée, qu'Antiochus étoit sur le point d'attaquer. Aux unes ils envoyèrent des hommes, aux autres ils donnèrent des avis. Et ce[1] que les Cauniens, Myndiens, Halicarnassiens et Samiens demeurèrent libres, il est très-certain que ce fut aux Rhodiens et non à autre qu'ils en eurent l'obligation. Mais ce sont choses où je n'ai que faire de m'arrêter. Il me suffit de réciter ce qui est proprement de la guerre des Romains.

XXI. En ce même temps, le roi Attalus, qui de Thèbes, où il étoit tombé malade, s'étoit fait apporter à Pergame, mourut le soixante et onzième an de son âge, et le quarante-quatrième de son règne. La fortune certes n'avoit donné à cet homme autre chose qui lui pût faire espérer une couronne, que ses très-grandes richesses. Mais les dispensant comme il faisoit, judicieusement et splendidement tout ensemble, il se mit en état de pouvoir prétendre à la royauté, et donna sujet aux autres de l'en estimer digne. Là-dessus lui étant réussi un combat contre les Galates, en un temps où leur nouvelle venue en Asie les rendoit extrêmement redoutables, il ne marchanda plus à prendre ouvertement le titre de roi. Et certainement il en eut toujours le courage aussi bien que la qualité. Jamais il ne fit injustice à ses sujets, jamais il n'abandonna ses alliés, et jamais il ne perdit occasion de faire du bien à ses serviteurs. Sa femme le survéquit, et avec elle deux de ses

---

1. Cela, ce fait que....

fils, auxquels il laissa son État si bien affermi, que jusqu'à la troisième race eux et les leurs en conservèrent la possession. Comme les affaires d'Asie, de Grèce et de Macédoine étoient en ces termes, la guerre de Philippe n'étant que bien à peine cessée, et pour le moins ce qui avoit été accordé par la paix n'étant pas encore exécuté, il s'alluma une grande guerre en Andelousie. Helvius qui en étoit gouverneur écrivit au sénat, que Colcas et Luscin, deux des principaux seigneurs du pays, avoient pris les armes; qu'avec Colcas il y avoit dix-sept petites villes, et avec Luscin deux très-grandes, Cardonne et Bardonne; que pour ceux de la côte, ils ne bougeoient encore, mais que, leurs voisins remuant, il ne se falloit pas imaginer qu'ils demeurassent les bras croisés. Ces lettres ayant été lues au sénat par le préteur Sergius, il fut résolu qu'après que la création des préteurs seroit faite, celui à qui toucheroit l'Espagne dresseroit incontinent un état de ce qu'il estimeroit nécessaire pour y faire la guerre, et en feroit son rapport au premier jour.

XXII. Environ ce même temps les consuls furent de retour à Rome, et ayant fait assembler le sénat au temple de Bellone, demandèrent que pour les bons services qu'ils avoient rendus à la République le triomphe leur fût accordé. Les tribuns du peuple Labéo et Ursanius remontrèrent qu'y ayant de la différence aux mérites il y en devoit avoir en la récompense, et que pourtant ils requéroient que chacun des prétendants eût à faire sa poursuite séparément. Minutius disoit pour sa raison, que le gouvernement d'Italie leur étoit échu à tous deux ensemble. Cornélius ajoutoit[1] que son compagnon et lui n'avoient rien fait l'un sans l'autre, et nommément

---

1. VAR. (édit. de 1621) : Cornélius y ajoutoit.

que les Boïes ayant passé le Pò[1] pour venir assister les Insubriens et les Cénomans contre lui, Minutius étoit allé ravager leurs terres, et par ce moyen les avoit contraints de s'en retourner chez eux, pour entendre à la défense de leurs maisons. Les tribuns avouoient bien à Cornélius qu'il avoit si dignement servi, qu'il y avoit autant d'apparence de ne remercier pas les Dieux, que de ne lui accorder pas le triomphe. Mais ils disoient que jamais homme ayant obtenu le triomphe pour soi, n'avoit eu ni le pouvoir ni le crédit de l'obtenir pour son compagnon, et qui plus est, pour un homme à qui la seule effronterie donnoit la hardiesse de le demander; que les combats qu'avoit faits Minutius en la Ligurie n'étoient que simples rencontres, et encore si légères, qu'elles ne valoient pas en parler : qu'au contraire il avoit été rudement battu en la Lombardie, et y avoit perdu avec un grand nombre de soldats plusieurs vaillants hommes et même des hommes de qualité, entre lesquels ils nommoient deux maîtres de camp, Juventius et Cneius frère de Labéo; que si je ne sais combien de villettes et de bourgades s'étoient rendues à lui, il n'en avoit tiré ni otages ni aucune autre assurance; de sorte qu'elles étoient demeurées en état de se révolter toutes et quantes fois que bon leur sembleroit. Cette dispute entre les consuls et les tribuns dura deux jours.

XXIII. Enfin les tribuns gagnèrent leur cause, et fallut que les consuls fissent leur demande chacun à part. Cornélius d'un consentement universel emporta ce qu'il desiroit. Ceux de Plaisance et de Crémone le rendirent encore plus favorable, par l'obligation que publiquement ils déclarèrent lui avoir de ce qu'il avoit fait lever le siége de devant

---

1. Malherbe écrit *le Pau*.

leurs villes, et même avoit délivré plusieurs de leurs habitants, qui étoient esclaves entre les mains des ennemis. Minutius, qui sentit que s'il s'aheurtoit à son affaire, il auroit tout le sénat à combattre, se contenta d'en faire un simple récit, et s'en alla triompher au mont Alban. Il disoit que comme consul il le pouvoit faire; et d'ailleurs qu'il en avoit l'exemple de plusieurs grands personnages, qui en semblable refus avoient usé de semblable remède. Cornélius étoit encore en l'année de son consulat quand il fit son triomphe. Il y fit porter tout plein d'enseignes et de dépouilles sur les mêmes chariots qu'il avoit pris. Plusieurs seigneurs de marque y furent menés, entre lesquels il y en a qui nomment Amilcar, capitaine de Carthage. Ce qu'il y eut en cette montre de plus regardé, fut une troupe de Crémonois et de Plaisantins, qui en habit d'affranchis voulurent marcher après son chariot. Il mit à l'épargne trente-quatre mille cinq cents quatre-vingt-seize livres quinze sols, et donna à chaque homme de pied trente-cinq sols, à chaque homme de cheval soixante et dix, et à chaque capitaine cinq livres cinq sols. Minutius triompha des Liguriens et des Boïes au mont Alban. Son triomphe, et pour le lieu, et pour les faits d'armes, et encore pour la dépense, que l'on savoit assez qu'il avoit faite de ses propres deniers, ne fut pas à beaucoup près si honorable que celui de Cornélius. Il mit à l'épargne dix-neuf mille six cents cinquante livres. Quant aux gens de guerre, il leur donna les mêmes sommes que son compagnon leur avoit données.

XXIV. Le triomphe passé, il fut question de travailler à la création des consuls. Furius Purpuréo et Claudius Marcellus le furent. Le lendemain furent faits préteurs Fabius Butéo, Sempronius Longus, Minutius Thermus, Acilius Glabrio, Apustius Fullo et Caïus Lélius. Sur la fin de l'année, Quintius écrivit à Rome, qu'en Thessalie il s'étoit battu avec Philippe et l'avoit défait. Ses lettres furent premièrement lues au sénat par le préteur Sergius, et puis par le commandement du sénat en l'assemblée du peuple. Pour ce bon succès, il fut ordonné que durant cinq jours il seroit fait processions générales. Bientôt après arrivèrent des ambassadeurs de Philippe et avec eux quelques députés de Titus Quintius. Les gens de Philippe furent logés et traités hors de la ville en une maison qui est à la République. Pour les ouïr, le sénat fut assemblé au temple de Bellone. Il ne s'y fit pas de grands discours, pource que les Macédoniens déclarèrent que le roi leur maître feroit tout ce qui plairoit au sénat. Là-dessus, suivant l'ancienne coutume, il fut ordonné qu'il iroit dix commissaires sur les lieux, pour avec Quintius aviser à quelles conditions on accorderoit la paix à Philippe, et fut dit expressément que Publius Sulpicius et Publius Villius, qui en l'année de leur consulat avoient eu leur département en la Macédoine, seroient du nombre des députés. Le même jour ceux de Cosse ayant présenté requête pour avoir une crue d'habitants, il leur fut permis d'en prendre jusques à mille, pourvu que ce ne fût point de ceux qui depuis le consulat de Lucius Cornélius et Titus Sempronius avoient porté les armes contre les Romains.

XXV. Cette même année les édiles curules, Cornélius Scipio et Manlius Volso, firent faire les jeux romains au cirque et sur l'échafaud. Comme ils n'avoient jamais été faits avec tant de dépense, aussi pour les bonnes nouvelles que de tous côtés l'on avoit eues ils n'avoient jamais été regardés avec tant de plaisir. Ils furent refaits par trois fois. Ceux du menu peuple furent faits par Acilius Glabrio et Caïus Lélius, et réitérés par sept fois. Ils dédièrent aussi de l'argent des amendes trois images, l'une à Cérès, l'autre à Bacchus, et la troisième à Proserpine.

Aussitôt que les nouveaux consuls furent en exercice, la première affaire qu'ils mirent sur le tapis fut le département des provinces. Le sénat vouloit qu'ils demeurassent tous deux en Italie. Marcellus, qui avoit envie d'être employé en quelque province, demanda que la Macédoine fût tirée au sort avec l'Italie, pource qu'à son dire la paix faite avec Philippe n'étoit qu'une paix simulée, et que si une fois les Romains étoient de retour en Italie, il ne demeureroit en repos que jusques à la première commodité qu'il auroit de remuer. Le sénat ne savoit ce qu'il en devoit dire. Et peut-être que les consuls eussent emporté ce qu'ils desiroient, n'eût été que les tribuns du peuple protestèrent de n'y consentir jamais qu'ils n'en eussent parlé au peuple, et qu'il n'eût déclaré qu'il le vouloit et qu'il le commandoit. On s'assembla donc pour cet effet au Capitole. Les trente-cinq tribus furent toutes à la paix. Leurs volontés qui y étoient portées d'ailleurs, y furent grandement confirmées par la triste nouvelle qui vint d'Aragon, que l'armée du proconsul Sempronius Tuditanus avoit été toute défaite ; qu'en ce combat il étoit demeuré tout plein de personnes d'importance et qu'il y avoit lui-même été tellement blessé, qu'il en étoit mort incontinent après. Les deux consuls eurent l'Italie pour leur département, et fut arrêté qu'avec l'armée qu'avoient eue les consuls de l'année précédente ils lèveroient encore quatre légions, deux pour servir où le sénat ordonneroit, et deux qui seroient baillées à Quintius, avec lesquelles et ce qu'il avoit déjà il demeureroit encore un an en Macédoine, dont pour cet effet le gouvernement lui seroit continué.

XXVI. Cela fait, les préteurs firent leurs départements au sort. Apustius eut la juridiction de la ville, Glabrio celle des étrangers, Butéo l'Andelousie, Minutius Thermus l'Aragon, Lélius la Sicile, et Sempronius Longus la Sardaigne; et fut ordonné que des quatre légions que les consuls auroient levées, ils en bailleroient les deux que bon leur sembleroit à Butéo et à Minutius pour faire la guerre en Espagne, et qu'avec cela et quatre mille hommes de pied, tant des Latins que des alliés, ils s'en iroient à leurs charges le plus tôt qu'il leur seroit possible. Il y avoit alors cinq ans qu'une guerre que l'Espagne et Carthage faisoient ensemble contre les Romains avoit été assoupie. Quant à celle-ci, elle se pouvoit dire une guerre nouvelle, d'autant que c'étoit la première fois que l'Espagne sans soldat ni capitaine de Carthage avoit pris les armes en son propre nom. Il fut donc arrêté que devant que les préteurs allassent à leurs charges, ni les consuls aux leurs, il seroit fait des sacrifices, pour l'expiation des prodiges dont on avoit nouvelles de tous côtés. Comme Lucius Julius, chevalier romain, s'en alloit aux Sabins, lui et son cheval avoient été tués de la foudre. Le feu du ciel étoit tombé sur le temple de Féronie au terroir de Capène. En celui de Monète le feu s'étoit pris aux fers de deux piques. Un loup, qui étoit entré dans Rome par la porte Esquiline, étoit venu jusqu'à la place du marché par les endroits de la ville les plus fréquentés, et tout du long de la rue Tusque et puis de la Mélienne s'en étoit retourné par la porte Capène presque sans avoir été frappé. Tout cela faisant croire que les Dieux étoient courroucés; pour les apaiser on leur sacrifia les grandes victimes accoutumées en semblables occasions.

XXVII. Au même temps Cornélius Lentulus, qui devant Sempronius Tuditanus avoit eu le gouvernement d'Aragon, triompha par ordonnance du sénat. Il fit porter devant lui deux mille deux cents soixante et douze marcs et demi d'or, trente mille marcs d'argent, et en espèces la valeur de huit mille six cents trente-sept livres dix sols. Stertinius à son retour d'Andé-

lousie mit à l'épargne soixante et quinze mille marcs
d'argent, et de son butin fit faire deux arcs en la place
aux Bœufs, l'un devant le temple de Fortune, l'autre devant la mère Matute, et encore un troisième au grand
cirque, sur chacun desquels il fit mettre une image de
bronze doré; et avec tout cela, il ne daigna pas seulement ouvrir la bouche pour demander le triomphe. C'est
à peu près ce qui se faisoit durant l'hiver. Quintius étoit
alors[1] à Athènes, où de toutes parts les alliés lui venoient
faire des requêtes. Les Béotiens lui en firent une, que
ceux de leur nation qui avoient porté les armes pour Philippe pussent revenir en leurs maisons. Il la leur accorda
facilement; non pas qu'il les en estimât dignes, mais
pource que Antiochus donnant déjà de l'ombrage, il
étoit expédient d'acquérir aux Romains la bienveillance
des communautés de la Grèce. Les bannis des Béotiens
n'eurent pas eu sitôt leur rappel de ban, qu'ils firent
voir le peu de gré qu'ils en savoient à celui qui le leur
avoit donné. Car ils envoyèrent remercier Philippe,
comme s'ils lui en eussent eu l'obligation, et non pas
à Quintius. Qui plus est, en la prochaine création de leurs
officiers, ils firent leur capitaine général un Barcylas,
pour la seule considération qu'il avoit été chef des Béotiens en l'armée de Philippe. Zeusippe, Pisistrate, et quelques autres qui les avoient portés à s'allier avec les
Romains, se piquoient grandement de cette élection,
comme d'un affront qui leur étoit fait. Toutefois le sentiment du présent ne les touchoit point comme l'appréhension de l'avenir, quand ils se représentoient ce que
vraisemblablement on leur feroit lorsque les Romains
seroient en Italie, et que Philippe qui étoit leur voisin
auroit à toutes heures la commodité d'assister ses amis, et

---

1. Var (édit. de 1621) : Lors

persécuter ceux qui ne le seroient pas, puisque l'armée romaine étant encore dans le pays, et par manière de dire à leurs portes, on avoit eu la hardiesse de leur faire cette indignité.

XXVIII. Pour y remédier, ils pensèrent que devant que les Romains s'en allassent il se falloit défaire de Barcylas. Comme ils en épioient l'occasion, celle-ci se présenta, qu'ils ne laissèrent pas échapper. Un soir que Barcylas revenoit d'un festin qui s'étoit fait en l'hôtel de ville, suivi d'une troupe de chantres, baladins, bouffons, et autres telles gens, dont la profession est de faire passer le temps aux lieux où ils sont appelés, six hommes armés, trois Italiens et trois Étoliens, se jetèrent sur lui et le tuèrent. Ceux qui étoient en sa compagnie s'enfuirent, et en un instant les rues furent pleines de monde, de cris et de lumières. Les meurtriers sortirent de la ville par la porte qui se trouva la plus prochaine. Le lendemain de grand matin, comme si l'on eût eu des indices de la vérité, il fut fait un ban, que chacun eût à se trouver au théâtre. On disoit bien tout haut que ces coquins avoient fait le coup, mais il n'y avoit personne qui en son âme ne crût que Zeusippe l'avoit fait faire. Pour l'heure, il fut trouvé bon de se saisir de ceux qui étoient auprès de Barcylas quand il fut tué, et leur bailler la question. Pendant qu'on les cherche, Zeusippe, pour se mettre hors de soupçon, se vint présenter à l'assemblée, où il dit que c'étoit avoir trop bonne opinion de ces marauds qui n'étoient que demi-hommes, de penser qu'ils eussent commis un si notable assassinat. Les raisons qu'il en rendit furent goûtées de quelques-uns, et leur firent penser que cette hardiesse de se produire en telle compagnie et y faire mention d'une chose dont on ne lui disoit rien, étoient marques indubitables de son innocence. Les autres, le prenant d'un autre biais, jugèrent que cette effronterie de prévenir l'accusation étoit un artifice, par lequel il se pensoit décharger de la mauvaise opinion que l'on avoit de lui. Cependant ceux qui n'en pouvoient mais furent mis à la question, où fondés sur le bruit commun ils chargèrent Zeusippe et Pisistrate. Ils n'alléguoient ni preuve ni conjecture qui fortifiât leur déposition, et hors le remords de conscience, il ne sembloit pas que les accusés eussent occasion de rien appréhender. Toutefois Zeusippe, quoi que ce fût qui lui fît peur, sortit de nuit accompagné d'un Stratonidas, et s'en alla à Tanagre. Quant à Pisistrate, il n'en tint du tout point de compte et ne bougea de Thèbes. Zeusippe avoit un valet, qui avoit concerté l'affaire et qui en avoit fait tous les messages. La peur qu'eut Pisistrate qu'il ne les découvrît fut la seule cause qu'ils en furent découverts. Il écrivit à Zeusippe que son valet, qui savoit ce qui s'étoit passé, ne lui sembloit pas si capable de tenir la chose secrète qu'il avoit été propre à la négocier, et que son avis étoit qu'il s'en défît. Le porteur de la lettre eut charge de la rendre en toute diligence. Ne l'ayant pu faire, pource qu'il n'eut point de moyen de parler à Zeusippe, il la bailla à ce serviteur comme à celui dont il croyoit que son maître se fioit le plus; et pour la lui recommander davantage, lui dit que c'étoit une lettre de Pisistrate pour une affaire qui importoit grandement à Zeusippe. Ces paroles donnèrent à penser au valet. Il ouvre donc la lettre au lieu de la rendre, et y ayant treuvé ce qu'il soupçonnoit, s'enfuit à Thèbes. Zeusippe en alarme de la fuite de son valet, s'en va à Athènes, comme au lieu qu'il estimoit le plus assuré pour sa retraite. Pisistrate eut la question et fut exécuté.

XXIX. L'horreur de ce meurtre, dont Zeusippe, le premier homme de la Béoce, se treuvoit coupable, mit toute la ville en furie, et universellement fit avoir à tous les

Béotiens le nom des Romains en abomination. Ils eussent bien voulu se révolter, mais n'ayant ni force pour le faire, ni chef pour les conduire, ce qu'après la guerre ils pouvoient faire de pis, ils le firent. Ils se mirent à assassiner les soldats romains. S'ils en avoient de logés chez eux, ils treuvoient moyen de les dépêcher. S'il en alloit quelques-uns d'une garnison à l'autre, tantôt ils les alloient attendre en de mauvais passages, et leur coupoient la gorge, tantôt, sous couleur de leur montrer le chemin, ils les menoient en des hôtelleries écartées, où ils leur faisoient recevoir le même traitement. La haine leur avoit fait commencer cette vie, le gain la leur fit continuer ; d'autant que la plupart de ceux qui alloient par pays avoient quelque trafic à faire, et par conséquent ne se mettoient pas en chemin sans avoir de l'argent. Le nombre de ceux que l'on treuvoit à dire étant petit au commencement, fut à la fin si grand, que toute la Béoce en fut décriée, et que les soldats, quand il falloit sortir du quartier, n'avoient pas moins de peur que s'il leur eût fallu passer par les terres de l'ennemi. Quintius envoya de tous côtés en faire des plaintes et des recherches. Il fut tiré des marais de la Copaïde force soldats que l'on y avoit jetés, attachés les uns à des pierres, les autres à des cruches pour les faire aller à fond. Il se treuvoit que la plupart de ces voleries avoient été faites à Acréphie et à Coronée. La première chose que fit Quintius, ce fut de demander les coupables, et trois cents mille écus pour cinq cents soldats que l'on treuvoit avoir été tués. Comme il vit que pour toute satisfaction les Béotiens répondoient que c'étoient fautes personnelles, et qu'il ne se treuvoit point[1] que les corps des villes y eussent trempé, il fit partir Publius Claudius avec une partie de ses forces pour

---

1. Var. (édit. de 1621) : Et qu'il ne se trouveroit point.

attaquer Acréphie, et lui avec l'autre s'en alla devant Coronée. Ces deux troupes partant d'Élatie désolèrent tout par où elles passèrent. Il n'y eut lieu qui ne fût ruiné, homme ni femme qui n'abandonnât sa maison. Ce piteux ménage ayant donné de meilleures pensées aux Béotiens, ils envoyèrent vers Quintius. Du commencement il ne voulut point voir leurs députés. Mais les Athéniens et les Achaïens arrivèrent, qui intercédèrent pour eux. La prière des Achaïens fit le plus d'effet. Aussi étoient-ils résolus s'ils n'eussent obtenu la grâce des Béotiens, de se joindre avec eux, et leur aider à faire la guerre. Par leur moyen les Béotiens eurent audience. La paix leur fut accordée, et le siége levé de devant Acréphie et Coronée, à la charge de livrer ceux qui se treuveroient coupables, et payer dix-huit mille écus d'amende.

XXX. En ce même temps arrivèrent de Rome les dix commissaires, par l'avis desquels la paix fut accordée à Philippe. Les conditions furent : que toutes les villes grecques, en quelque part qu'elles fussent, seroient maintenues en leurs libertés, lois et priviléges; que s'il y en avoit où Philippe eût des garnisons, il les en feroit vider présentement; quant à celles d'Asie, Eurome, Pédases, Bargyles, Iasse, Myrine, Abyde, Thase et Périnthe, qu'elles seroient libres comme le reste; que pour la liberté de ceux de Cios, Quintius écriroit au roi de Bithynie ce que le sénat et les commissaires en auroient ordonné; que Philippe rendroit aux Romains tous les prisonniers et tous les fugitifs; qu'il mettroit entre leurs mains tout ce qu'il avoit de navires couverts, et nommément un à seize bancs qu'il avoit fait faire pour sa personne, d'une grandeur si monstrueuse, que presque il étoit impossible de s'en servir; qu'il ne pourroit entretenir plus de cinq cents hommes de guerre; qu'il n'auroit aucun éléphant; que sans le congé du sénat il ne pourroit mener ni envoyer des troupes hors de la Macédoine; qu'il payeroit six cents mille écus, trois cents mille comptant, et trois cents mille en dix années. Antias met six mille marcs d'argent par an durant dix ans, et comptant trente mille marcs. Le même dit que nommément il fut défendu à Philippe de faire la guerre à Eumène, fils et nouveau successeur d'Attalus. De tout ce que dessus il bailla des otages, entre lesquels fut son fils Démétrius. Antias ajoute que les Romains donnèrent à Attalus l'île d'Égine et quelques éléphants; aux Rhodiens Stratonicée de Carie, avec quelques autres villes que Philippe avoit tenues, et aux Athéniens les îles de Paros, Imbros, Délos et Scyros.

XXXI. Cette paix fut au gré de toutes les communautés. Les Étoliens furent seuls qui treuvèrent à redire aux ordonnances des commissaires. Ils disoient que toutes leurs belles lettres, de quelque apparence de liberté qu'elles fussent colorées, n'étoient autre chose que des chansons. Car à quel propos adjugeoient-ils des villes aux Romains sans les nommer, et en nommoient-ils d'autres pour être libres sans les bailler, sinon afin que celles d'Asie, qui pour leur éloignement avoient le moins à craindre, fussent libres, et que celles de Grèce, comme Corinthe, Chalcis, Orée, Érétrie et Démétriade, par cet artifice de ne les nommer point, demeurassent en leur possession? Et certes la plainte des Étoliens n'étoit pas du tout sans fondement. Car en l'affaire de Corinthe, Chalcis et Démétriade, il y avoit de quoi douter, pource que dans le pouvoir des commissaires il étoit véritablement porté que les autres villes de Grèce et d'Asie seroient libres, mais pour ces trois, les commissaires avoient charge d'en faire ce qu'en leurs consciences ils jugeroient le plus expédient. Ils voyoient qu'Antiochus n'attendoit qu'une bonne disposition à ses affaires pour passer en Europe, et ne treuvoient pas à propos que des villes qui étoient si fort à sa bienséance demeurassent en tel état, qu'aussitôt qu'il en auroit envie il eût moyen de s'en emparer. Quintius et les commissaires partirent d'Élatie et s'en allèrent à Anticyre. D'Anticyre ils passèrent à Corinthe, où ils travaillèrent aux affaires. L'avis de Quintius étoit, que si l'on vouloit fermer la bouche aux Étoliens, faire aimer et révérer le nom des Romains à tout le monde, et montrer qu'ils n'avoient point passé la mer pour ôter à Philippe la seigneurie de la Grèce avec intention de la prendre pour eux, il n'y en avoit point d'autre moyen que de mettre sans exception toutes les villes de la Grèce en liberté. Les commissaires n'y contredisoient pas ; mais ils estimoient que, afin qu'elles fussent plus assurées, il leur valoit mieux avoir encore pour quelque temps une garnison romaine, que, n'en ayant point, demeurer en danger qu'au partir de la domination de Philippe elles ne tombassent en celle d'Antiochus. La résolution fut que Corinthe seroit rendue aux Achaïens, mais qu'on laisseroit une garnison dans la forteresse, et retiendroit-on Chalcis et Démétriade, jusques à ce que l'intention d'Antiochus fût mieux reconnue et que l'on sût de quelle façon on auroit à vivre avec lui.

XXXII. La fête des jeux isthmiens étoit proche. C'est un spectacle où de tout temps il aborde un nombre infini de monde, pour deux raisons : l'une, que s'y faisant toutes sortes de combats d'adresse, de force et de disposition [1], ce peuple, qui naturellement est porté à telles gentillesses, treuve en ce lieu-là de quoi satisfaire à sa curiosité ; l'autre, que, de quelque côté de la Grèce que l'on vienne à Corinthe, les deux mers, sur lesquelles

---

1. *Disposition*, agilité, qualité de celui qui est *dispos*.

cette ville est située, rendent le voyage extrêmement commode. Mais en cette occasion, d'autant que les Grecs se promettoient d'y apprendre quelle seroit la fortune générale du pays, et encore la condition particulière de chaque ville, il s'y treuva des spectateurs plus qu'il ne s'y en étoit jamais vu. Comme Quintius et les commissaires se furent mis en leurs siéges et qu'un trompette eut fait faire silence, le héraut s'avança à l'endroit du théâtre d'où l'on a accoutumé de proclamer la fête, et prononça ce qui s'ensuit : « Le sénat romain et le général Quintius, après que par leurs victoires ils se sont rendus maîtres du roi Philippe et des Macédoniens, déclarent qu'ils veulent que les Corinthiens, Phociens, Locriens, ceux de l'île Eubée, les Magnètes, les Perrhèbes, et les Achaïens de Phtie jouissent des mêmes exemptions, droits et priviléges dont ils ont joui par le passé. » Comme il eut nommé toutes les nations qui avoient été sous la domination de Philippe, et que la proclamation fut achevée, il y eut en l'assemblée une joie si extraordinaire, qu'il n'y avoit homme qui ne fût hors de soi. Pas un ne pensoit avoir ouï ce qui avoit été publié. Ils se regardoient les uns les autres, étonnés comme gens qui pensoient avoir songé. Pour les choses qui les concernoient en particulier, ils ne s'en fioient pas à leurs oreilles et demandoient à leurs voisins ce qui en étoit. Ce ne leur fut pas assez d'avoir ouï le porteur d'une si bonne et si grande nouvelle, ils eurent envie de le voir. Ils le firent donc revenir et le prièrent de leur redire ce qu'il avoit crié. Et alors, étant leur joie toute certaine, il se fit des applaudissements si grands, et des acclamations si hautes et si réitérées, que jamais en occasion quelconque il ne fut reconnu comme en celle-ci, que de tous les biens du monde la liberté est celui pour qui les hommes ont une plus forte et plus véritable passion. Après cela les jeux furent faits, mais par acquit, et sans être ni regardés ni écoutés de personne; tant l'impérieux objet de cette joie s'étoit rendu maître absolu de tous les sentiments, et les empêchoit de s'arrêter sur aucun autre plaisir.

XXXIII. Les jeux finis, ils s'en coururent presque tous vers Quintius avec une ardeur si démesurée, que du grand nombre de ceux qui tout à la fois se vouloient approcher de lui, les uns pour lui toucher les mains, les autres pour lui jeter des fleurs, il ne s'en fallut guère qu'ils ne l'étouffassent. Et peut-être l'eussent-ils fait, si la vigueur de son âge, qui ne pouvoit être que d'environ trente-trois ans, et la satisfaction que de son côté il avoit d'une si grande gloire ne lui eussent fourni de la force pour s'en garantir. La fin de la journée ne fut pas la fin de la joie. Il se passa un fort long temps que les esprits n'eurent point d'autres pensées, ni les compagnies point d'autres discours. Ils ne se pouvoient assez émerveiller qu'il se fût trouvé une nation qui à ses dépens, avec tant de travaux et par tant de périls, eût fait la guerre pour la liberté des autres; et ce qui est encore plus considérable, ne l'eût pas fait en faveur de quelque peuple son voisin, mais eût traversé un long espace de mers pour ôter la tyrannie de la terre, et faire que entre les hommes il n'y eût autorité absolue que celle des lois et de la raison; que la délivrance de toutes les villes de la Grèce et de l'Asie, faite par la seule voix d'un hérault, étoit certainement un ouvrage dont le projet ne se pouvoit faire que par des courages extrêmement relevés, mais que pour l'effectuer il n'étoit pas possible qu'autre fortune ni autre vertu que celles des Romains en eussent jamais su venir à bout.

XXXIV. La fête passée, Quintius et les commissaires donnèrent audience aux députés. Les premiers appelés furent ceux d'Antiochus. Comme l'on vit que presque leurs

propositions n'étoient que celles mêmes qu'ils avoient
faites à Rome, et que de tant de choses qu'ils disoient il
n'y en avoit pas une que l'on pût croire, la réponse qu'on
leur fit ne fut ni perplexe ni ambiguë, comme elle avoit été
du temps que Philippe étoit encore sur ses pieds; mais
franchement et sans rien déguiser on leur déclara qu'il
falloit que leur maître désemparât les villes qu'il tenoit en
Asie; que pour les villes franches, et généralement toutes
les villes grecques, il n'y touchât, ni ne s'en mêlât en
quelque façon, et pour quelque sujet que ce fût; et surtout
que ni lui, ni personne pour lui, ne passât jamais en Europe
à main armée. Après que les députés d'Antiochus eurent
eu leur congé, on se mit à dépêcher les communautés.
L'expédition n'en fut pas longue, pource que les commissaires dans leurs ordonnances exprimoient les noms
de toutes les villes, et par ce moyen gagnoient le temps
qu'on eût perdu à expliquer ce qu'ils n'eussent dit qu'en
général. Les Orestiens, qui sont peuples de la Macédoine, pour ce qu'ils avoient été les premiers à quitter
le parti de Philippe, furent rétablis en leurs priviléges.
Les Magnètes, les Perrhèbes et les Dolopes eurent la
même grâce. Pour les Thessaliens, outre leur liberté,
on leur donna les Achaïens de Phtie, hormis Thèbes et
Pharsale. Les Étoliens, qui prétendoient que par leur
traité Pharsale et Leucade leur devoient être rendues,
furent pour ce regard renvoyés au sénat. Cependant
on leur bailla les Phociens et Locriens, avec leurs dépendances, telles qu'ils les avoient eues auparavant, et
leur en fit-on expédier les déclarations nécessaires. Corinthe, Triphylie, et Hérée, qui est aussi une ville du
Péloponnèse, furent rendues aux Achaïens. Pour Orée
et Érétrie, les commissaires étoient d'avis d'en faire
un présent au roi Eumène, fils d'Attalus. Mais Quintius
y contredisant, le jugement en fut remis au sénat, qui

ordonna qu'elles seroient libres, et Caryste aussi. Lingue et les Parthéniens furent baillés à Pleurate. Ce sont deux contrées d'Illyrie, dont Philippe s'étoit accommodé. On laissa à Aminandre les châteaux que durant la guerre il avoit gagnés sur Philippe.

XXXV. L'assemblée finie, les commissaires, après avoir fait entre eux le département des lieux où ils devoient aller, s'acheminèrent chacun au sien. Cornélius alla vers Philippe, Villius et Térentius vers Antiochus, Lentulus à Bargyles, Stertinius à Éphæstie, à Thase et aux villes de la Thrace. Cornélius treuva Philippe à Tempé en Thessalie. Après lui avoir dit ce qui étoit de sa commission, il lui demanda s'il seroit capable d'écouter un ami, qui lui donneroit un très-bon et très-salutaire conseil. Philippe lui répondit que non-seulement il l'écouteroit, mais encore se tiendroit grandement son redevable et chercheroit le moyen de s'en revancher. Cornélius alors lui dit, que puisqu'il avoit obtenu la paix des Romains, il étoit d'avis qu'il n'en demeurât pas en si beau chemin, mais que franchement il les priât de le recevoir en leur amitié, de peur que ne le faisant pas il ne fût soupçonné de vouloir gagner le temps[1] jusqu'à ce qu'Antiochus remuât, pour recommencer à remuer avec lui. Philippe lui promit que de ce pas il s'en alloit dépêcher à Rome pour cet effet. De là Cornélius s'en vint aux Thermopyles, où il se tient à certain jour une grande assemblée de toute la Grèce, qu'ils appellent la Pylaïque. Là il exhorta grandement les Étoliens à demeurer en bonne intelligence avec le peuple romain. Leurs réponses furent des plaintes, de ce qu'à cette heure que les Romains étoient au-dessus de leurs affaires, ils ne vivoient plus avec eux comme ils y avoient

---

1. Var. (édit. de 1621) : Gagner temps.

vécu durant la guerre. Il y en eut qui parlèrent plus audacieusement, et lui reprochèrent que sans eux les Romains n'eussent pas mis le pied dans la Grèce, tant s'en faut qu'ils fussent venus à bout de Philippe. Quintius, qui ne vouloit pas que les choses en vinssent jusqu'à la dispute, ne répliqua rien à leurs picoteries; mais en termes généraux leur dit que, s'ils envoyoient à Rome, il s'assuroit qu'ils ne demanderoient rien de raisonnable qui ne leur fût accordé. Voilà comme se termina la guerre contre Philippe.

XXXVI. Pendant que cela se faisoit en Grèce, en Macédoine et en Asie, il se fit en la Toscane une conjuration d'esclaves, qui la pensa toute mettre en combustion. Le préteur Acilius ayant eu la charge de cette affaire, prit une des deux légions de la ville et s'y en alla. Ceux qui se treuvèrent en corps d'armée furent défaits, les uns tués, les autres pris. Pour les auteurs du tumulte, après qu'ils eurent été bien fouettés, il les fit mettre en croix et rendit les autres à leurs maîtres. Les consuls s'en allèrent aux provinces. Marcellus étant arrivé aux terres des Boïes, comme il étoit sur le point de se camper au haut d'une butte, Corolamus, le prince du pays, avec de grandes forces le vint charger, et ayant treuvé ses gens harassés d'une longue traite qu'ils venoient de faire, lui en tua trois mille; entre lesquels il y eut des personnes de marque, comme Sempronius Gracchus et Marcus Junius, qui avoient tous deux commandement aux troupes des alliés, et Aulus Ogulnius et Publius Claudius, maîtres de camp de la deuxième légion. Les Boïes après ce bon succès ne croyant plus que rien leur fût impossible, attaquèrent le camp des Romains; mais ils le treuvèrent si bien retranché, et qui plus est, si bien défendu, que ce fut à eux à se retirer. Les Romains, pour faire panser leurs blessés et rassurer leurs soldats que cette première secousse avoit aucunement ébranlés, ne partirent de là de quelques jours. Les Boïes, impatients selon leur coutume aux choses qui tirent en quelque longueur, s'en retournèrent chez eux. Marcellus tout aussitôt passa le Pô, et s'en alla droit sur le terroir de Côme. Les Insubriens, qui y étoient campés, et avoient avec eux ceux du pays à qui ils avoient fait prendre les armes, vinrent au-devant de lui, et l'attaquèrent sur le chemin si vertement, que ceux qui portoient les enseignes furent contraints de lâcher le pied. Lui qui reconnut l'étonnement de ses gens, craignant qu'après avoir reculé ils ne tournassent le dos tout à fait, les envoya soutenir par une compagnie de Marses, et en même temps commanda à toute la cavalerie latine de donner. Leur première et seconde charge ayant arrêté les ennemis, assura premièrement le gros des Romains qui branloit, et bientôt après les fit aller furieusement au combat. Ce fut alors aux Insubriens à pourvoir à leurs affaires, et s'enfuir sans regarder derrière soi. Antias écrit qu'il y en demeura plus de quarante mille; qu'il y fut gagné cinq cents sept enseignes et quatre cents trente-deux chariots. Il dit aussi qu'il y fut pris force chaînes d'or; entre lesquelles s'en étant trouvé une de pesanteur extraordinaire, Claudius écrit qu'on l'estima digne d'être donnée à Jupiter et qu'on la lui fit porter au Capitole. Le même jour que les Insubriens furent défaits, leur camp fut pris et pillé. Côme le fut bien peu de temps après, et alors vingt-huit petites places se déclarèrent pour les Romains. Ceux qui ont fait l'histoire de cette guerre ne demeurent pas d'accord qui furent les premiers attaqués par le consul, les Boïes ou les Insubriens. Les uns tiennent qu'il avoit été battu par les Boïes devant qu'il battît les Insubriens, et les autres au contraire qu'il battit les Insubriens, et puis fut battu par les Boïes.

XXXVII. Purpuréo, le second consul, s'acheminoit

vers les Boïes par l'Ombrie. Comme il fut près du château de Mutile, il eut peur de se trouver enfermé entre les Boïes et les Liguriens. Cette appréhension le fit retourner sur ses pas, et prendre un long circuit de grandes et larges campagnes, par lesquelles hors de toute surprise il se rendit auprès de son compagnon. Comme les armées furent jointes, leur premier exploit fut d'aller courir dans le pays des Boïes, jusques aux portes de Boulogne. La ville, le reste des places, et presque tous les Boïes, hormis quelque jeunesse qui pour voler s'étoit retirée dans les bois, se rendirent aux Romains. Cela fait, les armées passèrent en Ligurie. Les Boïes, qui s'imaginoient que les Romains les croyant éloignés ne se tiendroient pas sur leurs gardes, eurent opinion de les surprendre, et avec ce dessein se mirent à leur queue par des lieux où il étoit malaisé de les découvrir. Ne les ayant pu atteindre, ils passèrent vitement dans des bateaux au delà du Pô, où ils coururent et pillèrent tout le pays des Leviens et Libuens. Comme ils s'en revenoient menant leur butin quand et eux, ils treuvèrent les Romains en tête sur les derniers confins de la Ligurie. Ils se marchandèrent moins, et se battirent plus opiniâtrément en cette rencontre, que si c'eût été une journée où les uns et les autres fussent venus bien préparés. Là vit-on manifestement ce que la colère peut sur les hommes. Les Romains, comme s'ils eussent eu plus d'envie de tuer que de vaincre, menèrent les mains si basses, qu'il demeura bien à peine un seul homme des Boïes qui en pût porter des nouvelles à la maison. Les consuls ayant mandé ces bons succès à Rome, il fut ordonné qu'il seroit fait processions générales durant trois jours. A quelque temps de là Marcellus s'en vint à Rome, où du consentement de tout le sénat il triompha de ceux de Côme et des Insubriens. Pour les Boïes, d'autant qu'ils avoient eu quelque avantage sur lui et que son compagnon en avoit eu sur eux, il lui en laissa espérer le triomphe. Il fit voir au sien de grandes dépouilles des ennemis qui furent portées dans les mêmes chariots qu'il avoit gagnés sur eux. Il y fut aussi porté grand nombre d'enseignes, et en monnoie, tant d'argent que de cuivre, la valeur de soixante-six mille six cents livres. Il donna à chaque homme de pied vingt livres, à l'homme de cheval et au capitaine trois fois autant qu'à l'homme de pied.

XXXVIII. La même année Antiochus passa l'hiver à Éphèse, et y travailla à remettre toutes les villes d'Asie en la forme ancienne de leur gouvernement, se promettant que les autres, ou pource qu'elles étoient en rase campagne, ou pource qu'elles n'avoient murailles, armes, ni hommes qui les pussent défendre, se laisseroient aisément porter à le reconnoître. Smyrne et Lampsaque se gouvernoient en villes libres, et y avoit à craindre que si on le leur souffroit, les autres villes de l'Éolide et de l'Ionie ne fissent comme Smyrne, et celles de l'Hellespont comme Lampsaque. Il envoya donc assiéger Smyrne par les troupes qu'il avoit à Éphèse, et Lampsaque par celles qui étoient à Abyde, où il se contenta de laisser autant de garnison qu'il en falloit pour la garder. Pendant qu'il tentoit la voie des armes, il n'oublioit pas celle de la douceur. Il leur faisoit dire qu'ils avoient tort de s'opiniâtrer mal à propos; que bientôt ils auroient ce qu'ils demandoient; et que de cette heure même eux et les autres pouvoient bien juger que la liberté qu'ils avoient n'étoit pas un effet de leur dextérité à l'avoir su prendre, mais une marque de son indulgence à les en laisser jouir. Toute la réponse qu'il en eut fut qu'il ne devoit treuver ni mauvais ni étrange qu'ils aimassent mieux jouir présentement de leur liberté que de l'attendre à l'avenir. Au commencement du printemps il partit d'Éphèse, et sur ses vaisseaux s'en vint en l'Hellespont, où, ayant joint ses armées de mer et de terre, il passa avec toutes deux du côté de la Chersonèse. Ceux de Madyte lui ayant refusé les portes, il les investit; mais il n'eut pas sitôt fait commencer les tranchées qu'ils se rendirent. Leur exemple fut suivi des autres villes de la Chersonèse. De là, avec tout ce qu'il avoit de forces, il s'en vint à Lysimachie. Il n'y avoit pas longtemps que par le sac et le feu les Thraciens l'avoient mise en si mauvais état, que presque il n'y étoit point demeuré d'habitants. Pour les bâtiments, ce qu'il y en avoit de reste ne se pouvoit appeler que des masures. La réputation d'une si belle ville et la commodité de son assiette lui donnèrent envie de la rebâtir. Il fit donc tout aussitôt mettre la main aux maisons et aux murailles. Au soin de la rebâtir, il ajouta celui de la repeupler. Pour cet effet, il racheta tous les habitants qui se treuvoient esclaves en quelque part que ce fût, rassembla ceux qui fuyant la désolation de leur ville étoient dispersés deçà et delà par l'Hellespont et par la Chersonèse, et de plus y en fit venir de nouveaux sous l'espérance des commodités qu'il leur proposa. S'il y avoit quelque difficulté à la restauration de cette ville, c'étoit la peur que donnoit le voisinage des Thraciens. Pour la faire cesser, Antiochus prit une moitié de son armée et s'en alla ravager leur frontière. L'autre moitié demeura avec la chourme[1] de ses vaisseaux à travailler à Lysimachie.

XXXIX. Cornélius, que le sénat avoit député pour accommoder les différends d'Antiochus et de Ptolomée, étoit alors à Sélymbrie, Lentulus à Bargyles, Villius et Térentius à Thase. Ils se rendirent tous à Lysimachie, où peu de jours après Antiochus les vint trouver. Au premier abord, il fit grandement l'honneur de la maison, et n'oublia civi-

---

1. Chiourme.

lité quelconque pour leur faire croire qu'ils étoient les
bienvenus. Comme il fut question de parler de ce qui les
menoit, et particulièrement des affaires d'Asie, l'honnê-
teté fut mise à part. Les Romains lui dirent franchement
que tout ce qu'il avoit fait depuis son embarquement en
Syrie avoit offensé le sénat; qu'il falloit qu'il rendît toutes
les villes qu'il avoit prises à Ptolomée; que pour celles de
Philippe, qu'il lui avoit ôtées pendant qu'il étoit empêché
à faire la guerre aux Romains, il n'y avoit pas d'apparence
que les Romains eussent couru tant de fortunes par mer
et par terre, fait tant de frais et enduré tant de peines,
pour en laisser cueillir le fruit à Antiochus; que quand
les Romains ne voudroient rien dire de son entrée en
Asie, comme de chose qui leur seroit indifférente, à cette
heure qu'il étoit passé en Europe avec ses armées de mer
et de terre, que s'en falloit-il que ce ne fût leur déclarer
la guerre ouvertement? S'il le pouvoit nier, il le pourroit
nier tout de même quand il entreroit en Italie.

XL. Antiochus à cela répondit, que ce n'étoit pas
de cette heure que les Romains mettoient le nez en ses
affaires; que pour lui il les voyoit tous les jours faire
des progrès par mer et par terre, et ne s'en formalisoit
point; que l'Asie n'étant point à eux, ils n'avoient non
plus à s'informer de ce qu'Antiochus y faisoit, que lui
de ce que le peuple romain faisoit en Italie. Quant à ce
qu'ils se plaignoient qu'il avoit ôté des villes à Ptolomée,
il disoit que Ptolomée étoit son ami, et qu'il étoit après
de faire que dans peu de temps il seroit son allié; qu'il
ne s'étoit point prévalu de la mauvaise fortune de Philippe pour se revêtir de sa dépouille; que s'il étoit passé
en Europe, ce n'avoit pas été en intention de faire la
guerre aux Romains; que le droit de la victoire ayant
donné à Séleucus les villes qu'avoit Lysimachus en la
Chersonèse, il croyoit que justement, comme héritier

de Séleucus, il en pouvoit aujourd'hui prendre la possession ; que pendant que ses prédécesseurs étoient empêchés à d'autres guerres, Ptolomée le premier, et après lui Philippe, s'en étoient emparés comme ils avoient fait de plusieurs autres lieux aux frontières de la Thrace, qui étoient manifestement à Lysimachus; qu'il ne faisoit que reprendre ce qu'on lui avoit pris, et qui par droit de succession lui appartenoit; que son dessein étoit de rebâtir Lysimachie, que les Thraciens avoient ruinée, et la remettre en état que Séleucus son fils y pût faire sa résidence, comme en la capitale de la province.

XLI. Après que ces disputes eurent continué quelques jours, il vint un bruit que le roi Ptolomée étoit mort. On ne savoit qui en étoit l'auteur. Toutefois pource que sur cette nouvelle les uns et les autres, sans faire connoître qu'ils en eussent rien ouï, formèrent quand et quand de nouveaux desseins, l'assemblée se rompit, sans qu'il y fût pris aucune résolution. Cornélius, qui avoit envie de se trouver en Égypte devant que la mort de Ptolomée y eût apporté du changement, prit son prétexte de partir sur la charge qu'il avoit d'accorder les deux rois. Antiochus de son côté, pensant que si Ptolomée étoit mort l'Égypte ne pouvoit faillir de tomber entre ses mains, donna vitement congé à la compagnie, et laissant à son fils Séleucus son armée de terre, pour continuer les réparations de Lysimachie, s'en vint avec celle de mer à Éphèse. De là ayant dépêché vers Quintius, pour l'assurer qu'à bon escient il desiroit faire amitié avec les Romains, il poursuivit son voyage le long de la côte d'Asie. Comme il fut arrivé en Lycie, et qu'à Patares il eut appris que Ptolomée se portoit bien, il ne pensa plus à l'Égypte; mais il ne laissa pas de tenir toujours la route de Chypre. Au delà du cap de Chélidoine ses mariniers firent quelque rumeur, qui l'obligea de séjourner en Pamphylie à l'embouchure de l'Eurymédon. Comme il en fut parti et qu'il fut à un certain lieu que ceux du pays appellent les têtes du Sar, il ne s'en fallut guère qu'une grande tourmente ne le noyât lui et toute son armée. Une partie de ses vaisseaux donna à travers, les autres allèrent à fond, sans que de tout ce qui étoit dedans il y eût un seul homme sauvé. Il fit là une très-grande perte, non-seulement de mariniers et de simples soldats, mais encore d'honnêtes hommes et de personnes dont il faisoit cas. Comme il eut recueilli les restes de ce naufrage et fait la revue de son armée, ne se trouvant plus en état d'entreprendre sur Chypre, pour la grande diminution de ses forces depuis son embarquement, il s'en revint à Séleucie. Là, pource que l'hiver étoit prochain, il fit tirer ses vaisseaux en terre et s'en alla attendre le printemps à Antioche. Voilà les termes où étoient les affaires des rois.

XLII. En ce même temps se fit à Rome la première création de trois intendants des festins sacrés. Licinius Lucullus, Titus Romuleius, qui en avoit proposé l'édit, et Portius Lecca furent les premiers. On leur attribua le droit de porter la robe en broderie, ne plus ne moins que le pontife. En la même année, il y eut une grande brouillerie entre les prêtres et les trésoriers de la ville, Fabius Labéo et Lucius Aurélius. Il étoit question de rembourser aux particuliers la dernière avance qu'ils avoient faite pour les frais de la guerre. Les trésoriers demandoient de l'argent aux augures et aux pontifes, qui n'avoient jamais rien payé. Eux pour s'en exempter recourrurent aux tribuns, et les prièrent de s'y opposer. Mais cela ne leur servit de rien. Il fallut qu'ils payassent tout ce qu'ils devoient d'arrérages, jusqu'au dernier denier. Cette année-là moururent deux pontifes, et en fut mis d'autres en leurs places ; à savoir le consul Marcellus en la place de Sempronius Tuditanus, qui étoit mort préteur en Espagne, et Lucius Valérius en celle de Cornélius Céthégus. Fabius Maximus, augure, mourut au même temps, étant encore en la fleur de son âge, et devant que d'avoir eu aucune magistrature. L'année se passa sans que l'on pourvût à sa charge. Le consul Marcellus convoqua l'assemblée pour la création des consuls. Valérius Flaccus et Porcius Cato le furent. Après les consuls on fit les préteurs, qui furent Fabricius Luscinus, Antinius Labéo, Manlius Volso, Claudius Néro, Publius Manlius et Porcius Lecca. Les édiles curules, Fulvius Nobilior et Caïus Flaminius, distribuèrent au peuple un million de boisseaux de blé, à un sol le boisseau. C'étoit du blé que les Siciliens, en l'honneur de Caïus Flaminius et de son père, avoient fait apporter à Rome. Toutefois Flaminius voulut que l'on en sût gré à son compagnon comme à lui. Les jeux romains furent célébrés avec beaucoup de dépense, et réitérés par trois fois. Les édiles du peuple, Domitius Ænobarbus et Scribonius Curio, accusèrent devant le peuple plusieurs gardiens de bétail. Il y en eut trois condamnés, et des amendes qu'ils payèrent fut bâti le temple de Faune en l'île du Tibre. Les jeux du peuple furent faits par deux fois, et y fut fait un festin solennel.

XLIII. Le propre jour que les consuls entrèrent en exercice, ils proposèrent le département des provinces. Le sénat, qui voyoit que la guerre d'Espagne étoit en tel état, qu'il n'y falloit pas de moindre chef qu'un consul, ni de moindre armée qu'une armée consulaire, ordonna que des consuls, l'un iroit en Aragon, et l'autre demeureroit en Italie, et qu'ils s'en accorderoient, ou bien tireroient au sort, au cas qu'ils ne s'en pussent accorder; que celui à qui écherroit l'Espagne, s'y en iroit avec deux légions, cinq mille hommes de pied des alliés du nom latin, et cinq cents chevaux; le tout porté sur vingt longs navires, qui lui seroient baillés pour cet effet; que l'autre consul lèveroit deux légions, qui lui suffiroient pour tenir les Boïes et les Insubriens en cervelle[1], attendu que les défaites de l'année précédente ne pouvoient pas leur avoir laissé ni grand moyen ni grande envie de faire du mal. Après les consuls, les préteurs tirèrent leurs départements au sort. La préture de la ville échut à Luscinus, celle des étrangers à Labéo, à Volso la Sicile, à Néron l'Andelousie, et Pise à Lecca. Cette partie de Toscane avoit été mise entre les départements des préteurs, afin que celui à qui elle toucheroit tînt les Liguriens en bride et fût prêt à leur courir sus aussitôt qu'ils feroient quelque semblant de remuer. Manlius fut baillé pour aide au consul qui avoit l'Aragon. Quintius, pour l'ombrage que l'on avoit, non-seulement d'Antiochus et des Étoliens, mais aussi d'un Nabis, tyran de Lacédémone, fut continué au gouvernement de la Grèce avec deux légions. S'il avoit besoin de quelque crue, les consuls eurent commandement de la faire, et la lui envoyer. On bailla à Claudius Néro la légion qu'avoit eue Fabius et pouvoir de lever jusqu'à deux mille hommes de pied et deux cents chevaux. Manlius, qui devoit aller en Aragon, eut la légion qu'avoit eue Minutius, et pouvoir de faire même levée que Fabius. A Lecca, qui avoit son département aux environs de Pise, furent ordonnés deux cents hommes de pied et cinq cents chevaux de l'armée qui étoit destinée pour la Lombardie. Le gouvernement de Sardaigne fut continué à Sempronius Longus.

XLIV. Les provinces étant distribuées, les consuls, avant que sortir de la ville, suivant le commandement

---

1. *Tenir en cervelle*, tenir en inquiétude, et par suite contenir. Le latin porte: *His Galliam obtineri satis esse, fractis proximo anno Insubrium et Boiorum animis.*

que leur en firent les pontifes, mirent en exécution
le printemps sacré dont, sous le consulat de Cneus
Servilius et Caïus Flaminius, par l'avis du sénat et de
l'ordonnance du peuple, le préteur Mammula avoit fait
le vœu vingt et un an auparavant. En ce même temps,
Claudius Pulcher, fils d'Appius, fut fait augure en la
place de Quintus Fabius, qui étoit augure l'année précédente. Comme le monde commençoit à murmurer que
la guerre d'Espagne ne se faisoit pas avec le soin qu'elle
méritoit, Minutius écrivit à Rome qu'auprès de Tarbes,
il avoit défait deux capitaines espagnols, Budare et Besaside; qu'il leur avoit tué douze mille hommes sur la
place; que Budare étoit prisonnier et le reste de leurs
gens à vau-de-route[1]. Cette nouvelle diminua l'appréhension que l'on avoit de ce côté-là, et dès lors, surtout depuis le retour des commissaires qui étoient allés en Grèce,
on ne pensa plus qu'à Antiochus. Après qu'ils eurent
fait leur relation de ce qui s'étoit passé avec Philippe,
et des conditions auxquelles on lui avoit accordé la
paix, ils ajoutèrent qu'à cette heure, on alloit avoir affaire à Antiochus, qui feroit une guerre aussi périlleuse
que celle de Philippe; qu'il étoit passé en Europe avec
deux grandes armées, l'une de mer et l'autre de terre;
et que sans une vaine espérance qu'il avoit eue de s'emparer de l'Égypte, sur le bruit qui avoit couru de la
mort de Ptolomée, il n'y auroit lieu en toute la Grèce où
il n'eût déjà mis le feu; davantage, qu'étant les Étoliens
d'une humeur inquiète, il ne se falloit pas imaginer qu'en
un temps où ils étoient mal avec les Romains, lorsqu'il
se feroit quelque remuement, ils ne voulussent être de
la partie; qu'après tout cela, il y avoit encore un autre
grand mal dans les entrailles de la Grèce : c'étoit un

1. En déroute.

Nabis, qui pour lors étoit tyran de Lacédémone, mais qui, si on le laissoit faire, le seroit bientôt de toute la Grèce, et tel qu'il iroit du pair avec les plus cruels et les plus avares dont on eût jamais ouï parler aux siècles passés; que si une fois il tenoit Argos, qui est comme une citadelle à tout le Péloponnèse, après que les armées romaines seroient de retour en Italie, en vain les Grecs auroient été délivrés des mains de Philippe, puisqu'au lieu d'un roi, qui au pis aller étoit fort éloigné d'eux, ils se trouveroient à la merci d'un tyran qui par le moyen du voisinage auroit tous les jours quelque nouveau sujet de leur faire du déplaisir.

XLV. Comme l'on eut ouï ce rapport fait par des personnes sérieuses, et qui ne parloient point des choses par ouï-dire, mais pour avoir été sur les lieux, il fut avisé que pour ce qui touchoit Antiochus, on y donneroit ordre tout aussitôt qu'il auroit pris le chemin de la Syrie. Quant à Nabis, les opinions furent différentes. Les uns tenoient que l'affaire étoit déjà assez considérable pour y pourvoir à bon escient. Les autres étoient d'avis de la remettre à Quintius, et lui donner pouvoir d'y faire ce que pour le service de la République il estimeroit plus à propos. La dernière opinion fut suivie; et jugea-t-on que d'y pourvoir un peu plus tôt ou un peu plus tard, ce pouvoit bien être chose de quelque conséquence, mais non pas telle qu'il n'y eût bien plus à penser du côté d'Annibal et de Carthage, s'il falloit que l'on vînt à rompre avec Antiochus. On avoit chaque jour avis de Carthage, par des lettres que ceux de la faction contraire à Annibal écrivoient à Rome à leurs amis, que Antiochus avoit écrit à Annibal, et Annibal à Antiochus, et même qu'Antiochus avoit souvent envoyé vers lui; qu'Annibal étoit un esprit irréconciliable et véritablement du naturel de ces bêtes qui ne se peuvent jamais apprivoiser; qu'ordinairement il se plaignoit que le repos et l'oisiveté avoient endormi les courages de Carthage, et disoit qu'il n'y avoit qu'une trompette capable de les éveiller. La mémoire de la guerre précédente, dont il n'avoit pas moins excité le commencement qu'il en avoit conduit le progrès, faisoit aisément ajouter foi à tous ces avis. Même depuis peu de temps, il s'étoit offert une occasion, où il avoit extrêmement offensé les principaux de Carthage.

XLVI. Les officiers de la justice avoient alors un pouvoir absolu dans la ville. La raison étoit que leurs charges étant perpétuelles, il ne se pouvoit faire que le bien, la vie et l'honneur de tout le reste ne fussent en leur disposition. Qui en touchoit l'un, avoit quand et quand toute la compagnie sur les bras, et qui avoit un juge pour ennemi étoit assuré de n'être point sans accusateur. Cet excès de pouvoir les ayant portés à ne faire cas de personne, rendoit leur gouvernement de si mauvais goût et si odieux qu'il n'y avoit plus de patience qui fût capable de les souffrir. Comme Annibal fut élu préteur, il fit dire au trésorier qu'il vînt parler à lui. Le trésorier, qui étoit de parti contraire, se moqua de son commandement. Et pource que c'étoit une règle inviolable que de la charge de trésorier on montoit à celle de juge, ce trésorier vouloit être en même considération que si déjà il eût été ce qu'il étoit assuré d'être quelque jour. Annibal, piqué de ce mépris, l'envoya prendre par un huissier, et l'ayant fait venir devant l'assemblée, se mit à faire des plaintes contre lui et plus encore contre tout l'ordre des juges, que leur autorité démesurée les avoit rendus si hauts à la main et si présomptueux qu'il n'y avoit loi ni magistrat qu'ils n'eussent la hardiesse de fouler aux pieds. Comme il vit que ce qu'il disoit étoit au gré de la compagnie, et que de ceux qui étoient là présents il n'y avoit homme à

qui l'insolence de ces gens ne fût insupportable, il fit à
l'heure même faire un édit que dorénavant les charges
de judicature seroient annuelles, et que le terme expiré,
il n'y auroit espérance quelconque d'en obtenir la continuation. Si cela fut bien reçu des petits, il ne le fut pas
des grands. Mais Annibal ne laissa pas de passer outre,
et pour le bien public fit encore une autre chose, qui en
son particulier lui acquit force nouveaux ennemis. Les
deniers des recettes en partie se perdoient par mauvais
ménage, et en partie étoient mangés par les principaux
de la ville, qui les partageoient entre eux; tellement que
n'y ayant point de fonds pour payer le droit des Romains,
il en falloit venir à une cotisation des particuliers, qui ne
pouvoit que leur être mal agréable.

XLVII et XLVIII. Annibal, après qu'il eut exactement appris ce que se montoient les fermes tant de la
mer que de la terre, quelles étoient les causes des im-
positions, ce qui s'en employoit aux charges ordinaires et combien il en pouvoit demeurer aux mains des
receveurs, tout compté et rabattu, il fit voir à l'œil et
toucher au doigt que quand les restes seroient exigés, il y
auroit de quoi payer les Romains, sans que personne fût
cotisé. Là-dessus tout plein de gens, qui jusques alors
avoient vécu de grivelées, estimant que les empêcher de les
continuer, c'étoit leur ôter leur propre bien, n'oublièrent
artifice quelconque pour exciter les Romains à une chose
à quoi d'eux-mêmes ils avoient assez de disposition, qui
étoit de ruiner Annibal. Les avis que l'on donnoit contre
lui ayant été proposés au sénat, l'affaire fut mise en délibération. Scipion y fit de grandes remontrances, que
c'étoit chose contre la dignité du peuple romain de s'em-
barrasser dans les partialités de la ville de Carthage, et
qu'il leur devoit suffire d'avoir vaincu Annibal l'épée à la
main, sans le persécuter encore par des chicaneries. Mais

quoi qu'il sût dire, il ne put empêcher qu'on n'envoyât à Carthage pour accuser Annibal. Le crime dont on le chargeoit étoit qu'il avoit sollicité Antiochus de faire la guerre contre les Romains. Les députés pour en aller faire la poursuite furent Caïus Servilius, Claudius Marcellus et Térentius Labéo. Comme ils arrivèrent à Carthage, ils publièrent, suivant l'avertissement que les ennemis d'Annibal leur avoient donné, qu'ils étoient là pour composer les différends de ceux de Carthage avec le roi des Numides. La chose, assez vraisemblable de soi, fut estimée vraie de tout le monde. Annibal, qui eut meilleur nez que les autres, sentit bien que c'étoit à lui que le paquet s'adressoit, et que si les Romains avoient fait la paix avec ceux de Carthage, ils s'étoient réservé cette pensée intérieure de n'être jamais qu'en guerre avec lui. Il se résolut donc de céder au temps et à la fortune; et après avoir pourvu à tout ce qu'il pensa lui être nécessaire pour se sauver, s'étant tout du long du jour promené emmi la place, pour ne donner point de soupçon de ce qu'il avoit envie de faire, le soir, avec l'habit même qu'il avoit porté au conseil, et seulement accompagné de deux hommes auxquels il n'avoit rien communiqué, sortit de la ville, s'en alla où ses chevaux l'attendoient, et prenant son chemin par le terroir de Vocan, pour la doute qu'il avoit d'être suivi, fit telle diligence, que le lendemain au matin il se trouva à une maison qu'il avoit entre Thapse et Adrumète, où il s'embarqua sur une frégate bien armée qu'il y faisoit tenir pour cet effet[1]. Voilà comme Annibal sortit de Carthage, plus affligé du mauvais état de son pays que de celui de ses propres affaires. Le même jour il passa en

---

1. Malherbe a réuni en une seule phrase la dernière du chapitre XLVII et la première du chapitre XLVIII. Celui-ci commence dans Tite Live après les mots traduits par « sortit de la ville. »

l'île de Cercine. Comme il y eut pris terre, s'étant treuvé
là quelques marchands de Carthage, il fut tout aussitôt
environné de personnes qui lui vinrent faire la révérence.
Il avoit fait dire par ses gens qu'il s'en alloit à Tyr en
ambassade. Toutefois, ayant peur que de nuit il ne partît
quelque vaisseau, qui portât nouvelles à Thapse ou à
Adrumète qu'on l'avoit vu à Cercine, il fit préparer un sacrifice au bord de la mer, et y convia tout ce qu'il y avoit
dans le port, tant de marchands, que de maîtres de navire. On étoit alors aux plus grandes chaleurs de l'été.
Cela lui fut un prétexte de leur emprunter leurs voiles et
leurs verges[1], pour faire un lieu où ils pussent manger à
l'ombre. Le festin fut magnifique, autant que la chose et
la saison le purent permettre. Tant y a qu'il y fut bu à
bon escient, et bien avant en la nuit. Comme Annibal vit
les affaires en état qu'il pouvoit partir sans être aperçu, il
leva l'ancre. Les autres qui avoient bu plus que leur saoul,
ne s'éveillèrent qu'il ne fût bien grand jour, et encore
quand ils furent éveillés, ils ne pensèrent qu'à remettre
en leurs navires ce qu'ils en avoient ôté pour le service du
festin. A Carthage, ceux qui avoient accoutumé de fré-
quenter chez Annibal s'étant treuvés de matin en grand
nombre à la porte de son logis, comme le bruit fut
épandu qu'il ne se treuvoit point, la place fut aussitôt
pleine de gens, qui demandoient ce qu'étoit devenu le
premier homme de leur ville. Les uns disoient, comme il
étoit vrai, qu'il s'en étoit fui ; les autres que les Romains
l'avoient fait tuer ; et c'étoit de toutes les opinions celle
que l'on tenoit la plus certaine. Chacun avoit le visage
selon sa passion. Enfin il vint des nouvelles qu'il avoit été
vu à Cercine.

1. Nicot, dans son *Dictionnaire*, dit qu'en fait de navires on emploie *verges* ou *vergues*.

XLIX. Et alors les députés de Rome exposèrent le véritable sujet de leur venue, qui étoit que les Romains étoient fort bien avertis que rien n'avoit tant porté Philippe à leur faire la guerre que les sollicitations d'Annibal; qu'encore à cette heure il étoit après, et par lettres et par messages, à en faire faire de même à Antiochus; que c'étoit un esprit né au mal, qui ne seroit jamais à son aise qu'il n'eût mis le feu aux quatre coins de la terre; que si la ville de Carthage vouloit faire chose qui fût agréable au peuple romain, il ne falloit pas qu'il en demeurât impuni. A cela ils répondirent que si Annibal avoit offensé les Romains, il ne se treuveroit point que leur ville y eût aucune part, et qu'en ce qu'ils leur commanderoient, ils étoient prêts à leur donner toute sorte de satisfaction. Cependant Annibal qui eut bon vent, ne tarda guère d'arriver à Tyr, où pour la réputation des grandes choses qu'il avoit faites, et pour la gloire que les Tyriens se donnent d'avoir été fondateurs de Carthage, il fut accueilli comme en un autre lieu de sa naissance. Il y séjourna dix jours, et puis s'en alla à Antioche. Le Roi en étoit parti quelques jours auparavant. Il s'en alla donc faire la révérence à son fils, qui étoit lors à Daphné, pour y voir de certains jeux qui ont accoutumé de s'y faire tous les ans. Après qu'il eut fait son compliment au jeune prince et qu'il eut reçu de lui toutes sortes de bonne chère, il continua son voyage. Antiochus étoit à Éphèse, non encore bien résolu à la guerre contre les Romains. Sa venue lui fit franchir le saut, et ce qui l'y confirma, fut le mauvais ménage où il vit les Étoliens avec les Romains, pource que ayant envoyé à Rome demander Pharsale, Leucade, et quelques autres villes, que par leur premier traité ils prétendoient leur appartenir, on ne leur avoit donné autre satisfaction que de les renvoyer à Quintius.

AVERTISSEMENT.

Il y a quelques lieux en cette version où j'ai suppléé des choses qui défailloient au texte latin, et d'autres où j'ai changé des paroles dont la corruption étoit manifeste. Si ceux qui examineront ces difficultés ne sont de mon avis, je serai bien aise qu'ils en donnent de meilleurs. Pour le moins aurai-je cette satisfaction, de leur avoir témoigné ma diligence.

Acceptæ ad Aoum fluvium[1] *in angustiis cladi (terra) Macedonum phalange ad Atracem vi pulsos Romanos opponebat* [chap. IV]. Il n'y a personne qui ne voie qu'il y a ici du malentendu. J'avois cru du commencement que au lieu de *terra*, il falloit lire *ter a*[2], pource que c'étoit ce qui se pouvoit imaginer de plus approchant. Mais ne se trouvant pas en l'histoire, comme aussi il n'est pas vraisemblable qu'en même lieu près d'Atrace les Romains eussent eu trois rencontres avec les Macédoniens, j'ai quitté cette opinion, et suis revenu à l'incertitude où j'étois auparavant. Querengus[3] pour *terra* substitue *territa*. Ce qui m'empêche d'être de son avis, c'est que Philippe ayant à donner du cœur à ses soldats, n'eût pas été bon orateur de leur ramentevoir leur lâcheté; vu même que bientôt après il dit qu'en cette occasion les Macédoniens étoient demeurés invincibles, et que toujours ils le seroient quand la partie seroit bien faite. Ainsi ne voyant pas, que ni de *terra* ni de *territa* il se puisse rien faire de bon, j'ai tâché, sans employer ni l'un ni l'autre, d'interpréter le reste le plus à propos, et au plus près de l'intention de l'auteur qu'il m'a été possible.

Nam eas (Thebas Phthias) populi romani jure belli factas

---

1. A *fluvium*, qui est dans les éditions latines de 1616, on a depuis, dans le texte de Tite Live, substitué *flumen*.
2. J. F. Gronov (Gronovius) a fait la même conjecture.
3. *Querengus*, un des auteurs des notes marginales de l'édition romaine de 1616.

esse.... dicebat, quod integris rebus, exercitu ab se admoto, vocati in amicitiam.... regiam societatem romanæ præposuissent [chap. XIII]. Au lieu de *admoto*, je lis *amoto*; pource que, outre que *ab se admoto* ne se peut dire qu'avec extravagance, la vérité du fait est que Quintius, qui pensoit surprendre les Thèbes de Phtie, comme il avoit fait celles de Béoce, se fiant sur une intelligence qu'il y avoit, s'en approcha seulement avec quelque cavalerie légère, et de peur de mettre les habitants en alarme, laissa le reste de son armée en quelque lieu assez loin pour n'être pas aperçue, et assez près pour lui servir au besoin qu'il en pourroit avoir.

Necquicquam inde obsessa oppugnataque urbs est; recipi, nisi aliquanto post, per Antiochum non potuit [chap. XVIII]. Stratonicée dont il parle, étoit entre les mains de Philippe, et ne passa jamais en celles d'Antiochus. D'ailleurs, en ce même livre il est dit que les Romains ayant mis Philippe à la raison, lui firent quitter Stratonicée, et la donnèrent aux Rhodiens. *Adjicit Valerius Antias Attalo absenti Æginam insulam, elephantosque dono datos, et Rhodiis Stratonicæam Cariæ, atque alias urbes quas Philippus tenuisset* [chap. XXX]. Comme donc peut subsister ce qu'il a dit auparavant, que *Stratonicæa recipi, nisi aliquanto post, per Antiochum non potuit?* Il y a certes de la présomption à changer témérairement ce qui est dans le texte; mais aussi seroit-ce une discrétion bien niaise et bien ridicule de suspendre son jugement en des choses visibles comme celle-ci Le moyen d'excuser Tite Live est de s'en prendre à quelque copiste, qui a pris ici Paris pour Corbeil[1]. Il y a encore en ce même livre une grande bévue, qui est qu'en la proclamation faite à Corinthe des peuples et des villes que les Romains entendoient remettre en leur liberté, Tite Live comprend en termes exprès les Phociens et Locriens, puis un peu après il dit que les Romains en firent un

---

1. Dans sa traduction (voyez p. 422) Malherbe a supprimé très-hardiment ce qui l'embarrasse dans ce passage, et au lieu de parler de la prise de Stratonicée par Antiochus, il raconte que les Romains « retirèrent cette ville de Philippe et en firent un présent aux Rhodiens. » On peut voir, dans la note de Drakenborch sur cet endroit, que la difficulté n'était pas insoluble.

présent aux Étoliens[1]. Glaréanus[2] ne croit point cette libéralité. Pour moi, je ne vois pas que des propositions si contraires puissent toutes deux être véritables, ni qu'il y ait explication qui puisse démêler cette fusée. Ceux qui auront du loisir de reste y penseront si bon leur semble. Je n'aime pas tant le travail, que j'en veuille prendre pour une chose de si peu de fruit.

Summa justitia suos rexit; unicam fidem sociis præstitit; uxorem ac liberos duos superstites habuit; mitis ac magnificus amicus fuit; regnum adeo stabile ac firmum reliquit, ut ad tertiam stirpem possessio ejus descenderit [chap. XXI]. Il ne faut pas être bien grand critique, pour reconnoître qu'il y a ici une transposition, et qu'il faut lire, *summa justitia suos rexit; unicam fidem sociis præstitit; mitis ac magnificus amicus fuit; uxorem ac liberos duos superstites habuit; regnum adeo stabile ac firmum reliquit, ut,* etc. De cette façon les choses, qui autrement sont confuses, seront en leur place. Ce qui appartient aux mœurs, comme avoir été bon roi, bon allié, et bon ami, se treuvera d'un côté; et de l'autre, ce qui touche l'état de sa maison, qui est que sa femme le survéquit, et deux fils avec elle, auxquels il laissa sa succession. Qui ne voit cette lumière ne voit pas celle du jour en plein midi. Au reste, il n'y a point de doute que Tite Live ne se soit abusé de ne donner ici que deux fils à Attalus. Les autres historiens en nomment quatre; et lui-même, au XXXVII° livre [chap. LIII], fait dire à Eumène, fils aîné d'Attalus, parlant au sénat, qu'il n'y a simple soldat qui avec plus d'assiduité ait tenu pied aux armées romaines que lui et ses frères[3]. A ce compte-là ils ne pouvoient pas être moins de trois[4].

---

1. Voyez les chapitres XXXIII et XXXIV. Ici la bévue n'est le fait ni de Tite Live, ni des copistes. Malherbe n'a pas bien compris, au chapitre XXXIV, le verbe *contribuerunt*.

2. Henri Loriti, du canton de Glaris, auteur de remarques sur Tite Live et d'une chronologie de l'histoire romaine (1531). Il fut pendant trois ans professeur au collège de France à Paris.

3. *Nemo miles romanus magis assiduus in castris vestris fuit, quam ego fratresque mei.*

4. Dans le manuscrit de Bamberg, au lieu des mots : *Uxorem ac liberos*, on lit *comis uxor et liberos*. Kreyssig a ainsi disposé

Quaternûm millium pondo argenti vectigal in decem annos; triginta quaterna millia pondo et ducenta; præsens viginti millia pondo [chap. xxx]. Il y a ici trois sortes de sommes qui par la paix furent imposées à Philippe. La première est *quaternûm millium pondo argenti vectigal in decem annos*, qui sont durant dix ans six mille marcs d'argent par an. La dernière est de trente mille marcs, qu'il devoit bailler comptant. Tout cela semble assez clair. Il reste la somme du milieu, *triginta quaterna millia pondo et ducenta*, qui vaut cinquante et un mille trois cents marcs; et c'est là que sont les ténèbres. Glaréanus dit qu'il n'y voit goutte; comme de fait dans le Tite Live latin, où toutes les sommes du texte sont évaluées à la marge, il n'y a mot de celle-ci. Quant à moi, j'aime mieux faire louer ma modestie, en n'y touchant pas, que blâmer ma hardiesse, en voulant expliquer une chose à quoi tant de grands personnages confessent n'avoir rien entendu [1].

Terrestres copias ab Abydo trajecit Chersonesi urbem [chap. xxxviii]. J'ai suivi en ma traduction l'opinion de Glaréanus et de Sigonius [2], qui lisent *terrestres copias Madytum trajecit Chersonesi urbem* [3]. Car de lire *Abydum*, il n'y a point d'apparence, vu qu'Abyde est au côté de l'Asie en la Troade, Seste est au bord de l'Hellespont du côté de la Thrace, Madyte est plus avant en terre ferme. De Seste à Madyte il peut y avoir cinq de nos lieues, et de Madyte à Lysimachie dix. J'en parle selon nos cartes. Si elles sont fausses, je m'en rapporte à ceux qui les ont faites. Ces deux villes, Abyde et Seste, sont assez connues par les amours de Léandre et d'Éro.

ce membre de phrase : *comis uxori ac liberis quos superstites habuit*, ce qui lève la double difficulté qui arrêtait ici Malherbe. — Gronov a remplacé avec raison *amicus* par *amicis*; l'adjectif qui précède ce mot n'est pas *magnificus*, mais *munificus*, dans l'édition de 1616, comme dans les autres.

1. Les éditeurs conviennent généralement que la phrase est altérée, et on a essayé de rétablir le texte par des conjectures très-diverses.

2. Charles Sigonio. Ses remarques sur Tite Live parurent d'abord dans l'édition de 1555.

3. On a depuis tenté d'autres corrections de ce passage.

Antiochus en la conférence tenue à Lysimachie répond aux Romains, après plusieurs autres choses : *Nec ex Philippi quidem adversa fortuna spolia ulla se petiisse, aut adversus Romanos in Europam trajecisse *** fuerit, quo victo omnia quæ illius fuissent, jure belli Seleuci facta sint, etc.* [chap. xl.][1]. Il n'y a personne qui ne voie qu'en ce lieu défaillent quelques paroles, ou plutôt quelques lignes. Polybe, de qui ceci est tiré mot à mot, récite la même chose de cette façon : « Il disoit (Antiochus) qu'il étoit passé en Europe avec des forces, pour recouvrer la Chersonèse, et les villes qu'il avoit en Thrace; que ces lieux-là lui appartenoient, et non à autre, pource que premièrement ils avoient été à Lysimachus, lequel ayant fait la guerre à Séleucus, et ayant été vaincu par lui, Séleucus par le droit de l'épée étoit devenu maître, et de cela, et de tout ce que Lysimachus avoit eu en sa domination. » Qui voudra voir le texte grec, aille au XVIIe livre de Polybe, vers la fin. A ce même propos on peut encore lire au XXXIVe livre de Tite Live [chap. lviii] le langage que tient à Quintius Hégésianax, ambassadeur d'Antiochus : « Ce seroit à la vérité une chose indigne, et que les oreilles auroient peine à supporter, qu'on voulût faire perdre à Antiochus les villes de la Thrace et de la Chersonèse, que Séleucus, son bisaïeul, l'épée à la main, a conquises sur Lysimachus en une bataille, où il tailla son armée en pièces, et le fit demeurer lui-même sur la place. » Après ces deux textes, il n'y a doute quelconque que ce qui est imparfait dans le texte de Tite Live, ne soit rhabillé en ma traduction selon la vérité du fait.

Si en quelques autres lieux j'ai ajouté ou retranché quelque chose, comme certes il y en a cinq ou six, j'ai fait le premier pour éclaircir des obscurités, qui eussent donné de la peine à des gens qui n'en veulent point; et le second, pour ne tomber en des répétitions, ou autres impertinences, dont sans doute un esprit délicat se fût offensé. Pour ce qui est de l'histoire, je l'ai suivie exactement et ponctuellement; mais je

---

1. Il y a ici une lacune dans le manuscrit. On a essayé de la combler de diverses manières, qui toutes se rapprochent plus ou moins, quant au sens, de la conjecture de Malherbe.

n'ai pas voulu faire les grotesques, qu'il est impossible d'éviter quand on se restreint dans la servitude de traduire de mot à mot. Je sais bien le goût du collége, mais je m'arrête à celui du Louvre. Si le lecteur est juste, il considérera que c'est ici la version d'un livre, dont il n'y a exemplaire au monde que celui que nous a donné un manuscrit nouvellement trouvé à Bamberg[1], et que par conséquent les défauts dont il est plein ne se peuvent réparer qu'en devinant. S'il est injuste, je lui rendrai la pareille qui est due à ceux qui offensent les premiers. Le mépris qu'il aura fait de mon ouvrage, je le ferai de son jugement.

1. Ici encore, comme dans le titre même de sa traduction, Malherbe étend à tout le livre XXXIII ce qui n'est vrai que des dix-sept premiers chapitres. Le reste du livre avait déjà été traduit en français par Blaise de Vigenère. Voyez *Notice bibliographique*, p. cxiv, n° 13.

FIN DU XXXIIIe LIVRE DE TITE LIVE.

FRAGMENT DE TRADUCTION

DES

QUESTIONS NATURELLES

DE SÉNÈQUE.

Le fragment suivant, resté inédit et inconnu jusqu'à ce jour, occupe les derniers feuillets d'un manuscrit (*Papiers de Baluze*, n° 133) que nous avons déjà cité plus d'une fois et qui est uniquement composé de pièces de Malherbe. Nous croyons donc qu'on peut, sans difficulté, l'attribuer à l'écrivain qui a traduit le *Traité des Bienfaits* et la plus grande partie des *Épîtres* du philosophe latin. — Ce fragment de traduction comprend seulement la préface des *Questions naturelles*, le chapitre I et une partie du chapitre II du livre I.

PRÉFACE DE SÉNÈQUE.

Autant que la philosophie a d'avantage sur les autres sciences, autant en a la partie de philosophie qui touche la connoissance des dieux par-dessus l'autre qui concerne les affaires des hommes. Elle est plus haute et plus courageuse; et ne se tenant pas contente, comme fait l'autre, de la vue, a pris beaucoup plus de liberté, se persuadant qu'il y avoit quelque chose de plus grand et de plus beau que la nature n'avoit pas voulu nous montrer. Somme, il n'y a pas moins de différence de l'une à l'autre que de l'homme à Dieu. L'une enseigne ce qu'il faut faire en la terre, l'autre ce qui se fait au ciel. L'une règle nos erreurs, et nous résout les doutes qui sont en cette vie ; l'autre est bien haut par-dessus cette épaisseur où nous sommes, et nous arrachant de l'obscurité, nous conduit à la source même de la lumière. Quant à moi, je me trouve infiniment redevable à la nature, non de se laisser voir à moi du côté que tout le monde la voit, mais quand arrivé à ce qu'elle a de plus secret et de plus retiré, j'apprends quelle est la matière de l'univers, quelles mains l'ont bâti, quelle puissance le gouverne ; que c'est que Dieu ; s'il est empêché du tout à la considération de soi-même, ou si quelquefois il nous daigne regarder ; si tous les jours il travaille à quelque chose, ou si dès le commencement il a fait, une fois pour toutes, ce qu'il vouloit faire ; s'il est une partie du monde ou s'il est le monde même ; s'il a l'autorité de faire chaque jour des ordonnances, et déroger à la loi des destinées, ou si ce seroit point retrancher de sa grandeur et l'accuser de faute, de dire qu'il ait fait des choses où la réformation et le changement soient nécessaires ; car il faut que toujours mêmes choses plaisent à celui qui ne sauroit se plaire à rien qui ne soit bon. Non que pourtant il soit moins libre, ni qu'il ait moins de pouvoir ; mais c'est qu'il est lui-même sa nécessité. Si je n'avois eu le crédit d'entendre ces merveilles, ce ne m'eût pas été grand avantage de naître ; car à quelle occasion me fussé-je réjoui d'avoir été mis au nombre des vivants ? Eût-ce été pour couler éternellement du pain et du vin[1], et farcir ce misérable corps, qui se ruineroit tout aussitôt s'il n'étoit rempli d'une heure à l'autre, passant tout ainsi ma vie que ceux qui sont à servir un malade ? Ou pour craindre la mort,

---

1. Dans le texte latin : *cibos et potiones percolare*.

à laquelle nous sommes tous destinés dès le point de notre naissance? Otez-moi ce bien inestimable, le demeurant de la vie ne vaudra seulement qu'on s'en échauffe. Oh! que l'homme est peu de chose, s'il ne monte plus haut que l'humanité! Quand nous luttons avec nos passions, que faisons-nous qui soit digne de si grande louange? Et bien que nous demeurions les maîtres, de quoi sommes-nous victorieux que de chimères et de fantômes? Quelle occasion avons-nous de nous vanter, pource que nous ne ressemblons pas à ceux qui sont parvenus au dernier degré de méchanceté? Je ne trouve pas qu'être plus fort qu'un qui est maladif et de petite complexion, soit chose qui mérite de s'en glorifier. Il y a beaucoup de différence entre la force et la bonne disposition. Vous vous êtes sauvé des vices de l'âme. Vous n'avez point de déguisement au visage, de flatterie en la bouche, ni de feintise au cœur. Vous n'êtes commandé ni de l'avarice, qui ruinant tout le monde, craint de s'entretenir; ni de la luxure, qui faisant des dépenses honteuses, cherche encore des moyens plus déshonnêtes, afin d'y pouvoir fournir; ni de l'ambition, qui ne nous conduit jamais aux dignités qu'avec toutes les indignités du monde. Vous n'avez rien avancé pour tout cela. Vous vous êtes paré de beaucoup de choses, mais non encore de vous-même; car la vertu que nous recherchons est brave et magnifique; non pource que de soi ce soit félicité de n'avoir point de mal, mais pource qu'elle lâche l'esprit, le prépare à la connoissance des choses célestes, et rend l'homme digne de se trouver en la présence de Dieu. Nous arrivons lors à la perfection de tout le bien que la condition des hommes peut desirer, quand ayant mis toutes choses mauvaises sous le pied, nous prenons le haut, et pénétrons au plus particulier cabinet de la nature. C'est alors que l'homme se promenant parmi les astres, prend plaisir à se moquer des palais des grands, voire même de la terre avec tout l'or qu'elle a déjà mis entre les mains des hommes pour être employé à leur usage, et qu'encore au fond de ses entrailles elle réserve à l'avarice de notre postérité. Car de mépriser les galeries, les planchers marquetés d'ivoire, les forêts suspendues sur des voûtes, et les conduits des rivières qu'on détourne dans les maisons, c'est chose qu'il ne sauroit faire que premièrement il n'ait circuit le monde [1], et que d'en haut il n'ait considéré la petitesse de la terre, couverte de mer en la plus grande part, et le plus souvent inhabitable aux lieux où elle est découverte, ou pour une excessive chaleur, ou pour une froidure trop violente. Alors je ne crois pas qu'il se puisse garder de dire en soi-même : Est-il vrai que ce soit là le point de qui tant de nations débattent le partage par le feu et par le fer? Oh! que les bornes des hommes sont ridicules! Que les Daces demeurent au delà de l'Istre [2]. Que le Strymon enferme les Thraces, l'Euphrate arrête les Parthes, le Danube divise la possession des Romains de celle des Sarmates. Que le Rhin soit le bout de la Germanie. Que les monts Pyrénées s'élèvent entre les Gaules et l'Espagne. Qu'une grande campagne pleine de sablons et de solitudes sépare l'Égypte de l'Éthiopie. S'il étoit possible que les fourmis eussent l'entendement tel que les hommes, ne feroient-ils [3] pas la même division d'une aire en plusieurs provinces? Quand vous aurez élevé votre âme à ces choses qui sont véritablement grandes, combien de fois voyant marcher deux camps les enseignes déployées, et comme si c'étoit pour quelque chose d'importance, une cavalerie tantôt

---

1. Fait le tour du monde ; en latin : *totum circumeat mundum*.
2. L'Ister, le bas Danube.
3. *Fourmi* est du genre masculin dans le *Dictionnaire* de Nicot.

s'avancer pour découvrir, et tantôt s'élargir sur les ailes, aurez-vous envie de dire :

> La bande noire aux campagnes s'épand[1]?

Cette façon de courre appartient proprement aux fourmis qui travaillent en un lieu trop étroit. Et de fait, en quoi diffèrent-ils de nous, sinon en ce qu'ils n'ont pas une si grande masse de corps? Ce n'est qu'un point que toute cette grandeur où vous naviguez, où vous faites vos guerres et disposez vos royaumes, lesquels semblent encore plus petits quand des deux côtés ils sont environnés de l'Océan. Là-haut il y a des espaces infinis, qu'il est permis à l'esprit de posséder, pourvu qu'il se dépouille du corps autant qu'il lui sera possible, et paroisse pur et net, content de peu de chose, et déchargé de toute superfluité. Quand il y est arrivé, il s'y nourrit et s'y fortifie, et comme délivré de prison reprend possession du lieu de son origine; ayant pour témoignage de sa divinité le plaisir qu'il prend aux choses divines, lesquelles il regarde comme siennes, et non comme étrangères. Il voit à son aise tous les astres, il les voit coucher, et combien qu'ils s'accordent, tenir toutefois chacun un chemin différent. Il prend garde où chaque étoile commence de luire, en quel lieu elle est en sa perfection, quelle route elle tient, et jusques en quelle part elle descend. Il épluche curieusement toutes ces choses l'une après l'autre, et met peine de s'en informer, comme sachant bien que c'est à lui qu'en importe la connoissance. Il méprise alors la petitesse de sa première demeure, quand il voit que le dernier rivage de l'Espagne n'est pas tant éloigné des Indes qu'une barque avec le vent à propos n'arrive de l'un à l'autre en l'espace de fort peu de jours. Mais en la

---

1. Virgile, *Énéide*, liv. IV, v. 404.

région du ciel, il y a du chemin pour trente années à celui des astres qui va le plus vite, bien qu'il ne s'arrête en nulle part, et que toujours il chemine avec une pareille diligence. C'est là qu'enfin il parvient à l'intelligence de ce que longtemps il a cherché. C'est là que premièrement il commence à connoître Dieu. Qu'est-ce que Dieu? L'âme de l'univers. Qu'est-ce que Dieu? Tout ce qui se voit, et qui ne se voit pas. C'est là qu'enfin il recouvre sa grandeur, qui est telle qu'il ne s'en peut imaginer de plus grande. Si Dieu seul est toutes choses, il faut croire qu'il comprend et dedans et dehors tout ce qu'il a fait. Quelle différence donc trouvons-nous entre sa nature et la nôtre? La meilleure partie de nous, c'est l'esprit; en Dieu, hors l'esprit, il n'y a chose quelconque. Il est tout raison; combien que l'aveuglement est si grand ici-bas, que les hommes, au lieu de l'estimer tel qu'il est, beau, réglé, ferme et constant en ses résolutions, que rien ne le peut être davantage, se le figurent néanmoins je ne sais quoi de fortuit et de tumultueux, qui chemine à l'aventure parmi les foudres, les nuées, les tempêtes, et toutes autres choses semblables, dont la terre et ce qui est voisin de la terre est ordinairement battu. Et cet erreur[1] n'a pas seulement saisi le menu peuple, mais est même parvenu jusques à ceux qui font profession ouverte de sagesse. C'est grand cas qu'il soit des hommes si présomptueux, qu'ils pensent avoir un entendement capable de gouverner eux et tout le reste du monde, et toutefois estiment que cet univers, duquel nous-mêmes sommes une portion, n'ait point de conseil, et soit porté casuellement, ou par une témérité, sans dessein et sans ordre, ou par la nature qui ignore elle-même ce qu'elle fait. Combien

---

1. *Erreur* du masculin, comme en latin. Voyez ci-dessus la *Notice biographique*, p. XLVI.

pensez-vous qu'il est expédient de savoir ces particularités, et d'assigner des limites à toutes choses? comme, jusques où s'étend la puissance de Dieu; s'il a fait lui-même la matière, ou s'il la trouva faite avant que de l'employer; si l'idée fut premier que la matière, ou la matière premier que l'idée; si Dieu fait tout entièrement ce qu'il lui plaît, ou si bien souvent plusieurs choses sortent imparfaites de sa main; et s'il est possible qu'un si grand ouvrier fasse rien de mal à propos, non par ignorance, mais faute que la matière ne s'accommode et n'obéit pas à la science. Toutes ces considérations ne nous élèvent-elles pas au-dessus de ce qui est mortel, et ne nous rangent-elles pas à quelque chose de meilleur que la condition ordinaire des hommes? Vous me demanderez à quoi cela sera bon; et je vous répondrai que si je n'en remporte autre chose, pour le moins en aurai-je ce point, que je trouverai toutes choses étroites entre les hommes, après que j'aurai considéré les grandeurs de Dieu. Mais nous en parlerons puis après.

LIVRE PREMIER.

I. Venons à cette heure à notre discours, et voyons ce que nous peut apprendre la philosophie touchant les feux que l'on voit traverser l'air. Leurs démarches obliques et leur promptitude impétueuse nous font juger qu'ils sont poussés avec une grande violence. Vous diriez qu'ils ne vont pas, mais plutôt qu'ils sont jetés. Ils ont plusieurs formes, qui toutes sont différentes l'une de l'autre. Il y en a qu'Aristote appelle chèvres. Si vous me demandez pourquoi, je vous demanderai que premièrement vous me rendiez raison pourquoi vous les voudriez appeler boucs[1]. Mais si, pour avoir plus tôt fait, nous nous voulons accorder de ne nous faire point ces questions inutiles, enquérons-nous de la chose même, sans nous étonner pour quelle occasion Aristote a donné le nom de chèvre à ce globe de feu. On en vit un de cette forme, et de la grandeur d'une lune, au temps de la guerre que fit Paulus à Perséus, roi de Macédoine. Et nous-mêmes avons vu plus d'une fois paroître une flamme en forme d'une grande pile[2], puis tout aussitôt s'évanouir au milieu de sa course. Un semblable prodige apparut environ vers le trépas d'Auguste de divine mémoire; un autre en la mort de Séjanus; et de même façon aussi nous fut dénoncé le trépas de Germanicus. Vous me direz : Vous êtes donc si malavisé de croire que les Dieux prennent

---

1. Il y a dans le latin : *quare hœdi vocentur*.
2. *Pile*, en latin *pila*, balle à jouer.

la peine de nous signifier quand il doit mourir quelqu'un, et qu'il y ait en la terre chose si grande qui mérite que le monde soit averti de sa ruine. Nous en parlerons une autre fois, en la dispute que nous ferons si toutes choses marchent avec une certaine ordonnance, et sont tellement entrelacées, que ce qui précède soit la cause ou le signe de ce qui doit advenir. Par même moyen nous verrons s'il est vrai que les Dieux se donnent soin des affaires des hommes, ou si la disposition même des choses, avant que de rien faire, avec certaines marques nous en donne l'avertissement. Cependant mon opinion est que ces feux procèdent d'un air broyé avec véhémence, quand s'étant penché d'une part il ne se retire point, mais vient au combat contre soi-même. De cette agitation naissent les chevrons[1], les globes, les torches et les embrasements. Mais s'il n'est touché que bien légèrement, et seulement frotté, par manière de dire, il en sort moins de lumière, qui donne aux astres une apparence de chevelure. Et alors ces feux, qui sont très-petits, tracent aussi dans le ciel une très-petite voie; et pour cette occasion, il n'est quasi point de nuit que nous n'en voyions; car il n'est pas besoin pour les faire que l'air soit beaucoup agité. Et pour achever en un mot, ils se font de la même façon que les foudres, mais avec moins de violence, comme les nuées en s'entre-froissant doucement sont cause des éclairs et des foudres, quand elles sont poussées avec une force plus impétueuse. Aristote en rend cette raison : il sort de la terre plusieurs respirations qui sont différentes, les unes humides, les autres sèches, les unes froides et les autres propres à concevoir le feu; n'étant pas chose étrange qu'il sorte de la terre des exhalations en grand nombre et de toutes qua-

---

1. Dans le texte latin : *trabes*.

lités, vu même que dans le ciel toutes choses n'ont pas une semblable couleur, mais la rougeur de la canicule est plus éclatante, celle de Mars plus foible, et quant à Jupiter il n'en a du tout point, mais reluit simplement d'une lumière toute pure. Il est donc nécessaire qu'en la grande abondance de tant de petits corps, qui sortent de la terre et montent en haut, il en arrive aux nues quelques-uns propres à la nourriture du feu, qui se peuvent embraser ou par une collision, ou même au simple sentiment qu'ils ont des rayons du soleil; car ici-bas même nous voyons que la paille couverte de soufre s'allume par la présence d'un feu qui ne la touche point. Il est donc vraisemblable que telle matière s'étant assemblée dans les nues se peut aisément allumer, et qu'il en peut sortir des feux ou plus grands ou plus petits, selon que les forces en sont ou plus grandes ou plus petites; car c'est la plus grossière ignorance du monde, de penser que les étoiles tombent, ou aillent de place en autre, ou qu'elles puissent rien perdre de ce qu'elles ont; d'autant que s'il étoit ainsi, c'est chose certaine qu'elles ne fussent plus il y a longtemps; car il ne se passe pas une nuit que plusieurs d'entre elles ne semblent cheminer, et être tirées l'une d'un côté l'autre de l'autre. Et toutefois on les retrouve toujours en leur place accoutumée, et avec une même grandeur. Il s'ensuit donc que ces feux naissent au-dessous d'elles, et qu'ils s'évanouissent bientôt, comme n'ayant aucun fondement ni demeure qui leur soit assurée. Pourquoi donc ne les voit-on cheminer de jour? Que seroit-ce si je vous disois que de jour il n'est point d'étoiles, pource qu'on ne les voit point? Tout ainsi qu'elles se cachent, et sont offusquées de la splendeur du soleil, ainsi n'est-il pas impossible qu'il erre de ces feux par le ciel en plein midi, mais à cause de la clarté du jour ils ne se découvrent pas. Et si quelquefois il s'en voit, c'est qu'ils ont tant de vertu, qu'ils peuvent au travers du jour faire paroître leur clarté particulière. De notre temps il s'en est vu de jour une infinité, les unes tournées du levant au ponant, les autres du ponant au levant. Les mariniers prennent ce déplacement de beaucoup d'étoiles pour conjecture qu'il y aura de la tempête; de manière que si c'est signe de vents, il faut que les vents soient au même endroit, c'est-à-dire en cet air qui remplit l'espace d'entre la lune et la terre. En une grande tempête, il apparoît des étoiles qui semblent assises au haut des voiles, et lors ceux qui courent fortune pensent être secourus de Castor et de Pollux. Ce qui leur donne bonne espérance, c'est que lors on voit déjà la tempête commencer à se rompre, et les vents à se retirer. Les feux sont quelquefois portés, et ne demeurent pas fermes. Gylippus s'en allant à Syracuse vit une étoile arrêtée au haut de sa lance. Aux armées des Romains on a vu flamber des javelots, pour être tombé sur eux de certains feux, qui bien souvent frappent les animaux et les plantes aussi rudement que la foudre; et parfois, comme ils sont poussés avec moins de force, ne font que glisser et s'asseoir tout bellement, sans blesser ni donner aucune atteinte. Les uns se font en temps d'orage, les autres au plus beau jour du monde, selon que la disposition de l'air est susceptible de feu; car il tonne quelquefois en temps serein, pour la même raison qu'il tonne en temps nubileux, quand l'air est battu l'un contre l'autre. Et combien qu'il soit plus luisant et plus sec, si est-ce qu'il ne laisse pas de s'amasser, et de faire des corps qui ressemblent aux nuées, lesquels font bruit comme ils viennent à être frappés. De là vient que nous voyons quelquefois des chevrons, quelquefois des boucliers, et des figures de grands feux épandus, quand une même cause, mais plus grande et plus forte, a rencontré semblable matière.

II. Voyons maintenant comme se fait cette lueur, qui paroît à l'entour des astres. Nous lisons que le jour qu'Auguste entra dans Rome, à son retour d'Apollonie, on vit tout à l'entour du soleil un cercle, avec le même bizarrement de couleurs que nous voyons ordinairement en l'arc-en-ciel. Les Grecs l'appellent une aire[1], et nous fort à propos le pouvons appeler couronne. Comme cela se fait, je m'en vais le vous dire. Jetez une pierre dans une fontaine, vous verrez incontinent l'eau se séparer en beaucoup de rond[eurs], desquelles la première sera très-petite, l'autre plus grande, et les autres d'après encore davantage, selon qu'elles sont plus éloignées, jusques à ce que l'ébranlement se perde, et s'aplanisse comme le reste de l'eau qui ne s'est point ressentie de cette agitation. Il faut faire compte qu'en l'air il en arrive tout de même. Quand il est épais, il peut être frappé; de sorte que la clarté du soleil, ou de la lune, ou de quelque autre étoile, venant à le rencontrer, le fait écarter en forme de cercles; car l'humeur[2], l'air, et toutes choses à qui le coup peut donner forme, étant poussées, prennent la figure même de ce qui les pousse. Or toute lumière est ronde. Il faut donc que l'air étant frappé de quelque lumière devienne rond. Pour cette occasion les Grecs ont donné le nom d'aire à telle manière de clartés, d'autant que le plus souvent les lieux destinés à battre les blés ont la forme ronde. Mais il ne faut croire que ces clartés, soit aires ou couronnes, se fassent auprès des astres, car elles en sont bien loin. . . . .

1. Ἅλως, *halo*, mot que la science a conservé.
2. L'eau, le liquide; en latin: *humor*.

FIN DES QUESTIONS NATURELLES.

TABLE DES MATIÈRES

CONTENUES DANS LE PREMIER VOLUME.

Avertissement.	I
Notice biographique sur Malherbe	IX
Appendice de la Notice biographique	L
Vie de Malherbe par Racan.	LXI
Notice bibliographique.	LXXXIX
Pièces attribuées a Malherbe.	CXVI
Des portraits de Malherbe.	CXXIV

POÉSIES.

I. Sur le portrait d'Étienne Pasquier qui n'avoit point de mains. 1
    Il ne faut qu'avec le visage.

II. Stances 2
    Si des maux renaissants avec ma patience.

III. Les Larmes de saint Pierre, imitées du Tansille . . . 4
    Ce n'est pas en mes vers qu'une amante abusée.

IV. Épitaphe de Monsieur d'Is 19
    Ici dessous gît Monsieur d'Is.

V. Pour Monsieur de Montpensier, à Madame devant son mariage. Stances 20
    Beau ciel par qui mes jours sont troubles ou sont calmes.

TABLE DES MATIÈRES.

VI. Au roi Henri le Grand, sur la prise de Marseille. Ode 23
Enfin après tant d'années.

VII. Sur le même sujet. Ode 26
Soit que de tes lauriers la grandeur poursuivant.

VIII. Victoire de la constance. Stances 28
Enfin cette beauté m'a la place rendue.

IX. Consolation à Caritée sur la mort de son mari 32
Ainsi quand Mausole fut mort.

X. Dessein de quitter une dame qui ne le contentoit que de promesse. Stances 36
Beauté, mon beau souci, de qui l'âme incertaine.

XI. Consolation à Monsieur du Périer, sur la mort de sa fille. Stances. 38
Ta douleur, du Périer, sera donc éternelle.

XII. A la Reine, mère du Roi, sur sa bienvenue en France. Ode présentée à Sa Majesté, à Aix, l'année 1600. 44
Peuples, qu'on mette sur la tête.

XIII. Prosopopée d'Ostende. Stances. 56
Trois ans déjà passés, théâtre de la guerre.

XIV. Aux ombres de Damon. 58
L'Orne comme autrefois nous reverroit encore.

XV. Paraphrase du psaume VIII. 62
O Sagesse éternelle, à qui cet univers.

XVI. Pour les pairs de France, assaillants au combat de barrière. Stances. 65
Et quoi donc? la France féconde.

XVII. A Madame la Princesse douairière, Charlotte de la Trimouille. Sonnet 68
Quoi donc, grande Princesse en la terre adorée.

TABLE DES MATIÈRES.

XVIII. Prière pour le roi Henri le Grand, allant en Limousin. Stances 69
    O Dieu, dont les bontés de nos larmes touchées.

XIX. Sur l'attentat commis en la personne de Henri le Grand, le 19 de décembre 1605. Ode 75
    Que direz-vous, races futures.

XX. Aux Dames, pour les Demi-Dieux marins, conduits par Neptune. Stances. 84
    O qu'une sagesse profonde.

XXI. Au roi Henri le Grand, sur l'heureux succès du voyage de Sedan. Ode. 87
    Enfin après les tempêtes.

XXII. Chanson 96
    Qu'autres que vous soient desirées.

XXIII. Stances 99
    Philis qui me voit le teint blême.

XXIV. Au roi Henri le Grand. Sonnet 102
    Je le connois, Destins, vous avez arrêté.

XXV. Au roi Henri le Grand. Sonnet 104
    Mon Roi, s'il est ainsi que des choses futures.

XXVI. Pour le premier ballet de Monseigneur le Dauphin. Au roi Henri le Grand. Sonnet 105
    Voici de ton État la plus grande merveille.

XXVII. A Monsieur le grand écuyer de France. Ode. 107
    A la fin c'est trop de silence.

XXVIII. A Monsieur de Fleurance, sur son Art d'embellir. Sonnet. 126
    Voyant ma Caliste si belle.

XXIX. Sonnet 128
    Quel astre malheureux ma fortune a bâtie ?

TABLE DES MATIÈRES.

XXX. Stances. 130
    Laisse-moi, raison importune.

XXXI. Sonnet. 132
    Il n'est rien de si beau comme Caliste est belle.

XXXII. Stances. 134
    Le dernier de mes jours est dessus l'horizon.

XXXIII. Sonnet. 137
    Beauté, de qui la grâce étonne la nature.

XXXIV. Sonnet. 138
    Beaux et grands bâtiments d'éternelle structure.

XXXV. Sonnet. 139
    Caliste, en cet exil j'ai l'âme si gênée.

XXXVI. Sonnet. 140
    C'est fait, belle Caliste, il n'y faut plus penser.

XXXVII. Stances. 141
    Dure contrainte de partir.

XXXVIII. Pour mettre devant les heures de Caliste. . 144
    Tant que vous serez sans amour.

XXXIX. Autre sur le même sujet. 144
    Prier Dieu qu'il vous soit propice.

XL. Sonnet. 145
    Quoi donc! c'est un arrêt qui n'épargne personne.

XLI. Ballet de la Reine. 146
    Pleine de langues et de voix.

XLII. Ballet de Madame. 149
    A la fin tant d'amants dont les âmes blessées.

XLIII. Pour Alcandre. Stances 151
    Quelque ennui donc qu'en cette absence.

XLIV. Pour Alcandre, au retour d'Oranthe à Fontainebleau. 156
    Revenez, mes plaisirs, ma dame est revenue.

XLV. Alcandre plaint la captivité de sa maîtresse. Stances. 158
    Que d'épines, Amour, accompagnent tes roses.

XLVI. Sur le même sujet. Stances. 162
    Que n'êtes-vous lassées.

XLVII. Stances. 166
    Donc cette merveille des cieux.

XLVIII. Pour Mademoiselle de Conti, Marie de Bourbon. 170
    N'égalons point cette petite.

XLIX. Épitaphe de la même. Sonnet 171
    Tu vois, passant, la sépulture.

L. A Monseigneur le Dauphin. Sonnet. 172
    Que l'honneur de mon prince est cher aux destinées.

LI. Plainte sur une absence. Stances. 174
    Complices de ma servitude.

LII. Vers funèbres sur la mort de Henri le Grand. Stances. 178
    Enfin l'ire du ciel, et sa fatale envie.

LIII. A la Reine, mère du Roi, sur les heureux succès de sa régence. Ode 182
    Nymphe qui jamais ne sommeilles.

LIV. Épitaphe de feu Monseigneur le duc d'Orléans. Sonnet. 189
    Plus Mars que Mars de la Thrace.

LV. A la Reine, mère du Roi, sur la mort de Monseigneur le duc d'Orléans. Sonnet. 191
    Consolez-vous, Madame, apaisez votre plainte.

LVI. A Monsieur du Maine, sur ses OEuvres spirituelles.
Sonnet. 192
    Tu me ravis, du Maine, il faut que je l'avoue.

LVII. A la Reine, mère du Roi, pendant sa régence.
Stances. 194
    Objet divin des âmes et des yeux.

LVIII. Les Sibylles. Sur la fête des alliances de France
et d'Espagne. 197
    Que Bellone et Mars se détachent.

LIX. Sur le même sujet 201
    Donc après un si long séjour.

LX. Pour Monsieur de la Ceppède, sur son livre de la
Passion de Notre-Seigneur. Sonnet. 204
    J'estime la Ceppède, et l'honore, et l'admire.

LXI. Pour la Pucelle d'Orléans. Épigramme. 205
    L'ennemi tous droits violant.

LXII. Sur le même sujet 206
    Passants, vous trouvez à redire.

LXIII. Paraphrase du psaume CXXVIII. 207
    Les funestes complots des âmes forcenées.

LXIV. Pour la Reine, mère du Roi, pendant sa régence.
Ode. 209
    Si quelque avorton de l'envie.

LXV. Fragment sur le même sujet 218
    O toi, qui d'un clin d'œil sur la terre et sur l'onde.

LXVI. Prédiction de la Meuse aux princes révoltés. . . 219
    Allez à la malheure, allez, âmes tragiques.

LXVII. Autre fragment. 220
    Ames pleines de vent, que la rage a blessées.

LXVIII. Chanson. 221
    Ils s'en vont, ces rois de ma vie.

TABLE DES MATIÈRES.

LXIX. Sonnet.................... 223
    Celle qu'avoit Hymen à mon cœur attachée.

LXX. Pour une fontaine.............. 225
    Vois-tu, passant, couler cette onde.

LXXI. Chanson.................. 226
    Sus debout la merveille des belles.

LXXII. Récit d'un berger au ballet de Madame, princesse d'Espagne................ 228
    Houlette de Louis, houlette de Marie.

LXXIII. Pour un ballet de Madame.......... 234
    Cette Anne si belle.

LXXIV. Sur le mariage du Roi et de la Reine. Stances. 236
    Mopse entre les devins l'Apollon de cet âge.

LXXV. Pour mettre au devant du livre du sieur de Lortigues.................. 238
    Vous dont les censures s'étendent.

LXXVI. Prophétie du Dieu de Seine. Stances..... 239
    Va-t'en à la malheure, excrément de la terre.

LXXVII. Stances.................. 240
    Enfin ma patience, et les soins que j'ai pris.

LXXVIII. Sur une image de sainte Catherine. Épigramme.................... 242
    L'art aussi bien que la nature.

LXXIX. Épigramme................ 243
    Jeanne, tandis que tu fus belle.

LXXX. A Madame la Princesse de Conti. Sonnet.... 244
    Race de mille rois, adorable princesse.

LXXXI. Stances spirituelles.............. 245
    Louez Dieu par toute la terre.

TABLE DES MATIÈRES.

LXXXII. Chanson. 247
    Chère beauté que mon âme ravie.

LXXXIII. A Monsieur de Pré, sur son Portrait de l'Éloquence françoise. 249
    Tu faux, de Pré, de nous pourtraire.

LXXXIV. Épigramme. 250
    Cet absinthe au nez de barbet.

LXXXV. Sur le portrait de Cassandre, maîtresse de Ronsard. 251
    L'art, la nature exprimant.

LXXXVI. Vers composés pour l'entrée de Louis XIII à Aix. 252
    Grand fils du grand Henri, grand chef-d'œuvre des cieux.

LXXXVII. Autre sur le même sujet. Amphion au Roi. 253
    Or sus, la porte est close aux tempêtes civiles.

LXXXVIII. Pour Monseigneur le comte de Soissons. Stances. 254
    Ne délibérons plus; allons droit à la mort.

LXXXIX. A Rabel, peintre, sur un livre de fleurs. Sonnet 257
    Quelques louanges nonpareilles.

XC. A Monseigneur frère du Roi. Sonnet 259
    Muses, quand finira cette longue remise.

XCI. Au Roi. Sonnet. 260
    Muses, je suis confus; mon devoir me convie.

XCII. A Monseigneur le cardinal de Richelieu. Sonnet 261
    A ce coup nos frayeurs n'auront plus de raison.

XCIII. Au Roi. Sonnet 262
    Qu'avec une valeur à nulle autre seconde.

TABLE DES MATIÈRES.

XCIV. Pour le marquis de la Vieuville, superintendant des finances. Sonnet. 263
Il est vrai, la Vieuville, et quiconque le nie.

XCV. Fragment. 264
Et maintenant encore en cet âge penchant.

XCVI. Épigramme pour mettre au devant de la Somme théologique du P. Garasse. 266
Esprits qui cherchez à médire.

XCVII. Autre à l'auteur de ce livre 267
En vain, mon Garasse, la rage.

XCVIII. Consolation à Monsieur le premier Président, sur la mort de Madame sa femme. 268
Sacré ministre de Thémis.

XCIX. Pour Monseigneur le cardinal de Richelieu. Sonnet 272
Peuples, çà de l'encens; peuples, çà des victimes.

C. Paraphrase du psaume CXLV 273
N'espérons plus, mon âme, aux promesses du monde.

CI. Pour un gentilhomme de ses amis, qui mourut âgé de cent ans 275
N'attends, passant, que de ma gloire.

CII. Sur la mort de son fils. Sonnet. 276
Que mon fils ait perdu sa dépouille mortelle.

CIII. Pour le Roi, allant châtier la rébellion des Rochelois. Ode. 277
Donc un nouveau labeur à tes armes s'apprête.

CIV. Fragment 284
Enfin mon roi les a mis bas.

CV. A Monsieur de la Garde, au sujet de son Histoire sainte. Ode. 285
La Garde, tes doctes écrits.

CVI. A Monsieur de la Morelle, sur la pastorale de
l'Amour contraire. Sonnet............ 291
Si l'on peut acquérir par la plume la gloire.

PIÈCES

DONT LA DATE EST INCERTAINE.

CVII. Chanson................. 293
Mes yeux, vous m'êtes superflus.

CVIII. Chanson................. 295
C'est assez, mes desirs, qu'un aveugle penser.

CIX. Pour la guérison de Chrysanthe. Stances..... 297
Les destins sont vaincus, et le flux de mes larmes.

CX. A Monsieur Colletet, sur la mort de sa sœur. Épigramme.................. 299
En vain, mon Colletet, tu conjures la Parque.

CXI. Pour une mascarade. Stances........... 300
Ceux-ci de qui vos yeux admirent la venue.

CXII. Chanson................. 302
Est-ce à jamais, folle espérance.

CXIII. Stances................. 304
Quoi donc, ma lâcheté sera si criminelle.

CXIV. Chanson................. 306
C'est faussement qu'on estime.

CXV. Épigramme................ 308
Tu dis, Colin, de tous côtés.

CXVI. Sur la mort d'un gentilhomme qui fut assassiné.
Sonnet................... 309
Belle âme aux beaux travaux sans repos adonnée.

FRAGMENTS SANS DATE.

CXVII. Les peuples pipés de leur mine. 311
CXVIII. A Monseigneur le cardinal de Richelieu. . . . 313
      Grand et grand prince de l'Église.
CXIX. Tantôt nos navires braves 315
CXX. Elle étoit jusqu'au nombril. 316
CXXI. Fin d'une ode pour le Roi. 317
      Je veux croire que la Seine.
CXXII. Fragment d'une ode d'Horace. 318
      Voici venir le temps que je vous avois dit.
CXXIII. Vous avez beau, mon berger 319

APPENDICE.

I. Le Lagrime di san Pietro del Sig. Luigi Tansillo, et les Larmes de saint Pierre, de Malherbe 321
II. Instruction de F. de Malherbe à son fils. 331
III. Lettre de Malherbe au roi Louis XIII. 349
IV. Lettre de Malherbe à M. de la Garde. 355
V. Épitaphes diverses composées par Malherbe. . . . 359
VI. Discours sur les œuvres de M. de Malherbe (par Godeau, évêque de Vence). 365

TRADUCTIONS.

Traduction du XXXIIIe livre de Tite Live. 389
Fragment (inédit) de traduction des Questions naturelles de Sénèque 467

FIN DE LA TABLE DES MATIÈRES.

TABLE DES POÉSIES

RANGÉES SUIVANT L'ORDRE ALPHABÉTIQUE

DU PREMIER VERS DE CHAQUE PIÈCE.

A ce coup nos frayeurs n'auront plus de raison. 261
Ainsi quand Mausole fut mort. 32
A la fin c'est trop de silence 107
A la fin tant d'amants dont les âmes blessées 149
Allez à la malheure, allez, âmes tragiques. 219
Ames pleines de vent, que la rage a blessées 220
Beau ciel par qui mes jours sont troubles ou sont calmes . . 20
Beauté de qui la grâce étonne la nature. 137
Beauté, mon beau souci, de qui l'âme incertaine 36
Beaux et grands bâtiments d'éternelle structure. 138
Belle âme aux beaux travaux sans repos adonnée. . . . 309
Belle, quand te lasseras-tu. cxx
Caliste, en cet exil, j'ai l'âme si gênée 139
Ce livre est comme un sacré temple. cxxii
Ce n'est pas en mes vers qu'une amante abusée 4
Celle qu'avoit Hymen à mon cœur attachée. 223
C'est assez, mes desirs, qu'un aveugle penser 295
C'est fait, belle Caliste, il n'y faut plus penser. 140
C'est faussement qu'on estime. 306
Cet absinthe au nez de barbet. 250
Cette Anne si belle 234
Ceux-ci de qui vos yeux admirent la venue. 300
Chère beauté que mon âme ravie. 247
Complices de ma servitude. 174
Consolez-vous, Madame, apaisez votre plainte. 191

Donc après un si long séjour	201
Donc cette merveille des cieux.	166
Donc un nouveau labeur à tes armes s'apprête.	277
Dure contrainte de partir.	141
Elle étoit jusqu'au nombril.	316
Enfin après les tempêtes.	87
Enfin après tant d'années	23
Enfin cette beauté m'a la place rendue.	28
Enfin l'ire du ciel, et sa fatale envie.	178
Enfin ma patience, et les soins que j'ai pris.	240
Enfin mon roi les a mis bas.	284
En vain, mon Colletet, tu conjures la Parque.	299
En vain, mon Garasse, la rage.	267
Esprits qui cherchez à médire.	266
Est-ce à jamais, folle espérance.	302
Et maintenant encore en cet âge penchant.	264
Et quoi donc? La France féconde.	65
Grand et grand prince de l'Église.	313
Grand fils du grand Henri, grand chef-d'œuvre des cieux.	252
Houlette de Louis, houlette de Marie.	228
Ici dessous gît Monsieur d'Is	19
Il est vrai, la Vieuville, et quiconque le nie	263
Il ne faut qu'avec le visage.	1
Il n'est rien de si beau comme Caliste est belle.	132
Ils s'en vont, ces rois de ma vie	221
Infidèle mémoire.	162
Jeanne, tandis que tu fus belle.	243
Je le connois, Destins, vous avez arrêté.	102
J'estime la Ceppède, et l'honore, et l'admire	204
Je veux croire que la Seine.	317
La Garde, tes doctes écrits.	285
Laisse-moi, raison importune.	130
L'art aussi bien que la nature.	242
L'art, la nature exprimant.	251
Le dernier de mes jours est dessus l'horizon	134
Le guerrier qui brûlant dans les cieux se rendit	cxii
Le soleil ici-bas ne voit que vanité.	cxxii
L'ennemi tous droits violant.	205
Les Destins sont vaincus, et le flux de mes larmes.	297
Les funestes complots des âmes forcenées	207
Les peuples pipés de leur mine	311

TABLE ALPHABÉTIQUE DES POÉSIES.

L'Orne comme autrefois nous reverroit encore.	58
Louez Dieu par toute la terre.	245
Mes yeux, vous m'êtes superflus.	293
Mon Roi, s'il est ainsi que des choses futures.	104
Mopse entre les devins l'Apollon de cet âge.	236
Muses, je suis confus; mon devoir me convie.	260
Muses, quand finira cette longue remise.	259
N'attends, passant, que de ma gloire.	275
Ne délibérons plus, allons droit à la mort.	254
N'égalons point cette petite.	170
N'espérons plus, mon âme, aux promesses du monde	273
Nymphe qui jamais ne sommeilles	182
O Dieu, dont les bontés de nos larmes touchées.	69
O qu'une sagesse profonde.	84
O sagesse éternelle, à qui cet univers.	62
O toi, qui d'un clin d'œil sur la terre et sur l'onde	218
Objet divin des âmes et des yeux.	194
Or sus, la porte est close aux tempêtes civiles.	253
Passants, vous trouvez à redire	206
Peuples, çà de l'encens; peuples, çà des victimes.	272
Peuples, qu'on mette sur la tête.	44
Philis qui me voit le teint blême.	99
Pleine de langues et de voix.	146
Plus Mars que Mars de la Thrace.	189
Prier Dieu qu'il vous soit propice.	144
Qu'autres que vous soient desirées	96
Qu'avec une valeur à nulle autre seconde.	262
Que Bellone et Mars se détachent.	197
Que d'épines, Amour, accompagnent tes roses.	158
Que direz-vous, races futures.	75
Que l'honneur de mon prince est cher aux destinées.	172
Que mon fils ait perdu sa dépouille mortelle.	276
Que n'êtes-vous lassées.	162
Quel astre malheureux ma fortune a bâtie.	128
Quelque ennui donc qu'en cette absence.	151
Quelques louanges nonpareilles	257
Quoi donc, c'est un arrêt qui n'épargne personne.	145
Quoi donc, grande princesse en la terre adorée.	68
Quoi donc, ma lâcheté sera si criminelle.	304
Race de mille rois, adorable princesse	244
Revenez, mes plaisirs, ma dame est revenue	156

Sacré ministre de Thémis	268
Si des maux renaissants avec ma patience	2
Si l'on peut acquérir par la plume la gloire	291
Si quelque avorton de l'envie	209
Soit que de tes lauriers la grandeur poursuivant	26
Sus debout la merveille des belles	226
Ta douleur, du Périer, sera donc éternelle	38
Tant que vous serez sans amour	144
Tantôt nos navires braves	315
Trois ans déjà passés, théâtre de la guerre	56
Tu dis, Colin, de tous côtés	308
Tu faux, de Pré, de nous pourtraire	249
Tu me ravis, du Maine, il faut que je l'avoue	192
Tu vois, passant, la sépulture	171
Va-t'en à la malheure, excrément de la terre	239
Voici de ton État la plus grande merveille	105
Voici venir le temps que je vous avois dit	318
Vois-tu, passant, couler cette onde	225
Vous avez beau, mon berger	319
Vous dont les censures s'étendent	238
Voyant ma Caliste si belle	261

FIN DE LA TABLE ALPHABÉTIQUE DES POÉSIES.

PARIS. — IMPRIMERIE DE CH. LAHURE ET Cie
Rue de Fleurus, 9

PARIS. — IMPRIMERIE DE CH. LAHURE ET Cⁱᵉ
Rue de Fleurus, 9

www.ingramcontent.com/pod-product-compliance
Lightning Source LLC
Chambersburg PA
CBHW051323230426
43668CB00010B/1123